중국의 **동향상회**

길림성 동향상회
면담조사 자료집

이 도서는 2009년도 정부(교육과학기술부)의 재원으로 한국연구재단의 지원을 받아 출판되었음(NRF-2009-362-A00002).

中國的異地商會: 吉林省異地商會訪談調查資料集

중국의 동향상회

길림성 동향상회 면담조사 자료집

장호준·손승희·둥원성 편저

仁川大 中國學術院 中國·華僑文化研究所
中國 吉林大學 哲學社會學院 社會學系 編

學古房

일러두기

▶ 각 면담조사 자료의 순서는 면담 내용을 바탕으로 편저자가 배열한 것임.

▶ 본문 중 장(章), 절(節) 제목은 면담 내용을 바탕으로 편저자가 임의로 추출한 것임.

▶ 본 자료집에 등장하는 인명은 면담조사자와 공인을 제외하고는 모두 가명으로 처리하고 병음의 첫 문자로 대체하였음.

▶ 질문 부문과 답변 부분에 대해서는 각각 면담조사자의 성(姓)과 피면담자 (답변자) 성의 병음 첫 문자로 표시하였음.

▶ 자료 본문 중, 말줄임표 즉, ……은 대화 및 진술의 맥락에서 화자가 문장을 마무리하지 않았거나 대화 및 진술의 과정에서 자의 또는 타의에 의해 머뭇거리는 상황이 있었음을 표시하기 위해 삽입한 것임.

▶ 자료 본문 중, 괄호 안에 있는 말줄임표 즉, (……)은 조사항목과 직접적인 관련이 없거나 지극히 사적인 대화 등을 편저자가 편집과정에서 삭제하였음을 표시하기 위해 삽입한 것임.

『중국관행자료총서』 간행에 즈음하여

    한국의 중국연구가 한 단계 심화되기 위해서는 무엇보다 중국사회 전반에 강하게 지속되고 있는 역사와 전통의 무게에 대한 학문적·실증적 연구로부터 출발해야 할 것이다. 역사의 무게가 현재의 삶을 무겁게 규정하고 있고, '현재'를 역사의 일부로 인식하는 한편 자신의 존재를 역사의 연속선상에서 발견하고자 하는 경향이 그 어떤 역사체보다 강한 중국이고 보면, 역사와 분리된 오늘의 중국은 상상하기 어렵다. 따라서 중국문화의 중층성에 대한 이해로부터 현대 중국을 이해하고 중국연구의 지평을 심화·확대하는 연구방향을 모색해야 할 것이다.

    근현대 중국 사회·경제관행의 조사 및 연구는 중국의 과거와 현재를 모두 잘 살펴볼 수 있는 실사구시적 연구이다. 그리고 이는 추상적 담론이 아니라 중국인의 일상생활을 지속적이고 안정적으로 제어하는 무형의 사회운영시스템인 관행을 통하여 중국사회의 통시적 변화와 지속을 조망한다는 점에서, 인문학적 중국연구와 사회과학적 중국연구의 독자성과 통합성을 조화시켜 중국연구의 새로운 지평을 열 수 있는 최적의 소재라 할 수 있을 것이다. 중층적 역사과정을 통해 형성된 문화적·사회적·종교적·경제적 규범인 사회·경제관행 그 자체에 역사성과 시대성이 내재해 있으며, 관행은 인간의 삶이 시대와 사회의 변화에 역동적으로 대응하는 양상을 반영하고 있다. 이 점에서 이러한 연구는 적절하고도 실용적인 중국연구라 할 것이다.

『중국관행자료총서』는 중국연구의 새로운 패러다임을 세우기 위한 토대 작업으로 기획되었다. 객관적이고 과학적인 실증 분석이 새로운 이론을 세우는 출발점임은 명확하다. 특히 관행연구는 광범위한 자료의 수집과 분석이 결여된다면 결코 성과를 거둘 수 없는 분야이다. 향후 우리 사업단은 이 분야의 여러 연구 주제와 관련된 자료총서를 지속적으로 발간할 것이며, 이를 통하여 그 성과가 차곡차곡 쌓여 가기를 충심으로 기원한다.

2015년 2월
인천대학교 중국학술원
HK중국관행연구사업단
단장 장정아

편저자 서문

이 자료집은 중국 길림성에 소재한 타지역 관적(貫籍)의 상회 중, 광동(广东)상회와 하남(河南)상회에 대한 현지 면담조사 자료를 편집하여 편찬한 것이다. 이 조사는 인천대학교 중국학술원 중국·화교문화연구소 HK사업단과 중국 길림대학(吉林大学) 철학사회학원(哲学社会学院) 사회학과(社会学系)가 2013년 7월부터 2014년 8월까지 약 13개월에 동안 길림성 광동상회와 하남상회의 임원, 일반 회원 및 기타 관련자 35명을 대상으로 40회에 걸쳐 심층 인터뷰를 진행하는 방식으로 이루어졌다. 이 자료집에는 면담조사 자료 중 1차 자료로서의 가치가 높은 33회의 인터뷰 및 회의를 선별, 편집하여 그 내용을 원문의 형태로 수록하였다. 이 〈서문〉에서는 오늘날 우후죽순처럼 생겨나고 있는 수많은 형태의 민간조직 중 하나인 동향상회의 현황과 이에 대한 조사연구의 의의를 먼저 탐색한 후[1], 공동조사 작업의 기획 및 전개과정과 본 자료집의 구성 및 편찬 방식에 대해 소개하기로 한다.

1. 동향상회 연구의 배경과 맥락

개혁개방 이후 시장경제가 확산되고 국가가 사적 영역으로부터 점진적으로 철수하면서 중국에서의 국가-사회의 관계에 점진적인 변화가

---

[1] 이 부분은 졸고(拙稿) "당대 중국의 동향상회와 지역 거버넌스", 『중앙사론』 제40집의 내용을 부분적으로 수정, 변형한 것이다.

생겨났다. 경제와 사회 구조가 복잡해짐에 따라 계층 및 집단 간의 이해관계가 다변화되었으며, 각종 소유권 제도가 거듭 개편되면서 개인, 기업, 법인단체 등의 권리의식도 강화되었다. 이러한 변화는 흔히 민간조직 또는 비정부조직으로 불리는 사회조직이 출현하고 이에 따라 사회 영역이 양적으로 확대되는 배경으로 작용했다. 사회단체(社會團體), 민판비기업단위(民辦非企業單位), 기금회(基金會)로 대표되는 민간조직은 1980년대의 사회정치적 이완기와 후진타오 집권기에 집중적으로 증가하였는데, 민정부(民政部)에 등기하고 관련 기관에서 관리하는 조직의 수만 해도 2013년 말 기준으로 약 55만 개에 달한다.[2]

이 '새로운' 형태의 사회조직은 천안문 민주화운동을 경험한 이후 당과 정부, 그리고 학계의 주요 관심사로 부상했다. 천안문운동을 통해 그 존재와 정치적, 사회적 파급력을 목도한 당과 정부는 체제에 위협적일 수도 있는 단체들을 정리하고 다양한 종류의 사회조직들을 체계적으로 통제, 관리할 필요성을 인식했다. 이는 1989년 10월 「社會團體登記條例」(이하 「조례」)를 공포, 시행하고 민정부 산하에 사회단체관리사(社會團體管理司)를 설치하여 기존의 사회조직에 대한 대규모 정리정돈을 실시하고 통제를 강화하는 것으로 이어졌다. 이러한 통제정책은 1998년 파룬궁 집회와 민주당 창당 시도 이후에 더욱 강화되었다. 같은 해 「조례」를 수정하여 '주관부문'과 '업무주관단위'에 의한 이중관리체제와 전국성-지방성 조직을 구분하여 관리하는 분급관리체제, 그리고 동일 분야 내에서의 복수단체 설립을 금지하는 것 등을 골자로 하는 현행의 관리체계를 확립하였다.[3] 아울러, 1999년에는 사회단체관

---

2) 민정부의 "民政事業發展槪況"(1986-88), "民政事業發展統計報告"(1989-2009), "社會服務發展統計公報"(2010-2013) 참고. http://cws.mca.gov.cn/article/tjbg/?

3) 중국의 민간조직 관리 방식에 관한 국내의 주요 연구로는 안치영, 「현대 중국의

리사를 민간조직관리국(民间组织管理局)으로 변경하여 승격시켰는데, 이 조직개편을 전후로 하여 그간 혼란스럽게 사용되던 민간조직, 사회단체, 인민단체, 군중조직 등의 용어들도 조금씩 분별되어 사용되기 시작했다.[4]

당과 정부의 중점적인 통제관리 대상이 된 민간조직은 학술적 관심의 주요 대상으로도 떠올랐다. 시장화 발전에 따라 국가 영역이 점차 축소되고 사회 영역이 확대되는 과정에서 이들 다양한 형태의 민간조직이 중국의 국가-사회관계의 변화에 어떠한 영향을 미치는가와 관련해서였다. 1990년대 초 서구 학자들에 의해 촉발된 이 논의는 중국 민간조직의 반관반민(半官半民)적 속성을 중시하는 코포라티즘(法团主义) 모델과 서구적 시민사회의 형성가능성을 강조하는 시민사회(公民社会)론으로 양분되어 전개되었다.[5] 이 논의는 1990년대 후반 단웨이(単位) 체제의 해체에 따라 각종 서취(社区) 자치조직들이 생겨나고 2000년대에 들어 환경 등의 분야에서 NGO의 활동이 활발하게 이루어

민간조직 관리'」, 『中央史论』 35집, 2012; 유현정, 「중국 사회단체에 대한 통제 및 사회단체제도 규제완화 동향: 사회단체조례등기법을 중심으로」, 『국가전략』, 제18권 2호, 2012; 이동영, 「중국공산당의 사회조직 통제 방식의 변화」, 『대한정치학회보』 21집 2호, 2013; 정준호, 「중국 정부의 민간조직(民间组织)에 대한 관리유형 연구」, 『아태연구』 제18권 1호, 2011 등이 있다.

4) 중국의 현행 민간조직 관리 체계상, '민간조직'이 가장 상위의 범주이며 민간조직은 가끔 '사회조직'이라는 용어와 혼용되기도 한다. 민간조직에는 사회단체, 민관비기업단위, 기금회가 포함된다. '인민단체'는 중국인민정치협상회의에 참여하는 총공회, 부녀자연합회, 공상연합회 등의 8개 단체를 가리킨다. '군중조직'은 국가가 아닌 군중들이 자발적으로 결성한 조직이라는 느슨한 의미로 사용되기도 하지만, 농촌의 촌민위원회, 도시의 거주민위원회, 서취(社区)의 각종 서비스기구를 포함하는 '기층군중자치조직'의 줄임말로 사용되는 경우도 있다.

5) 1990년대 중국의 국가-사회관계 논의를 체계적으로 정리한 국내 연구로는 전성흥, 「중국의 국가-사회관계 연구」, 정재호 편, 『중국정치연구론』 서울: 나남출판사, 2000; 장영석, 「제7장. 중국 시민사회를 둘러싼 논쟁과 NGO 태동의 의미」, 『비교사회』, 2002 등이 있다.

짐에 따라 민간 자치 및 NGO에 관한 논의와 결합하여 더욱 복잡한 양상으로 전개되어 오고 있다.[6)]

국가-사회관계의 틀에 입각하여 민간조직을 다룬 초기의 연구들이 주로 거시적인 차원에서의 변화를 다룬 반면, 2000년대에 들어와서는 국가-사회의 함수 관계가 지역의 차원에서 어떻게 작동하는지에 대한 경험적인 연구들이 많이 생산되고 있다. 지역사회 차원에서의 국가-사회관계에 관한 논의가 증가하게 된 배경 요인들 중에서 주목할 만한 것으로는 다음 두 가지를 들 수 있다. 먼저, 사유재산의 범위가 확대되면서 경제적 이해관계가 분화되고 이에 따라 다양한 형태의 소규모 이익집단들이 많아졌다는 점이다. 특히 2000년대 들어 2007년「物权法」이 시행되기 전까지 재산권 관계가 명확히 규정되지 않은 상태에서 도시의 수많은 주택소유자들이 지방정부 및 부동산개발업체와의 관계에서 자신들의 권리를 지키기 위해 업주회(业主会)와 같은 자발적이고 자치적인 조직들을 결성하는 경우가 급증하였다. 또한, 단웨이 해체 이후 이전에 단웨이가 제공했던 사회복지 기능을 대신 제공하게 된 수많은 풀뿌리 서취 서비스 조직, 그리고 본문에서 살펴볼 동향상회를 포함

---

6) 2000년대 이후 중국 국가-사회관계에 대한 국내 학계의 논의로는 이남주, 『중국 시민사회의 형성과 특징』, 서울: 폴리테이아, 2007; 이남주, 「중국 시민사회의 발전과 시련」, 『아시아 저널』 제2호.(겨울), 2010; 김재관, 「21세기 '중국 특색의 시민사회'의 변화와 발전에 관한 탐구: 국가-사회관계의 변화를 중심으로」, 『민주주의와 인권』 제11권 1호, 2011; 전병곤, 「중국 NGO의 성장과 정치발전」, 『중국학연구』 제39집, 2007 등이 대표적인데, 기본적으로 시민사회론의 시각을 견지하고 있다. 대표적인 중국 내 연구로는 高丙中·袁瑞军 (编), 『中国公民社会发展蓝皮书』 北京: 北京大学出版社, 2008; 赵斌, 「市民社会抑或法团主义?---改革开放后中国国家-社会关系研究述评」, 『安徽史学』 第6期, 2013; 吴建平, 「理解法团主义---兼论其在中国国家与社会关系研究中的适用性」, 『社会学研究』 第1期, 2012 등이 있으며, 영미권 학계의 논의를 정리한 저서로는 Jonathan Unger, ed. *Associations and the Chinese State: Contested Spaces*, New York: ME Sharpe, 2008을 꼽을 수 있다.

한 각종 형태의 상회, 업종연합회, 협회 등과 같은 소규모 이익단체가 대거 출현한 것도 빼놓을 수 없다.

다음으로, 이러한 현상을 '거버넌스(治理)'라는 새로운 개념으로 설명하는 경향이 생겨났다는 것이다. 중국에서 '치리(治理)'라는 용어 자체가 신조어는 아니다. 그러나 이전에 이 용어가 단일한 권력 주체인 당-국가에 의한 다스림 정도의 의미로 사용되었던 것과 달리, 2000년대에 들어서서는 다원화된 주체의 협상을 통한 이익조정 및 정책결정의 구조 또는 과정의 의미로 사용되기 시작했다.[7] 이러한 의미의 '치리'는 1995년 글로벌 거버넌스 위원회가 정의한 '거버넌스'의 개념과 거의 동일한데, 이에 따르면 거버넌스는 "공적 또는 사적인 개인과 기관이 공통되는 문제를 관리하는 제 방식의 총화"이며 "서로 충돌하거나 다변적인 이해관계가 조정되고 상호 협력적인 조치가 취해지는 지속적인 과정"으로 정의된다.[8] 즉, 거버넌스는 특정 집단에 의한 통제와 관리가 아니라 다원적 주체들의 참여와 협조를 기초로 하고, 명령이나 강제가 아닌 협상과 설득을 특징으로 하는 동반자 관계를 기본적인 실천 방향으로 상정하는 것이다.

이렇게 다양한 형태의 풀뿌리 민간조직이 출현하고 지역사회에서의 거버넌스 과정에 관한 관심이 증대한 것은 거시적인 차원에서의 국가-사회관계, 보다 구체적으로는 당과 국가의 사회관리 방식의 전환과 긴밀하게 맞물려 있다. 주지하다시피, 중국 공산당과 국가는 1993년 이래

---

7) 이러한 용법의 '치리'는 1990년대 후반 소유구조 다변화에 따른 기업 의사결정 권한 및 과정의 역동성을 서술하기 위해 정치학 및 경영학 등의 분야에서 사용되기 시작했으며, 이후 2000년대 중반부터는 사회과학의 다른 분야는 물론 당과 정부의 정책 문건에서도 핵심적인 용어로 등장하기 시작했다.
8) The Commission on Global Governance, *Our Global Neighbourhood*, Oxford: Oxford University Press, 1995. p.4.

'사회관리(社會管理)'를 주요한 정치 담론의 기제로 활용해오고 있다. 이 개념은 특히 후진타오의 조화(和諧)사회건설론과 과학적발전관이 당론으로 채택된 이후 더욱 정교해지고 당-국가의 정치 아젠다에서 핵심적인 위치를 차지하게 되었다. 이 시기를 전후하여 사회관리를 '사회통치'가 아닌 '사회치리'의 관점에서 접근해야 한다는 주장이 강하게 제기되었는데,[9] 이러한 사회정치적 전환을 배경으로 지역사회 차원에서 민간조직의 역할과 위상이 새롭게 주목받기 시작한 것이다. 다원적 주체에 의한 공동치리, 즉 거버넌스를 통한 사회관리 모델은 이후 2010년 중공중앙 17기 5중전회의 핵심의제로 등장하기도 했으며, 2011년 3월에 발표된 「国民经济和社会发展第十二个五年规划纲要」에서는 국가의 핵심적 사업 목표의 하나로 격상되었다.[10] 이러한 전환은 시진핑 집권 이후에 보다 뚜렷한 양상을 보이고 있는데, 2013년 11월 중공중앙 18기 3중전회의 「关于全面深化改革若干重大问题的决定」에서는 '사회치리체제의 혁신'을 향후 국정 운영의 주요 과제의 하나로 규정하기에 이르렀다.[11]

물론 사회관리 방식 또는 거버넌스 체제에 대한 당-국가의 시각 전환이 그 자체로서 국가-사회의 역학 관계가 대등한 관계로 변화하고 있음을 의미하는 것은 아니다. 이 전환이 국가에 의해 추동되고 있을 뿐만 아니라, 여기에는 여전히 '국가가 사회를 관리한다'는 국가중심적인 구도가 전제되어 있기 때문이다. 그럼에도 불구하고, '사회'를 통치의 대상으로 간주하던 이전 시기와 달리, 비록 제한적이긴 할지라도, 그것

---

9) 예를 들어, 顾骏, 「社会问题需要社会治理」, 『解放日报』 2004-04-03; 孙晓莉, 「多元社会治理观念下的和谐社会构建」, 『学习时报』 2005-02-28 등.
10) 「国民经济和社会发展第十二个五年规划纲要」 제37-39장 참조.
11) 중공중앙 제18기 3중전회 「关于全面深化改革若干重大问题的决定」 중 十冬、创新社会治理体制.

을 거버넌스의 한 주체이자 동반자로 인식하기 시작한 것은 거시적이고 장기적인 차원에서의 국가-사회관계와 관련하여 의미심장한 전환임에는 틀림없다. 이후에 논의하는 바와 같이, 최근 10여 년간의 일련의 변화는 지역사회 차원에서 자발적이고 자치적인 다양한 형태의 민간조직들이 급속히 형성되고 성장해온 결과이자 동시에 민간조직 성장의 사회정치적 배경으로 작동해왔다. 동향상회는 이러한 국가-사회, 또는 국가-사회-시장 관계의 역동적 변화를 잘 드러내고 있다.

2. 민간조직의 한 형태로서의 동향상회

동향상회는 원적(原籍)이 동일한 사람이나 기업가들이 사업 또는 업무적 필요에 의해 원적지 이외의 지역에 거주하면서 자신들의 이익을 보호하기 위해 자발적으로 결성한 민간조직으로, 오늘날 중국에서는 '이지상회(异地商会)'로 통칭된다. 중국의 현행 민간조직 분류체계의 틀에서 볼 때 동향상회는 사회단체 범주 중에서 업종별사회단체에 해당한다. 동향'상회'라는 명칭으로 불리지만, 그 구성원의 측면을 고려하면, 상업관련 기업(인)뿐만 아니라 공업관련 기업(인)까지를 포함하는 동향 '상공업회'에 더 가깝다고 볼 수 있다. 원칙적으로는 기업 또는 기업체의 대표 자격으로서만 가입할 수 있으며 개인 자격으로는 가입이 허용되지 않는다.

다른 종류의 상회와 마찬가지로 상당수의 동향상회는 전국인민정치협상회의(이하 정협) 산하 인민단체의 하나인 전국공상연합회(全国工商联合会; 이하 공상련)에 가입되어 있다. 공상련은 상회를 행업(行业)상회, 향진(乡镇)상회, 가도(街道)상회, 이지(异地)상회 등으로 분류하고 있다. 자체 통계에 따르면 2014년 말 현재 공상련에 가입한 전국 현

13

(県)급 이상 상회는 36,981개이며, 이 중 향진상회와 행업상회가 각각 14,615개와 11,395개로 다수를 차지한다.[12] 이지상회, 즉 동향상회는 4,733개인데, 이는 공상련에 가입한 동향상회만을 포함한 것이며, 공상련의 상급기관인 정협은 2013년 9월 현재 실제 운영되고 있는 동향상회의 숫자는 1만 개를 상회할 것으로 추정하고 있다.[13]

전국공상연합회에 가입한 동향상회 개수 (2002-2014)[14]

연도	개수	증가율(%)	연도	개수	증가율(%)
2002	132	-	2009	1,779	38.0
2003	214	62.1	2010	2,535	42.5
2004	384	79.4	2011	3,345	32.0
2005	511	33.0	2012	3,983	19.1
2006	780	52.6	2013	4,001	0.5
2007	961	23.2	2014	4,733	18.3
2008	1,289	34.1			

공상련은 산하에 가입한 동향상회 및 기타 상회의 이익을 대변해주는 조직이며 이에 대한 직접적인 관리감독의 책무는 없다. 동향상회를 비롯한 모든 상회는 민간조직 관리감독 정책의 골자를 담고 있는 「社会团体登记条例」(1998)의 이중관리체계 규정에 따라 주관부문(主管部门)과 업무주관단위(业务主管单位)에 의해 이중의 관리감독을 받는다. 상회를 합법적으로 설립하기 위해서는 일종의 정치적 후원/보증 기관인 업무주관단위를 찾아 사전 심의를 받고 후원 승낙을 얻은 후, 각급 민정부문(民政部 또는 省民政厅)에 등기 절차를 거쳐야 한다. 관련 법

12) http://www.acfic.org.cn/web/c_000000010004/
13) http://cppcc.people.com.cn/n/2013/0906/c34948-22824200.html
14) 전국공상연합회 홈페이지(http://www.acfic.org.cn)의 '会员和组织发展情况' 중 2002-2014년 자료를 토대로 필자가 작성.

령에 따르면 모든 상회는 설립 이후에도 매년 활동 내역에 대해 두 기관으로부터 심의를 받고 등기존속 여부를 결정 받게 된다.

공상련의 조사에 따르면, 각급 행업상회의 평균 등기율은 53.6%(2011), 51.3%(2012), 66.4%(2013), 68.4%(2014)로 꾸준한 증가추세를 보이고 있다. 그러나 여전히 약 1/3은 등기를 하지 않은 상태인데, 하급행정단위, 즉 현급 조직인 경우 등기 절차를 밟지 않는 경향이 더욱 뚜렷하다. 민정부를 포함한 중앙 정부가 지속적으로 등기관리를 강조해오고 있고 2009년 국무원의 결정에 따라 등기 문턱이 현저하게 낮아졌다는 사실을 고려하면 2/3에 미치지 못하는 이러한 비율은 상당히 낮은 것이다. 이는 무엇보다도 규모가 작거나 정치적, 경제적 영향력이 작은 상회 및 민간조직의 경우 업무주관단위를 찾는 것이 매우 어려운데다, 정치적 부담 등으로 인해 많은 기관들이 업무주관단위로 후원하는 것을 꺼리기 때문이다.[15] 이러한 이중관리체제는 중국 민간조직의 성장과 발전을 가로막는 대표적인 요인이자, 많은 민간조직들이 등기를 하지 않고 '불법' 단체로 남아 활동하는 주된 요인으로 여겨진다.[16] 동향상회의 경우 등기율을 확인할 수 없으나, 그 비율이 행업상회와 유사하다고 가정할 때 약 2,800여개 정도가 등기한 것으로 추정해볼 수

---

15) 상회의 업무주관단위를 맡고 있는 기구로는 统战部、工商联、经济技术协作办(经济合作办、合作交流办)、招商引资局(招商局)、工业局、经贸局、贸易服务局、发改委、经济委员会、商务厅、扶贫办、侨办、经社联、驻外机构 등이 있는데, 각 성 및 시에 따라 규정이 다양하다. 2009년 국무원은 工商联에게 전국적 범위에서의 업무주관단위 자격을 부여함으로써 동향상회 및 상회의 행정적 등기 문턱을 낮춘 바 있다. 「民政部关于国务院授权全国工商联作为全国性社会团体业务主管单位有关问题的通知」(民发[2009]78号) 참조.

16) 상당수의 상회 및 동향상회는 민정 관련 부문에 등기절차를 거치지 않은 채 불법으로 운영되고 있다. 이를 흔히 '풀뿌리 민간조직'으로 칭하기도 하는데, 이에 관해서는 최정호, 「개혁개방 이후 중국의 '순수한' 민간조직 활동에 대한 사례 연구」, 『민주주의와 인권』 제11권 2호, 2009 참조.

15

있다. 정협의 추정대로 공상련에 가입하지 않은 조직을 포함하여 동향 상회의 실제 개수가 1만 개 이상이라면, 70% 이상의 동향상회가 여전히 비합법적인 상태로 운영되고 있다는 추론이 가능해진다. 이에 대해서는 추후에 더 논의하기로 하고, 먼저 동향상회의 출현 배경에 대해서 살펴보도록 하자.

중국 최초의 근대적 상회는 1902년 상하이에 설립된 상하이상회로 알려져 있다. 동향출신의 상인들에 의해 결성된 동향상회는 1905년에 처음 생겨났는데, 온주(溫州) 상인들이 결성한 온주상회가 분소를 개설한 것이 그것이다. 이들은 "상업을 보호하고 상업 정보를 공개한다(保卫商业、开通商情)"는 원칙하에 운용경비에 필요한 회비를 상업 규모에 따라 자진 납부하도록 규정했으며 현지 지역사회에서의 자선사업을 위해 자발적으로 기부금을 내도록 권고하였다.[17]

현대적 의미의 상회는 1990년대 중반에 출현했다. 남순강화 이후 사영경제가 급속히 팽창함에 따라 일부 사영기업가들이 인적 네트워크 확장과 정보교류의 차원에서 협회(协会), 연의회(联谊会), 경제발전촉진회 등과 같은 명칭으로 조직을 결성하고 활동했다. 당시만 해도 사영기업가들이 자신들의 이익단체로서의 상회를 결성할 수 있는 사회적 환경이 조성되지 않았기 때문에 상회라는 명칭을 사용하지 못했으며 조직구성도 느슨하고 관리도 체계적이지 않았다. 1990년대 후반 투자 및 시장 기회가 확장되면서 집단적 이해관계가 보다 중요해지자 일부 업종 중심의 상인/기업가들 사이에서 보다 강력한 조직형태인 '상회' 의식이 싹트기 시작했는데, 이에 따라 상당수의 기존 협회, 연의회 등이 보다 구체적인 설립취지와 체계적인 장정을 갖춘 상회로 전환하였

17) 张高陵, 「中国异地商会的渊源与现状」, 『中国商人』 第3期, 2011, pp.66-67.

다.[18]

동향상회 역시 행업상회와 유사한 배경 하에서 등장했지만, 다른 종류의 상회와 비교할 때 그 설립에는 더 많은 어려움이 뒤따랐다. 왜냐하면 '외지' 출신의 상인과 기업가들이 현지 상공업 부문의 기회를 잠식한다는 인식과 현지의 시장 질서를 흐트러뜨릴 것이라는 우려가 강했기 때문이다. 거기에 더해 응집력이 강한 동향출신 사영기업가들에 의한 조직이 정치화될 수 있다는 경계감도 작용했다. 동향상회 출현과 관련된 또 다른 특징은 특정 지역 출신에 의해 주도되었다는 점이다. 개혁개방 이후 처음 성립된 동향상회는 1995년 8월 28일 윈난성 쿤밍시에서 저장성 원저우 상인들이 세운 원저우총상회(温州总商会)로 알려져 있다.[19] 이후 1990년대에 설립된 동향상회의 대부분도 원저우 상인들에 의한 것인데, 이는 당시의 원저우 경제적 특징과 밀접한 관련이 있다.

상대적으로 시장경제의 발전 속도가 빨랐던 원저우시는 1990년대 중반에 이미 본원적 축적 단계를 넘어 확대재생산의 단계에 진입했다. 초기 자본축적 과정에서 원저우 상공인들은 회원에 대한 중개 서비스와 상호협력을 목적으로 하는 지역 및 업종 협회 형식의 사회조직을 결성하여 운영하였다. 1990년대 중반 이후 이들은 원저우에서의 민간상회 운영 경험을 타지에서도 적용하기 시작하기 시작했다. 원저우와 인근 지역에 대한 자본 투자가 포화상태에 이르자, 시정부와 당위원회는 원저우 상공업인들의 외부진출을 적극적으로 장려하고 타지로 진출한 상공업인과 단체를 적극적으로 지원했다.[20] 1995-97년 베이징 다훙먼(大

18) 张高陵, 앞의 논문, pp.68-69.
19) 쿤밍 원저우총상회 홈페이지 http://www.kmwzgcc.com/Index.asp
20) 陈剩勇·马斌, 「民间商会与地方治理: 功能及其限度---温州异地商会的个案研究」,

红门) 지역의 저장춘(浙江村) 철거 및 원저우쇼핑센터(溫州商城) 건립과 관련된 지원이 대표적인 사례이다. 이렇게 타지로 진출한 원저우 인들은 현지 공장과 전문시장을 결합하여 자본생산성을 향상시키는 이른바 '원저우 모델'을 통해 전국 각지에서 빠른 속도로 그 세를 확장해나갔다.[21] 여기에 더해 타지로 진출한 원저우 상인/기업가들의 동향상회 성립을 장려하고 재외 지역에서의 상회 규범화에 관한 문건을 발표하는 등 그 연결의 끈을 지속적으로 관리했다.[22] 원저우 동향상회는 계속 확장되어 2013년 9월 기준으로 원저우 시정부가 승인한 숫자만도 245개에 달하는데, 이는 전국 지시급(地市级) 이상 도시 중 원저우 상회가 설립된 도시가 77%에 달한다는 의미이다.[23]

원저우 상회의 뒤를 이어 다른 지역의 동향상회들도 생겨났다. 상대적으로 경제가 발전하고 충분한 자본이 축적된 저장성, 푸젠성, 광둥성 출신의 상공업인들이 결성한 상회가 그 뒤를 이었다. 동향상회는 외지 상공업인이 결성한 조직이라는 점 때문에 현지에 뿌리를 내리기가 쉽지 않았다. 개혁개방 이후 지방보호주의적 경향이 강화되고 호구제도가 작동하고 있던 상황에서 각 지방정부는 한동안 외지 기업과 상인을 경계하고 배척하는 경향을 보였다. 지방정부의 제한과 차별적 대우를 감내해야 했던 외지 상공업인들은 현지 시장을 개척하는 과정에서 지방정부와의 협상력을 높이기 위해 상회를 결성하여 공동 대처를 모색

『社会科学』第4期, 2007, pp.60-64

21) 베이징의 저장춘 사례에 대해서는 정종호, 「북경시의 도시재개발 정책과 북경 "동향촌(同乡村)"의 변화」, 『현대중국연구』제9집 2호, 2008; 원저우 모델에 대해서는 정종호, 「온주모델에서 신온주모델로: 북경 절강촌(浙江村) 사례를 중심으로」, 『중국학연구』제44집, 2008 참고.
22) 2000년 5월, 溫州市委, 市政府 「关于加强对外地温州商会工作指导的若干意见」; 2000년 7월, 市政府办公室 「关于加强在外温州商会规范化建设有关问题的通知」.
23) 李显, 「异地温州商会总数达245家」, 『溫州商报』2013.09.19.

했다.

시장개혁이 심화되면서 현지 정부의 배타적인 태도는 점차 바뀌어갔
다. 흔히 '금세공정(金税工程)'으로 불리는 분세제(分税制) 개혁 이후
재정자원 압박에 직면하게 되면서 이러한 변화가 보다 두드러졌다. 각
지 정부는 부족해진 지방의 세수(税收) 자원을 확충하고 지역경제를
활성화하기 위해 외부인의 투자와 외지 기업의 유치에 경쟁적으로 뛰
어 들기 시작했다. 전국 대부분의 지역에서 시장경쟁이 보편적인 현상
으로 자리 잡게 됨에 따라, 지방정부의 태도와 행위는 지역경제의 향방
을 가늠하는 중요한 변수로 등장하게 된 것이다. 이러한 변화는 '지디
피즘(GDPism)'으로 칭해도 무방한 새로운 풍토를 야기했는데, 지방정
부와 정부 관료의 업무 성과와 능력을 짧은 시간 내에 얼마나 높은
GDP 성장률을 올렸는지에 기반하여 평가하는 경향이 그 것이다.[24] 이
로 인해 투자유치(招商引资)가 각 지방정부의 핵심적 사업이 되었으며,
다양한 형태의 수많은 '경제개발구'를 설립하여 보다 우호적인 투자 및
산업 환경이 조성되고, 행정 관료들 사이에서는 '亲商, 富商, 安商, 利
商' 등과 같은 투자자 중심의 행정서비스 경향도 생겨나게 되었다.

2000년대에 들어 동향상회가 많은 지역에서 생겨나기 시작한 것은
이렇게 외부를 향해 투자 유치에 나서야 했던 현지 지방정부의 정책적
관심사와 타지에 진출하여 새로운 이윤창출 기회를 모색하고자 했던
원적지 상인들의 경제적 이해가 서로 합치한 결과이다. 최근에는 동향
상회의 원적지와 설립지가 다변화되는 경향을 보이고 있지만, 한동안
동향상회의 주요 배출지가 저장, 푸젠, 광동과 같은 남동연해 지역이었
다는 점은 어찌 보면 지극히 당연하다. 이른 경제성장의 대가로 배출지

---

24) 陈剩勇·马斌 앞의 논문, pp.64-66; 李强, 「多重属性共存: 基层异地商会运作分析」,
『中共广州市委党校学报』第4期, 2014, pp.63-64.

의 임금과 지대 등이 상승한 탓에 배출지 상공업인들은 축적된 자본을 가지고 타지로 눈을 돌려야 했기 때문이다.

내륙 현지 정부의 태도변화 등의 요인으로 인해 특정 지역 출신의 상공인에 의한 상회 설립 건수가 증가하자 공상련은 2001년부터 상공업관련 사회조직 통계에서 '이지상회(异地商会)'라는 하위 범주를 만들어 관련 자료를 게재하기 시작했다. '이지상회'라는 명칭이 어떻게 기원했는지를 확인할 수는 없으나, 이는 일상적으로 사용되던 '외지상회'와 '동향상회'를 대체하여 새롭게 아화(雅化)된 용어로 추측된다. 이러한 형태의 상회를 공식적으로 '외지상회'로 칭하지 않은 것은 '외지(外地)'라는 용어가 지닌 문화적 차별의 함의 때문이라고 추정해볼 수 있다. 또한 오랫동안 사용해온 '동향상회'라는 용어를 채택하지 않은 것은 사회주의중국 성립 이전에 존재했던 그것과 개혁개방 이후에 새롭게 생겨난 그것(이지상회)을 구별하기 위한 것으로 보인다. 이밖에 호구제도에 기반한 유동인구 통제가 사회관리의 주요 기제로 작용했던 당시의 상황도 반영되었을 것이다. 이어서 살펴보겠지만, 오늘날의 동향(이지)상회가 그 구조와 존립 근거의 측면에서 국가기관, 특히 양쪽 지방정부와 밀접한 관련이 있다는 점에서는 1949년 이전의 동향상회와 뚜렷한 차이가 있다. 그러나 설립 취지나 목적, 기본적인 운영 방식 등 여러 면에서 상당히 유사한 양상을 보이고 있다.[25]

---

25) 20세기 전반 중국의 상회에 대해서는 이병인, 「商会, 商会 네트워크와 近代 中国의 政治 变迁」, 『中国近现代史研究』 제44집, 2009; 박경석, 「中国东北地域의 传统 行会에서 '近代的' 商会 사이: '公议会'의 조직과 활동을 중심으로」 『中国近现代史研究』 제60집, 2013을 참고. 동향상회의 역사적 연속성에 대해서는 崔月琴·张冠, 「再组织化过程中的地缘关系---以地缘性商会的复兴和发展为视角」, 『吉林大学社会科学学报』 第4期, 2014을 참고.

3. 동향상회의 기능과 역할

1) 주요 기능 및 지방정부와의 관계

오늘날의 동향상회는 이중의 감입성(嵌入性; embeddedness)을 특징으로 한다. 먼저, 활동 공간의 측면에서 '외부'의 사람과 자본이 현지에 들어가 현지 지역사회의 한 부분으로 작동한다는 점에서 그렇다. 다음으로 전통적 사회관계의 원리가 경제 활동에 배어있다는 점인데, 동향상회는 혈연과 지연에 대한 의식이 핵심적인 기제로 작용하는 전통적인 '숙인(熟人)사회'적 특성이 현대적 시장경제 발전 상황에서 반영되어 나타난 것이다. 이러한 이중적 감입성은 다른 형태의 상회 및 민간 조직과 구별되는 동향상회 특유의 속성과 운영 방식이 만들어지게 된 저변의 요인으로 작용하고 있다. 동향상회가 현지 지역사회의 한 주체로 자리매김 되는 방식에 대해 살펴보기 전에 먼저 동향상회의 주요 기능과 역할을 중심으로 그 특성에 대해 살펴보도록 하자.[26]

동향상회는 창업지 현지에서 회원기업 및 회원들이 자발적으로 결성한 자치조직으로, 타지에서의 중요한 구심점으로 작용한다. 외적(外籍) 기업(인)으로서 사회적 네트워크와 정보습득 기제가 충분하지 않은 상황에서 동향상회는 정보교류의 중심지 역할을 담당하며 정보 비대칭성

---

26) 동향상회의 기능과 역할에 대해서는 다음 논문을 참고. 孙壮珍, 「异地温州商会的 生成机制---基于制度变迁理论的分析」, 『商场现代化』 第2期, 2008; 郁建兴·吕明 再, 「温州商会的兴起: 温州模式研究的政治社会学范式转型」, 『学术月刊』 第8期, 2004; 杨光飞, 「从'关系合约'到制度化合作: 民间商会内部合作机制的演进路径--- 以温州商会为例」, 『中国行政管理』 第8期, 2007; 秦诗立·岑丞, 「商会: 从交易成本 视角的解释」, 『上海经济研究』 第4期, 2003; 郁建兴, 『在政府与企业之间: 以温州 商会为研究对象』, 杭州: 浙江人民出版社, 2004; 李长文, 「异地商会管理体制: 现 状、问题及对策」, 『甘肃社会科学』 第5期, 2012.

을 해소하는 데 커다란 도움을 준다. 특정 업종의 최신 시장 동향, 신상품 및 유통망에 대한 정보 등을 포함하여 기업운영과 시장상황에 관한 유익한 정보를 교류하는 것은 물론, 정치적 변화와 행정적 절차를 포함한 기업 활동에 영향을 줄 수 있는 외적인 요인들에 대한 정보까지를 교류하는 핵심적 소통의 채널로 기능한다.

동향상회의 이러한 구심적 역할은 '동향'을 매개로 한 '숙인(熟人)' 관계로 맺어진 조직이라는 점에서 이들의 심리적 불안을 해소하고 정신적 버팀목을 제공하는 심리적 기능으로까지 확대된다. 동향상회의 틀 내에서 회원들은 공통의 지역 문화와 지역 방언 등을 통해 '집(家)'과 같은 정취를 느끼고 정서적 친밀감을 확보, 유지할 수 있다. 실제로 동향상회의 많은 회원들은 상회를 '친정(娘家)'으로 비유하며 자신들의 귀속성과 관련하여 1차적 준거로 삼는 경향이 있다. 이러한 동질감 때문에 동향상회는 현지인들이 결성한 상회에 비해 응집력이 훨씬 강한 것으로 평가되며, '동향'을 매개로 한 신뢰를 바탕으로 현지에서의 경제활동 방면에서도 동업관계로 발전하는 경우도 있다.

다음으로, 동향상회는 현지 지방정부와의 관계 속에서 회원 기업의 이익을 대표하는 기능을 담당한다. 앞서 GDPism에 대해 언급하면서 살펴보았듯이, 오늘날 지방정부는 정치적 수단을 통해 지역 이익을 최대화해야 하는 일종의 '행정적 대리인'으로서의 성격을 강하게 부여받고 있다. 이러한 지방정부와의 관계에서 동향상회는 개별 회원기업의 자격으로 지방정부에 요청할 수 없는 사안들, 예를 들어 공상 부문에의 등기, 토지 임대 및 용도 변경, 세금 우대, 시장 질서에 대한 정리정돈 등과 같은 필요 현안에 대해 이들을 대표하여 건의하거나 직접 담판하는 역할을 담당한다. 이 과정에서 지방정부와 동향상회 및 외지기업 사이에 공생관계가 만들어지고 친밀한 신뢰관계가 형성되기도 하며, 경우에 따라서는 부패 문제를 야기하기도 한다.

동향상회는 또한 기업과 정부, 그리고 정부와 정부 등 다중적 관계에서 중요한 연결고리를 담당하기도 한다. 동향상회와 연결되어 있는 정부는 창업지 지방정부만이 아니다. 앞서 언급한 바와 같이, 원적지 정부는 기업들의 타지 진출과 동향상회 설립 과정에서 커다란 역할을 담당한다. 상회 설립을 준비하는 과정에서 각 회원기업 및 회원들에 관한 공식자료를 주고받는 것을 포함하여, 창립대회 그리고 설립 후 상회 운용과정에 이르기까지 창업지 정부는 물론 원적지 정부의 지원과 협조를 얻어야 한다. 따라서 동향상회는 현지와 원적지 정부 양쪽과 지속적이고 친밀한 관계를 유지해야 하는데, 이 과정에서 양쪽 정부 관료들을 서로 연결시켜주는 교량 역할을 담당하기도 한다.

원적지와 현지와의 관련된 이러한 이중성과 관련하여 오늘날의 동향상회가 양쪽 정부에 의해 이중으로 관리감독을 받고 있으며 과도한 간섭으로 인해 자율성이 미약하다고 해석하는 학자들도 있다.[27] 행정적인 관리의 측면만을 볼 때 동향상회가 이중의 관리를 받고 있는 것이 사실이다. 먼저, 원적지 정부는 상회 회원들의 호적을 관리하고 있을 뿐만 아니라 본지 도시 명의의 동향상회들을 지속적으로 모니터링 한다. 이는 '한 곳에 하나의 동향상회(1地1会)'[28] 원칙에 따라 원적지 정부가 인준한 상회만이 원적 도시 명칭을 사용할 수 있도록 규정한 현행 관리체제와 관련된 것이기도 하다.[29] 또한, 현지 정부는 국가의 '이

27) 李长文, 앞의 논문; 李建琴·王诗宗, 「民间商会与地方政府: 权力博弈、互动机制与现实局限」, 『中共浙江省委党校学报』 第5期, 2005.
28) 2003년 민정부 「关于异地商会登记有关问题的意见」(民办函[2003]16号)의 규정.
29) 푸젠성에 원적을 둔 197개의 동향상회를 대상으로 한 설문조사에 따르면, 원적지와 창업지 양쪽의 정부 기관으로부터 비준을 받은 상회는 전체의 약 40%에 불과했으며, 둘 중 어느 한쪽으로부터만 비준을 받은 상회는 60%에 달했다. 李长文,

중관리체제' 원칙에 따라 민정 부문과 업무주관단위가 수행하는 연례 심의와 같은 행정적 방법 등을 통해 동향상회의 존속을 포함한 여러 분야에서 상당한 영향력을 행사할 수 있다. 아울러, 동향상회가 순수한 민간조직임에도 불구하고 현지 정부의 관련 부문에서 회장 후보를 지정하는 관행도 여전히 남아있다. 관련 정부 기관이 이렇게 회장후보를 지정하는 것은 정부와의 친밀한 관계를 유지하고 우호적인 정책 환경을 조성하는 데 유리하지만, 상회의 자주성과 민간적 속성을 현저하게 훼손하는 것임에는 틀림없다.

그러나 행정관리체제와 정치적 간섭의 측면을 넘어 동향상회가 지역사회에 참여하는 실제적인 양상을 살펴보면, 원적지 및 현지 정부와 동향상회의 관계가 반드시 위에서부터 아래로(自上而下) 일방적으로 관리되는 통제-피통제의 관계로 보기에 어려운 측면들이 발견된다. 앞서 언급한 원적지 정부와의 관계를 다시 살펴보면, 원적지 정부는 통제관리의 목적 이외에도 동향상회와 지속적인 관계를 유지하기를 원하는데, 왜냐하면 타지에 진출한 본적지 상공업인들이 많은 이윤을 창출한후 일정한 시점에 다시 원적지로 돌아와 투자하기를 바라기 때문이다.[30] 즉, 상회는 원적지 지방정부의 입장에서 보면 그들이 다시 친정으로 돌아오게 하는 하나의 끈으로 작용하는 것이며, 이러한 차원에서의 상회는 더 이상 단순한 관리통제의 대상이 아니라 우호적 관계와설득 및 협상의 대상인 것이다.

앞의 논문, p. 237.

30) 실제로 푸젠성 및 산하 시 정부는 2004년 '해협서부경제구발전전략'이 채택된 후, 타지에 진출한 동향기업들의 복귀를 '회귀공정(回归工程)'이라는 명칭 하에 공식적으로 추진한 바 있다(王红梅, 「异地商会发展中体现的官商关系---以福州异地商会为例」, 『江苏商论』 第7期, 2010. p.41).

2) 현지화 전략과 지역 거버넌스

동향상회가 지방정부와의 관계에서 일방적 통제관리의 대상이 아닌, 수평적 상호작용의 한 축으로 작용하는 양상은 실제적인 활동무대인 창업지에서 보다 잘 드러난다. 이들은 현지에 착근하기 위해 노력하는 과정에서 정치적, 사회적 자원이 빈약한 한계를 극복하기 위해 다양한 전략을 구사하는데, 그 전략들은 지방정부의 취약한 공공 기능을 보충하는 방식을 통해 현지 사회운영 과정에서의 한 주체로서 자리매김하는 방식을 취하고 있다. 동향상회가 현지화 과정에서 지역 거버넌스 참여하는 양상은 크게 조직 내부의 질서 관리, 정치적 제도를 통한 참여, 그리고 사회활동을 통한 여론 조성으로 나누어 살펴볼 수 있다.[31]

먼저, 상회 자체의 운영 및 내부 관리와 관련하여 공적 질서 유지를 담당하는 방식이다. 동향상회가 같은 지역 출신의 상공업인으로 구성되어 있다 하더라도, 상회 구성 기업 및 기업인들의 성격과 이해관계에 따라 내부적으로 사적인 질서가 형성되기 마련이다. 이에 따라 내부 정치가 통일적이지 않고 다원화되어 있으며, 때로는 하위집단별 이해관계가 상충하여 내부적 모순과 분쟁이 많이 발생한다. 이러한 갈등은 업무주관단위를 어느 기관으로 선정할 것인가의 문제에서부터 나타나기 시작하여, 회장 선거 과정과 비서장 선출 등의 문제, 그리고 회원 기업들의 업종 및 성향, 회원기업 대표의 개인적 네트워크 등의 문제와 관련하여 더욱 확대되기도 한다. 현지 기업과의 경제활동 과정에서 계약

---

31) 이 세 가지 참여 양상은 다음의 연구를 정리한 것이다. 陈剩勇·魏仲庆, 「民间商会与私营企业主阶层的政治参与---浙江温州民间商会的个案研究」, 『浙江社会科学』第5期, 2003; 江华, 「民间组织的选择性培育与中国公民社会建构---基于温州商会的研究」, 『马克思主义与现实』第1期, 2008; 李强, 「多重属性共存: 基层异地商会运作分析」, 『中共广州市委党校学报』第4期, 2014.

및 시장질서와 관련된 갈등도 매우 빈번하게 발생하는 분쟁의 주요한 요인으로 작용한다.

이와 같은 상회 회원(기업)간의 내적, 또는 대외적 분쟁은 분쟁당사자 상호간에도 시간과 비용 부담이 큰 법적 소송의 방식으로 해결하기도 어려운 데다, 공식적인 조해(调解) 기구에 의한 공공서비스가 제공되지 않는 경우에는 마땅히 해소할 만한 기제가 없는 게 사실이다. 이에 따라 일부 동향상회에서는 지방정부의 공공서비스 기제의 결여를 보충하는 장치들을 만들어 운영해오고 있는데, 매우 효과적인 것으로 평가된다.[32] 이러한 성공적인 개입에 이어, 최근에는 규모가 큰 동향상회 산하에 업종별 조정위원회는 물론 지방정부와의 협조하게 조해위원회를 설치하여 타지 출신 및 현지 기업과의 갈등과 분규를 조정하는 역할을 담당하기도 한다.[33]

이밖에도, 동향상회는 회원 기업에 대한 서비스 및 보호 기능을 강화하는 차원에서 준공공적인 융자 및 신용담보체제를 발전시키기도 한다. 타지에 진출한 중소기업이 현지 금융권으로부터 신용대출을 받고자 할 경우 신용담보 및 보증 기관을 구하지 못해 많은 어려움을 겪는데, 동향상회의 차원에서 투자담보회사를 설립하거나 상회 자체의 차원에서 일정한 기금을 마련하여 소액 규모 중심으로 회원들이 필요로 하는 급전을 알선해주는 경우도 있다.[34] 이러한 활동은 기본적으로 회

---

32) 대표적이고 선구적인 사례가 시안(西安) 원저우상회이다. 이 상회는 자체 내에 권익보호부를 설치하고 회원들이 납부한 회비를 바탕으로 현지 출신의 변호사를 고용하여 지방 정부부문과 적극적으로 소통하여 원저우 상인이 관련된 분규를 적극적으로 조정했다. 1995-2004년 기간 동안 상회의 권익보호부를 통해 60여 건의 분규를 해결했으며, 이로 인해 1천만 위안 이상의 손실을 방지했다(陈剩勇·马斌, 앞의 논문, p.63).

33) 「厦门首个异地商会人民调解委员会成立」, 『福建日报』 2012.05.22; 「宁波十个行业协会(商会)成立人民调解委员会」, 『中国宁波网』 2014.11.16.

원 기업에 대한 서비스 차원에서 진행되는 것이지만, 지역경제의 차원에서는 금융권의 경직된 제도를 에둘러 보충하는 창의적인 방법으로 간주되기도 한다.

지방정부의 행정적, 제도적 공백을 보충하는 방식으로 지역사회에 참여하는 것 이외에, 동향상회는 보다 직접적이고 정치적인 방식으로 지방정부의 공공정책 결정에 참여하기도 한다. 그 하나는 회장 등 상회를 대표하는 유명인사와 현지 정부 지도자와의 비공식적 관계를 통해 상회 회원의 이익을 반영하고 지방의 정책결정에 영향을 미치는 방식이다. 일반적으로, 회장은 회원 기업 중 인지도가 높은 대규모 기업의 대표 중에서 선거를 통해 선출된다. 이들은 기업에 대한 사회인지도를 배경으로 현지의 명예시장이나 정부 특정 부문의 고문을 담당하기도 하며, 지방 당위원회나 정부의 행사에 귀빈으로 참여하는 방식 등을 통해 지역사회 의사결정 구조에 직간접적인 영향력을 행사한다. 이와 관련된 방식이 현지 정부의 전·현직 고위관료를 상회의 명예회장이나 고문, 비서장 등으로 앉혀 현지에서 상회 활동의 정당성을 확보하는 방식이다. 이는 특히 상회와 같은 체제외적인 민간조직의 발전이 더딘 지역에서 동향상회가 정치적으로 합당하다는 것을 증명해야 하는 상황에서 매우 효과적인 방식으로 동원된다.[35]

보다 합법적이고 제도적인 채널을 통해 지역사회의 의사결정의 일원

---

34) 2007년까지 원저우 상회 독자적으로 설립한 투자담보회사가 10여 개에 달하며, 쿤산 원저우 상회의 경우, 설립 2개월이 채 안 돼 20억 위안의 예치금을 모집했다고 한다(「商会投资担保公司兴起」, 『溫州商报』 2007.11.09). 전국적 차원에서의 통계는 찾을 수 없으나 개별 동향상회의 담보회사 설립에 관한 기사는 셀 수 없이 많다.
35) 지방의 현직 관료가 상회의 고문 등의 역할을 겸직하는 것에 대해서는 각 지방마다 규정이 다르다. 광둥, 푸젠, 상하이, 장쑤 등과 같이 시장경제와 민간조직이 일찍 발전한 지역에서는 겸임을 금지하고 있으며, 광시와 구이저우 그리고 베이징 등은 별다른 금지 규정이 없다.

으로 참여하는 방식도 있다. 상회의 회장 또는 부회장이 지방 인민대표와 정치협상위원으로 선출되어 지방 인대와 정협에 참여하는 방식이다. 이들은 현지의 인민대표/위원 자격으로 양회를 비롯한 각종 공식 회의에 참여하여 질문이나 제안의 형식을 통해 동향상회의 이익을 대변할 수 있는 현지 지방정책을 수립하도록 유도하는 데 커다란 역할을 담당하기도 한다. 이러한 현상 역시 원저우 상회에서 특히 현저한데, 2009년 기준 타지에 있는 원저우 출신 사업가 중 지시(地市)급 이상의 인민대표와 정협 위원의 숫자가 300명 이상이고 현급 이상은 수천 명에 달한다.[36)]

동향상회의 현지화 전략 중 빼놓을 수 없는 것이 사회공익사업을 통해 우호적인 여론을 조성하는 것이다. 이는 동향상회 및 소속 기업들이 현지사회의 일원으로 인정받고 지역 거버넌스 과정에 참여하는 것의 정당성을 확보하는 데 관건이 되는 사항이기도 하다. 필자가 방문한 모든 동향상회의 인터넷 홈페이지에는 해당 상회를 소개하는 글에서 현지에 얼마를 투자했는지, 세금을 얼마나 납부했는지, 몇 명의 고용을 창출했는지 등과 같이 현지사회에 대한 경제적 기여와 함께 상회가 주도해온 공익사업의 목록들이 열거되어 있다. 여기에는 현지 및 동향 출신 학생에 대한 장학금 전달, 희망소학교 설립, 학자금 대출 중재, 홍수 방재기금 출연 등과 같이 현지 지역민들의 일상과 관련된 다양한 활동들이 망라되어 있다. 이러한 공익활동을 현지 언론을 통해 보도하면서, 이들은 '제2의 고향'인 현지에서 사회적 책임을 다하고 있음을 적극적으로 홍보한다.

---

36) 「增强在外溫州人凝聚力: 溫州創新發展異地商会」, 『浙江在线新聞网站』 2009.06. 08; 「漳平市首次到异地商会拍摄人大代表, 政协委员风采录」, 『漳平市工商联』 2013. 12.23.

이러한 전략은 현지 시민들과의 친밀한 관계를 만드는 데 도움을 줄 뿐만 아니라, 지역사회의 여론과 사구(社区), 제품 소비자 등 동향상회 소속 기업의 이익과 관련된 사람들에게 직간접적인 영향을 미친다. 이 것은 또한 정부 정책에도 영향을 미쳐 회원(기업)에게 유리한 정책적 결정을 이끌어내기도 한다. 예를 들면, 회원 기업 직공들의 자녀들이 현지 학교에 취학할 수 있도록 하는 것이나, 더 나아가 회원 기업에 고용된 농민공 자녀들에게까지도 현지 학교 취학의 길을 열어주는 것 등이다.[37] 동향상회가 이렇게 사회공익사업에 관심을 기울이는 근본적인 동기는 "착한 일을 해야 번창한다(做善事, 才兴旺)"와 같은 일부 상회의 신조에서 드러나는 것과 같이 경제적 이익을 추구하는 것이다.[38] 그러나 현지에 정치적, 사회적 기반이 적은 이들에게 그 궁극적 이익은 이념적 이익, 즉 지역사회에의 참여와 그로부터 동반자라는 인정을 얻음으로써만 가능한 것이다.

4. 동향상회의 확산과 국가–사회관계의 함의

전통적 사회관계의 원리를 자양분 삼아 생겨난 동향상회는 현지 지역사회에 감입(嵌入)되어 그 안에서 뿌리를 내리고 성장해오고 있다. 여기에 더해 그것은 다양한 전략적 행위를 통해 지방 정책결정에 참여하며 지역 거버넌스 과정의 한 주체로 자리를 잡아가고 있다. 이러한 동향상회의 작동방식과 위상 변화 과정은 당-국가가 사회를 관치와 통치의 대상으로 보던 시각에서 벗어나 관리의 대상으로 보고 더 나아가

---

37) http://goo.gl/ldcJB7; http://goo.gl/t9FiWY
38) 周怡, 「有信仰的资本---温州民营企业主慈善捐赠行为研究」, 『社会学研究』第1期, 2014.

사회치리(社會治理)를 강조하며 사회를 거버넌스의 대상으로 간주하기 시작한 거시적 변화의 궤적과 맞물려 있다.

최근 폭넓게 회자되고 있는 '사회치리체제 혁신' 담론이 당-국가에 의해 주도되고 있고 또한 여전히 '사회관리'라는 상위의 구도 하에서 전개되고 있다는 점에서, 이것을 진정한 의미에서의 거버넌스, 즉 국가와 사회가 동등한 자격으로 소통과 협상을 통해 현안을 해결해가는 방식을 실현하기 위한 것이라기보다는, 당과 국가가 보다 더 합리적인 사회관리 방식을 통해 안정적인 통치를 유지하기 위한 통치 전략으로 파악하는 시각도 존재한다. 이러한 시각 하에서는 최근 10여 년간 거버넌스 담론이 확산되고 다양한 형태의 민간조직들이 대거 출현하고 있는 현상에 대해 '새를 가두어 놓고 있는 새장이 더 커졌을 뿐'이라고 해석할 수도 있겠다.[39]

그러나 지극히 추상화된 국가, 사회의 틀에서 벗어나 지역사회의 차원으로 들어가면, 다양한 국가 기구들의 구체적 형태(예를 들어, 지방정부)와 수많은 민간조직의 구체적 형태(예를 들어, 환경 NGO나 동향상회)가 완전한 수준의 동등한 관계는 아닐지라도 상당한 정도의 거버넌스 관계를 발전시켜 오고 있는 무수한 사례들을 찾아볼 수 있다. 지역차원에서 이렇게 부문과 사안에 따라 거버넌스 관계가 발전할 수 있는 이유는 무엇보다도 포괄적 실체인 국가와 달리 지방차원에서 국가의 대리인이자 행위자(agent)로 작용하는 각종 정부기구들이 그들이 처한 정치경제적 구조와 환경 하에서 이해관계의 영향을 받는 구체적인 행위자로 기능하기 때문이다. 이와 동시에 민간조직 또는 비정부기구

---

39) Steve Tsang은 중국 공산당과 중국의 시민사회와의 관계를 '새장속의 새'로 비유한 바 있다. Steve Tsang, "Consultative Leninism: China's new political framework", *Journal of Contemporary China* 62(18), 2009, p.874.

로 대표되는 사회 역시 지역사회의 차원에서는 때로는 이해관계가 충돌할 수도 있는 다원적인 집단들로 존재하고 기능하기 때문이다.

그렇다면 지금까지 살펴 본 동향상회와 같이 자발적으로 형성된 이익집단이 확산되고 있는 현상이 코포라티즘론과 시민사회론으로 양분되어 진행되고 있는 중국의 국가-사회관계 논의와 관련하여 시사하는 점은 무엇일까? 아주 간단히 살펴보기만 해도, 상회와 같이 사영기업가들에 의해 형성된 조직에서 시민사회의 맹아적 형태조차 발견하기란 불가능해 보인다. 그것이 업종별 상회이든 동향상회이든, 경제적 이익 추구를 목적으로 생겨난 이러한 상회 조직에 NGO라는 명칭을 달아주는 것도 어색하기 그지없다.[40] 먼 훗날 상황에 따라 달라질 수도 있겠지만, 현재의 단계에서 이들의 목적은 국가 권력을 견제하거나 국가와 독립된 영역을 구축함으로써 달성될 수 있는 게 아니라 오히려 국가와의 관계를 좁히고 그들의 존재를 제도적으로 인정받음으로써 달성될 수 있음은 부정할 수 없는 사실이기 때문이다.

이러한 이유로 인해 동향상회와 관련된 현상은 코포라티즘의 주장을 뒷받침하는 사례로 비쳐질 수도 있겠다. 특히 앞서 살펴본 동향상회가 지방 인민대표회의나 정협과 같은 정치·입법 기구에 참여하거나 인사를 매개로 지방 정부와 유착함으로써 지역 거버넌스의 한 축으로 자리 잡아가는 과정은 사회에 대한 국가의 우위와 통제를 전제로 하는 이들

---

40) 당대 중국의 NGO의 발전과 시민사회 형성에 관한 논의에서 주의해야 할 점 중의 하나는 시민사회론자들이 전거로 삼는 NGO와 중국 정부가 규정하는 NGO의 외연과 내포가 많이 다르다는 점이다. 중국 정부는 공청단(共靑团)과 총공회(总工会) 등을 포함하여 앞의 도표1에서 제시한 모든 형태의 민간조직에 대해 영문으로 Non-Governmental Organization(NGO)로 표기하고 있다. 이때의 NGO는 단순히 정부 조직이 아니라는 의미에서이지 시민사회의 기반으로서의 NGO가 아니다. 따라서 중국의 NGO와 관련된 통계 수치를 활용할 때는 별도의 세심한 주의가 필요하다.

주장의 전거로 활용될 수도 있을 법하다. 그러나 이러한 상회조직은 '공회'를 비롯한 대부분의 경제조직과 달리 국가의 기획 하에 '위에서부터 아래로(自上而下)'의 방식에 의해 설립된 것도 아니며, 그 설립 취지와 작동 방식의 성격상 정부 조직이 사회 영역으로 확산된 형태도 아니다. 상회조직의 이러한 특성 때문에 코포라티즘 시각을 고수하는 일부 학자들은 이러한 현상을 '특수한 법단주의'로 지칭하거나, 동향상회가 지방정부의 경제적 목적에 의해 형성되었다는 점과 지방정부의 지속적인 통제 하에 운영되고 있다는 점을 들어 '지방성 법단주의'로 규정하기도 한다.[41]

그러나 이들이 간과하고 있는 점은 2000년대 들어 우후죽순으로 생겨나고 있는 시급, 현급 동향상회는 2003년 민정부에서 동향상회의 설립과 운영에 관하여 규정한 핵심적인 원칙들, 즉 성(省) 민정부에 등기해야 하고, 한 곳에 하나의 동향상회만 설립할 수 있으며, 개인 회원의 가입을 불허하고, 동향회로의 전환을 금지한다는 원칙들을 정면으로 어기면서 운영되고 있다는 점이다. 게다가, 공상련이 파악하고 있는 동향상회의 숫자가 정협이 추산하는 숫자의 반에도 훨씬 미치지 못하며, 공상련이 파악한 동향상회 중에서도 등기 문턱이 급격하게 낮아진 2009년 이전까지 민정 부문에 등기한 상회가 1/3에 불과했으며 현재에도 2/3에 미치지 못하고 있는 것으로 추정된다. 이러한 사실은 동향상회와 같은 자발적인 이익집단의 팽창을---그것이 국가주도형이든, 사회주도형이든---코포라티즘의 확산으로 해석하는 것이 과연 얼마나 실증적인 근거에 입각한 것인지 의구심을 들게 하기도 한다.

이와 함께 주목해야 할 점은, 정책과 법령을 어기면서 동향상회와

---

41) 徐建牛, 「地方性国家法团主义: 转型期的国家与社会关系---基于对大涌商会的个案研究」, 『浙江学刊』 第5期, 2010.

같은 풀뿌리 민간조직이 급속하게 증가하는 현상에 직면하여 당-국가는 오히려 사후적인 제도 완화의 방식으로 이들을 체제 안으로 편입시키고자 노력하고 있다는 점이다. 실제로 민정부는 2009년부터 성급 등기원칙을 수정하여 시급 행정 부문에의 등기를 허용하기 시작했다. 이에 따라 시급 동향상회 숫자가 급속히 증가하고 있으며, 기존의 시급 동향상회들이 현급 상회로 분화하는 경향을 보이고 있다. 또한 2013년 제12기 전국인대 1차 회의에서는 동향상회와 행업상회와 같은 상회조직과 자선조직, 과학기술조직, 도시와 농촌의 셔취 서비스 기구에 대해서는 업무주관단위의 동의 없이 직접 독자적으로 민정 부문에 등기하는 것을 허용하였다.[42] 이러한 일련의 전환과정은 추상적인 차원에서 당-국가나 사회조직 중 어느 한 쪽의 주도권을 상정하는 것보다 양자의 상호주관적이고 역동적인 관계에 분석의 초점을 맞추는 것이 필요하다는 점을 상기시켜준다.

동향상회와 행업상회를 포함한 경제적 이익단체들이 급속히 확산되는 양상은 기존 중국의 국가-사회관계 논의의 대립적 축을 형성해온 코포라티즘론과 시민사회론 그 어느 모델에도 완전히 부합하지 않는다. 이를 '특수', '지방성'과 같은 접두어를 덧붙여 변형적인 여러 하위 모델을 정립하려는 시도도 있지만, 이 역시 (무)의식적으로 두 모델 중 어느 하나에 귀납시키려는 이론적 관성에서 크게 벗어나 있는 것 같아 보이지는 않는다. 어떤 면에서 이러한 관성은 상회와 같은 풀뿌리 이익단체에 대한 경험적이고 실증적인 연구가 충분히 축적되지 않은 데서 연유하는 것이기도 하다.

---

42) 「第十二屆全国人民代表大会第一次会议关于国务院机构改革和职能转变方案的决定」(2013.03.14).

5. 자료집 편찬의 취지와 구성

1) 자료집 기획 및 편찬 취지

이 자료집은 좁게는 개혁개방 이후 새로운 민간조직 형태로서의 동향상회의 작동 기제와 특성을 규명하고, 넓게는 시장경제의 발전과 함께 재편되고 있는 국가-사회관계의 동학을 조명하고자 하는 취지에서 편찬되었다. 앞서 살펴본 바와 같이 오늘날 민간조직의 정치적, 사회적 중요성이 부각됨에 따라 최근 국내의 중국학계에서도 이에 관한 논의가 활발하게 진행되고 있다. 이러한 연구들은 중국과 영미의 중국학계에서 논의된 바의 요체를 비판적으로 소개하고 있으며, 또한 당과 정부에서 발행한 1차 문건들을 중심으로 민간조직 정책의 개요와 변화 과정을 체계적으로 정리하고 있다는 점에서 그 학술적 가치와 의의는 높게 평가되어야 할 것이다.

그럼에도 불구하고, 민간조직과 국가-사회관계 등에 관한 국내 학계의 논의가 한층 더 발전하기 위해서는 기존 연구의 방법론적 경향, 즉 당-국가 중심적인 접근이나 국가-사회의 이분법적 틀에 기반한 접근을 넘어선 새로운 방법론을 지향해야 할 필요가 있다. 다시 말하면, 사람, 즉 중국의 인민을 단순한 관리 또는 통제의 대상으로 파악하는 것이 아니라 그들의 능동성에 주목하는 한편, 당-국가를 포함하여 현실 과정에 참여하는 다양한 형태의 행위자들 간의 역동적인 상호작용을 통해 실재가 구성되는 중층적인 양상에 대해 탐구하는 것이 필요하다는 것이다. 이러한 연구를 수행함에 있어 1차 문헌자료의 발굴과 수집, 참여관찰, 심층면담 등을 포함하는 현지조사 방법이 필수적이자 효과적이라는 데에는 이론의 여지가 없을 것이다.

인천대 중국학술원 인문한국(HK) 중국관행연구사업단은 이러한 문제의식 하에 본 자료집 편찬을 기획하였다. 인천대 HK사업단은 HK사업 제2단계의 핵심적인 조사연구 사업의 하나로, 명문화된 국가의 법률 및 정책과 때로는 충돌하기도 하고 때로는 일치하기도 하는 중국의 민간 공동체의 관행이 시장경제체제가 일반화된 오늘날 어떠한 양상으로 드러나는지를 살펴보기 위해 중국 민간조직에 대한 조사와 연구를 수행해왔다. 사업단은 사전 조사 작업을 통해 다양한 민간조직 중에서도 동북 지역의 동향상회가 지니는 중요성에 주목하여 길림성 동향상회를 중점적인 조사 대상으로 선정하였다. 시장경제가 뒤늦게 발전하기 시작했고 타 지역에 비해 여전히 국가의 영향력이 상대적으로 강하게 관철되고 있는 동북 지역에서 타지 출신의 기업 및 상공업인들로 구성된 동향상회는 "관행의 현재적 재구성"이라는 2단계 조사연구사업은 물론, 오늘날의 국가-사회-시장 관계에 대해 많은 점을 시사할 것이라는 판단에 따른 것이다.

2) 길림성 동향상회 면담조사 과정

인천대 HK사업단은 심층 조사연구 대상을 잠정적으로 확정한 후, 1단계사업 과정을 통해 축적된 중국 현지의 네트워크를 활용하여 현지 실정에 밝고 조사연구 역량이 뛰어난 협력 기관을 물색하였다. 복수의 연구기관과 접촉하고 조사연구 역량에 대한 검토를 거쳐, HK사업단은 중국 동북 지역의 명문대학이자 당대 중국의 민간조직 전문가인 추이웨친(崔月琴), 둥윈성(董运生) 교수와 중국 사회학계에서 학술적 명망이 높은 톈이펑(田毅鵬) 교수가 재직 중인 중국 길림대학(吉林大学) 사회학과를 공동 조사연구 기관으로 선정하였다. 곧이어 인천대 HK 사업단의 장호준(현, 한국방송통신대학교), 손승희 교수와 길림대 사회학과의 추이웨친, 둥원성 교수를 중심으로 한 실무전담팀을 구성하고 본격적인 준비 작업에 착수하여 2013년 4월 공동조사연구에 관한 양해각서와 조사용역에 관한 계약을 체결하였다.

본격적인 면담조사에 앞서, 인천대 HK사업단은 수차례에 걸친 내부회의를 통해 면담조사의 질문 항목을 확정하였다. 길림성 동향상회 면담조사 내용을 통해 사회 분야에서의 "관행의 현재적 재구성" 양상을 효과적으로 파악할 수 있도록 질문 항목을 체계화, 세분화하였으며, 길림대 교수들의 자문을 거쳐 그 내용을 부분적으로 수정하였다. 질문지는 상회 지도층이 길림성 및 원적지의 당·정부 기관과 상대적으로 밀접한 관계를 유지하고 있다는 점을 고려하여 각각 상회 지도층과 일반회원을 대상으로 하는 두 종류로 작성하였다. 일반 회원에 대해서는 7개의 주제 항목, 21개의 조사 항목, 그리고 각 조사 항목 당 1-3개의 질문 항목을 준비하였으며, 지도층에 대해서는 9개의 주제 항목, 27개의 조사 항목, 그리고 각 조사 항목 당 1-3개의 질문 항목을 확정하였다. (각각의 항목에 대해서는 본 자료집의 "부록 3. 길림성 동향상회 인터뷰 질문지"를 참고할 것) 구체적인 조사대상으로 처음에는 길림대 공동조사팀이 네트워크를 확보하고 있던 길림성 사천-중경상회를 고려하였다. 그러나 해당 상회의 내분으로 인해 상회 활동이 정상적으로 진행되지 않아 새로운 상회를 물색하였으며, 그 결과 길림성 광동상회와 하남상회를 최종적인 조사 대상으로 선정하였다.

인천대-길림대 공동조사팀은 확정된 면담조사 항목을 바탕으로 먼저 길림성 광동상회를 대상으로 하여 2013년 7월부터 면담조사를 시작했다. 인천대 HK사업단의 장호준 교수가 직접 면담조사에 참여하였으며, 8월부터는 추이웨친, 둥원성 교수와 길림대 사회학과의 장관(張冠) 박사가 조사를 주도하였다. 이후 공동조사팀은 2014년 7월까지 총 35회에 걸쳐 길림성 광동상회와 하남상회의 지도부와 일반 회원, 관련 정부 관료, 기타 동향상회 관계자를 대상으로 심층적인 면담조사를 실시하였다. 1회를 제외한 모든 면담조사는 피면담자의 동의를 거쳐 녹음하였으며, 길림대 조사팀은 모든 녹음 파일을 MS 워드 파일로 전사(轉寫)하였다.

인천대-길림대 공동조사팀은 인천대에서 2014년 8월 25-27일 간 3일에 걸쳐 약 13개월에 걸친 공동조사연구 작업 내용을 발표하는 학술대회를 개최하였다. 학술대회는 면담조사를 주도했던 길림대의 추이웨친, 둥윈성 교수와 장관 박사가 중국의 민간조직 및 동향상회에 관해 논문을 발표하고 이에 대해 인천대 HK사업단의 장호준, 박경석 교수 등이 토론하는 형식으로 진행되었다. 이 학술대회를 끝으로 약 15개월에 걸친 인천대-길림대 공동조사 작업이 막을 내렸다. 이 협력사업은 조사의 기획 단계에서부터 섭외, 준비, 면담조사 단계, 그리고 학술대회에 이르기까지 거의 모든 과정에서 한국과 중국의 두 기관이 긴밀한 소통을 통해 의견을 조율하고 심층적인 학술 교류를 전개했다는 점에서 가히 국제 학술협력사업의 모범적인 사례로 평가될 수 있을 것이다.

3) 본 자료집의 구성

본 자료집은 위와 같은 과정을 통해 생산된 면담조사 자료 중 33개를 선별하여 편찬한 것이다. 이 자료집은 크게 세 부분으로 구성되어 있다. 제 I부는 길림성 광동상회 지도층과 일반회원 8명에 대한 6회의 면담조사 내용으로, 제 II부는 길림성 하남상회 지도층 및 일반 회원 15인에 대한 18회의 면담조사 내용으로 구성되어 있다. 제 III부는 길림성의 기타 동향상회, 협력 기관, 정부 관계자 등을 대상으로 한 면담조사 내용과 동향상회 관련 회의 내용을 담고 있다. 이밖에 길림성 광동상회와 하남상회의 장정과 본 면담조사에서 사용한 질문지를 부록으로 포함하였다.

모든 면담조사는 최초에 기획한 질문지를 바탕으로 진행되었으며 본 자료집에 수록된 각각의 면담자료는 질문지 질문항목 내용의 대부분을 담고 있다. 그러나 각 면담조사의 실제 과정에서는 질문지의 항목 구성과 순서를 엄격히 따르기보다는 면담의 정황과 진술 내용의 흐름에 따라 질문의 형식과 순서를 달리 하였다. 이는 피면담자가 최대한 자유로운 분위기에서 자연스럽게 진술할 수 있도록 하기 위한 것이었다. 이에 따른 불가피한 결과로 본 자료집의 각 면담자료는 질문지의 질문 항목 순서와 다른 순서로, 즉 피면담자의 진술 순서대로 배치하였다. 그 대신 독자들의 편의를 고려하여 각 면담 내용의 흐름과 화제에 따라 각 5-10개 정도의 부분으로 분할한 후, 각 부분의 대략적인 내용을 파악할 수 있도록 임의로 제목을 달았다. 이 제목들이 질문지의 주제 항목에 해당된다.

이 자료집은 국내의 중국 전문가들이 활용한다는 전제 하에, 서론을 제외한 모든 부분에서 중국어 간체자를 그대로 사용하였다. 이 공동조사의 결과가 국내에서 보다 많은 사람들에 의해 널리 활용될 수 있도록 본 자료집의 주요 부분을 한국어로 옮긴 편역서가 곧이어 출판될 것임을 미리 밝혀둔다. 본 자료집은 1차 원문 자료로서의 성격을 감안하여 가능한 한 편저자의 편집을 최소화하고자 했다. 면담조사 질문 항목과 관련성이 거의 없거나 지극히 사적인 진술 등을 제외하고는 가능한 한 그대로 수록하였다. 또한, 면담조사의 현장감을 살리고 피면담자의 감정을 그대로 전달하기 위해 자주 사용되는 지역 방언과 경미한

욕설은 순화하지 않고 그대로 남겨두었다. 아울러, 각 피면담자와 면담 내용에서 등장하는 인물들의 개인 정보를 보호하기 위해 공인(公人)을 제외한 모든 인명은 가명의 병음 이니셜로 처리하였다. 이밖에, 독자들의 편의를 도모하기 위해 일부 용어나 고유명사에 대해서는 각주를 달아 간단한 설명을 제공하였다.

서로 다른 두 연구기관이 국가와 언어를 가로 질러 공동으로 조사연구를 수행하는 것이 결코 쉬운 일이 아니다. 그럼에도 불구하고, 인천대 HK사업단과 길림대 사회학과의 공동조사 작업은 상대적으로 순조롭고 내실 있게 진행되었다. 이는 무엇보다도 지난 HK사업 1단계 과정을 통해 축적된 인천대 HK사업단의 공동조사연구 경험, 그리고 중국의 전문연구자들을 대상으로 구축해 온 튼실한 네트워크에 힘입은 바가 크다. 여기에 더해, 중국 민간조직 및 사회관리 분야에서 명성이 높은 중국의 학자들이 공동 조사연구 제의에 흔쾌히 응한 것은 그만큼 중국 관행 연구와 관련된 인천대 HK사업단의 문제의식이 정교하고 조사연구 수준이 높다는 것을 방증하는 것이기도 하다. 이 자리를 통해, 1년여의 기간 동안 성심성의껏 공동조사를 함께 진행하고 학술적 교감을 알차게 나눌 수 있었던 길림대 사회학과의 추이웨친, 둥원성 교수와 장관 박사를 비롯한 대학원생들에게 깊은 감사를 표한다.

면담조사 자료를 편집하는 일은 또 다른 작업이었다. 이와 관련해서는 서울대 사회학과 박사과정에 재학 중인 강미선 군에게 커다란 빚을 졌다. 강미선 군은 녹음된 면담 내용을 일일이 들으면서 면담자료 텍스트를 꼼꼼히 검토하고 오탈자를 바로 잡아주었다. 강미선 군은 이 작업을 계기로 중국의 민간조직 및 동향상회에 관한 논문을 준비하게 되었는데, 이는 본 자료집 발간 작업이 한-중간 학술교류협력은 물론 학문

후속세대 양성에도 의미 있는 기여를 하고 있음을 방증하는 것이다. 아울러, 여러 면에서 존경해마지 않는 인천대 HK사업단장 장정아 교수, 본 공동조사사업과 자료집 발간 작업에 지대한 관심을 가지고 독려해 준 안치영 교수, 그리고 기획과 편집의 노고를 함께 나눈 손승희 교수에게도 감사의 뜻을 전한다. 인천대-길림대의 공동조사연구 사업의 결과물인 본 자료집이 국내의 중국 전문연구자들에게 유용하게 활용되기를 기대한다.

편저자를 대표하여
장호준 씀

목 차

Ⅰ **길림성 광동상회**   **43**

Ⅰ-1. 吉林省广东商会秘书长HJG访谈   45

Ⅰ-2. 吉林省广东商会秘书长HJG、副秘书长QX访谈   69

Ⅰ-3. 吉林省广东商会理事CM访谈   80

Ⅰ-4. 吉林省广东商会会员CCR访谈   99

Ⅰ-5. 吉林省广东商会会员LZH、DFQ访谈   122

Ⅰ-6. 吉林省广东商会会员ZCJ访谈   137

Ⅱ **길림성 하남상회**   **149**

Ⅱ-1. 吉林省河南商会会长LWS访谈   151

Ⅱ-2. 吉林省河南商会常务副会长YWJ访谈   164

Ⅱ-3. 吉林省河南商会副会长GZ访谈   175

Ⅱ-4. 吉林省河南商会副会长CBX访谈   182

Ⅱ-5. 吉林省河南商会副会长LCH访谈 (1)   195

Ⅱ-6. 吉林省河南商会副会长LCH访谈 (2)   205

Ⅱ-7. 吉林省河南商会副会长SDY访谈   208

Ⅱ-8. 吉林省河南商会副会长CSC访谈   215

Ⅱ-9. 吉林省河南商会理事SLS访谈   220

Ⅱ-10. 吉林省河南商会监事长CXM访谈   229

Ⅱ-11. 吉林省河南商会秘书长HZQ访谈 (1)   241

Ⅱ-12. 吉林省河南商会秘书长HZQ访谈 (2)   256

Ⅱ-13. 吉林省河南商会秘书长HZQ访谈 (3)   263

Ⅱ-14. 吉林省河南商会副秘书长ZD访谈   270

Ⅱ-15. 吉林省河南商会秘书ZHJ访谈   278

Ⅱ-16. 吉林省河南商会会员LBS访谈   292

II-17. 吉林省河南商会会员XW访谈   296

II-18. 吉林省河南商会会员LB访谈   304

III   기타 동향상회, 정부관계자, 회의록   311

III-1. 吉林省湖南商会秘书长HNZ访谈   313

III-2. 吉林省江苏商会秘书ZYZ访谈   331

III-3. 吉林省浙江商会秘书H和主任Z访谈   351

III-4. 辽宁省莆田商会秘书长XM访谈   368

III-5. 吉林省河南商会友好单位LWW访谈   391

III-6. 吉林省经合局总经济师ZZF访谈   397

III-7. 吉林省民间组织管理局局长YM特讲   411

III-8. 吉林省河南商会会议录   458

III-9. 吉林省河南商会第二次会议会长讲话   470

부록   475

1. 吉林省广东商会 章程   477

2. 吉林省河南商会 章程   484

3. 吉林省商会访谈调查 质问提纲   491

1

길림성 광동상회

I-1. 吉林省广东商会秘书长HJG访谈

人 物 ： HJG、崔月琴(崔)、董运生(董)、张豪峻(张)
时 间 ： 2013年7月9日
地 点 ： 吉林省广东商会办公室

1. 个人信息

基本信息

董：我们想主要从三个方面： 第一方面简要介绍一下你的工作经历以及到商会的工作情况？第二方面是在实际工作过程中，商会的发展有哪些难处？尤其可能会涉及到政府啊、市场啊、会员啊、企业啊，甚至包括广东商会和吉林这边关系协调从秘书长的角度有哪些问题思考的比较多的？这是第二个工作当中的事情。第三方面主要是您对中国商会的发展自己的看法，从理论上和经验上怎样定位，就是自己的一些思考？主要是这三个大方面的内容。第一方面先谈一下您个人的工作经历。

H ：谢谢。非常高兴见到我们吉林大学的各位老师，都是从事我们社会组织建设发展的研究工作的，按照要求，我先说说我本人的工作经历。我呢，现工作在吉林省广东商会，但我不是广东人，我是吉林人。我个人的工作经历，原来是从长春市政府退下来的，退休之后聘用我做秘书长，我是09年3月份到商会来工作，现在已经四年多了，原来我在政府工作，主要是经济管理部门，在质量技术监督局做过局长、在轻工业局做过局长，在经贸委做过主任，后来到政协当过专委会主任，主要在政府经济管理部门时间比较长。年轻的时候在共青团工作过，吉林大学最早的团委书记CBG，是吉林大学哲学系毕业的，吉林大学团体工作搞得也是非常好的，后来SLF，一个法学院的团总支书记，原来在长春市中级法院作院长，还有好多吧，年轻时在共青团的工作岗位上。

商会加入契机

H：然后这个，到商会工作因为过去没有接触，会长CMX是我在轻工局当局长的时候就是好朋友，他也想着我，后来我才知道，他说大哥你退休前两年的时候我就瞄着你了，97年成立的时候想让我过来当秘书长，因为我那时候还在位，是公务员身份，国家规定是不允许的，我就没过来，退休之后就过来了。到商会工作开始比较生疏，因为它跟机关工作性质不一样，它是一个民间社团，现在统称叫社会组织，吉林广东商会是一个非营利性的，属于全省性的，联合性的战略社会组织。这个社会组织呢，商会成立是2007年成立，经吉林省民政厅在2007年4月16号正式批准的，在社团正式登记，然后召开成立大会是4月25号。

H：为什么广东商会能够容纳我作为广东商会的秘书长，主要考虑利用本地的资源在吉林发展有一定的优势，也就是说叫优势互补。广东是中国改革开放的前沿，经济社会发展都很快，搞得非常好，也是全国的榜样，那么他到吉林投资有优势；我在吉林工作，有人脉资源，这样的优势互补就好比广东商会是一步往前发展的前进的车轮，是两个轮子一起转。

2. 商会的概况

商会创立的宗旨及目的

董：这个在吉林省属于第几家？

H：在吉林省，算第三家。第一家是上海商会，第二家是福建商会，第三家是广东商会，是这么个顺序。我们现在商会开排座位，按这个自然顺序，谁也挑不出毛病来。商会成立时间不长，到现在就是六年多一点的时间，属于一个年轻的商会。这商会成立得到广东省党委政府的关注与支持，开始是派出在东北沈阳有个办事处叫广东省人民政府驻东北办事处，由他们和吉林省经协办联系，表示广东在吉林省投资有一些企业，有这个意愿要成立商会，看同意不同意？这个程序比较随意，然后向民政厅进行申请。广东省在吉林省投资当时发起人是12个，12个广东在吉林省投资发展的企业，以CMX会长为首的，吉林省非常支持，他们也是帮助做这个筹备工作。

商会活动介绍

H：这个主要是我们搞一些大型活动。你比方说这个奉献爱心·回报社会，四川省汶川地震，2012年吉林省部分地区发生洪涝水灾，这就是我们省会举办的重大活动，比方说我们的周年庆典，这个他们就赞助。这是第三部分。主要的呢，是这个吧，其他的有一些小型的活动，一起搞，联合一起搞，他们提供一点经费。像金融单位了、媒体单位了。但这个经费的话现在也不够，因为像我们商会的话一年大型活动是四次，一次是年会，是报告本年度工作、向全体会员报告本年度工作；然后就是举行新年联欢会，辞旧迎新，是年会。第二个就是周年庆典，你像我们5周年大庆，平时小庆一把，那形式就不限了。第三次活动就是我们夏季的会员联谊活动，我们组织会员走出去，每年一个地方，会员单位可以去，可以带家属、可以带单位的同事。我们就是适当给点补助。会员一分钱不要，你带的人适当给点补助，每年我们都换个地方。第四次就是国庆佳节和中秋佳节，我们把学子请来搞一次联谊活动。给他们月饼同时给点助学金。就这四次大型活动。各大活动你像我们搞的这个周年庆典，那都得百万。去年5周年我们我们有个会员单位副会长就赞助50万，其他有十万的、五万的。

董：那个搞活动的都有临时赞助？

H：嗯，临时赞助的。赶上公益事业什么的就大量赞助了。公益事业我们是搞了三四次大的活动吧。一次是吉林省农安县巴吉垒小学捐助了35万，修建了一个希望小学，是我们一个常务副会长单位捐助。还有一个捐助了吉林市永吉县华尔泰希望小学，这是以我们广东一个企业的单位名命名的，华尔泰赞助了30万。还有一个是赞助了永吉县八里村

47

村部建设。它是前年发大水，村部不行了，然后我们给他拿了28万3，20万是建村部的，把房子盖起来，我们今年三八节又送去了8万3，用于里面的办公设备。

董：怎么选中这个地方啊？

H：这个地方是咋的呢，一是呢，它的这个原来的副县长，我们都认识，他找过我们帮他们招商引资一下，这就建立联系了；正好发大水、村部垮了，我们就和广东政府的一个副秘书长，他的家乡就是八里村的，和他说，他又找广东一个企业，给拿20万，我们一起去的；这次是今年3月8号，我们商会的党员捐钱，因为我们是党支部，捐款，把村里面的办公设备整下来。完了七一我们想再过去一趟，过去一趟搞一个叫商会与乡村党组织共建结对子这一活动，你乡村的党支部和和商会的党支部结对共建。共建呢，我们想搞一个庄园，建一个吉林永吉广东庄园。会长说叫农庄吧，我说叫庄园吧，习近平总书记到美国奥巴马那去看的是庄园呢。

董：这个不是开放的？

H：还没整呢，我们要去但是会长回家乡了，孩子今年高考，老大是大学毕业找工作，老二今年高考，回去忙这些事去了。但是我们方案都做完了，给会长看等他看完我们再去一趟，能不能结对共建，党支部。这里面也同时和村委会、我们商会一起搞。

3. 商会组织结构

组织结构－党组织

董：我们这个党组织是从建会就成立了吗？

H：建会还没有，之后成立的。

董：支部书记是谁？

H：是我，一是中共支部有要求，二是地方党委的要求；但这件事情说的重要，实际抓得不紧。但是我们也意识到自身也需要，我也是党员，原来我在政府机关的时候，既是党委书记又是党组书记，都明白这事，但是呢，吉林省民政厅发出要求，是在商会秘书处专职工作人员当中建立党支部。

董：不是在会员当中的吗？

H：不是在会员当中，是在商会秘书处工作人员当中，专职工作人员当中，我现在有6个人，这有三个党员，我就建立个党支部，建立党支部找谁谁也不悉，不知道在哪的，那块是属隶化管理，没办法我就找经合局的，吉林省经合局，因为吉林省经合局是吉林省外部商会的一个业务主管单位。

董：其他商会有没有？

H：其他商会没有，他们是建立党委，比我还大，他把商会会员当中的党员组织成立的，但是在长春市的哪个区的街道成立的党委，但是街道它也不管你啊，但是我这是按照中国共产党基层组织管理条例规定的，商会必须在业务主管部门批准，专职工作人员当中建立，所以我就在吉林省经合局机关党委给我批了一个党支部。

董：你这是下属党支部？

H：嗯，下属党支部。这主要就是我一个人，我是严格按照中国共产党的章程和基层组织管理条例来办的。但是多数没有建，可能是自身需要不多。

董：那像你们的党支部就是指你们这些驻会的，不包括会员吗？

H：党支部是在这个范围内成立的，但是我这活动不局限在秘书处，我是把商会会当中的党员组织起来搞一些活动，比方说奉献爱心了，学习十八大精神了，七一座谈了，我这把它组织起来，别忘了你是党员，另外商会有个党支部，我虽然没有直接隶属关系，但是我把大家组织起来，按照中央的要求开展创先争优活动，我们都有党员承诺，党支部承诺，平时开展一些载体活动。吉林省委、吉林省民政厅看着那吉林省广东商会的党组织活动整的还挺好，真开展起来了。

去年的6月份，中共中央组织部要召开中级表彰大会，这样就是给各省下指标，也给国家的部门下指标，这样我们就是通过国家民政部给吉林省就一个社团组织的先进党支部的指标，民政部给吉林省民政厅，民政厅就给我们广东商会了。然后又报给吉林省委组织部，然后吉林省委组织部又在吉林日报公示，一共25家，往中央组织部推荐，公示没有什么反对的就报到中央了，去年6月28号被中共中央组织部授予全国创先争优先进集团党组织，全国1000家，全国的商会一共就3家，其中就有我们商会。吉林省所有的商会，还有其他的包括一汽了、客车了，唯独就我们一家，社会组织就我们一家。我们还参加中共组织部和民政部举办的一个社会组织基层党组织负责人示范培训班，我让我们一个党支部副书记去的，万盛的一个老总去的，这个商会的工作好干也不好干。

好干是没有背硬指标，不像你企业、商会成员企业安排这么多就业人员，给他们开资，上保险，你们有利润，你们企业老板脸上也无光，这样的话员工也不给你干了，就敬而远之，不是做大做强了，是越做越小，最后就自消自灭了。商会这个地方虽然没有硬指标，但是要真正把它做好也不容易。一个是当会长也好，当秘书长也好，一把工作的标准定的恰如其分，你一般的干也可以，努力的好好干也可以，那就看你商会的负责人怎么定位了和你这个期望值了。说我们商会的话成立六年多了，发展的比较稳步，比较持续，比较健康，就是稳步、健康持续的发展。这个从趋势来看，还是比较好的。

商会换届

董：中间换过届吗？

H：我们现在是第二届了，第一届是三年。

董：啊，一届三年。

H：我们这是第二届四年。

董：那，那个第一届秘书长呢？

H：第一届没有秘书长，原来不是让我过来吗，我没过来，就找了一个副秘书长，广东人，干了一年多一点，正好我退下来了我就上这来了，他还是副秘书长，现在70多了，退休回家了，完了我做秘书长，所以说我还是第一届秘书长。

董：其他商会的任期也都是三年吗？

H：不一样。有三年的，有四年的。

董：这个时间设置是怎么规定的？

H：是各个商会自己根据章程规定，上面没有明确规定说你这个商会，这个社会组织必须几年，没有，不像政府一届5年这样的没有。

董：这个好像对民间组织一般的好像是干两届吧？不能超过两届吧？

H：原则上不能超过两届，你看像我和会长CMX可能下一届就不想当了，不想当那就看看大家意见了，特殊情况上报业务主管单位同意，会员拥护也可以。

董：但是你们这个规定，三年比较短啊。

H：但这一届四年了。

董：啊，这届四年了，一般是四年？

H：一般是四年，说我这届到明年4月份就到期了。

董：这是第一届啊？

H：这是第二届了，10年4月份才开始的，到14年4月份到期了。

董：做这么多漂亮的标盘，这是个水晶标盘，这边这个字很有特点的，特漂亮

H：我们这个是理事以上的每人给一个，理事一下的我们就给个大盘了，什么理事单位、会员单位。

董：我说这一个组织吧，秘书长很重要。

H：会长更重要，秘书长确实是一个组织日常工作的。

董：在10年换届的时候。理事不是60来个人吗？这个换的比例能有多少？

H：这个我们基本能保持一半。

董：那，那一半比例的是要退出啊？还是怎么的？

H：那个是工作调动，返家乡了，这是一个；有的自己提出不当了，比方说上一届有一个招商银行行长，他是吉林人，但是招商银行它是广东的，我们就说换届了，我们要给你提升两个档次，你是常务理事，想给你提升到常务副会长单位，他说我就不当了，那我说不当就不当了，我还建议你当，因为你是个广东企业，他就说不当了。我说不当可以，尊重你自己的意愿，进出自愿、来去自由。章程上就那么规定的。

4. 商会运营方式

加入商会的资格会员的特性

董: 加入到商会的话会员资格这一块怎么样?

H: 会员资格这一块呢, 是有这么几个条件 : 第一个是广东籍人, 在吉林省投资发展的, 就是在吉林省投资发展的广东籍人士。

董: 必须是他自己是, 那他上一代是广东籍的可以吗?

H: 这个看情况。基本上这个情况很少, 极个别的吧。第二个是广东省的企业在吉林省的派出机构, 它的分支机构。比方说房地产, WK集团公司在长春有长春分公司。第三个条件是不是广东籍人、也不是广东企业派出的分支机构, 它是在吉林经销广东产品的总代理, 这也不是全部的, 有些他不愿意参加, 大部分都东北人长春人代理广东的产品, 你让他参加商会他不感兴趣, 说我在这都有人脉关系, 用不着你们的, 经销的家具这就比较多, 食品的、家电的, 这个有但是加入的很少。

董: 那这个加入也是件好事其实?

H: 对呀对呀, 实际好处多多了呢。基本上属于这么个条件。

董: 有没有一些其他的, 比如说我们想加入呢?

H: 我们从章程上还不符合条件, 主要是从民政管理部门, 它不允许, 不允许个人身份加入商会, 原来我说实话不行咱把广东籍在吉林省高校读书的学子都算我们商会成员, 他们说那不行, 现役军人不行, 是广东籍的在航空大学院校这样的也不行。

董: 那我们校长也不行

H: 不行。LYY校长也不行, 比方说C校长是川渝协会的顾问也不行。你像这个YY校长刚来时我们征求他意见了, 能不能做我们顾问, 他说我就不必了, 你需要我有什么事情需要参加, 需要我怎么指示都可以的。

董: 会员现在有多少人?

H: 我们现在有200家商会成员, 商会成员主要分布在20多个行业, 主要分布在房地产开发, 包括WK集团、BL、HD、YT、WS、还有ZA。

WS是广州部队的一个企业，是房地产开发的，是全国500强的，有一定影响力的大企业。再一个行业是属于现代物流。我们比较突出的代表就是民航，叫中国南方航空公司吉林分公司，总部在广州。他这个南航的老总就是我们商会的常务副会长。

商会内部决策方式： 建广东大厦为例

董：这个决策是什么形式，是投票呀还是怎么？

H：举手表决。你比方说，我们要建广东大厦在吉林省，这件事要不要做，我们提交理事会讨论，秘书处说我们为什么要建广东大厦，和谁建，建的什么样的大厦，有什么作用，大家要发挥什么作用给大家说清楚。你比方说我们这次是和吉林大学合作，我们采取投标的方式，咱北区小白楼那地方，当时5、6家投标，LYY校长说我既不倾向广东商会，我也不倾向什么的，我也不参与，那么具体由FDH主任那个办公室去运作这个事了，然后大事上校长办公会来定，这回上校长办公会定是那就吉林省广东商会给投标，因为他投标给我们多啊，一亿八千一百万，其他没给那么多啊，我们就中标了，中标以后接着往下整，12号我和Z处长去结交了，小白楼这地方正式交给广东商会了。

董：现在地皮已经属于这边了？

H：现在地皮也没属于我这，我现在先结交地上物，地皮我们原来计划今年6月破土动工，由于这事涉及到长春市国土部门，你得收储啊，因为它教育用地改为商业用地啦，然后你转入地方了，你得收储，它到现在没收储，没收储原因是我们商会给吉林大学的地上建筑物的补偿费太高了，顶多给个七八千万，他说干脆我们再给你找个地方吧，我们说政府给我们找地我们不去了，我们就认准吉林大学这块地了。

董：那政府他的这个想法是什么呢？

H：他的想法一是从政府土地管理程序上，你不能越过人家；第二个是补偿费得我政府给你评估、给你核定。我说你要核定几千万，吉林大学也不干啊，吉林大学当时国家财政部和教育部有个政策，就是出让土地来还债嘛，有这个鼓励政策，所以说现在就悬在他上了。我们不管，我们往前推进了。这就是民主决策这方面。

53

商会经费来源

董: 就像你们这个商会, 你们活动日常的费用是广东省政府给啊? 还是通过会费啊, 几方面的?

H: 这个商会活动的经费是多渠道的, 主渠道是会员上交的会费, 会费我们一年收入80万左右吧。

董: 这个有没有什么额度?

H: 有啊, 会员手册里都有啊, 都有规定的。商会的章程、再加商会会费的交纳办法和会费的使用管理办法, 这都有。一般这个会长交多少, 副会长交多少, 常务副会长交多少, 会员交多少, 都有。这是一个商会会员成员缴纳会费。这个主要体现出尽到商会会员成员的责任和义务, 这是一个渠道, 主渠道。第二个渠道是广东省政府对驻外广东商会的资助。

董: 这个好像就是广东省, 其他的有没有?

H: 其他的, 浙江省是通过另外一个渠道, 吉林省浙江商会它是浙江政府鼓励商会帮助销售浙江产品, 包括欧亚给他卖浙江产品也算, 一年给他个十万八万算叫拓展费, 拓展地方产品费用, 我们这是资助在外地的商会发展建设。这一年的话, 我们在15万左右吧。

董: 吉林省这块有没有一些做得比较好的资助? 比如说5A那次就讨论就给个1万2万的, 给没给啊?

H: 没给啊, 我们这个驻外商会第一个拿到5A级的, 只给那么一个牌子, 完了我跟YM说的, 我说外省的商会拿到5A级的, 当地的民政厅都给奖励啊, 给3万5万。他说, 那个秘书长咱省政府财政穷啊。我说光给精神鼓励, 物质鼓励没有。

董: 有没有捐赠的来源, 像这个商会?

H: 一会再说这个啊。这是一个广东省政府名正言顺的从省长基金里面拿出来的, 今年可能给我们吉林省广东商会增加10万块钱, 在15万基础上再增加10万块钱, 广东省政府为了鼓励搞得好的商会给增加, 他们驻外办事处负责给打分, 报到广东省政府。广东省政府驻东北办事处主任给我打招呼了, 说我们给你打了个第一等的。以这个工作表现。

董: 你们每年这些商会业绩, 工作也要给广东那边报告?

H：是啊，我们这是主动的，不是人民要求的，我每个季度向吉林省、广东省业务主管单位，文字报告公布完成情况。每一季度，别的商会没有的。就是平时吧，人家离我们比较远，这样工作完成情况不太掌握，这样的话有些重大活动要求他们参加，平时我们就自己干，然后我们抻一抻，归纳一些，分分类，然后用书面的形式报告我们这个季度的工作完成情况。就是让你知道、告诉你就完了。这个是政府的资助吧。第三呢，经费来源呢，就是赞助。会员单位和社会各界赞助。

5. 商会与政府的关系

和吉林(长春)政府—党机关的关系

董：你们一般和包括吉林省政府，就是你在业务当中打交道最多的官方部门主要有哪些部门？联系比较多一点的党委部门是组织部，统战部；统战部负责党派，工商联，我们为什么和他们有联系呢？因为我们商会的成员对表现突出的、影响力比较大一点的，个人素质好的，我们要向地方党委推荐参政议政，参与地方政治的一些事务，比方说人大代表、政协委员。

董：像广东商会有这个身份的有多少？

H：现在是吉林省、地市级以上的人大代表、政协委员，我们这届是5个了，我是3个省级的，2个市级的，三个省级的有一个是吉林省人大常委、长春市政协常委，就是CMX会长，还有是LW，是我们FS米业的，他是省政协委员；还有是CXC副市长，他是搞保温工程的，是省政协委员。还有两个呢，一个是长春市人大代表，万盛地产的总经理ZJ；还有一个是我们松安地产总经理，是长春市政协委员，我们这届是五个。区以下的还有，我说的是市级以上的五个。原来我们主要是在县、区、市这几个，省呢，就一个CMX，CMX还是在农安县推荐上去的，为啥推荐上去呢？说我们在农安县建一个工业园，算有贡献吧。

董：那像这些都要你们商会来做？

H：我们商会主动的，他不主动找你。所以你当秘书长的主动地去找他联系。

董: 那现在有没有全国的人大代表，这有没有可能性?

H: 吉林省没有，其他省有。吉林省现在知名度的企业还不多，这是一个联系多的。再一个是组织部。组织部从党的建设的角度，我这是创先争优，开展活动，他们推荐的联谊单位，这时候我们联谊就比较多一点。因为他们也到我们这来检查创先争优活动开展情况，党委部门主要是这边联系比较多一点。政府部门联系比较多一点的，是吉林省经合局，因为它负责联系商会，吉林省的驻外广东商会，就是异地商会，业务主管单位在它那，它主要对业务进行指导；另外，它负责全省的招商引资工作，商会有义务帮它地方招商引资，所以联系比较多一点。再一个它每年还召开一次全省招商引资工作会议，它对招商引资搞得比较好的给奖励，每年像我们广东商会都是最高的那个档次。

董: 是不是现在商会都挂靠在经合局?

H: 对对对，都在经合局，因为在长春还有一些市一级商会，比方说温州商会，福建商会了，瑞安商会，一共11家，都在长春市商务局；省一级的都在经合局。这个联系比较多一点。还有的部门呢，比方说，工商部门、税务部门、质监部门、公安部门，公安部门主要是交通警察，比方说咱商会会员单位闯红灯了、扣驾照了。

董: 这些也都找你们啊?

H: 那当然了，我没少干这活。

董: 就是会员中可能发生什么事情需要工商的找工商，需要交通的找交通。那你们跟民政的接触的不算太多吗?

H: 不不，还有民政，吉林省民政厅，吉林省民间组织管理局，这更多。吉林省主要业务主管单位是省民政厅、省民间组织管理局，吉林省经合局。一个是业务管理，一个是登记管理；然后我们广东还有，广东省经济委[1]，广东省政府驻东北办事处，这都是我们业务主管单位。每次写完工作报告同时四家都给，吉林省两家，广东省两家。其他涉及谁找谁。

董: 那就是说，有些事需要解决一些问题找，就是对你们日常管理好像说

---

1) 经济和信息化委员会简称。

直接发挥作用的主要是经合和民政?

H：经合局和民间组织管理局。

董：整体来讲，像广东这边的企业在吉林省这个大环境怎么样?

H：大环境应该说一年比一年好。

董：比如说和当地可能会出现一些矛盾?

H：总体是不错的，因为吉林省党委政府注意到这个环境建设，成立软环境建设领导小组，都是省级领导亲自挂帅的，要不我昨天就请你们过来，昨天我参加长春市软环境办纪检委召开一个座谈会，听一听长春市发了50条，吉林省发了40条，突出发展民营经济的文件贯彻落实情况，总的来看还不错。但是比起广东省这个环境还是有不足的地方，但总的看趋势挺好。现在这个环境主要是前期环境营造的比较好，招商，请进来，包括落户这做工作比较好，但是落地之后，后续的服务跟进工作做得比较不到位，这个是差距，主要在这个上。以我们JC会长讲话，这春夏秋冬不一样啊。

董：上次那个座谈会，长春市福建商会说招商引资时候我们是大爷，到最后一落地我们就是孙子了。

H：你前期做得非常好，领导也出面，许愿也非常好，都挺支持的，就是落地之后，这个环境不太好。

政府部门的影响

董：可能咱们很多吉林省的政府部门都能够对咱们商会进行管理，这些管理都是对咱们商会有帮助的吗? 就是有没有其中有些管理对咱们商会的发展起阻碍作用?

H：应该还是促进作用比较多，到你商会来找麻烦呢，这个还是……?

董：这个出于纯找麻烦的很少。

H：有的呢，他想请商会帮忙，你比方说最近吉林省侨务办公室来找我了，他要成立一个一个侨商投资商会，他说你这个商会有没有台、港澳侨的眷属，能不能加入我这边? 我说有几个不多，他说能不能帮助联系一下，我说可以。我给联系的几个让他们自己去拜访去。好像多数是请我们帮助，或者请我们配合他们开一些座谈会了，听听意见了，改善他们的部门职能作用发挥了，找麻烦的他不敢。是帮忙的多，添乱的少。

6. 商会的功能

加入益处

H：我们还有一个不是广东商会成员，他是广东在吉林市投资的一个企业让人抓起来了，来找我们来了，正好我们要开理事会，要开理事会还没开，跟我说了，我跟会长说，会长说马上就上理事会，但是说这个事管不管，要给他判刑，说不是会员，但是广东籍的人，广东企业在这投资，遇到这个事，还带个律师来了，管不管？大家说不管说不出口，管了又不是我们商会成员，你要我咋管，又不知道啥情况，掉进去咋整？但大家说还是该管，秘书处现行调查，了解情况，最后我们就接着管了。

给他判了19年，但本人不服，现在还押着呢，后来得直肠癌上公安什么医院治疗，做了手术发炎了，后来又转到省医院，警察监控看，别人谁也不许去。后来医院给下达病危通知书，给家属给他单位，同时也给我们了，我们就交涉检察院、法院，又找到省高法，省检察院，最后取保候审，后来我是代表商会去的，哎呀，他们好感谢，他说你再来晚一天，我就打包扔出去了，说现在在家取保候审呢，现在往上告呢，不服。

董：像这些事多不多啊，你们几个人能忙过来吗？

H：不太多，像这样重大事项不太多，多数都是维权方面的，比方说驾驶证让人给扣了、还有产品让人拉走了，实际上都是这样的事情，小事情。但是在他身上是大事情，包括什么落户口啦，我秘书长首当其冲就去整了。

商会公益活动：学子包机

董：对，我看你们那个网站上写的给学子包机回家，是吧?

H：对对对，这也是老总和学子搞的这个活动，完了我们就鼓动学生提，正好南航老总在这呢，就这么的了。然后我就讲了我说条件是给学子的，学生嘛，得管爸爸妈妈要钱，那么你看你得考虑这个经费不足，能不能给这个坐火车卧铺的待遇? 就是买硬座火车票回广州能不能给这么个优惠，就是给3折。这样不就差不多嘛。这都是从关心学子的角度，好几个锦旗都是因此送来的。奖学金我们每年也有两次，一次是周年庆典的时候，四五月份的时候给二十个学生，以吉大的为主。

董：这个是怎么样的选拔标准呢?

H：这个是双特生，是家庭特别困难的，提供困难证明，家乡、学校、学生会给提供，我们没有什么依据，这个我们也没有调查，相信他了。第二个是学习品德比较优秀。另一次是八月十五。中秋佳节时候，我们以学生为主，搞一个迎中秋国庆会员与学子的联欢会。

董：这些学生参加的规模?

H：都参加不了，咱也没那么大的会场，咱们长春也就几百人，最近我发现才有个千人会场，大约是一次来个百十来人，一百多人。就是别总是这一百多人，轮流。给学子吧，需要买火车票和车站联系。

其他省的广东商会

董：这个辽宁省和黑龙江省成立有没有广东商会? 他们是什么时间成立的?

H：有，三省都有，黑龙江和辽宁跟我们吉林情况不一样，吉林省广东人在这边成立商会就独此一家，就吉林省广东商会，那个黑龙江省广东商会，还有黑龙江省潮汕商会，哈尔滨市潮汕商会，都是广东的。

董：啊，他分区域了。

H：他分区域了。吉林省我们就是独此一家。辽宁有辽宁省广东商会，辽宁省潮汕商会，还有辽宁省经济促进会，还有辽宁省客家商会，他就比较分散，各省情况不一样，吉林省商会秘书长会长就能把在吉林省这些整合起来。他们现在是分开的，我估计总有一天会合起来，就像咱们三国似的，合久必分，分久必合。

董：他们两个省成立的时间比咱们前？

H：他们成立的时间，辽宁的比我们吉林早一点，黑龙江晚一点。

董：那现在这三个省一比较吉林省整合在一起的优势体现出来了吗？

H：应该说是能够体现出来，逐渐的显现出来。这个优势体现在由单打独斗到抱团取胜，不是以地域来成立商会，而是以整个省份到第二故乡发展来成立社会组织，辽宁有客家商会，潮汕有个潮汕商会还有个广东商会，这样就看你会长的人格魅力，影响力，我们这样有什么好处呢，大家都要抱团。有什么事情大家在一起讨论，能形成共识就可以了，要不然就分散力量了。广东省到东北发展的并不多，不像浙江、福建、江苏在吉林省投资发展的企业多，因为它一个是原来的经济成分不是以国有企业为主，而是以民营私营企业发展较早，这样的话，距离东北相对比较近，广东到吉林来发展生活学习工作现在能有3万多人，包括我们学生，不多，他们主要在走出国门，到海外发展，客家那面主要到马来西亚，潮汕那主要到加拿大，美国，还有一部分到台湾，他们的发展趋势不一样。温州到吉林来是比较早的，你看广东在吉林省主要在长春高校读书有2000多大学生，广东籍学子，主要集中在吉大、理工大学，师大。

董：你们这都有统计？

H：都有统计，都有来往，都有活动的。他的凝聚力是商会的活动主要形式的话是会员大会，这是商会成为社会组织最高决策机构，重大事情提交会员大会来进行讨论，会员大会一年就一次。再一个决定事情的就是理事会。我们有60多名理事，包括有会长、常务副会长、副会长、理事。这个一季度开一次，我们工作是比较有规律的。

董：这么多人没有考虑再缩小范围？

H：没有没有，理事会在会员大会闭会期间是最高的决策机构了，重大事情都提交理事会来讨论决定。

董：比如说一年开一次会，这60个人都能到吗？

H：都能参加。但是也有参加不了的，采取的办法请会长单位派出一个高层管理人员算联络员，但是开理事会联系人不能多，少部分人是可以的。我们还有一个呢，是会长见面日活动。这是别的商会所不具有的，就是有也是从我们这拿过去的。像河南商会他们也这么搞。每个月搞一次会长见面日活动。会长经常开会也不行，大家觉得你不是党政机关总开会，但是不见面大家又觉得生疏，信息也闭塞，我们采取大家在一起见面，确定一个做东人，完了他负责买单吧，吃饭。饭前在一起沟通情况，一是会长说一说有什么大事，再一个就是秘书处秘书长说一说有什么大事给大家沟通一下，在上理事会之前会长们先形成共识然后好提交理事会进行讨论。这个大家觉得挺好，我们从2010年一直到现在。见面的范围就是会长副会长、常务副会长，还有我们秘书处有关的秘书处参加。但是我们每一次都是20人左右，轮流做东。

董：基本上一个月见一次？

H：一个月见一次，基本上一个月见一次，我们从2010年一直坚持到现在。

董：秘书长，我看时间也挺长了，最后咱给这两位一人一个问题的机会，他们俩什么都没问过？

董：在吉林省的其他的同乡商会，比如说浙江商会、河南商会，他们的秘书长都是本地人吗？

H：大部分是本地人。有的不是本地人，但是也在本地工作过，大部分还是本地人。个别是家乡人，但工作在吉林。你比方说川渝商会秘书长他是四川人，是农大学后勤部部长，它是这样的。还有的是在这当兵，转业就在这地方

董：反正这里有一个社会关系。

H：对，他有这里的人脉关系，你像我这会长用我不管是个人的事还是商会的事，非常得心应手。

董：这个就是找一个能把吉林省和广东省联系起来的这样一个人？

H：对啊，要不就得先熟悉人，还得先建立感情，你怕有些事情来不及。

董：各个商会基本都是这样？

H：基本都是这样，而且资历都比较深，好多都是厅局长这一级的干部。

董：秘书长说的就比较形象，两个轮子一起跑。

H：对啊，要不你这个轮子跑得很快，那个轮子跑得很慢，这就不行了，不协调了，应齐驱并驾的。

董: 还有一个问题，您说个人不让加入这个商会吗，那么这个商会以外，其他允许个人加入的组织有哪些?

H: 其他类型有，它带学术型的，属于协会都可以的。

董: 律师协会是律师个体得加入，律师事务所也得加入。

H: 但是像商会不允许。为什么呢，商会是一个商界人士，原来我们也设想了请大学的教授、院长做我们的高级顾问啊，副会长什么的，然后一请示说不行，不允许，顶多请来讲个讲座，或搞什么东西。

董: 就是好像有些团体都不允许个人会员，就像我们原来吉林省高校学报研究会都是以哪个学报好比编辑部来加入作为一个会员的。

H: 等下届我们要换届时候，我想办法看能不能把咱吉大的请来做名誉的会长啊，顾问啦就这些。因为我商会的名誉会长都是省级干部，顾问主任都是省级干部。制度上不允许，就是社团登记管理机关不允许，他登记管理机关就规定你这种只能以单位形式加入。

7. 商会运作上的问题与发展期望

商会的工作困难

董: 秘书长，从你工作的这个角度你觉得感到困难的地方或者说难处都有哪些方面?

H: 我在商会工作四年多了，觉得有困难但不太大，都小困难。这个苦难有没有，大与小，多与少是相对的，主要是取决于你的工作定位，你比方说刚来的时候做商会的工作，开始你得有一个适应的过程。原来是在机关，你是领导别人指挥千军万马，手中还有一定的权力，到这来之后你工作岗位发生变化了，服务的对象也发生变化了，由一个领导岗位变成一个服务岗位，这样你的心态要进行调整，得放下架子，主动和商会的成员沟通，交朋友，建立感情，如果这样的工作越是你心态调整了，定位选准了，那么你的困难就相对的小一点，要不然的话你这个人员不熟，这个商会的工作不熟，人员的构成不熟，语言也不熟，那你这个困难就很大，这个主要取决这个。

另外，工作上，要我说不干则罢、干就干好，我是这个标准，一定要认真负责，会长对我来的时候给我提出一个要求，说吉林省广东商会在全省的异地商会当中不能落后第三名，争取第二名，这就叫保三争二，给我这个定位，工作目标，可以说压力挺大。我来的时候刚一个月就遇到了一个两周年的庆祝大会，还有一个是出一本商会的会刊，所以这个压力很大，两周年的庆祝大会在香格里拉召开，邀请全国兄弟商会的会长秘书长，邀请吉粤两省的领导和有关部门。当时还有一个广东产品吉林行，要展示一下，还出一本会刊，我现在已经出了5本会刊了。我先拿这两本，还有三本。这是第一期会刊，第二期会刊想办法要有点创新，不走老路子，这样就在开本上我把它加大了，内容上想办法把它丰富了。

董：这个C老师可以提一些意见，C老师是我们吉林大学社科学报的主力。

H：啊啊，好好，我还有几本。你们再看看，这是成立以来，一年出一本，我们没有专门搞这个，就是秘书处平时注意资料积累，然后再请别人帮助一起来策划设计。

董：这就把你们这些年的主要活动都记录在这里了？

H：对对，都记录在这里了。

董：给我们一套呗，能不能找着？还有会员手册、章程都给我们一份呗。你们保二争三现在实际上就是说到第一位了。

H：我现在的情况是2009年3月份来的，2010年2月26号我到人民大会堂，是上台领取了两个奖牌，一个是全国先进社会组织，还有一个是社会组织实践科学发展观先进单位。

董：H秘书长是他能得到的各个角度、各个层次的他都得到了。

H：对、可以这么说吧、就这两个，2012年2月份国家民政部在人民大会堂召开总结表彰大会，表彰全国先进社会组织，我们第一次获得了国家级的荣誉称号，这个荣誉称号是吉林省商会当中没有的，其他学科还有，吉林省异地商会就唯独就我们自己了，这个荣誉很不容易。再就是去年中组部授予我们全国创先争优先进集团党组织，就是拿到这三个国家级的荣誉称号，全国是寥寥无几的。

董：所以您在这个秘书长期间这个荣誉以后在别人想超点不容易。

63

H：我们现在对外实事求是说还是做得不够，我们还是保三争二。

董：H秘书长你看这第二期目录就不一样，这目录你一看就非常的清晰，第一期在这方面确实就有点……。

H：我们就调整，我那天来压力真大，会长来就给我一个考试你说，大会啊，还有一个会刊。

董：像现在你这个在工作中因为这个算是民间组织，像你在政府这个组织里边刚才你也说了你这个感受，那么到这种民间组织，像你说可能求人啊，这么多主管单位可能有时候民间组织这个地位实际上，这个你后来得到这个荣誉是自己努力争取的，民间组织地位在咱们国家实际还是，不是一个很高的地位？

H：对对，社会组织在整个这个政治地位当中目前来看还没有提升到一定的，怎么讲，国家还是比较重视的，很重视，现在包括要拿出指导性意见，包括购买社会组织的有偿服务，像广东那边国家现在推荐广东，但广东现在一下子还做不到，咱们现在还做不到，就是无视二级主管部门。比方说咱这还有吉林省经济技术合作局，人家就是一个民政部门，登记管理机关就完了，取消主管部门了，咱们还做不到，因为咱们还想通过他们帮助解决一些问题，但是你说能解决多大呢，这各家情况不一样，但起码它能帮助给你协调，这个很不容易的。反正这些困难呢，总是能够克服的，我自己觉得办法总比困难多，没有过不去的火焰山，没有解决不了和克服不了的困难，好在我长期在政府机关工作，有人脉资源，走到哪都说老领导来了，你看看你有什么困难我帮助去协调，这也是平时在位的时候也积累了一下朋友的感情，不是你在位的时候发号施令，强势压人，等你退下来时就不愿意理睬你了，和你敬而远之了，这个就是根据自然情况。

商会的发展期望

董：秘书长，你再给我们简单介绍一下什么呢，比如说你工作这几年，你想象当中比较理想的这种商会的模式，你期待的这种模式是什么样子的？

H：我想象的模式第一是商会组织一定要有一个好的章程，就是按章办事，其实全国社会组织的章程基本都差不多少，但是要有自己的特点，不要搞千篇一律的，都是一个模式的，在主体上一致，其他方面应该有自己商会社会组织的特点，这是一个。第二个是社会组织发展趋势还是应该无上级主管部门，政府只管登记注册和年检就可以了，你要依据章程来管理你这个本会的组织，你违规我们就按这个东西来告知，甚至取缔。

业务主管部门现在是主要还发挥部门的职能作用，就是进一步转变政府职能，服务企业包括社会组织，要尽了这个职能，主管部门就无所谓了。就是政府的部门没有尽到责任，找门的找不着，那就通过你这个部门给我说说话，搭个桥就起这么个作用，这个就是看看能不能不要有主管部门，但是一定要把登记管理机关的管理工作搞上去，这是一个。

第三个是社会组织必须要体现出自我管理、科学管理、规范管理。这个自我管理是要有一个完整的组织架构；你比方说我这个组织架构没有常务理事，没有监事长，要完整的话应该有个监事长，有个常务理事，我就没有啊，因为我换届的时候开始也提出这个问题了，但是在理事会大家觉得我们吉林省广东商会目前没必要单独设一个监事长来监督大家，但是我们还涉及还有一个叫执行会长，执行会长是来帮助会长来减轻压力吧，大家说也没必要，发挥秘书长作用，就是秘书长能给会长当好参谋就得了，这样的话我们也没有，这样你说都要有一个完整的组织架构，但是社会组织它不是党政机关，根据它发展的阶段，这样你必须要民主管理，这个非常关键，尊重大家的意愿，形成共识了，他也不上访也不告状不闹事就行呗，那是民主管理；大事的话都上理事会来进行决策，会长秘书长在大问题上不要自己说了算。

董：秘书长，那像咱们这个商会第一个就是你的主要定位，一个是现在实际上从政府这面，它可能是作为发展民营经济，你在这面发挥很大作用，它可能是积极主导你们去办这个商会；那可能会员是从我这是单打独斗有这么个集体大家能抱团取暖，就是说你这个商会定位主要应该是……。

H：我的商会定位是服务。服务型商会。这也是我的目标吧，就是把吉林省广东商会建设成叫服务型、和谐型、创新型商会。服务是打头的，

1

4

服务会员是商会成立的立会资本，就是你不给会员服好务，会员不会拥护你的，你没有凝聚力没有向心力，你搞个什么活动人家还不来呢，不来参加了，这个服务会员体现在哪呢，他有什么事找你了，你就给他服务，协调，帮他解决一下，这是一个浅层次的维权服务；在深层次的服务上，在资源整合上给他提供服务。你比方说我们商会有个常务副会长，他是搞保温工程的，但是他呢，就是做苯板和工程的，也按照我们这个万盛房地产，他搞房屋开发的，需要这个苯板，那我们就给搭个桥，还有几家我们都给牵手了，这不叫资源共享吗。他们感觉我利用商会的替代作用啊，我自己生产的产品和别人产品能结合在一起，把我的给做大了。主要这体现资源整合、优势互补和互利互惠，这是深层次的。

寻找平衡点： 政府和百姓对商会的期待

董： 你觉得政府他可能期待经济，你这个广东商会给它带来经济的效益，老百姓可能期待说你社会组织多做一些社会公益，还有你广东企业说多做一些服务，那你怎么找到这个平衡点呢？

H： 平衡点吧，就是做秘书长你心态帮工作人员，别烦恶，说他来找你你说这事还来找我你自己整得了，不要烦恶，因为我们是一个为大家服务的，大家服务的概念的话，四个服务或五个服务：第一服务会员，用刚才讲的话，就是怎么让他企业做大，整合资源；再一个就是遇到困难怎么帮他解决，包括我们这个学子，我们有一个CXZ，原来是一个护理学院的，后来给会长写了两封信，能不能调整专业？后来我们就商量就帮他做。我们也是挺难的，后来没办法厚着脸皮，说这学子提出的要求你要做不到，完了校长又是广东人，这一看广东商会太无能了，秘书长也无能，我就给YY校长写了一封信，以商会的名义，不是以个人名义，YY校长还真不错，交给教务处，把这事真给搞成功了，整到微电子，然后这时候好像上台湾去了，说是派出交流，对，交流生，就是这小孩。还有一个是我没来之前，08年在师大读书的我们的学子让公交车给撞死了，赔偿四万块钱，商会出面了，最后交涉帮做工作，赔偿32万，大致这是一个服务会员和广东学子吧，要他们感受到广东商会是他们的家，有了家庭的温暖。

再一个就是服务政府。你不给政府办事政府能欢迎你吗？ 以我们JC会长的话来讲，吃的是东北大米，喝的是松花江的水，得给第二故乡做点贡献呢，我们这几年的贡献是在吉林省我们商会成员累计投资一千个亿，提供税源、提供税金一百个亿，安顿就业人员三万多，这是我们给地方政府做的贡献；再一个我们累计一百多次走出去引进来，今年5月份省经合局给我们要求说广东商会能不能出去帮我们到浙江邀请当地企业参加吉林省和浙江省经贸合作投资环境的说明会，规模是七百人，但是不光是我们，我说我们在那没啥人联系啊，你要叫我们到广东还行，到浙江不行啊。我们到浙江去了，找的浙江省的经合办，要他们帮助给推荐七百个企业参加CRG副省长到那去召开投资环境说明会，浙江省经合办，就像吉林省经合局似的，他们找了几个商会，其中有一个浙江省广东商会，秘书长参加了。人家浙江省广东商会秘书长对吉林省经合办和浙江省经合办说了，让我们请人，我准备给你请20个人，20个企业，多了我做不到，你要能把吉林省广东商会的会长秘书长请来，100个我都能请。后来处长回来给我们说你们还得出面，这样就没办法了，完了我就去了，帮着就请，做得非常好，省政府非常满意，经合局的局长、副局长，有关局长请我们吃的饭，请我们会长秘书长吃的饭表示感谢。

还有4月份，长春市党政代表团、市委市政府也通过长春市商务局请我们去到那帮忙。我带着一个副秘书长老H，也请了两百五十人，他们都非常感谢，真正把粤商请进来，然后走出去需要我们帮助牵线搭桥当纽带的我们去发挥作用，这是看出你商会有存在的价值，又确实给人家政府带来的好处和发挥的作用。另外我们在农安县合隆经济开发区建一个吉林农安广东工业园，十点八平方公里我们全都布满了，这就是我们的作用，这叫服务地方政府，包括吉林市啊、通化市啊、白山，总找我们，我们都给他们办。

再就是服务社会奉献爱心。那遭水灾了，大火了，会员谁家发火了发大水了，这我们都捐款，这几年一千多万吧，连钱带物，这是一个。再就服务广东省党委政府，叫服务家乡。他们来的领导到这来投资考察的，我们负责接待安排。去年8月9号到15号，广东省委常委、统战部部长带着一个党外人士赴吉林考察团，来了30多人。人家也和吉林省委统战部打招呼了，但是主接待就是吉林省广东商会，人家说就请吉林省广东商会主接待，吉林省委统战部配合。我们从方案设计，陪同到结束都由我们。吉大的YY校长、XD校长、CL副书记都出面了。还有吉林省有关的都出面了，这是服务家乡。

董：那服务这个词就把它统和起来?

H：就是异地商会在第二故乡主导品牌就是服务。但是靠什么服务，要有一个和谐的团队，你这商会不团结，四分五裂，今天他拉出去成立个商会，明天再拉出去成立个商会，就一盘散沙了。说我们大家在这都能比较和谐，商会秘书处工作人员也和谐，会长也和谐，你想我们商会秘书处我们是去年开理事会，我就告诉秘书处工作人员，我说咱们给理事会述职，我带头。

董：我看见你们述职报告了。

H：然后我们会长就说行吗，我说行。完了就述职了，包括司机也述职，完了以后正好那天会长见面日活动，我们吃饭喝酒，好多会长要整，给秘书处涨工资，说为啥呢，做得好，过去我们都不太知道怎么回事，述职都用数据说话，比方说你司机，你去年一年行程多少公里，跑了多少次，耗油多少，去了哪些地方，这都有、没有违章和交通事故；你比方说搞文字的秘书，写了多少字，就是数据说话，你听说秘书处这帮人还行，不是白拿我们商会会员的钱。完了后来说涨工资。

I-2. 吉林省广东商会秘书长HJG、副秘书长QX访谈

人　物 ： QX、HJG、崔月琴(崔)、董运生(董)
时　间 ： 2013年9月12日
地　点 ： 吉林省广东商会办公室

1. 个人信息

商会加入契机 / 商会认识

崔： 咱们秘书长退休以前是哪的?

Q： 他退休之前是政协经科委主任，再以前他就是在长春市当过技术质量监督局局长，经贸委主任。

董： 副秘书长你老家是什么地方的？

Q： 我老家白城的。

董： 那是怎么到广东商会的?

Q： 因为以前吧，我跟C会长，我以前在他那个企业呆过，因为我们刚成立之初的时候人手比较少，成立之初我就过来了。

董： 现在就专职干这个?

Q： 对，现在专职有六个人，虽然是广东商会，但我们是当地人。

董： 就是H秘书长老家是哪的?

Q： 都是这的，他家是大连的，都不是广东的，会长副会长，这些会员都是。

事业介绍

崔： 会长应该是什么企业?

Q： 他有个YL公司。

崔： 像你们JWS地产?

Q：WS地产这是我们的常务副会长，我这个办公地点就他给提供的。

董：像大厦盖好了就得搬过去了？

Q：对，我们秘书处都得过去，像这些会员啊是买是租，你就是正常的情况了，因为商会没有那个经济能力买一个房子，原来的时候是在会长单位。

2. 商会组织管理

会员管理与经费

崔：他们这你看就是理念比较超前，先是商业，现在就是适合社会发展的民生，现在往民生这方面发展，有这个意识。你们这个会长换没换过？

Q：根据章程，章程有规定几年一换届，我们最开始的时候是三年，三年到07年，然后到10年，换届的时候就把章程修改了一下，都变成四年，其实应该修改成五年，四年吧你说有些事没做完，就又换届了。连任只能连任两次，民政厅它那个有规定，如果你想连任得特批，但这种因为啥呢，你政府也不给钱，它也不涉及到乱花钱，都是这些企业家，民间那什么玩意，我们不给钱。

Q：再给你们介绍一下我们秘书处。我们秘书处吧，是分这么三块，一个叫综合办公室，一个叫维权发展办，还有一个叫经济合作办。那我们秘书长呢，是主管，然后我是副秘书长，我主管是综合办，主要管办公室人事这一块，然后刚才有个岁数大的，刚才出去那个他是管经合的，他也是副秘书长。

崔：几个副秘书长？

Q：两个，然后我们还聘了一个兼职的副秘书长，L秘书长。

崔：秘书长可能一直跟吉大，L校长联系很多。

H：L校长，XD校长，包括CL书记

崔：秘书长前一段吧，省民政厅Y局啊，不是搞了一个和那个省政研室搞了一个座谈会。正好我现在是有一个国家重大项目，就是研究社会组织这块的，因为现在国家比较重视这块，所以跟Y局也沟通，说能把吉林省的这些社会组织尤其像我们这种5A级的这个社团，作为典型能在你们学术研究的里面能够好好总结总结，所以上次座谈会，我们就去了，去了当时Q秘书长参加嘛，后来我们就选取了几个单位，作为以后重点调研的(对象)。

H：Q秘书长呢，是我们商会成立时候的元老，我来的都比她晚，从筹备啊到现在啊……。

Q：秘书处这个设置，这三个办公室，然后呢，我们人员呢，就是六个人。我们不是又聘了一个兼职的副秘书长吗，他是那个广东人，然后他主要是我们维权发展这块，他主要是管这块。完了我们就这三个办公室，协调运作吧，分工是分了，最后做事情的时候还都是一起来，这是我们秘书处这一块。

崔：那你们这个商会和广东那边有关系的，都可以联系是不是？

Q：我们会员吧，第一个你是广东人在这边发展呢，另外就是你是广东的企业你在这边有分支机构，不管你这边人是不是广东人。在一个就是咱们当地的人经销广东产品的，再一个咱们有工业园的，只要是工业园的也可以，说白了就是得跟广东沾边的，因为一个是宣传，另外让这些域外的企业家在吉林有归属感。

董：现在会员有没有啥门槛啊？

Q：就是刚才我说的那些，只要你是广东人，不管你的买卖大小，你小你就当会员呗，只要是广东人就可以，如果你企业大，比如说WK啊，WS啊，人这是企业大的，就是常务副会长呗。

董：普通会员有这个会员费吧？

Q：有。

董：年费还是？

Q：对对对，年费，我们收的不高，我们会员一年才六百块钱。

董：像别的人，你比如说我们高校老师想参加商会，这种有没有？

Q：是不是广东人？

董：不不不，加入我老家河南的，我要参加河南商会。

Q：但是民政厅限制，不允许，你入你也是以吉大的名义。

董：你不能是以个人的名义是吧？

Q : 对对对，因为这个法轮功吧，民政厅就不允许你个人加入，就是政府挺害怕的，所以在这方面还是限制的。民政厅那边就特意要求，不能有个人会员了，因为我们以前吧最开始时候想个人也加入，个人也不用交太多钱，交个100块钱200块钱表示这个意思，我有这种义务我现在是会员，如果你不交钱吧，没有那种归属感吧。

商会大厦

Q : 这边是会员企业，这边是政府，政府有一些什么政令需要下达的，然后会员这边呢，有一些诉求，需要政府来支持，帮助解决的一些问题，所以我们商会就是这样的一个平台，打造这样的一个平台。那么为政府服务这块呢，主要就是招商引资，促进地方发展这一块，因为咱们会长吧，是吉林省人大常委，所以对促进地方发展这块考虑的也比较多，而且广东人的思维比较领先，特别超前，那种敢为人先的这种精神，所以在我们刚成立一年吧，不到一年，07年的时候就跟农安吧，在农安县就谋划了一个长春晓合隆开发区。长春HL经济开发区，谋划了一个吉林省广东工业园，这是我两年前做的一些材料。这个工业园当时本着"政府引导、商会搭台、企业唱戏"，为农安县当地的经济发展引进来一些企业。刚开始我们谈的时候，就是一片大荒地，当时政府连收储都没收储呢，而且那天在会上我也说了，合隆经济开发区它是在零二年就成立了，到零八年这六年几乎就是规模以上企业没有几家，三五家吧，然后它整个全都空着，等我们拿到之后修了一下，等以后你们有机会到那边看一下，修了一下，那边成了农安合隆广东工业园，然后就搞了一系列得活动，08年6月2号的时候举行了开工奠基，当时你看WM书记，HCB省长去给剪彩的，当时也挺……。

崔 : 这是在省里轰动的一件事。

Q : 然后到现在呢，整个园区现在建设的挺好，就是通过咱们商会这个平台，就把合隆经济开发区就搞活了，所以这个农安县就因为这个开发区它的GDP啊，一下就上来了。所以这是我们第一个做的这个亮点，这个全国以商会牵头和政府搞这种工业园的第一家，可以说开创了一个先河，那这个也因为咱们做的比较早，这是咱们这个工业园。然后呢，我们会长就是根据咱们吉林省各地的资源的不一样，就分别在通化、在松原、在吉林，在吉林主要是化工，吉化这一块，通化那块主要是通钢那一块，松原主要是石油这一块，也分别和他们就是开发区啊也合作搞了一个。但是松原那个最后没弄起来，这就有多方面原因了，主要是当地政府这一块；在通化呢，我们引进了一个彩钢板项目，后期它这个项目做的也不是特别好；在吉林这个，我们也是搞了一块地儿，引进了一个叫深圳龙湖科技，搞这个叫干粉砂浆项目，这属于建筑行业的新兴材料，它现在这个已经投入生产了，但这都不是很大，然后接着就是跟吉大[2]。

崔：吉大是从哪年开始？

Q：吉大是从YY校长是从前年年末来的，11年末，对，就是从他来了以后，因为再以前哈，没有接触，从他来了以后因为是广东人，讲话儿的有这种乡情。反正他们就经常那什么玩意儿，因为YY校长也想给吉大这块啊，债务啊，国家有一个政策，我看他拿过来一个说你这个地要置换就奖励，特别是对你们教工这一块。

因为啥呢，我们交往的时候他都说必须把，因为广东那边思维和咱们这边不一样，完了这就谋划，完事正好我们商会怎的呢，我们商会成立之初我们会长就有这个想法，在这边搞一个广东大厦，总部经济这样哈。然后呢，我们的企业也可以入住进去，然后它呢，还可以把广东的名特优新产品引进过来，成为一个粤港澳台的一个窗口，早就有这种想法，也谈了几块地方，但是一直以来包括朝阳区，在吉大之前也谈了几块，也给我们提供了几块，但是他那地儿也都没落实，正好这回说小白楼这块地方，双方这就谈的挺好。完喽也挺那啥呢，就是投标啊、招标啊，秘书长参加了当时得有十多轮。小白楼有1.2万平方米，但是那块修地铁要占一块就没有那么大了，那是地铁的站口嘛，现在正修呢嘛，那上面整个地上物你们已经腾出来了，上周五我们还接一个函让我们收那个地方，谁知道因为你们这个土地是教育用地，变没变过来。再一个我们这个还得政府做规划，现在这个手续还

---

2) 吉林大学简称

没完事呢，完事我们就要开工了，补偿你们吉林大学的一亿八千万已经给你们了。所以说现在这个项目也正在进行，计划想三年以后就能建成。

崔：那天大家普遍就说这个软环境，是不是，办事太难了。

Q：软环境主要在下边，长春市还稍稍好一些，在吉林，在吉林也稍稍好一些，就是下边那小县城。山高皇帝远，再一个一看你是广东人，东北人没别的能耐，自己不能干一来还欺负你。就最简单的他们说市场买肉，他们说我们去了就涨价，都知道那你也没办法啊，买吧，完了还给你装一些不好的东西，这东北可那么什么玩意了，我就跟他们说都是那都是个别的，看主流，哈哈哈，那咋整啊，领导一整下很大力气去招商，招来的企业在你们这下面根本不行啊。我们还有一个在那个哪，叫JY，开一个工厂，啥都完事了，最后政府就因为种种原因就不让你开业了。就是领导下令也不行，地方这种保护还是特别那啥，所以这就是从经济这块做到广东大厦，前一段几个会长商量如果有条件在几个地方在搞几个民生大厦，提供便民啊，就像服务社区那种的，当地它没有钱，我们可以引进来企业，投的也不用很多，盖这个大厦也不用很高，投个一个亿左右就差不多了，还在谋划这个，尽量把广东多引进来一些，哪个地方感觉到政策环境啊，都比较允许的，现在就想到这了。

3. 商会运营方式

商会评估以及和党-政府机关的关系

董：这个级是怎么评的，5A、4A？

Q：民政厅它有评估，人家这个对你进行评估。

崔：昨天Y局那个下边给我打电话，C老师今年我们又要搞评估，可不可以聘你为评估专家，我说行啊。

Q：现在咱们省里头我们是5A，然后川渝好像评上5A了吧。

H：4A是江苏商会。

Q： 今年还要评估，C老师说Y局也要邀请她做评估专家。

H： 去年我也是作为评估专家评江苏商会和川渝商会。

董： 现在进入A级的就这三家啊?

H： 全省是15家，有等级了。

Q： 我们是第一个评的，他们是去年评的，我们是大前年啊⋯⋯。

董： 我就不了解，我们河南商会怎么样啊?

Q： 那天开会河南商会去了，它就在华苑办公离你们很近。

崔： 哪天咱们可以去，河南商会做个点。

崔： 我们就说，你看这几个商会5A我们调查一个、4A调查一个、3A调查
一个。

H： 3A异地商会没有。

崔： 就评5A和4A，再就不评了是不是?

H： 不，也评也评，一般怎么地也得3A啊，像去年评那两个有的不见得就
够，但考虑各方工作，给一个这样的鼓励吧。

崔： 它就是当时有一些标准哈?

H： 有一些硬指标。你要参加YM局长会给你的。

崔： 其实这也挺重要。

Q： 招商指标它倒不一定有，主要是规范运作这一块，主要抓规范运作这
一块。基本上就是这样，再一个就是党建这一块，党建这块秘书长说
吧。秘书长是老党员了，支部书记，那几块牌子我还没给他们说呢，
我们秘书长给你们介绍吧。

H： 你说说，你说就行。

Q： 我们商会有三块国家级的牌子，中间那块是民政部评的，中国先进社
会组织，然后再一个就是科学实践发展观领导小组和民政部统一一起
发了一个学习实践科学发展观先进单位。这两块牌子都是在人民大会
堂颁发的，我们H秘书长亲自上台由什么⋯⋯。

H： ZTN，人大的副委员长。

Q： 给我们颁发的，这是前年，2011年是吧；再有一个就是全国创先争优
先进党组织，这是去年6月27号，这是中组部⋯⋯。

H： 这实际是中组部、中宣部、民政部合作。

Q： 科学发展观领导小组。然后省里面这个吧就太多了，省里面这块吧民

政厅给我们评的就是吉林省先进社会组织，然后5A级，然后还有一个叫什么什么公务员局还评了一个什么玩意，然后每年省政府都有这个招商引资优秀工作单位，然后长春市也给我们评那个什么……。

董：那可以说广东商会在吉林省的商会中属于老大呗？

H：我们不当老大，我们保三争二。

崔：那5A的，你们最早当5A了。

H：吉林省，吉林省商会中第一个获得的5A级。

崔：再一个你说就是去年的川渝？

H：去年是川渝2012年，吉林省川渝商会还有吉林省江苏商会。吉林省江苏商会是4A级。5A现在就我们两家，完事咱们吉林省呢，还一些商会、基金会、学会啊，还有5A级的。去年国家民政部，拿了三百多个亿吧，分给各省民政部门，就是加强社会组织建设，然后办培训班，民政部也来讲课，我在会上也介绍经验，那会是4家还是5家，在会上有一个经验交流，我是代表商会这个系统，还有计算机协会，还有吉林省中医药学会，我们都在会上说说体会吧，办会的体会就是。

崔：那去年你们参加培训谁去参加培训的？

H：我去参加的。

崔：不是，就整个培训跟下来，除了介绍经验。

H：就是我，我跟下来了，而且他就要求秘书长参加。(……) 家民政部也来人了。这个挺好，光干在理论上没有升华也不行，学校有专门研究这个东西的，还是不错的

崔：你们原先叫经合局啊？

Q：吉林省经济技术合作局。

崔：两会之后有四类组织取消业务主管单位，原来不好的多在这块，特别难，所以你找主管单位。

Q：原来我们要注册，得经合局这边先给你批，先给一个批复，然后他那边才登记去，谁知道现在了。政府这块呢，只是说一个这块呢，注册这块在民政厅，业务指导这块呢，在经合局，上次两会的时候不是也提民间组织没有主管单位，不想让你有主管单位。

商会与当地社会

Q：然后从你说的社会学这块，我们商会吧，对我们社会的公益事业，会长啊、这些企业家啊，比较关注也奉献爱心，就是说回报社会吧，予人玫瑰，手有余香，大家都能做到这一点。

我们这几年主要做的呢，就是，捐了两个希望小学，一个是在吉林省永吉县，捐了一个叫华尔泰希望小学。08年10月份就已经建成，因为它这个农村啊，失学儿童，家远一般他就不上学了，这是在永吉县；然后在农安县，我们有一个副会长也是，捐建了一个八几里镇四原小学，原来有这个小学，但是校舍啥的很破旧，捐助了30多万，还拿了一些教学设施，去年我也去了，不错现在，也都运作的挺好，这是我们捐建了两个希望小学。

完了再一个就是汶川地震，还有一个就是咱们吉林洪灾，这我们都是积极捐献，这两次折合人民币得八百多万。然后就是广东省在吉林的学子，在吉学子大约有三千多人，我们每年都对他们这个，就叫双特生吧，家庭特别苦难，学习特别好，这种学生呢，每年我们都给他们捐一定的生活费，这些会长们出资，一年大约得有二十多万。

还有就是我们商会为了使学生，到这么远，好几千里之外求学，思乡也挺重的，每年中秋节的时候，在所有的高校中，找一百名的代表，一百名学生代表，搞一个中秋联谊活动。每年不是说一个学校出来的，是各个学校都出来，而且呢，我们那边涵盖各个地区，粤东粤西啊，还有潮汕地区啊，整个学子这一块。

再一个每年学子到寒假的时候，因为南航吉林分公司，包括深航，我们协调这些航空公司，给最低的折扣，就是说买火车票的钱买飞机票，一般就是二点五折，三折，因为一到寒暑假的时候就特别紧张，讲话了学子在这边，主要是人家企业还是比较支持咱们的，商会只是负责协调，这些学生也挺感激。

再一个广东的学生吧，理念的关系，他们总想搞一些活动，一年又要搞一个什么什么演讲啊，因为这块不归我管，每年一整说搞个篮球赛，完了还要说搞一个巡回展，然后学生之间要搞个联谊什么的。

4. 和各种同乡 / 同业组织的关系

崔：商会这块您给我们一个建议也好。

H：就是异地商会呢，就是可以找一个上海商会，吉林省上海商会，因为他是成立的最早的，再一个呢，川渝商会，现在劲头也很足，咱各家过日子情况都不一样。

崔：就你们商会日常办公的有多少人啊?

Q：日常啊，我们就六个人，就是秘书处是商会的常设办事机构，其他的人家都有自己的企业。

H：你们希望哪种类型的商会?

董：我们想吧，有好的，有中间的，有一般的，这样分布开是最好的，别都是特别好的。

H：那这样的话，就刚才我说的，咱们给推荐三家，然后听听YM局长的意见。我推荐呢，一家呢，成立比较早的上海商会，还有一个就是现在劲头也很足的就是川渝商会，那你这样的话要考虑不同类型的，这样的话，还有的话就是一般状态，就是往前发展也困难，往后退呢，也退不了，就是中间型。还有一种呢，就是运行困难的。你要找这样的可以研究，研究当前的社会组织是一种什么现状，广东商会它只是代表一方面。就像Q秘书长说的，这三个奖牌拿到的，很少。

Q：没有。就像我们这种商会，没有。

H：这样的话上海可以考虑，包括河南，劲头很足。还有现在运行遇到这样那样困难的。

Q：换届啥的换不下去了。

H：福建商会。还有一个就是吉林省浙江商会，这两个可以选一个，目前就是现在换届没换成，换了两年没换成，再加上有的是会长和秘书长矛盾，不和谐，就是这个杂音多，音量大。

Q：但是我感觉你采访社会组织吧，你采访企业家没有太大的作用，像领导层你可以采访采访，像会员，我就是一个会员，让干啥干啥。因为整个商会运作这块，整个商会就秘书长，整个商会的现状啊，比较了解。

崔：像你们商会之间联系多不多?

Q：那多。

崔：有时候有没有你们商会之间搞活动?

Q：有有，总有活动，昨天晚上我们还在一起吃饭呢，反正我们一般在一起就吃饭的时候多。

Q：像行业协会很多都是官办的。

崔：像咱们商会是纯民间的。

Q：叫商会的一般都是那啥，民间的。

董：行业协会一般通过一些方式收会费……。

Q：对，政府的一些职能就给到这些协会了，协会呢，它不算是公务员，但是呢，它也是事业编，都那样式儿的。

I-3. 吉林省广东商会理事CM访谈

人 物 ： CM、董运生(董)、张冠(冠)
时 间 ： 2014年5月7日
地 点 ： 广东商会办公室

1. 个人信息

基本信息

董： 第一个大问题呢，我们就是想让C总结合一下你的个人的发展经历怎样一步步成长发展，又怎样由广东来到了吉林省长春市，这个过程给我们简单介绍一下。

C： 我不会表达，比较笨拙，比较简单，我是2000年来长春的，商会07年成立的，在商会成立之前2000年长春这个市场还是闭塞一些，我还是赶上了就是进入市场比较早，开展业务也比较快。

董： 您老家是广东什么地方的?

C： 广东汕头。

董： 啊啊，汕头。

C： 最主要还是喜欢这个市场，喜欢长春嘛，觉得长春也适合我的发展，进入的时机也比较合适，秉承我们广东商会的那个诚信经营这个理念，其他的就顺水推舟，自然而然。

事业介绍

董： 那您怎么后来转向旅游这个市场了呢?

C： 海南更多的是旅行社和为旅游服务的酒店和配套的这些相关企业，像别的找工作还比较难，所以当时就是在旅行社做试试看，然后就做了导游在旅行社。

董：先做的导游后来自己做的旅行社。

C：然后直接就过到长春来了。

董：来长春是什么契机？

C：公司派过来的。

董：当时是这个比较大的旅行社?

C：一般，一般大，就是从海南的旅行社派到长春来驻站，设办事处，主要就是做海南的宣传，在长春做海南的宣传，海南旅游的宣传，景点的宣传，各方面的宣传，还有有关这方面形象的宣传，以我们旅行社的角度去宣传，宣传完之后呢，就是因为它(长春)　是个相对封闭的市场，宣传完之后主要是为了打开这个……像现在是去海南是非常普遍了，去买房子，去玩，去旅游，各方面都有，在当时像现在这样的少。

董：这个公司是您注册的是吧?

C：自己注册的。

董：是在哪一年注册啊?

C：是在05年。

董：主要做的业务还是海南吗?

C：所有的线，我是个资质完整的旅行社嘛，像国家旅游局规定的所有的线都能做。

董：我们俩刚才进楼一看，好像这个楼里旅行社非常多。

C：对，八楼还有一家，这楼里其实旅行社不多，他主要是三楼有一个售票处，六楼和八楼有旅行社。

2. 商会加入契机与商会认识

董：第二个大问题我想问的就是你加入广东商会的这个契机。是朋友介绍进来的，还是你通过什么方式了解了这个广东商会?

C：通过秘书处介绍进去的。

董：秘书处指的是商会的秘书处?

C：商会的秘书处。

董：你是怎么样跟他们建立起联系的?

C：我们都是广东人，在某些广东餐厅吃饭的时候认识的，认识就介绍进入这个商会了，很偶然，就都是广东人就聊起来了

董：就是他们其他人已经有先加入的了?

C：有先加入的了。07年成立的商会，我是08年加入的。

董：08年加入的时候是会员还是理事?

C：加入的时候就是理事。

董：一直到现在一直是理事是吧?

C：一直是理事。

董：有没有想提高，当常务理事副会长什么的?

C：一切看实力说话，一切看机会说话。想，都有想，但是我自己认为的话有些能力还达不到那个程度。

董：您这个旅游公司和政府部门接触的多吗?

C：必须的多啊，我们这个服务行业接触政府部门一些沟通的，是吧，办的事情能更快一些，走的途径能更顺当一些。

3. 商会组织管理

商会情况介绍

董：您在07年加入商会也六七年的时间了，您参与的活动方面，这方面怎么样?

C：总参加商会的活动，商会在吉林省内的商会当中我们商会还是比较团结的。从哪方面看出来团结呢？从开始看出来的政策就是07年成立的时候是3年一届，三年完事之后接下来第二届是4年，作为商会的一把会长按照商会规定是只能连任一届，07年到10年……。

董：干两届?

C：对，已经干了两届了，到14年今年，到换届之后呢，按照规定呢，会长是不能连任的，第三届就重新选，但还是选择了他，而选择了他我们商会并没有分裂，一直都是他做会长，大部分常务副会长，会长和

理事百分之八十都保留，我们商会呢，在吉林省内你要了解的话你应该知道还是比较团结的，有的商会一换会长直接就分裂了，分裂出两个商会或者……。

董：我们也都了解。

C：所以我认为成长也是受商会的影响。

董：从参加活动这一块，您个人主要是参与它的哪些活动?

C：一切，首先是重要的活动，商会举行的理事会，这是必须参加的，除了理事会之外就是那些中秋节和学子们的一些聚会，这基本上是都参加的，还有和别的商会之间互相的联谊会，和这个川渝商会啊，河南商会啊，河北商会啊，有一些联谊活动什么的，尽量的参加，都是商会嘛，互相之间都有一些那个联系。

董：就是据你了解的是吧，商会对会员理事整合的这个程度，包括商会也有很多功能，包括广东商会他有网站，网站上也写了七大功能是不是，你的感觉这些功能发挥方面效果怎么样?

C：发挥就是还有待提高，就是商会秘书处做了很多工作，但是还有待提高，这个提高呢，也是我们这届换届之后的一个想法，就是提高什么呢，和以前相比有些区别，如果你们是在去年访谈秘书长的话，他有可能还没……。

董：还没提换届这事儿呢。

C：这次换届之后，我们好多理事就提，一把会长领导下的各副会长，就是直属领导，就是说某个副会长他直属领导，就以我这行业是服务行业，服务行业包括这个饭店，包括旅游，还有就像酒店啊这些都属于服务行业，这就规定某个会长来进行负责，会长负责制，就是我们几个理事配合会长，就是把我这个行业的这方面的会员放在，一起把这个任务就直接规定到每个会长和我们理事的身上去……。

董：分工更明确了。

C：更明确了，更好的为那个会员服务，因为商会是服务会员为宗旨，这样更有利于为这个商会的团结和那个会长副会长理事和会员的共同发展。

董：那您属于三届的理事了吧? 在这三届从会费上来讲第三届刚换这届有没有涨?

C：涨了，百分之二十，涨了百分之二十。

董：第一届的时候是多少钱？

C：你是说我们理事？

董：理事单位。

C：第一届第二届每年是5000，第三届是6000。

董：今年涨到6000块钱了？

C：嗯，对。

董：你的了解或者你感觉，第三届和第二届吧在会员的数量上有没有什么变化？

C：有变化。

董：增加了还是减少了？

C：其实现在是那个减少了。减少了一部分，减少了一部分这个是自然淘汰，就是有一些平常信誉有些不太不太……。

董：就是企业经营不下去什么的？

C：企业经营不下去是一方面，有些可能是存在一些信誉不好的问题，我们自动的就淘汰掉了，现在一般在商会里面的别说信誉没问题，最起码大面上还是过得去的。

董：你现在感觉交这个会费多不多？

C：不多，不多，肯定不多啊。一把会长，副会长，我们理事认为都不多。

董：你心里承担这个会费的范围，比如说最低最高，这个范围一般在？

C：你了不了解其他商会交的会费的情况？

董：我们也大致了解一些。

C：对比一下就知道不多了吗，不多是肯定的，我们交的会费不够多是肯定的，所做的工作我认为也没有也没有完全的发挥出来也是肯定的嘛。商会会费可以增加，但是做的工作就像今年换届，还需要更进一步的加强，做的工作需要更细一些，对不对，更责任到人一些。

冠：这个细具体是指什么？

C：就像我说的，责任到人，各副会长和我们理事负责制，然后下面我们具体服务行业这一片的会员我认为就是应该总提供一些沟通的机会，不光只是在一起吃吃饭啊，一些这种自然而然的沟通，而是有主动性的，就是你们过来我单位访谈是一样的，我也需要会长我们带着会员一起到各个会员单位去……。

商会加入会员资格

董：行，你对你自己将来在广东商会这个位置，在这介入啊，有什么更多
　　期待吗?

C：我的期待永远是这个大家好，一起好。

董：比如将来当个副会长啥的。

C：我当副会长，我认为是……。

董：不一定非得有钱才能当副会长，我热心于这个我也可以当啊。

C：是，就像刚才所说的，如果商会能发展朝那个方向，我肯定会尽全力
　　去发挥我的能力，发挥我的能力如果大家认可，我自然而然就到达那
　　个位置了。

董：今年换届，副会长那个会费是多少?

C：六万。诶，我看一下，是五万还是六万，五万。

董：五万是吧?

C：原来是四万。

董：分常务不分?

C：常务……我想想啊，常务原来是多少……常务是……我还有些忘了。

董：理事是六千是吧?

C：是，六千。普通会员是600。

董：啊，普通会员这么少啊。

C：对，本来普通会员那只是一个象征性的，普通会员本来就不应该交多
　　钱啊，不利于团结啊。

董：就是交这个钱你作为理事哈，包括这个钱的走向跟你们有文字形式
　　的……。

C：有。

董：都有透明化和公开化这个?

C：都有，每次理事会都有那个宣布会费的缴纳收款，就是收缴工作和支
　　出的情况。

董：他这个通知是到理事这一级呢? 还是所有会员了解收支这个情况?

C：开理事会的时候是我们会长常务副会长副会长和理事这一级，再加上轮流的那个会员单位，轮流的会员单位出两到三个参加这个理事会，所以应该也是到会员这一级。

董：都知道是吧？

C：都知道，但不代表每个人都第一时间知道，达不到，但是每次都会请会员单位，不同的会员单位来参加理事会。

董：行，我的问题就是这些，ZG你再看看……。

4. 商会运营模式

商会大事： 会员大会

冠：C总，咱们27号开的是会员大会哈？

C：对，是的。

冠：您能把这个开会的过程给我们简单的描述一下吗？

C：你说过程？

冠：开会的这个程序，都做了些什么？

C：按照民政厅的规定，首先我们是理事单位，首先是有理事单位的内部的一个会进行推举，在常务副会长、副会长和原来会长当中推举一个新的会长，基本上是满票通过就是推举CMX会长做一把会长，推举完之后马上就接着开全体会员大会，出席率应该能达到百分之八十以上。

董：现在会员能有多少了现在？

C：200多。

冠：那出席能有一百五六十家？

C：对对，就参加之后会上呢，进行大的表决。

董：这个表决是举手还是什么？

C：举手。

董：现场然后统计？

C：对对对，现场就是那个，对，就是现场统计。大会之后就选举出那个

CMX会长，副会长，理事单位，还有就是那个秘书长，副秘书长，接着之后我们再召开理事会进行确定。

董：你刚才说那个就是会长啊，副会长啊，分工更加明确了，可能就是针对不同的行业，是不是啊？你觉得因为广东商会我们知道因为去年我们去访谈，它那的工作人员可能能有六七个人？

C：完全不够肯定不够。

董：是吧，它这个人员配置这块……。

C：这个方面必须得什么呢，像秘书处也有谁专管专管什么，像X姐，XHJ就是专管我们商会的会员单位，她作为副秘书长之一吧，专管会员单位，应该是她。原来是副会长和理事我们并不主动去管这些，那么今年会发生这个改变，会主动的去带领秘书处的那个专管的秘书长然后带领我们理事去主动的去这个和会员的感情沟通啊，业务沟通什么，包括合作的一些事情，我认为今年应该有变化，因为今年的想法大家有更新的想法了，需要做的更细一些。

董：这个想法是怎么，比如说大家的提议是怎么形成的？比如说你这有想法或者普通的会员有想法通过什么样的路径能表达出来？

C：就是这个会员大会，就是会员大会我们开会的时候我们就有提这个想法。

董：那么多人是一起提还是分组提？

C：我们开理事会的时候，会员是他们在那等着我们开完理事会之后过来，他们是也在讨论，我们理事会也在……。

董：会员的意见是他们以书面形式递交呢？还是怎么表达一下……。

C：书面形式我还真没……可能秘书处更知道一些，是不是以书面形式，我这边是听着，就是最起码有一半的理事单位和副会长级单位也提出了这个想法，进行沟通的时候他们提出这样的想法，我认为因为刚开完，接下来工作应该会朝这方面去努力，将来才能更能壮大商会吧，更能吸引会员什么的。

商会大厦

董：咱们接着聊聊，就是我们了解呢，就是广东商会，从去年到今年可能
办了几件大事，一个是那边的工业园，还有一个是现在进一步准备离
这不远的广东大厦，这个事你从理事的角度，一个是参与的程度怎么
样，第二呢，就是你觉得发挥没发挥作用，这个决策的过程你感觉是
怎么样的？

C：这个决策的过程是挺公开的，也是征询了会员的意见，然后我们的一
把会长也就是CMX会长，在中间起了决定性的作用，我认为在他的带
领下广东大厦才有建成的可能，他的作用是决定性的。

董：您个人参没参与广东大厦的这个……？

C：我们还没有实际达到我们的能力……。

董：还没有投资？

C：对对对，因为这个大厦的建立主要还是由我们从广东拉来一个开发商
直接来建设他是占主要的，我们处在这个阶段我们是建成了我们要买
多少间，多少平的房子这个是我们的……。

董：你将来有计划假如说盖好的话，有计划搬过去吗？

C：有计划，搬不搬过去肯定要投资买他的房子，因为建好之后最起码他
那个地段是非常不错的。

和党-政府机关的关系

董：你觉得商会和政府管理部门之间的关系应该是怎么样的？

C：非常好

董：不，你想象当中他们应该是什么关系？

C：我们不是归民政厅管嘛，我们这个会都是在民政厅领导的怎么说……
叫监管，领导下吧。

董：就是现在是这种状况，就是在将来商会的发展需不需要政府机关进一
步介入……。

C：必须得需要啊，咱们中国嘛，必须得需要啊，必须得是在民政厅的领

导下。

冠：像这次会员大会民政厅有去吗?

C：有。

冠：他们也有去是吧?

C：去。我们主要理事会都会邀请民政厅。

冠：都是主动邀请?

C：必须主动邀请。

商会功能

董：从您个人来讲，包括您这个公司来讲，在这个六七年里有没有说什么事情需要商会出面协调或者办公解决的?

C：有。

董：举个例子?

C：像那个和某些企业的业务联系，甚至是某些纠纷，商会都会出面去协调。

董：你觉得这个效果怎么样?

C：挺好挺好，就是像我们个人沟通，像两个企业进行沟通是一方面，如果有更多的平台去沟通的话，更高一点的平台比如说像商会这样的平台，那效果可能更好一些，接触的面就更好一些，包括有些政府部门。

5. 和各种同乡 / 同业组织的关系

个人层面

冠：那刚来的那会这边有广东的朋友吗?

C：最开始的时候还真没有，就是2000年的时候相对来说，认识的机会还是少。

冠：那会接触更多的还是长春人，本地人。

C：对，本地人。

董：您现在是在这边成家了？

C：在这边成家了。

董：爱人就是本地的？

C：长春市的。

董：那你当时怎么没找老乡呢？

C：找不着啊，我2002年就认识我老婆了，然后我到08年才入的广东商会，商会成立也在07年才成立。（……）

冠：那您是加入商会之前认识的广东朋友多呢？还是加入之后多？

C：加入之后。

董：你有没有通过商会给你介绍旅游的生意啥的？

C：有。

董：就比如说广东商会会员旅游什么的，基本上给我就能不能都争取过来，这个怎么样？

C：基本上，应该是能争取过来，但是它有个地域性的差别，能争取过来，但是因为地域差别就存在客流……广东的企业它不会想着长春去玩，海南去玩，去华东玩，去这个云南玩，他本来就靠的更近一些，但是他会去俄罗斯玩，他会去长白山玩，他会去济州岛玩，就是有一个地域的差别。

冠：那像咱们商会可能有200左右个会员，您大概能认识多少位呢？

C：大部分吧。

冠：百分之……？70-80%？能达到这个数量吗？

C：能能能，六七十，七八十吧。

董：那这个认识的方式，主要是通过商会的活动，还是私下里有这个活动？

C：商会的活动。

董：主要是通过它？

C：对。私下里的活动比较密切的，能一半吧。

冠：C总您当初参加这个商会，您是更看重这个商会能扩展您生意上的人脉，还是更看重都是广东同乡，更看重这种乡情呢？

C：刚开始加入的时候可能是更看重同乡之情，更好的团结大家在一起，沟通都方便什么的，但是到后来了，慢慢慢慢的更觉得同乡之情之外更应该能再做一些事情更好，因为它的组织架构既然是会长，副会长，有秘书处，其实和一个公司，和开一个公司也类似了嘛，只是称呼不一样。

冠：那像您身边有没有广东的朋友现在还没有加入广东商会的?

C：有。

冠：为什么说没加入呢?

C：我认为是一些沟通的问题。

冠：是广东商会那边没有宣传到位啊，还是其他什么?

C：我想想，可能也是宣传的问题……沟通和宣传的问题。

冠：那这些朋友是知道广东商会的?

C：知道。

冠：那就是说，那边没有主动的邀请是吧?

C：对，最典型的例子是那个亚太大街和繁荣路交汇的和记H埔，那不是广东企业吗，他要是加入他完全可以做个最起码最起码是个常务副会长级单位，和记H埔，对不对，大的广东企业，和记H埔地产，但是他却没有加入，我想就是一些工作还没做到位吧。

冠：那有没有这种可能，我是广东人但是我在这边做的企业很大，然后我也不需要商会给我做什么事儿了，我自己有些事自己都能够摆平……。

C：肯定会有这方面的原因，绝对是有这方面原因，或者是负责这边的经理也好，老总也好，也可能是宣传和沟通方面的原因，对，应该有这方面的原因。

冠：在您做生意的过程中，有没有什么具体的商会帮您维权的事件呢?

C：我自身在维权方面还没有，但是我们有个副会长级单位可能是对维权有更切身的体会吧。是叫什么来着……我和他不熟，就是他官司一方面的事情……秘书处知道，我和那个副会长还不熟，就是某个纠纷。

冠：那这件事是秘书处他们说的，还是……。

C：对，秘书处。

组织层面

董：旅游这个行业因为我们不太了解，现在竞争是挺激烈的吧？

C：非常激烈。

董：比如说在长春市旅游公司，有没有旅游公司组成的协会？

C：有旅游协会。

董：你参加这个了吗？

C：旅游协会它现在主要还是在市旅游局领导下成立的旅游协会，这个旅游协会它那个人员的组成，主要还是以那个，一个是那个市旅游局，算是退下来的人员还是什么人员。

董：一般是一个退下来的副局长做那个协会的会长。

C：对对对，再加上我们行业当中的一些老前辈……。

董：您也是旅游协会的？

C：我不是那个协会的。我是其中的一员但我并不是旅游协会的。

董：但是它应该跟你有业务上的联系吧？比如说培训啊，或者发一些文件啊之类的？

C：可能更确切的是我们归它领导，归协会领导，因为像协会的只能像有一个职能就是考评，考导游证，这就归到旅游协会，原来不归旅游协会管，原来是归那个旅游局。

董：原来是政府直接办事，现在是政府间接办事，可以这么理解吧？

C：对对，可以这样理解，现在归协会来管。

冠：旅游协会有这个要求吗，就像广东商会是我自愿加入的，那旅游协会比如我是干旅游这行的我就默认是旅游协会的会员了吗？

C：有个本质的区别是什么呢，我们广东商会是自发性的，非盈利性的，服务于会员的这样的一个集体，是由下到上进行进行组织组合的，做生意组合成的一个商会，那个是叫旅游协会，协会是从上之下进行组合的，它现在还处在像考评，考评属于我们旅游圈这块……。

董：协会负责考评吗？

C：旅游协会负责考评，导游证，经理资格证，领队证。

董：我们觉得这些权力原来应该是旅游局管的是不是啊？那相当于旅游局把自己的权力往外转移一部分吗？

C：对，可以这么说，我感觉是这样。

冠：那这个协会还是归旅游局来管理?

C：那肯定啊，在旅游局领导下。

冠：那您现在是不是这个协会的会员呢?

C：我不是旅游协会的会员。

董：不是协会的会员，属于协会有管理，你给协会叫不叫费用? 就是每年固定你这个旅游公司得给它……。

C：我们旅游公司不是给旅游协会交费用，我们交的是质保金，存在银行里的归旅游局管的这个质保金，不交费用，我们交的是税收。

董：那这个钱是交给旅游局了，没交给协会啊?

C：协会收什么钱，导游的钱。作为一个导游，考完那个证之后，要么就挂靠在我们旅游公司，在我们旅游公司上保险，要么就挂靠在旅游协会，在旅游协会上保险，他收的是这些钱。

董：没有说对你们旅游公司说定期说，我们要搞培训，或者其他形式这些有没有?

C：有，有培训要先交培训费，那个是自愿性质的。

董：这个是自愿性质的，它不强制是吧?

C：不强制。

董：其实这是我们研究社会组织的两种形式，就是你觉得完全不一样?

C：我认为还是不一样的嘛。

6. 自身文化认识与身份认同

民间信仰

董：你从小在海南长大，有没有一些当地的文化，比如说拜什么的东西的话，这个有没有?

C：你说的是拜什么?

董：比如说拜观音啊，信什么的，信仰方面这有没有?

C：广东那边好多都是拜妈祖，广东闽南那边就是拜妈祖和土地，或者观音。

董：你了解你周边的一些朋友，熟人是吧，有没有来到了长春生活，但是还是把南方的那种拜的妈祖和观音这种形式也移到这边来了，有没有这种情况？

C：有啊，更多的拜的是财神爷吧。

董：财神爷好像全国人都拜，是不是啊？

C：这其实都是南方的习惯嘛，东北这边主要还是狐二仙嘛。

购买吉林省户籍

董：您以前在海南什么的，做旅游的特别多是吧？

C：对。

董：包括在吉林省长春市这块还有没有其他广州人做这个旅游？

C：我还真……我看一下啊……好像是没有。

董：据你了解就你这一家是不？　广东籍的然后在这做……你这个公司注册是在长春注册的吧？

C：在长春注册的。

董：注册的话户口有没有这些要求？

C：没有啊，没有这方面的要求。

董：咱是上哪，上那个……。

冠：那是D总那块有一个L总，LZH，他好像是买车……。

董：他说户口如果不落在长春市的话，办很多事情的话都不方便，就是你有没有遇到这样的情况？

C：我没有这印象呢，有这规定吗？

董：他说他公司的车，你这公司也应该有车吧？

C：对对。

董：那你在这车是挂在公司下面还是……。

C：公司下面。

董：没存在户口这些这些问题吗？

C：我以前的车是挂我自己名下，也没……。

董：也在长春买的？

C：对啊。

董：就是落户啥的也都没问题是吧?

C：没问题啊。

董：那他怎么提出来了当时，因为他当时是把户口从广东籍改为长春籍的了。

C：我还真没注意到，我一直没……。

董：就是你来长春从2000年从户口方面没有遇到任何问题吗?

C：有需要办暂住证。

董：现在还需要办吗?

C：好像去某些地方还需要暂住证，我想想啊，我要没记错好像是，好像是需要暂住证，这个我有点把不准了，但原先是需要，现在需不需要我不清楚。

冠：您现在的户口还是广东的?

C：海南的。

7. 企业文化 / 合作伙伴 / 行业分化

董：大学毕业就把户口留到那没走?

C：我出生长大就长大在海南，我是广东人，但父母上山下乡到的海南，我在海南出生长大，过到长春。

董：啊，这样的，那你肯定是和你原来的南方的同学在一起沟通是吧，你们比较同样做旅游，在南方做生意跟在吉林省做生意最大的差异主要在哪些?

C：南方是个成熟的市场，东北还是不属于成熟的市场，所以相对来说应该机会多些。

董：南方的机会多?

C：这边的机会多，我说的机会多是指因为它市场还不够完善，所以这边应该机会多些。

董：你的感觉在文化上东北和南方的差异是?

C：有差异，但是我觉得挺好融入的(很多外地商人都觉得东北很好融入）。

董： 你比如说二人转，赵本山³⁾的小品南方人看了之后也有很多争议是吧，比如说你对这个怎么看啊？

C： 在国内我觉得不存在什么争议吧，赵本山的小品在国内都挺受欢迎的，可能在国外……。

董： 每次春节晚会赵本山演完了前几年演完之后在网上的争议是非常大的，这个争议主要是来自于南方。

C： 那是因为南方那边主要是过年主要不是看春节联欢晚会，选择的那个面更广一些，因为他们接收到的台也多啊，原先像凤凰卫视各方面这边还是有些接收不着的嘛，对不对，闭路电视有些还是接收不着的嘛，所以那边能选择看的台太多了，特别是一些境外的台也挺多的，香港澳门那边的台也有，所以不像咱内地就是更主要就是看春节联欢晚会，主要是看春节联欢晚会嘛和赵本山的节目，包括我在内我也是，是吧，春节也是以看春节联欢晚会为主。

董： 你怎么看东北小品？

C： 挺好的。

董： 包括二人转，经常 去看吗？

C： 算是经常 去看，因为只要有朋友来我就带着去看。

董： 你的感觉还可以？

C： 反正就是呵呵一笑呗。

董： 包括赵本山拍的那个系列连续剧《乡村爱情》，一系列的？

C： 哦，那个我很少看，因为……可能兴趣爱好不在那方面吧。

董： 因为这个问题主要涉及的是什么呢，南北方文化上的差异问题。

C： 南北方的文化差异主要还是那个做事的一些，那个规则规矩这上面的一个差异。

董： 这个具体一点？

C： 就是有一些，比如说可能在南方是一些比较相对来说比较能简单走完的程序，可能在这需要多个感情的因素吧。

董： 那也就是南方的规则性更强一些？

---

3) 东北出身的戏剧演员。

C：在这边可能是规则再加一些感情。

冠：您感觉南方人在北方做生意容易吗？有没有遇到什么困难啊？

C：困难到哪都一样，可能这边困难要比南方小一些吧。

冠：如果我是纯长春人在长春本地做生意相对外地人来说要简单一些……。

C：我倒没有这个感觉，我真没有这个感觉，就是说外地人要比本地人难，没有这个感觉。反倒我说南方比这边难是说那边市场更成熟，市场成熟呢，你要想打开一个局面的话比较困难一些，一切都靠实力说话就比较困难一些。

董：因为咱们这个包括旅游公司啊，包括这个服务性行业，可能有一个当地人脉啊，或者说网络啊，是不是啊，要是人家长春市吉林省本地的旅游公司呢，可能跟各大单位或者说联系更多一些，然后你这个就是说相对人家来讲这方面是个劣势，有没有这种感觉啊？

C：没有这个感觉，我已经来这十四年了，我认为融入的还挺好。

冠：那就是在刚来的时候有没有遇到什么困难呢？

C：我自身上没有。

8. 商会发展规划

董：我最后问的问题就是说，假如抛开这个广东商会的话，你对中国商会的这个发展，比如它未来的这个走向是吧，你想象当中，期待当中应该是什么样的？

C：期待？对商会啊？

董：对，就是你想象的商会在将来的发展它应该是怎么样的？

C：商会就是一个非盈利性的组织，是服务于会员单位的，非营利性组织不代表它那个不能在商会这个平台上一起成立某一个公司，非盈利是对会员，但不代表它不能用这个平台去聚合会长副会长、理事或者会员一起成立一个比较合适的公司做一些事情，我认为它应该利用这个平台，现在不就是讲究平台嘛。北大、吉大不都是类似这样的平台嘛。我认为商会也应该成为类似这样的平台，不光是交朋友的平台，我们一起成立公司这样的平台，我觉得这样应该好一些。

董：啊啊。

C：因为我是这个行业的，我对别的行业一无所知，我们商会有做别的行业的，他对别的行业可能也一无所知，但我们如果能成立一个平台，一个面尽量大一些的，一个公司，就是说一个公司吧，可能机会能多一些。我希望是达到这一步。

冠：好的，就这些。

董：谢谢C总啊，这是访谈了四十多分钟。

I-4. 吉林省广东商会会员CCR访谈

人 物 : CCR、董运生(董)、张冠(冠)、张豪峻(张)
时 间 : 2013年7月10日
地 点 : 五粮液专卖店 CCR办公室

1. 个人信息

基本信息

董: 那么今天下午我想有几个问题需要向您请教和了解的啊：第一个问题呢，就是我们想请您呢，结合您的发展经历，包括上大学啊，包括工作创业啊，怎么到的吉林省长春的经历简单的介绍一下，这是第一块；第二块想让你介绍一下，加入广东商会自己有一个什么样的契机，然后进入当广东商会来了，在这个商会里参加了哪些活动，在这个活动中自己感觉到对这个商会的这种认同啊，或者感觉呢，或者甚至商会可能帮你做了一些事情呢，就是在这个过程中一些活动呢，您看您给我们介绍一些；最后一块呢，就想谈谈呢，就是说，您心目当中的中国的这种商会建构是吧，理想当中的那种状态应该是什么样的，看看能够给我们提供一种什么样的启发，主要这三个问题，好吧？就是这个意思。

C : 第一个就是我个人的成长经历嘛，我是九六年毕业的。

董: 九二年入学?

C : 对。九六年佛山大学毕业的，对外经济贸易专业，那时候毕业之后就安排在我们本市了，是房地产公司。

董: 本市是指哪个市?

C : 佛山市吧。

事业介绍

董：您是佛山人？

C：对。我本人是潮汕人，后来就在佛山大学读书嘛，户口也迁入佛山大学，后来就安排在佛山这个房地产公司那里上班，后来干一两年然后就感觉……我们潮汕人然后周围一些朋友同学啊，都喜欢创业，我也加入这个创业的大潮中。

董：那时候房地产那时候刚刚兴起，应该前景也非常好啦。

C：对对对，前景会好，但是因为可能个人性格吗，就是……公司它是国有企业，而且还是这个市级的集体企业，所以有些这个人际关系有些复杂一点，而我本人相对来说比较喜欢简单、轻松的工作环境，而且再说我们潮汕人都有这种创业的激情那个年代，所以我就放弃了这个房地产工作，就加入到创业。

董：工作了几年？

C：工作两年。就是98年。

董：那也叫下海了。

C：哈哈，是，也叫下海。下海就在这个一个建材公司开始做，搞销售，全国各地的一些招商啊，这种工作。然后02年就派到东北来。

董：是建材公司派你过来了？

C：对，派过来负责东北三省的业务，然后我们这个当时的公司地址就定在长春。

董：长春，总公司？那实际上是协调整个东北三省。

C：对对，后来就是，在这期间也认识我老婆，那时刚好三十岁，简单介绍吧，是吧，然后东北嘛，东北当时02年来的时候，感觉还是因为我们第一次来东北这么远的地方，那时候我感觉好像没有几个广东人呢。

董：现在也不算很多。

C：对！但是那时候因为没广东商会存在，再说自己也可能交际也比较狭窄，比较狭窄。所以基本上也没啥什么除了工作上同行打交道之外，这个没有硬去遇到这个广东人吧，所以感觉就好像自己寥寥无几的几个人之一，后来那可能就是水土不服吧，我们公司在这个长春啊，东北啊运作也不是良好，那时候老板刚好我们就在老板在那个广东东莞开个公司。

董：开的什么公司?

C：也是建材公司

董：还是建材公司

C：啊，后来就那边缺人就把我招，后来03年就把我派过去了，就回去了。

董：那你02年，实际02年到03年……。

C：其实我待一年时间。然后在东莞这里，东莞嘛干到06年，那建材就已经不好做了，一个为什么不好做呢，一个是做工程的压款，压款特别厉害，那时候05年我们发生一件事情，在东莞那时候治安特别差，我们店面半夜三更就曾被人家抢走一批货，那个看店的一个L叔啊，被打了一顿。

董：东莞吧，就是东莞我们也不太熟悉那个地方，反正就是一直以来都非常有争议，引人关注的一个地方。

C：对对，后来06年我就不干了，不干了那时候我就有个朋友嘛，他说山东青岛嘛，他是做五金的，山东青岛，他本人是在五金4)公司那里是做全国的销售总经理，他介绍我去那个青岛，青岛他说还没有经销商，叫我去那边做那个青岛总经销，后来我们东莞方面我们建材嘛也不是很理想，另外自己也想改行，就过去了，过去青岛。

董：你是哪年去的青岛?

C：我是06年年底吧，下半年。

董：在青岛待了多长时间?

C：青岛其实待了半年时间，那时候考察一段时间，考察也不好干，一个嘛，就是我朋友这种公司嘛他这个品牌在我们广东还是比较出名一点，但是在青岛嘛它是空白的，另外嘛，它性价比产品的性价比不高，还有就是配套的服务啊跟不上，后来我就我考察大概半年就放弃了。放弃了那时候就因为我老婆的事情是06年，06年我们也差不多结婚了，也考虑结婚的事情，然后就过来长春，又重新从头开始了07

---

4) 五金：是指铁、钢、铝等金属经过锻造、压延、切割等等物理加工制造而成的各种金属器件。

年，就这样。

董：那07年来这选择这个项目……。

C：对，我现在做的这个，07年那后来07年我有个朋友就在浙江那里做吊顶的，建材的，然后我就负责东北三省的业务，又重新打工，打了两年，打了两年我也感觉年纪大了，不能再打了，然后我也想在这里这个长春生活下去，生活下去我又没有啥朋友，那时候没有广东人认识，后来我就想到平时我也喜欢喝茶嘛，哈哈，然后我就通过茶叶这种平台呢，可以认识很多朋友。

董：最开始是在长春做茶嘛?

C：我最开始不做茶。

董：你后来的时候，09年不是又回来嘛，这个时候开始做茶?

C：对，开始做茶。

董：你现在这个茶做到什么程度?

C：09年我就开始做茶了，我为什么做茶呢，其实有几方面的考虑，一个嘛就是我老婆嘛可能她是做会计的，她也不想打工，我想培养她做生意，一个；另外嘛这个茶嘛这个平台可以通过这个平台认识很多南方人，我目的也就认识一些南方人，后来……。

董：你这个现在开茶这个是茶庄啊，还是那个……?

C：茶庄，茶庄还有后来10年跟人家合作开个茶叶公司。

董：在长春有几家现在啊?

C：现在我们有合作，合作有五、六家。

董：合作五、六家。咱这个市场上比较好的，你这个名字叫什么名字啊?

C：叫海堤茶叶。海堤，就是厦门一个品牌，中粮集团下面一个主品牌。

董：那你这个走货的渠道主要是面对哪些人呢?

C：我们面对的是一个呢，一个是单位一些礼品用茶，还有一些团购啊，另外一些就普通消费者。

董：像有些茶楼啊，那样的，像老井啊，博雅啊，这种的你没开嘛。

C：没有，我们还没这个实力，因为开茶楼跟开茶庄就不一样了，茶楼它是一种服务性的一种这个服务性的一个这个这个茶庄，我们这个主要还是卖商品茶。

董：卖商品茶像有些地方，我很少往东面来是吧，因为我在吉林大学一般都在西面，西面像我这两年总去那个吉福国际茶城，那里面有没有你的……。

C：我有一个合作伙伴在那边。在一楼。(……)

2. 商会活动与会费

商会会员的会费

董：那这个加入的话会费？

C：会费当时，额……09年之前是1200了，后来我们就改为一般会员是600。

董：那你怎么没想让级别高点呢？

C：级别高吧，说实在的，我也想，想这个级别高一点，就想这个自己开个公司大一点的再提高级别。

董：就是普通会员是六百，理事是？

C：理事是5000。

董：你说的1200是指什么？

C：1200，是以前会员是1200，后来就降了，为了扩大，啊，降低会员这个门槛。

董：那也就是说现在这个级别，会费的级别就是普通会员600，理事是5000，比理事再高的就是会长？

C：额，一般副会长，常务副会长……。

董：一般副会长是多少钱？

C：是两万。

董：两万，常务呢？

C：常务是4万，会长是8万。

董：那其实你要整个理事，5000块钱和这个600，交5000块钱整个理事可能更多地接触到他的核心圈不是更好一些嘛。

C：本来我也想这个今年就提升为理事了，但有些事情公司还没有，还没有成立嘛，我也想去南方注册一个公司，本来下半年……。

董：对，可以回广州注册一个。你在广州注册和长春注册有啥区别啊？

C：因为我迟早要离开这里……。

商会活动参加

董：再回到那个商会这一块，就是说参加商会之后是吧，参加活动这一块，你是一年参加几次。

C：我基本上商会活动，每次我都尽力，尽力去参加。

董：一年能参加几次？

C：一般都，当时规定是一年四次啊。

董：形式主要是什么形式？

C：一个形式一个是周年庆，另一个就是夏季的一些这个旅游活动，还有中秋晚会，还有一个年底的年会。

董：年会，主要这四种形式。一个是庆典，一个是夏季旅游，还有春秋的节日，再加上年底的总结庆典。

C：对对对。

董：一般你都去参加啊？

C：我一般都参加。

董：你在这个入会之后啊，感觉这个交往的圈子能扩大啊？

C：扩大挺大的，因为融入这个商会啊，就是认识一些老乡，然后通过老乡又认识一些人，相当于多了一个很大的很大的……。

董：现在广东商会会员能有二三百家，你在二三百家当中你的认识的程度能达到多少家？

C：百分之六七十吧。能认识一百一二十家左右。

董：关系比较好的能有多少家？

C：关系比较好的，经常联系的有一半吧。

董：那你这相当不错了。

冠：那您参与过咱们商会的换届嘛？就是领导层的换届参与过吗？

C：没有。

董：因为你是10年，你进去的时候刚刚换完届。

C：对！

对其他商会的看法

董：你所知道的比较好一点的商会是……?

C：比如那个当然我们本地的潮汕商会啊，就在深圳，潮汕商会。

董：深圳那边，广东那边的啊。

C：其实你们了解这个行业和这个研究这个社会组织，商会组织可以去那里考察一下。

董：吉林省的商会，你了解的可能比较好的，东北这块，或者其他两个省?

C：其他嘛，就吉林省吗，就浙江商会比较分散一点，福建商会也比较分散，他们一个省就好几个商会，川渝商会可能它宣传力度比较大，但是具体运作不知道。

董：你觉得一个省是一个商会好，还是分散一点呢，更细化一点好。

C：我觉得当然细化有细化好处，一个省一个商会也有一个商会好处，因为一个省如果一个商会的话，你因为商会还是你因为这个会长的引导力，你引导力强了商会发展的就快，你引导力不好的话，比如浙江几个商会这个不行啦，我加入另一个，哈哈哈……。

董：就乱啦……。

C：所以乱一点就有竞争。

董：你跟那个会长，就是广东商会的几位会长接触多不多?

C：我们……额……偶尔接触，但是不是……。

董：沟通交流的不是很多?

C：啊，深入交流比较少。

3. 商会的功能

商会的公益活动

C：还有就是说部门你这个作为这个机构都应该有个常设组织吧，这个就请一个由一个部长、副部长有两三个办事人员，专门搜集这个信息，然后由各办公室把信息公布出来，啊，公布出来，然后有你这个比如外面一些信息可以免费啊，会员免费信息，可以让这个办事机构传达出去，做一个比较细化的一个跟外界对口的一个交流渠道，那要会员嘛也得到实惠了，对啊，会员通过商会组织赚到钱了，它对这个组织的归属感就强了，归属感强的话，它如果商会要多交一点会费或者捐一点款是吧，他也愿意交，我赚到钱了我捐一点钱都没问题的，我没有赚到钱的话你叫我捐款什么我就拿不出来，比如汶川大地震还是玉树，还是最近那是啥呢？

冠：雅安地震。

C：哎，雅安地震，是吧，如果你商会各个成员都赚到钱了，你商会号召力就大了，因为赚了钱了你还在乎这一点钱吗，该献爱心，献爱心，这样就对这个社会对国家有利，对社会对国家回报钱了，对国家社会回报钱了你这个商会在国家在社会中在地方的影响力就强了，是吧，对，互相促进嘛，所以你商会这个组织要做好，关键一个结，现在我们都容易什么？有些还在徘徊商会组织的边缘，因为他没有看到商会起到更大的作用啊，他虽然是交的钱不多，但是没多大意思，虽然交的钱不多，但是它……。

董：也就是参加活动……。

C：没多大意义，热情不高，如果你这个商会能够办一个这个很好的这个结社，对吧，你比较有热门舞台这种作用，人家就……。

董：就是说应该让商会呢，它的工作更加具体化、专门化。

C：对！具体化！不要停留在这个……。

董：整体。

C：对，整体，你整体太抽象，你必须要细化，你越细化越好，你才能办了事情，分工明确，你不能……对，务实，你这个真正为会员办实事……。

董：如果说具体化的话，肯定就要面临着你前面所说的，固定工作人员啊或者这种工资的支出啊，可能要涉及到这个成本的增加。

C：其实这都没问题，说实在的，我们会员交六百，你收到2000，啊，收到2000如果你真正做到，2000人家也能交。啊，副会长即使涨到一万，都没问题，人家也愿意按时交。

董：那你估计，你比如说你觉得根据你刚才谈到的，有些人交了钱之后虽然他交的钱不多是吧，但是就觉得没什么意思，参加了几次活动，假如说他现在呢，想把这个事情做好，说要给你拿一套方案出来，说我们把这个会费提高，这个大家能接受嘛?

C：我觉得这个应该能够接受，因为你一下子不就提高那么多吗，提高一倍而已嘛，一倍啊，啊，如果你这个你提高一倍之后办了事情的话，人家就……反正有一个具体方案出来，为什么增加这个会费，增加在哪里，人家看到起到的效果，人家还是会积极配合的，至少我会举手赞同的，因为像其它省的一些商会办的挺好。

加入益处

董：你入会快三年多了，三年多里你有没有遇到特殊事情，比如难题需要解决的，让商会给出面帮忙这样的事儿有没有啊。

C：啊，我一般都不需要商会去帮着解决，因为我们也知道商会嘛还是一个起步期，一个他们组织架构，我本人认为组织架构还不完善，另外，有些经济实力还没达到一定程度，人员配置还不到位，所以有些事情不是特别大的事情我都不会找商会的。

董：商会人家说不管大事小事，他说经常有些这个人比如喝完酒到街上，驾照……。

C：有有有，因为这个每个人嘛，想法不一样，是吧，每个人想法不一样，我嘛一般都不会给商会找麻烦，我主要通过商会这个平台认识一些老乡就可以了。

董：所以也没什么事需要它帮助。它可能最大的作用对于你来说是作为一个平台，老乡之间的这种联系。

C：对对对。

4. 身份认同与自身文化认识

户籍所在

董：你的户口现在是哪的?

C：我户口是在广东。

董：是不是注册公司必须得在户籍所在地? 不一定吧。

C：不一定，哪里都能注册的。这里是个体工商会。

董：你这个户口现在还有没有用了?

C：户口?

董：你比如说，广东籍的户口是吧，老家那边你还享受什么待遇吗? 这个户口所在地。

C：是有享受待遇的。

董：现在在老家那边能享受什么?

C：因为现在嘛，现在因为我人是在东北，基本上有心享受也没有真正去那个去……。

董：你是城镇户口还是那个农村户口?

C：我我读书以前……我现在是城镇户口，以前是农民户口，就大学之后成为这个这个城市户口的。

董：那你这个广东籍的城市户口，现在比如说一些这个养老保险啊，包括这个医疗保险，这个一般是跟户口走的吧? 你现在这一块是……?

C：我这里也有……。

董：但是交的是商业保险啊。

C：啊，对，商业保险。那边，那边吧也办了一些医疗保险。

董：就是跟户口所在地走的。你有没有听说周围的朋友啊，或者从广东来的在长春市待时间长了就把户口变成吉林户口?

C：有有有，好几个。我知道也有两三个吧。

董：他这个变的长春户口，主要是什么想法?

C：其实他们变的，我听他们说是为了办理一些证件方便一点啊，不用跑来跑去。

董：啊，包括车啊，房子啊，省的再……，对吧?

C：嗯嗯。

对东北文化的看法

董：那时候你对东北人怎么看啊?

C：我感觉那东北人那时候感觉特别落后，一个车非常少，是吧，就是到
处都是捷达车，高档车就是好像极少。

董：而且是下岗问题最突出的。

C：对对对，连警察都坐公交车有时候，是吧，连摩托车都没有，有时候
还骑自行车，我看过，连警察都骑自行车，那02年的时候感觉挺挺挺
落后的。而且人际关系比较复杂，那时候我感觉对东北人的印象不
是，有时候不是特别好，就是吃饭啊，这个吃饭的时候可能很多承
诺，但是吃完后第二天……。

董：酒醒了就忘了。

C：酒醒了就忘了，就是啥也忘了，哈哈哈……。

董：这是文化上的差异啊? 你觉得……。

C：我感觉也是文化的差异，就像我们广东人吧，不管你喝酒也好酒醒也
好，但是你说了事情必须要兑现的，如果不兑现的话人家对你的印象
可能另眼相看了，后来我就回东莞了，03年回东莞，在那里干挺好，
这其中我不就认识了长春那我现在的老婆，那时候就是，我们就
是……这个范围有点太广了……。

董：没事，咱随便聊。就是你爱人家是长春市的?

C：对，我爱人是长春市的，那时候我就感觉嘛，这个，这个自己的私生
活用不用说?

董：不用说不用说，就是我们理解你是长春女婿就行，哈哈哈……。

C：哈哈哈……。

董：你在长春待这么多年，除了刚才提到的喝酒上面可能东北人给南方人
包括这个承诺啊，包括这个有区别，你别的方面还能感受到东北和广
东这个区别嘛，文化上的或者行为上的，别的还有什么地方吗?

C：这说起来又挺多了……。

董：举两三个。

C：东北和南方、广东啊，这个就是有些文化方面差别很大了，一个可能我们那边是海洋文化，和内陆文化有差异，我们历史上就……，我们地理上就靠海，历史上也就有经商这种传统，东北嘛本来就是一个内陆的，还是一个移民的，移民都是从那些山东啊，河北这里移民过来的，然后这里吗，商业文化不是很浓，我们那商业文化比较强。

董：商业文化，大文化要差很多。

C：对，所以我们有些思维、理念就比较务实一点，你不务实的话就根本没办法做生意，这边嘛相对来说就是文化、艺术方面要比我们强，商业文化比我们弱一点。你看东北二人转，这个这个……。

董：你喜不喜欢看？

C：我也喜欢看，哈哈哈。我感觉东北人为什么口才挺好呢，和二人转也离不开啦，你天天看天天看，多少也会学到一些幽默的，东北人比我们幽默很多，我们广东人口才啊，一个普通话水平差，所以有时表达能力都不是很好，我们从小都好像一个很实在的一个环境生长的，缺少幽默，广东人不会幽默，说话也直来直去的，所以这个加上我们那时候改革开放之前我们广东还是一个经济比较落后的地方，另外文化方面也比较差，文化水平比较差，后来改革开放之后，大家都创业了，那时候也流行一个读书无用论，因为我们没有读过多少书反而发大财，那读书读多了反而是发不了财，为什么，因为读书少了，没读书他敢去闯，读书多了他顾虑多。

董：知识也是一种束缚。

C：你看我们那边，农民啊，在那个，特别是那个上个世纪之前，00前，很多企业家也好还有一些，一些这个暴发户，大部分都是农村的，他们这些人敢去闯，没啥顾虑，反正闯失败就回家耕田呗，就抱着这理念，所以他们抓住了机会，也得到他们应得的，应得的回报，但是现在也不一样了，21世纪初了，市场经济也逐渐成熟了，竞争越来越激烈了，没有文化的话有些事的话不太好……。

董：仅仅靠胆子大不行了。

C：对，不行了，另外我们现在广东也开始重视教育了。

董：那酒是后来怎么做起来的？

C：酒嘛是跟我们商会一个副会长，就是我们L总啊合作干，主要就是由他来……，当时就是品牌选择嘛，觉得东北这边酒文化还是挺盛行的，然后这个赖茅酒这个品牌还是，当时做赖茅酒这个品牌是老品牌。

董: 赖茅这两三年在长春还可以，慢慢大家喝的越来越多了。

C: 它品牌比较杂一点。

董: 对，确实要多一些，层次太多了是吧?

C: 做酒这个，当时做的那个叫LSJ，在贵州当地也是一个著名品牌，赖茅酒呢，是一个比较有权威性的一个品牌，就做这个酒。

5. 商会加入契机 / 商会认识

加入契机

董: 行，这个过程就这样。那你第二个方面呢，就想了解一下商会这一块，什么契机你认识了商会，加入进来了。

C: 是这样，商会　刚才不是说开茶庄，开茶庄目的也就是想着认识一些老乡嘛，刚好茶庄开张的时候，装修的时候需要一些灯具啊，就认识我一个老乡啊。

董: 他是提前加入的?

C: 他还没加入，他说就有这个商会的存在。可能我做茶的缘故，做茶嘛，因为你这朋友老乡也好，如果你没有经……有这个茶的品牌的话，他喜欢喝茶交往的次数多，交往的次数多，大家就熟悉了，熟悉就很容易成为朋友了，不像别人比如说卖电饭锅的，比如你这个老乡卖电饭锅，我不用电饭锅我就不用找你了，或者买一次下次不买，那我交往机会就少，交往机会少即使是老乡也很难成为朋友，不像我机会多。

董: 就是你做这个茶和酒其实必须的需要这个网络的扩大，是不是啊，哈哈哈。

C: 哈哈，对对对。

商会大厦

冠： C总，像咱们商会不是要成立广东大厦嘛，这个事您知道嘛，了解多少呢？

C： 我知道。

冠： 对这个事儿怎么看呢？

C： 当然我们就希望他能早点建成吧，如果有这种平台的话，一个吗就是商会也有这个更大的空间发展一些会员，还有办事机构都增加一点，然后这个商会会员之间的交流会更好一点，因为广东大厦它是一个写字楼。

董： 这个广东大厦从这个领导层的从有这个想法，你了解的这个渠道是在会员大会上给你们说的呢，还是你在喝茶的时候？

C： 都是大会上说的。

董： 那它这个资金是，自愿筹备的呢，还是怎么整的？

C： 它是几个发起人，几个股东，股东方式发起来的。

冠： 那这个股东是不是一般都是商会领导层的？

董： 那一般都是有钱……。

C： 对对，一些房地产公司来筹备的，然后我们会员是可以租啊，或者购买形式。

6. 和各种同乡／同业组织的关系

和同乡人的关系

张： 那我问一下，那加入这里当地户口的你周围的朋友们，他们认为自己是广东人还是东北人？

董： 就是说你的朋友现在改成长春户口是吧，那现在再跟你们这些坐下来交流的时候，那他对自己的定位究竟说是长春啊，还是广东啊，这个怎么定位啊？

C： 就像我们这个，我们中国人去美国那边，他还是以华人的身份跟华人打交道啦，这个户口就是一个法律上的意义，但是人际交往还是以这个家乡感情更重一些。这个始终改变不了，就像我们去俄罗斯、英国，我们还是中国人。

张：就是说有的广东人，移居来到这里的也有吧?

董：对，他的意思是，有没有更早的，就是说闯关东就是山东人解放前就来闯关东来了，你了解的你认识的最早的广东人到长春市的，最早是什么时候?

C：最早嘛，以前可能是当兵的，当兵的就比较早，经商最早是八十年代，我有一个老乡在广东那里是八十年代来的。

董：来了就没再走?

C：对，没再走。一直在这里，他们干的很好。

冠：那个时候是做什么生意啊?

C：他是做那个做海鲜，普遍做海鲜比较多，因为那时候东北粤菜馆还是挺火爆的，所以海鲜利润比较高。

张：那他自己觉得还是广东人?

C：对，他认同还是广东人。

董：对法律上是长春人，但是认同、交往上还是广东人。

C：对！

张：那他的孩子们呢?

C：孩子们，如果他是在这里出生，在这上学的话，可能他就会本地化了，他可能就以东北人这个身份跟你打交道了，就不一样了，因为他就在这个土生土长，不像我们，我们就是在老家那里成长啊，成长到成年的啊来这里，下一代的他们在这里上幼儿园上这个上学，他们就跟这个本地化了，周围的同学都是本地人吗，所以他们东北文化就认同比较深一点。他可能对我们家乡认识还少。(……)

张：如果你在这里把自己的生意扩大成挺大的连锁店，那么这样的话，你可能会需要一些伙伴，这样你想跟本地人还是广东人合作?

C：其实我感觉啊，本地人广东人都一样啊，都是中国人，其实就像我们广东人啊，也不一定个个都谈得来，我们邻居也不一定个个都非常友好是吧，因为每个人的这个素质啊，还有人生观啊，对朋友看法都不一样的，所以我的合作伙伴的话不一定仅限广东人。我朋友当中外地人也挺多，外地人很多，虽然是广东方面会有语言啊，或者风俗习惯啊，这个思维有点相似，可能更能成为朋友，但是也有交朋友，也有很多其他方面的因素啊，共同价值观啊，有共同的就是说爱好啊，有这种这个……趣味比较相投一点吧，就更能成为朋友。

董: 这个合伙人可能是更能找到共同点多的，不一定非得是广东省的。

C: 对对对。

张: 我们想再做那个东南亚的，但是关系打不通。

董: 是吗?

C: 但是这种关系嘛，也是有可能不是没可能，我们深圳一个潮汕商会也挺有影响力的，那潮汕商会的一个副会长的就要交50万。

董: 它本身在广州这个区域会费标准不一样了。

C: 对啊，所以他们组织架构比较健全啊。要副会长都50万，会长要100万，你的资金实力雄厚，所以资金实力雄厚你聘请一些人员，专业人士就多了，多了很多事情就，可能组织会更好一点啊。现在我们商会停留在一个非常初步的阶段，除了提供这个平台之外，其他作用不大，它办不了其他事情，人员有限，资金实力这个，这个有限它办不了多少事情，像我们商会应该成立一个就像好像……这种模式也可以啊，你是这个按商业或者是生产型的还是商业型的，或者把比如建材类，还有易消耗品类，还是房地产类进行分啊，每个组商会都有配套的一个副秘书长或者什么会长。

董: 按产业分类。

C: 对，然后分类，就像……农业与法律委员会、还有什么计划什么之类的，进行分类，每个组织都有对口的办事机构，比较细化一点，一细化一点就变成比如这个商会比如你搞比如像我们茶叶、酒啦易消耗品有个部门，是吧，我们可以定期一个月举行一次会议啊，或者是联欢会啊，然后就可以互相交流一些信息就比较多一点，范围窄了就好交流一点，范围多了你根本就顾不过来。

和同业组织的关系

张: 那长春市已经有了同业协会吗?

董：就是除了广东商会你还听没听说过广东省籍的这些成员入别的方面的社会组织，有没有？

C：商会啊？

董：就是除了商会之外，比如说你现在做茶吧，现在有没有吉林省的比如广东省茶叶协会？

C：有啊有啊，广东也有……。

董：就是广东籍的专门成立一个茶叶……。

C：因为现在我们说实在的，做茶叶我是第一个做茶叶的，真正广东人第一个在这里做茶叶的，我们现在我们老乡那个L总加入做这个茶叶了，就是我们两个而已，两个而已两个人怎么组织呢。规模不够，不像福建的……。

董：实际你刚才提到的吧，极有可能面临什么样的后果，其实你现在可能因为我，我们刚刚接触啊，我的一个感觉不知道对不对，就在这个商会当中呢，实力比较强的，往往可能是这些房地产这些企业，比较有钱，实力比较强。

C：其实一个你这个商会一个领导人不单是你自己有这个经济实力，另外你要这个你在老乡中的一种人格魅力，号召力这也非常重要，你说话人家能相信，热心于这种组织，你不热心也没用，你有钱你不热心有啥用，你愿意付出啊才行，不愿意付出的话谁听你的？

董：我的意思是你想没想过假如说按照你刚才提到的那种方式行业的方式来分的话，假如我们分出来几个几个小一点的协会或者联合会，会不会存在着人家房地产，人家这实力非常强然后组成了一个分会，然后你可能做茶叶做烟酒的，最后一看人家那边搞的风风火火，然后这边那个实力没人家强。

C：其实这也没必要比较吧，就像这个很正常的是吧，因为你现在就算我们大学毕业，有些人十年之后成为亿万富翁，有些人还是穷光蛋，是吧，很正常，就平常心去对待吧，每个行业都不一样，这没的比的，是吧。所以也有竞争啊，是吧。如果是考虑这方面，就没办法了是不。

董：因为它得有一个平衡，就是说得有一个平衡，就是会不会造成这个会分的多了，互相有一个比较或者说实际上还是我们说的内部这些分会不平衡啊？

C：也不会不平衡，你把这个自己的份内做好就行了。

董：把自己行业的份内之事……。

C：对啊对啊，就像中国美国你没办法，美国怎么发展是美国的事情，中国是自己的事情，我们中国怎么发展我们中国说了算是吧，美国你也插不了手，是吧，也有竞争啊，你每个行业没办法啦，你看这个当然IT业跟房地产都发展很快，不像这个卖电饭锅它利润比较低，可能干了没那么快是吧，这是没办法啦。

7. 民间信仰

张：还有你们广东人或者是或者是你们做茶叶做酒的，你们行业里面有没有什么你们自己的禁忌？

董：就是有没有啥忌讳的东西。他的意思是……还不是迷信，就是信念，比如拜佛啊，民间信仰这一块。

C：民间信仰……其实这个在广东还是有些挺普遍的。但是我个人啊对这方面不太迷信。

董：在吉林的广东人你观察整体信不信你观察之后？

C：额……。

董：就是会不会比如说，原来在广东的时候呢，企业开办要有一个拜的东西，现在在长春开企业了，是不是也必须要有这个？

C：嗯，有有有，一个嘛，就是一个年纪大的，还有就是接受教育水平不是特别高的，可能对这方面的……比较传统一点。

董：会不会在这待时间长了就不拜了？

C：不会。就像我们华人在这个美国唐人街，你说五十年六十年，生活习惯个方面还就华人这种习惯吧，不会改变的，除非是年轻人。

8. 商会发展期望

董: 你想象当中，因为你刚才提到了商会是吧，你理想中的商会是什么样子的，你刚才也提到了你说商会的组织架构还不太健全，那你想象中的商会架构应该是什么样子的?

C: 我觉得，我觉得理想中的商会架构应该是一个比较有组织架构、人员配置、有一定的基金来支持商会的一些活动。

董: 就是你觉得它现在活动少?

C: 现在因为它能帮会员或者是会员单位的能力还是、还是不够。

董: 那你比如说，它需要资金、需要这个拓展办事的人员，那这个需要会费提高啊。

C: 对啊，可以提高会费啊，还有一些这个，还有一些，你这个组织架构健全了，你办事能力提高了，你会员自然而然它归属感就强，归属感强有些就可以会员单位办好事啦，商会帮它办些好事可以，可以做一些捐赠啊，另外你有这种影响力的话，我们广东人都愿意加入进来的，是吧，都愿意加入进来，你这个秘书处的这个你就有号召力比较强啊。你像国外一些这个商会组织是非常强大的，它们各个机构都有，办事人员达到几十个人，上百人。

董: 那你觉得啊，因为中国的很多问题啊，可能和西方比较，跟西方比较能直接的比较，商会你比如说，大家捐赠或者是会费提高了，它这个手中掌握的资金变大了，那这个监管，或者这个管理啊，用什么样的模式啊?

C: 这个监管自然是可以用公司化的运作呗，公司有董事会、监事会啊，对吧，这种机构啊来监督呗，有些运作透明了，自然会员人家就相信了，现在就像慈善机构，为什么人家不愿意捐赠呢，就因为它做的事情不够透明，是吧，不够透明人家就怀疑这个钱是不是就揣到自己腰包了，是吧，有人怀疑的就没有这个号召力了，没有号召力你这个办事能力越来越差。

董: 那广东商会这一块，你比如说作为会员，你们每年都要有这个会员大会，它像这个资金的收入啊，会费的收入啊，和这个走向啊，在会上给你们做这种公布嘛?

C : 我们现在还没达到这种程度。

董 : 还没达到透明的这种程度。

C : 因为我也不知道高层是怎么想的，我感觉要作为一个商会组织真正要发挥它的本身创立这种宗旨的话会起到很大作用。

董 : 因为它在性质是一个非营利的社会组织，它的性质是这样的，所以它一定是和政府机关那个直接管理的组织和那个公司是有区别的。

C : 对对对对，现在嘛现在我感觉中国商会水平还停留在初步阶段，像我们这个我听国外，比如泰国的潮汕商会，人家有的都运作上百年历史，他们的组织架构人员配置资金实力啊，办事能力啊，还有影响力啊都特别强。

董 : 我觉得这是一个很好的建议，对历史比较长的商会，百年以上的商会，像你说的东南亚国家的，这个可能找一个那样的地方，找一个商会来研究，和这些刚刚成立三五年的商会来做一个比较，可能会发现的更清楚。

C : 我也挺喜欢商会组织这种研究啦。

董 : 就是你对商会的这种功能啊，比如您刚才提到的，可能更多的会员加入的时候考虑到的是经济上的这种对自己有没有收益，那其实一个商会的这种定位，它除了经济上的这种收益，其实我们考虑的话啊，因为他是一个非营利的社会组织，可能关于社会责任，公益这块啊，也应该起到一定的作用，就是说他这种经济功能啊，社会功能啊，你怎么看待它这种功能，和他们之间的关系?

C : 对，商会嘛，它为什甚么叫商会啊，它定位就是商，定位就是商，我感觉未来商会应该是个能够这个提供会员所需要处理的一切事务的中介，就是一个会员你遇到啥事，商会都能帮你解决，不单是你生意上的事情，因为一个人，这个一个人啊，这个不单，一个人要成功是有很多因素在一起。

董 : 但是这个和你说的那个具体化、专门化那个它是个矛盾，因为你刚才谈的这个具体化，你比如说以行业这个为分类成立一些广东商会下面的咱们不叫会了，叫这个什么这个联合会，那样的平台可能更适合经济职能的发挥，做生意，或者说这种经济获益更好一些，而你说的其他方面的功能啊，从这个商会整体的层面上是不是更适合一些，这也是个矛盾啊。

C：也不矛盾，你可以是，你可以有个专业的这个组织，还有这个有一个独立的组织一个综合性的部门，处理这个商业之外的事情，有一个部门来负责。

董：那现在也有啊，有综合办公室，也有这种经济办公室，也有维权办公室……。

C：但是你人员配置不够啊，你一个人办得了那么多事情嘛，你办不了那么多事情，人家自然也没有……。

董：那你觉得现在商会不是有七八个工作人员吗，现在假如说招聘人员的话，你觉得招聘他进来做什么工作？按照你期望当中的啊，应该招多少人，这些人进来之后做什么工作。

C：我就看这个商会这个组织大小，就起码有我觉得一个商会起码要有十几、二十个人……。

董：二十个人，那也就是说它现在7、8个还得招十二、三个？这十二三个让他进来做什么？

C：进来做就是刚才所说的专业。

董：专业，比如说房地产一到两个人去，协调房地产，然后茶、酒或者食品，对吧，然后你们是一个平台，一两个人负责这个，还有些生产小商品的。

C：对对对对。

董：啊，是这样，平时搞活动呢，比如一个月啊就以这个行业小会为这个，为这个组织。

C：对对对。

董：啊，然后等到隔一阶段一季度了，然后合在一起再搞。

C：大活动也以商会名义来来出面，来筹划，但是你小会啊，比如这个行业组织是吧，就一个月开一两次。

董：那这个活动经费呢？活动经费是从你们会费里面出呢，还是你们这个小会再交一笔钱。

C：可以小会交一笔钱。

董：单独协调这个事。

C：对啊，单独协调，它能够发挥这种效果的话交一点钱也没事，比如这个除了这个商会几个大的活动之外，就由商会这个，这个来组织，那几个比如你一个专业组织办一次两次，这个费用可以是AA制的形式来分摊。

董：你刚才提到的会长，你对会长的这个角色，你期待当中的他应该做的事都有哪些可能才能够跟会员之间的距离更接近？

C：呵呵⋯⋯。

董：就是你期待的你比如说他经常出现，这肯定是第一步的，怎么样才能让他经常出现，你比如说二三百个会员，他不能说每个月都陪着这些人或者轮流走。

C：他也不是这个，不需要实际上的，有些精神领袖的作用，人格魅力，我这种号召力啊，信任，给人家信任，给人家可靠，给人家这个有有⋯⋯，对老乡热情。

董：那这种热情也建立在见面或者说有事了。

C：其实有这个传播作用的，因为都是老乡嘛，比如我认识董老师是吧，我对D老的印象非常好，吉林大学有其他老师我认识的我会说到你，是吧，D老师非常非常好，是吧，我就把你这个⋯⋯，一个传一个一个传一个别人自然知道了，不需要你自己⋯⋯。

董：不需要所有人。

C：对，不需要对所有吉林大学的师生都一个一个去说，不需要啦，这个传递作用吧，因为我们在一起聊的话一个圈子，反正多少都会说起来。

董：其实你这个平台是一个很好的⋯⋯信息传递。

C：对啊，信息传递，哈哈哈⋯⋯。

冠：那像商会其实昨天我们去办的是很成功的，里面有锦旗啊然后还有牌匾啊都是各个⋯⋯。

董：广东商会啊，在吉林省目前我们了解可能是架构最好的商会。

C：秘书处啊办事能力还是很不错，比有些商会要强一点点。但是我感觉还是初步阶段，离我心中的理想商会还挺长的距离。可能我们中国人办商会还是刚起步。

冠：那些牌匾可能是吉林省各个政府部门给颁发的，我就想问一下您感觉商会是为政府部门服务多一些还是为咱们会员服务更多一些？或者说您认为这个商会应该为政府服务还是为会员服务?

C： 我觉得商会可以是一个会员跟政府一个交流的中介，是吧，政府有时候也需要有些政策也需要商会来传达，政府有什么都叫我们去商会来号召一些会员单位去听，来传达一些信息政策。然后我们这会员有时又需要政策方面或者是商会联络政府部门，是一个非常好的交流平台。

董： 我最后再问一个问题啊，因为时间我看，因为咱一个小时左右。我最后问的问题就是你对你自己的这个规划是吧，就在两方面，一方面在这个商会当中将来这个参与自己有没有一个什么样的规划，第二点呢，你对你在长春市的发展未来有没有一个规划，这个规划怎么想的?

C： 我可能以后重点还是在广东那边发展。

董： 有可能要回去?

C： 对，但是这边也没放弃，重点还是放在广东那边，然后商会这边可能会与时俱进吧，自己多少力就贡献多少吧，看自己的实力啦。

董： 就这些，非常感谢！

I-5. 吉林省广东商会会员LZH、DFQ访谈

人 物 ： LZH、DFQ、董运生(董)、张冠(冠)
时 间 ： 2013年10月16日
地 点 ： 吉林省广东商会办公室

1. 个人信息

事业介绍

董：除了做这种小区的沙盘5)，别的沙盘还有什么可做的啊？

D：好多的，也有会展中心的展览。

董：比方是企业?

D：也有啊。就是那个大庆油田那个有啊。

董：大庆油田。

D：反正那个难易程度，我们都去做的。

董：他那个设计，是由设计院把图纸给你们?

D：他们是有图纸的，没有图纸打印不了。

董：那现在打印，一般那个打印，那个3D打印你听说没有?

D：3D就是那种。

董：3D就是那个，我没见过，你看网上的3D，那什么意思?

D：你直接打，就出来个实物。

董：直接就把那个模型就出来了，3D技术。

D：一般我们有那个图纸，按照图纸做，现在你们那个农博会6)啊，我们
　也在做。

冠：按图纸做啊。农博会也做？

董：这个行，这个别人一般模仿不了，是不？不懂的人，做这个很难去做。

D：这是L总。

董：这是我的名片，吉林大学社会学系的。

L：你们是做什么东西是吧？

董：我们有个访谈，实际上就是聊天，聊天能有将近一个小时的时间，咱是准备开始？（……）我们主要做社会调研，提出理论问题和政策咨询，现在我们吉林大学老师有个项目，研究社会组织。社会组织分了几队人马，一队去广东研究慈善会，还有一队研究协会，我们是研究商会，现在商会有很多，由广东商会、河南商会很多。广东商会不错，去年我们已经跟秘书长聊过，他俩也聊过了，后来我们一个商会找十个人聊一聊，他们给我列了个名单，就把咱们企业列进来，所以我们就过来做了个访谈。大致情况就是这样，实际上我们就是做一个研究，这个研究不会涉及到商业其他东西，完全从吉大教师做研究角度展开，因为社会组织的发展特别重要，现在从国家到地方，包括各级政府，包括商业企业都特别重视社会组织。商会是一种特别重要的社会组合。你们还有没有疑问了？

L：这个商会是起了很多作用。好多名企、政策能够用的上，可以互相帮助、解决，有商会会好很多。

创业的过程

董：第一个问题我想请问一下，您和您的爱人到长春市的过程，介绍你们俩自己创业的过程。

L：我俩是2000年到大连，后来到长春，当时城市开发比较活跃，开始是到大连、沈阳，再到长春，边考察市场。觉得长春市是一个很有开发的地方，不像南方，南方当时基本饱和了，像广州、广东，做什么行业都很难做，当时选择到长春来。

董：你们是高中毕业来的还是大学？

L：我是高中毕业以后到湛江师范学校美术室，出来在包装公司工作，89年上北京，画国贸[7]的广告，89到99在广东的包装公司，专业是学美术的，跟现在做的这个是有关联的。那时候是做平面设计，后来到北京，我弟弟是深大毕业的，他在深圳做沙盘，那是93年的时候，96年到北京开的公司，99年我上的北京，在北京做房地产开发，从北京、到大连、沈阳，最后到长春，之后在长春开了个公司。

董: 那现在企业的发展，你走过北京、大连沈阳长春，现在在北京大连沈阳还有公司吗?

L : 有的。

董: 那你们这的公司属于连锁性性质的了。现在在全国能有多少家?

L : 在深圳、上海、长春、等东北这一块。

董: 您是不是党员?

L : 不是。

2. 商会加入契机 / 商会认识

董: 广东商会成立时候您就加入了吗?

L : 对对。

董: 到现在是第二届，07年成立，7年时间，您还记不记得当时广东商会成立时候你是怎么样获得信息接入商会的?

L : 我弟弟在北京商会做副会长，在辽宁省也是个广东商会，另外个弟弟叫LZT，他对事情很清楚，他告诉我这边也要有商会了。

董: 也就是说你通过你弟弟得知，他是从哪得知的?

L : 在大连、辽宁省广东商会知道的。

董: 就是说我们要主动加入，是吧?

L : 是是。

董: 你加入时候叫做理事，没有申请一个更高一点的身份，你弟弟在那边是副会长，在这也整个副会长?

L : 咱们现在企业规模很小、起步比较晚，这个行业不像别的行业利润很高，这个利润很低。实力靠后，以后会考虑转行，做展览，装饰什么

7) 国贸 : 北京国贸大厦(China World Towers)

的，到时候会有营业额，效益好会考虑。

董：商会有没有动员你？

L：开会的时候会有这意，暂时我们没有考虑这个，呵呵。

董：会费7年间发生变化没？

L：一年是5000块这样。

董：像你跟商会联系比较多，可能也会存在一些会员企业没什么事需要跟商会沟通联系，这种情况多不多？就是没什么事需要人家帮忙，参加活动也不多，也不热情？这种情况你觉得呢？

D：没什么事跟商会，像我们也属于一个。商会我们也不需要他提供什么太多的帮助，我们只是在这个圈子里认识一些人脉什么的，多一些朋友什么的。说是让商会给找一些客户什么的，我们也没有这样的想法。

董：你从商会工作角度来讲，大厦我们都去过几次，他现在能有五六个人，你觉得有没有必要扩大规模再招聘十个八个的，做更多的活动，你觉得有没有什么必要？

D：上回是一个非营利组织，他的支出都是靠会员的会费啊，一些政府的赞助费啊，所以说人多之后支出很大，另外商会活动都是外包的，不是用太多的。办事团体比较精炼一点就可以了。以后到广东商会大楼落成之后呢，里边涉及到领域更广一点，可能会有一些。C会长说还要建一些什么商业的综合体之类的，如果说有那么大的买卖的话还是可以的。现在目前的情况我感觉没必要。而且太大之后没有长处。我们做企业毕竟这么走过来的，所以说我们觉得商会也好、个人企业也好其实摊太大的话会有很大问题。

董：就是除了用这片地之外，没有其他的事麻烦过他，是吧？

D：我这块地其实也说不上麻烦，都是他范围之内的，因为他卖给我们，通过这种方式刚好也是老乡，让他多帮忙一下。

3. 商会组织管理

董: 您对广东商会参与的多吧?

D: 我基本上和商会接触的广一点。

董: 要快换届了是吧,你对将来广东商会发展有什么期待?

D: 商会现在发展的挺好的,而且在C会长和H秘书长的带领下蓬勃向上,我们提倡还是让C会长来做这个会长。

董: 按照政策上允不允许接着做第三届?

D: 民间组织好像不一定,原来第一届是三年,第二届是四年,政府说是五年一届,按他的任期来说没达到十年。

冠: 除了C会长,还有其他候选?

D: 人选还有其他会长,但在大众的反应来看,C会长还是信任大,包括我们都是,C会长对我们帮助特别大,工业园的建造C会长他们公司来做,从买地盖房子,到手续都是他参与给我们很大帮助。还有边上的几栋都是商会一些会员理事会长买的,有6栋C会长盖的,里边有百分之七八十的是广东商会的人的,也是通过会长这边很多帮助,办土地证,还有政府的消防啊,各方面的帮助。

董: 那刚才我们了解,目前广东企业在这边并不是特别多?

D: 也占一半以上吧。因为个别是当地人,也是加入商会了,目前都是广东商会里的会员。

董: 也就是说没有广东商会,这块地整不来,可能你这企业不一定在这。

D: 对,确实是。因为他这个招商引资给农安政府,合拢政府都带来很大的效益,而且我们每年纳税都很大,而且过来之后可能有些不是很完整的配套,但是我们既然来了,整个对他们带来了各方面的影响,包括生活方面的,工作方面的。合拢政府对广东商会都特别的信任。

4. 商会运营方式

商会大厦

董: 你感觉广东商会这7年以来, 它的发展有没有变化?

L: 有啊。

董: 它的变化在哪?

L: 在长春能够有发展, 从你们吉林大学买了块地, 盖广东大厦。

董: 这个事儿你了解吗?

L: 这个我听说过。

董: 你们有没有在会员大会上讲过这个事?

L: 讲过。

董: 这个投资是开放式的还是大会长投资, 还是会员都可以投资?

L: 会员、理事单位都可以。

董: 投资是以将来租房子的形式吗? 还是说……。

L: 他是可以买断的, 一平米投资多少钱, 将来房子下来之后给你多少房间。

董: 这个你投资了没有?

L: 这个我没有, 因为我比较紧张。

董: 你了解广东会员其他企业投资的多不多?

L: 有的有的, 有很大的, 咱们只是做沙盘, 像其他的做房地产啊, 还有开发什么别的。

董: 他们把公司啊, 办公室都放到那了。

董: 那从你个人角度来讲, 对这件事是赞成啊?

L: 那肯定是赞成的。

董: 那像你这个做生意的情况下, 研究多一些朋友, 比如说你在商会上组织活动上有什么期待, 是不是能够组织广东人在一起活动啊, 组织广东人和本地人的活动啊, 这方面有什么期待?

L: 这个也是有很大的帮助, 业务、人脉都是一点一滴积累的, 觉得这个活动很好, 广东商会会联系一下银行啊, 或者别的设计院啊, 很多发明的人联系在一起, 可以交流帮忙, 怎么样融资啊。有很多好处。

冠: 比如说刚才您说资金比较紧张, 有没有通过广东商会融资?

L : 可以可以，通过他们可以跟民生银行啊，能够贷款。

董: 就是说自己贷款，没有抵押人家不一定会贷给你，由商会出面是不是能很容易拿到。这个以前做过没有?

L : 我们做过就是跟广东商会在一起才有这个机会。

董: 以前你找过他们帮忙吗?

L : 没有找过，但是我们加入之后呢，他会组织这次活动，凑到一起。

董: 就是你们这块没有需要，就没找，是吧?

L : 对。

董: 其实我觉得广东商会想法挺好的，在这划一片地，广东工业园，广东人在这聚集，刚才我跟D总，他说目前广东企业在这并不是特别多，按照我们的理解说大家聚一块，更好一些，互相之间有个联系照应。你觉得其他企业为什么没有找几个搬过来呢?

L : 有的是装修行业，有个工作室就可以了。我们广东商会盖了个广东大厦，正在盖，他们都投资到那边去啦，在这边做工厂很合适的。

董: 那你说，广东在长春的企业像这种实体的不多吗?

L : 应该也有，但是有的是库存，做的是陶瓷啊、电器啊，他是有库房的。

董: 那在这边盖个库房不也行吗?

L : 对对，像轮胎厂也是广东的，做库存，陶瓷啊也是。他一般是做库存，工厂的很少。

董: 就是像你这样，有工厂、车间生产的不多?

L : 嗯嗯，也有，汽车厂的汽车配件，像隔断、卫生间、厨房啊……。

董: 像广东那个，我们知道有比较大的企业，像开发商，他们怎么没有在这里盖比较高的楼，做公司的总部啊? 为什么没把这块盖起来呢? 这块的规划你了不了解? 将来的这个?

L : 这个不太清楚，但是他的这个基本都已经划出去了，哪一家哪一家，他会跟广东有关联的项目都可以在这里。有的是从广东学技术回来啊，做钢结构啊。相关行业都能够生存在里边。

董: 那你想象这边发展前景会怎么样?

L : 应该是可以吧，蛮好的，因为他靠着长春嘛。因为在市里的话，房租太贵了，这个是很好。(……)

5. 商会的功能

董：那在您07年加入商会，有没有一些事情需要商会帮你处理的?

L：在长春，他是很好的，比方说治安啊、很稳定很好。广东商会的加入才能买了这块地，然后才盖的厂房，有很大的帮助。

董：之前你是在二道那边，是吧?

L：是二道。

董：那块地纯粹是你自己找的，租的?

L：租的，在拖拉机厂厂里面，后来到期了，到八里铺，那时已经在商会了。

董：八里铺那边也是租的?

L：也是租的。

董：就是前两个地方跟商会都没有关系?

L：没有。

董：你第三次要搬的时候，商会给画的这块地?

L：对对对。

董：这么个契机搬进来了，这的厂房是自己改的吧? 设备都是自己投资的?

L：是的。

董：也就是说你只是用了这块地，这块地能有多大?

L：3000平米。

董：这块地费用你是跟广东商会谈的呢? 还是跟农安这边谈的呢?

L：是C会长划给广东商会这边，我才拿这一块。

董：你地是你租的呢? 还是……?

L：有产权的，在农安办的。(……)

董：这个地没有广东商会如果你和农安谈，相比较是不是有一些优惠的?

L：如果没有广东商会肯定买不到。

董：办不了手续?

L：对对对。

董：从价格上呢?

L：价格应该差不多。

董：你听没听说其他会员找商会帮忙做这些事情啊?

L：应该会有，但我不清楚这个。

冠：那有没有像维权方面的事？就是我听Q秘书长跟咱们说，比如说买猪肉，我说我是广东口音，这个猪肉价会……，所以就是说包括政府方面，看我们是外地企业，会在细节上有一些这种情况？

D：这方面其实我感觉长春人情味挺浓的，因为这边人交往总体来说人的性格和心态都挺好的，可能这种情况也有，我们认识一些做家电的，在商场，他们遇到这种情况，说那个我外地人来这里做生意，城管或相关单位到那里去，他们可能说的严重一点，可能拿一个拿走了，没给钱啊，这种情况也有。但是也是个别的，因为毕竟有些可能是外来工作的当地人也有欺负的也会有。

冠：那会不会找商会出面帮解决一下？

D：他也找过商会，但这种情况也不是什么太大的事，因为你这个社会也都正常。也包括吉林那个D总那里，他就是因为这个……，跟当地的企业发生纠葛，然后商会给他解决。

董：我们听H秘书长说过。

D：但我觉得整体上来说还是挺好的，这个城市我们还是特别喜欢。

6. 和各种同乡 / 同业组织的关系

和各同乡人的关系

董：那你除了吉林省广东商会之外，有没有加入其他广东人开的协会、老乡会什么的？

L：没有。

董：在长春就只知道商会吗？

L：对对。

董：您在这边，您爱人、弟弟在这，除了家庭这块联系比较多，在长春跟其他人员，比如说广东本地、湛江的、长春本地的联系的多不多？

L：不是很多，但是有联系的，出去吃饭、买东西啊，都是广东的，电器啊……。

董：跟长春本地人联系多不？

L： 也有的。

董： 你觉得哪些方面跟长春人联系的比较多，哪些方面跟广东人联系比较多？

L： 一般跟长春人联系得多，一般需要的原材料从北京上海发过来，跟北方人联系多，做生意比较多。

冠： 那想一些娱乐活动呢，比如说吃饭啊、旅游啊，和广东同乡多一些吗？

L： 吃饭多一点，旅游少一点，像什么岛啊，什么地方啊。

董： 除了生意上可能和本地人接触，像日常生活，玩啊，跟本地人接触多不多？

L： 也有，少一点了。

董： 主要活动区间还是广东人？

L： 像唱歌啊比较多一些。

同乡商会与同业组织的效用

冠： 那这样就出来个问题，这种情况为什么这些商人要按照地域性进行组织，不按照行业性进行组织呢？

D： 因为一个行业在一个省份不会很多，你像我们这行业广东人在这边做就我们一家，没法去组织这个。你像做九牧的也就一家。

冠： 那像您这些朋友是因为志趣相投还是在广东那边住得比较近啊，比方说都住在粤西啊什么的？

D： 也不一定，主要是这边北方广东人特别少，来这边之后老家人会亲切一点，互相有个照应。如果光是一个地区的话，我们粤西在这边人也不多。你说形成一个团体的话，力量也不够。所以还是一个大一点的商会还是更好一点。

冠： 那像咱们商会这么多会员你认识多少呢？

D： 我起码得二三十位，比较好的那种。也有小的集体，商会有好几百人，但我们小集体经常一起出去吃饭啊，聊天啊。

冠： 这是娱乐方面，生意方面呢？

D： 也有，我们之间也有一些交往，不光是会长理事，我们还跟底下的会员有一些项目，我们做不来的可以给他们做啊。你像商会里面有做茶叶的，过年总聚在一起，有很多复层之间的交流，都特别好，像C哥啊，都很好。

董：这个我们也访谈过。我们当时去年找H秘书长，说照名单这些人联系就行。

D：这些都非常熟。你像做茶叶，CM搞旅游的。都是好哥们。

董：您有没有跟您熟悉的朋友也是广东商会的会员，可以介绍我们访谈访谈，一个小时左右的时间。

D：可以可以。

董：可以给我们列个名单，打个招呼，我们正好跑过来一趟，可以再去聊一聊。

D：这里边都访谈完了？

董：没有，你是第四个。

D：ZCJ一会我给你联系上，如果在的话可以去看看，了解一下。

董：他是做什么的？

D：做九牧洁具。

董：那我们知道，原来装修时候买过这个。

D：他是吉林省总代理。

冠：咱们广东商会由广东籍商人组成的组织，您觉得他是一个类似同乡会的组织还是商人的组织。

D：同乡会应该没那么浓，因为毕竟是过来做买卖的人，同乡会在我们家来说，除了做买卖的人之外，还有工商啊，政府各界的人在一起，这边大部分商会都是企业单位、事业单位和个体单位的组织。

7. 自身文化认识与身份认同

民间信仰

冠：那包括这个民间信仰呢？比如说我们之前和福建省的这个他们比较信仰妈祖，妈祖文化，那像咱们广东籍商人有没有什么信仰呢？

L：也有。妈祖一样有，妈祖庙。

冠：那有没有把信仰带到长春这边?

L：这个没有。

D：信仰这块的话，基本上南方信仰和北方有很大差异。南方有佛教啊，
还有广东各个城市有一定的差异，汕头那边叶东和叶西也有差异，海
边生活的人跟陆地生活信仰都不一样，包括佛教道教信仰都有差异，
靠海的有庙宇什么的，刚才说的妈祖，龙王庙啊，还有观音庙啊。

董：在广东商会里有没有把广东的文化凸现出来?

D：主要凸显在人文交往方面。

董：比如说将来广东大厦盖好的话是不是从外形到里面的装饰体现一下广
东的特点啊?

D：也有，这方面目前C会长和股东商议了想法，原来说想做一个龙的造
型在商会的大楼里面，目前方案很多种，没确定哪一种。但是肯定会
有广东文化在里面，具体体现在哪一块还不知道。

户籍所在

董：我刚开始来的时候听说是您的户口还是您爱人的户口落到长春本地
了?

L：是，我的我的。很早就落到这边来了。

董：你是哪一年落到长春市的?

L：我是2003年买车的时候要落户，我就把户口给迁过来了。

董：那以后是准备定居到长春了呗?

L：对对对。

董：那你将来的规划，干不动了，是回广东呢，还是……?

L：我会夏天在北方，冬天回广东，哈哈。冬天南方好，夏天北方最好。

董：你的户口还在广东吧?

D：我的户口在广东，L总户口已经过来了。

董：那比如说他现在户口在这，别人问他是哪里人? 他现在说是广东人还
是长春人啊?

D：肯定还是广东人。包括你说话，做事各方面没有像北方人这种粗犷

啊，或者语言方面也没有达到向这边人说话的这种。

冠：离家这么远，想家吗?

D：怎么说，一般过年才能回家一趟，平常出很少回去。

冠：那像中秋节咱们中国传统思念家乡的这种节日，咱们商会有没有这种活动呢?

D：实际上商会考虑得很细，以往都有那个过生日给你送个蛋糕，中秋节啊，什么团结的节日啊，开个会啊，大家聚在一起也是说家乡话能亲切一点。商会在考虑一个是人与人之间的交往还有人情各方面考虑的都比较不错。

8. 合作伙伴与行业分化

董：您2000年来东北，快14年时间，你对东北的认识或者到现在适应程度怎么样?

L：我觉得东北是一个文化很深厚的，不会排斥外来的人，能够容纳你。他不会像上海，维护本地的企业。长春市比较公正公开，市场给你竞争，是很理想的。

董：东北其他方面的文化呢，比如赵本山的小品?

L：我个人来说蛮好的，南方也有，田耕文化，干活干累了说笑话，唠唠嗑，一样有，还是蛮好的，舞蹈二人转是地方民族文化，很好。

董：你了解广东那边一些文化可能跟北方不一样，广东人拜的东西跟东北也不一样，在你认识的东北的广东人当中有没有把广东的文化带到东北来，或者说来到这了还是保持着广东的生活方式啊，观念啊。有没有这种情况?

L：会有。初到长春，跟他们接触会跟这边的风俗走，吃东北菜。如果在家里的话就会吃广东菜了。

董：你觉得信仰方面，长春东北人和广东人差异有什么?

L：差异我觉得，像工作来比，南方人爱工作，停下来不行，心就虚，一定要出去干活他才会觉得很踏实，也许是几千年留下来的文化吧，南方没有冬天，没有猫冬的感觉，北方呢，有半年是冷的，大冬天了不爱干活，这个东西挣好多钱才干，挣少就不干了，随便吃一点面条就OK，南方人习惯爱劳动了，他就是这个东西不挣钱他也要做，我觉得是这种差异的。

9. 商会发展期望

董：现在我听说广东商会马上就要换届了吧，换届的话，你对新一届的领导班子有什么期待？

L：期待它能够把广东大厦盖好，我觉得这个大厦对我们广东人很重要。觉得很荣耀，长春，在吉林广东人能有个大厦觉得很有价值观，觉得很荣誉，家乡荣誉感。希望快速完工。

董：对会员活动来讲你有什么期待？

L：他经常会有一些会议啊，或者到外面去参观，去考察。

董：这个你以前参加多不多？

L：有的有的，去过和龙、延吉地区。他会组织一些活动，每年都有一次的。

董：你对社会组织了解不了解？

L：不算很了解，但是协会组织是很重要的，我知道。

董：因为咱们国家……到国外社会组织是很发达的，在社会中。所以说你对咱们中国发展社会组织怎么看？

L：应该是蛮好的，有一些组织嘛，能够组织起来互相能够了解啊，去做好多事情有很大的帮助。就是有能够成立这些机构去做联系，是吧。

董：广东商会在7年里，你认为还有哪些地方需要进一步改进的？

L：我觉得应该继续引进广东企业到这边考考察、投资，因为南北相差好几千公里，好多公司是可以开到这边来的，其实。这方面应该继续努力，规模更大人员更多。

董：在举办活动方面，你对商会有什么期待？

D：我觉得每年的活动都是很成功的，商会里大部分都是商人，个别是学校在校的，单位的很少了，从这个人员结构来说，商人其实没有多少时间，每天都很忙，可能开个理事会，开个集体的活动的话，也是抽空去参加，说这个活动来说，每年有个几次周年庆、中秋节、联谊会，过年的会议啊，其实这些对我们来说已经挺好的了，而且每年有一次往外面去旅游那种，还有去年还去了长白山，跟和龙市政府，有一个合作的意向什么的，这方面还是不错的。我们个人认为也是跟商会聊，说有更多的，企业与企业之间的交流，这方面少一点。

董: 我们之前也访谈过一些其他的会员，他们也提出，尤其是相近的企业之间有联系，是不是?

D: 对。

董: 可能确实应该进一步加强。

D: 作为企业发展来看，这个圈子越大发展越好，人脉越好。但是在商会里目前通过几次会议活动，时间太短，没有达到之间太多的联系。

I-6. 吉林省广东商会会员ZCJ访谈

人　物 ： ZCJ、董运生(董)、张冠(冠)
时　间 ： 2013年10月23日
地　点 ： ZCJ公司办公室

1. 个人信息

基本信息

董：你是吉林省代理还是东北代理？

Z ：吉林省代理。

董：我们想做一些社会调研，去年我们跟咱们广东商会的H秘书长、QX秘
书长在那块都已经见过几次面了，我们现在有个课题，做社会组织的
发展。社会组织分很多种类型，商会的发展是其中一种，所以我们这
次来想了解一下，从会员角度了解一下商会的发展。那ZG你来问一
下？

冠：首先请您谈一下您这个经历吧。

Z ：我是20岁那年来到吉林市给我朋友打工，后来自己做点小生意，自己
搞陶瓷，一直到现在。

董：您是念完大学出来的还是……？

Z ：小学。

董：哪一年来的吉林市？

Z ：一九九几年来的。反正十六、七年吧。

董：怎么选择做这个企业一步一步？

Z ：以前我是给朋友打工做这个，给我同学，最后他把生意给我了。他上
沈阳做去了。

冠：那当时是怎么想到这来呢？是因为同学这一关系？老乡？

Z ：来给他干活打工。

冠：那刚开始来这边同乡多吗？

Z：很少，我们认识就五、六个人这样。你们不是南方的，对吧。

董：我是河南的，

冠：Z总，像您这个同学是哪一年来到这？

Z：他比我早来两年左右。

冠：那你们为什么会选择东北这边？

Z：因为这边陶瓷很少嘛，竞争比较小。

2. 商会加入契机 / 商会认识

冠：那像您是哪一年加入的？

Z：我们加入四年了。

冠：那当时是什么途径了解到的？

Z：有个朋友，认识C会长。

董：那你是广东商会第二届加入的吧？

Z：对。

董：那你是在换届大会上加入的还是？

Z：平时加入的。

董：啊，朋友介绍？

Z：对，老乡朋友介绍。他以前是这的会员。

董：我们上广东商会的时候，当时商会还动员让他也来做名誉会长，人家不做。另外商会有规定，不能够以个人名义加入商会的，只能以企业方式加入。你加入时？

Z：我也是按公司加入的。

冠：您刚开始加入时候就是理事啊，不是从会员然后到⋯⋯。

Z：刚开始加的会员，后来升的理事。

董：什么时候成的理事啊？

Z：两年前吧。

冠：是商会鼓励您还是自己想提的？

Z：我们自己想提的。

董：那怎么没整个副会长干干呢?

Z：我感觉差不多少。

冠：会费可能差一些?

Z：会费贵了。会费好几万，我这才几千。

董：如果说你当上副会长给你带来更大的好处，接触更多的人，对生意有促进的话我觉得也可以。

Z：我虽然当理事，但那些我都认识的。

董：那像你这样说上次当副会长，这次可能不乐意干了，有这种情况没有?

Z：但下不来，你得当。

3. 商会运营方式

商会换届

冠：那像咱们商会换届的话，C会长竞选外有没有其他的候选人呢?

Z：有，我们都换完了。

冠：不是27号有个换届的?

Z：换届我们都表决完了，下一步就是正式一下。

冠：就是宣布，是吧。

董：那还是C会长接着干吗? 还是……?

Z：还是C会长接着干。没有人愿意干。

董：那我们之前也访谈了有其他商会的，也听说其他商会有人为了争会长这个位置，闹得很不愉快。

Z：我们这个不会，人家都有自己的事。来这边都有自己的事，没有说没事的。干这个没什么事干还行。是不是?

冠：那这个候选人除了C会长还有谁?

Z：没有，没有听说谁要当。

冠：那咱们那个环节也有一个投票的环节，比如说是所有会员都包括呢，还是说理事往上的还是副会长以上的?

Z：理事以上的。

董：普通会员没有投票权嘛？

Z：也有吧，27号那天会有。

董：其实之前那个属于推举类似于这样的是吧？

Z：对对。我们这个看他们开会好像也是挺正式的。基本上没有人不通过的。

董：我感觉有点像政府的，人大啊投票那种比较正规的。

Z：C会长干得很好，这几年我们都挺信任他。

商会大厦

董：你听说那个广东大厦的事听说没？

Z：听过的。

董：你对这个事怎么看？

Z：广东大厦很好啊，代表我们广东人的大厦。

董：你投资了没有？

Z：我们计划是要买，但没交钱呢。没盖呢，盖完了……。地是真的，地是你们吉林大学，吉林大学校长是LYY？

董：他原来是华南理工大学的校长，调到吉林大学做校长，他家也是广东人。

Z：他是我老乡，也是湄洲的。

4. 商会功能

加入益处

董：那他的发展给会员的发展带来的好处你概括一下 。

Z：像我买这个就不用花多少钱，他先给我垫支，后来贷款后才给他，这个很好对我来讲，我没有什么大实力的，给我很大一个支持。这样我们很信任他，朋友介绍朋友给我，像你们来了我们就认识了嘛，什么事都可以联系的，资源可以共享。我们C会长很好啊，什么好事都想着我们。

Z：那当时您这个朋友是怎么和您介绍商会的？跟您说，您有没有了解一下？

董：这个牌子我知道，06年我家装修用这个。

Z：啊，那这是老客户了。

董：这牌子是不错的。

冠：那您对商会是有什么评价？加入商会四年之后，包括对会员的帮助啊，融资方面啊等等？

Z：我对他们评价是挺好的，每一样事情都给我们做得很到位。

冠：那比如说像日常合作这方面，有没有和商会里的会员合作的呢？

Z：有，像万晟Z总，我们有合作，他精装房有我们的东西，很多，好几个，有五六个吧。

冠：这些都是加入到商会之后……。

Z：对对对，关系都很好，总一起玩。

冠：像这里面广东人多吗？

Z：广东人挺少，好像就我一个。D总一个，没几个。福建有一个，广东人少一点。

董：最初这一块叫广东工业园，怎么没把广东人集中到这儿呢？

Z：也有一部分是广东的企业吧，广东招商引资过来的，也算这些吧。

董：这块地除了您这个厂房，交税方面有什么政策上的优惠吗？

Z：没有啊，我们该交交。

董：没有比别地的企业低一点或者优惠一点？

Z：没有没有，都一样。

冠：Z总，像商会有没有为会员提供什么维权服务啊？

Z：有，但我们企业做的这个没有什么烂事。

冠：我们在给别的商会访谈时有的也说政府啊、当地人啊对外地人有一些排斥，有这种情况吗？

Z：在我这块还是没有，我们感觉很好，没有什么排斥的。

冠：包括政府啊，涉及到软环境什么的，软环境办公室还颁发软环境监督员什么的，咱们这个企业是不是？

Z：我不是，没给我。

冠：啊，一个商会好像五个名额。

董：你在这几年里，有没有遇到过难题解决不了需要商会帮我出面，协调的？

Z：我基本上没有。

董：周边有没有听说广东籍的企业？

Z：他们有，有求助过商会的。

董：听说的都有哪些方面？

Z：忘了，吉林的吧，忘了。

董：没有什么犯罪方面出面解决的吧？

Z：H秘书长也说过有的也处理得挺好的，听他们说的，我又不认识谁和谁。

董：你认识的朋友圈里？

Z：那没有没有。

冠：那像你平时和政府部门打交道多吗？

Z：比较少。

5. 和各种同乡 / 同业组织的关系

和同乡人的关系

冠：那Z总平时交往是东北人这边多一点呢？还是广东这边多一点？

Z：福建的、东北的多一点。

冠：啊，那这些广东同乡还是一些娱乐活动啊？

Z：对，娱乐活动啊，我们商会在一起的时候，但广东做陶瓷行业很少，这个地方是我们广东商会会长，这是我们向他那购买。

冠：那Z总你在商会的交往中，商会朋友大部分是和自己的经济水平相似的还是说个个层级都有？比如说像商会里副会长啊、理事企业做得比较大，向会员可能是个体工商户之类的，会不会出现朋友圈子在商会里面也分开了？

Z：基本多少还是有的，接触和说话做什么事情很是有点不太一样，共同的语言也不一样，多多少少有吧，是必然的。不可能说谁和谁都在一起。因为他们也是互相有什么沟通吧。生意场上也是利益很主要嘛。

冠：那比如说商会举行中秋节活动、会员大会之类的，是不是还是关系比较好的坐在一起？

Z：会会，都会都会。

冠：像咱们商会这么多会员，熟的认识的多少人？

Z：基本上有很多认识的，但是没有太仔细的。我们和东北T总是副会长，还有Z总，我们关系比较好。会长不用说，我们经常在一起。

董：我们最早访谈的是做茶的C总。在他那我们聊得很长时间。

Z：C总我们很熟，经常一起吃饭，一起聚餐。

冠：那这就是我们会员私底下的，那这些C总D总也都是加入商会之后才认识的？

Z：对对。

冠：您的朋友广东的有没有没加入广东商会的？

Z：基本上都加入了。

冠：没加入的什么原因？

Z：有的老板加入了员工就不愿意加入了。

冠：那平时商会宣传让广东在吉林省的企业都知道呢？

Z：没有太大宣传。

冠：比如说川渝商会会在公交站牌设立广告牌。

Z：对，我们没有广告。

冠：比较务实。

Z：广告也没多少，一般人都会加入。因为也没多少钱，来这里就是为了做事。

冠：比如说我进入商会成为会员了，通过口口相传的方式把老乡再带进来，主要是这个途径是吧？

Z：嗯。

和同业组织的关系

董：这个九牧这个牌子不是广东的吗？

Z：是福建的。

冠：那您和福建商会什么的，有的都熟是吧？

Z：对，认识一些。

董：你做这个品牌怎么没有考虑加入福建商会呢？

Z：我没去加，有个朋友叫我去加，我一直没去。我还有个陶瓷商会，我是秘书长。

董：这个在长春，吉林省的，还是哪一块的？

Z：吉林省的。

冠：也是注册的啊？那您可以比较一下就是说这个广东商会是按照地域、都是广东商人组成的一个组织，像陶瓷商会可能是同行业，哪一个组织形式更好一点呢？

Z：广东商会组织形式好一点。

冠：原因在哪？

Z：区别是层次不一样，人情不一样，像广东商会也不要谁争当会长，很多人也没必要去当会长，这种概念。像陶瓷商会，层次不一样。

董：那你说陶瓷商会当了会长能给个人带来什么利益？

Z：有啊，分什么样人做什么样事，有些人愿意当，有些人不愿意干这些，像我们给我当什么长，我也不要，因为我们很忙，自己事都忙不过来还搞这些事。犯不上。

冠：那您觉得这个广东商会更类似于这个同乡会呢，还是商人的组织？

Z：我感觉更像商人的组织。但这里家乡的情感还是有的。

6. 自身文化认识与身份认同

民间信仰

冠：像你这个，广东那面民间信仰比较多，有没有把民间信仰带到这边？可能信仰关公啊。

Z：以前我们有但现在也没有了。

董：你怎么看待赵本山那个二人转，从你个人角度来看是接受啊还是怎么样的？

Z : 二人转啊，我感觉很好啊

董 : 但是我们在网上看，南方人啊，对各种东西不理解不接受，东北的文化可能有点世俗，低俗? 这个东西你怎么看?

Z : 第一次去看感觉是很好，但总看就不行了。我看了几次以后我再也不想看了。大概也就那样，也就那些话，也就那些事。当时挺好笑，后来也没带来真正的意义。

董 : 刚开始比较新鲜。

Z : 对，会看东北人挺开放啊怎么怎么样，但真正对生意场上对人的发展没有多大作用。没有指导我们怎么挣钱，怎么发展。没有这种理念，只是快乐高兴。

董 : 那你对自己的提高主要通过什么途径?

Z : 我还是多学习的。

董 : 通过哪些途径的?

Z : 我经常接触一些比我强的人啊。

董 : 没有学什么MBA?

Z : 以前报了一下名，有学过，后来时间的问题也很少去。因为没有伴一起去，自己去就没意义了，如果两三个一起去那还可以。自己去坐那讲再好也没意思。

董 : 像你这个平时看书怎么样?

Z : 也看一些，很少。

董 : 我看外面商学的、经济的、名家演讲这类的，接触过多不多?

Z : 听一次两次的就这样。

户籍所在

董 : 那你的户口还是?

Z : 我的户口还在广东，

冠 : 一年能回去几次?

Z : 七、八次，总回去。我那边还有公司。还有工厂，给人家代工。给人家生产东西。

7. 合作伙伴与行业分化

董：那从你现在的角度来讲，对东北的认同怎么样啊？

Z：挺好，东北人挺热情啊！比较豪爽的嘛，做生意还是比较好做一点，竞争少一点。

冠：那刚来的时候对东北这边适应吗？

Z：刚开始不适应，对生活吃饭不适应。慢慢就习惯了。

董：现在没啥问题了吧

Z：现在没问题了，都习惯了。还有我老婆都是这边人。

冠：那像您觉得广东籍商人，像中国传统上有晋商、闽商，您觉得粤籍商人有什么样的特点？

Z：总的来说是不会计较一些事情，我们这高度不一样，像大企业家很有钱的是不是啊，也不会计较一些事情，做对做错也就那么地，不会说怎么样怎么样，也不会总说这些事。因为大家社会经历也都多一点，来这里也都不容易。也不会因为一些小事东家长西家短的，我们一心一意出来就是为了挣钱。

8. 商会发展期望

董：你对商会未来的发展，有什么样的期待？

Z：就是广东大厦赶快盖起来，广东人好有面子。别的方面，希望我们会长做的好一点，希望他生意做得大一点。这些官方这些事情跟我关系也不太大。

董：从商会搞活动来看你有啥期待？

Z：也别搞太勤了，太勤我们也没有时间，像这样的话我们也很好，没有太多。

冠：像一般活动都去是吧？

Z：一般都会参加，在长春都会参加。

冠：要不在长春，企业会派人去参加吗？

Z：那像广东商会目前有五六名工作人员，您觉得人数是多呢，还是少呢? 商会日常工作能不能应付的来?

Z： 应该能, 他们做的非常好。H秘书长很厉害, 关于这些事情做的很明白。

冠： 像商会有活动是什么途径通知您? 是打电话嘛?

Z： 他给我打信息或在微信上说。还有QQ群都会通知, 完了再打电话。

冠： 像咱们商会的网站作用大不大?

Z： 我没太关注。

2

길림성 하남상회

II-1. 吉林省河南商会会长LWS访谈

人 物 ： LWS、崔月琴(崔)、董运生(董)、张冠(冠)
时 间 ： 2013年11月12日
地 点 ： 河南商会办公室

1. 个人信息

崔: 会长就是我不好意思的问，您是哪年出生?

L : 六八年，1968年6月16。

崔: 啊，68年的，啊，这么年轻。

董: L会长老家是哪的?

L : 河南濮阳。

董: 我家焦作温县。

L : 是嘛，呵呵呵。

崔: 这是你河南老乡。

2. 商会组织与管理

崔: 新的一届你们商会我们的会长又有什么新的目标? 包括我们对商会下一步的打算啊? 在哪些方面还有一些创新的举措? 因为现在国家这么激发社会组织的活力，我们自身有哪些创新的举措，这可能是我最关心的一个问题。

L : 那样，商会啊，我认为一个商会的好坏，成功与否首先取决于你会长，因为不是有一句形容吗，火车跑的快全靠车头带，这是老祖宗传下来的一句话，那么作为会长说句实在话，真的不好干。那我认为商会会长和西方的国家人家的机制接轨，为什么说接轨呢，那就是说商会会长好说好听不好做，另一个想事做事成事。你不能图着这个商会的会长找感觉，你看泰国这个英拉很认为自己做的很好，还认为人家有私情了，还是说为谁提拔干部了，就要把你弹劾，很好。那我们中国泱泱大国，十几亿大国，虽然说我们没有到那一步，但是这个商会我认为是接近西方的。特别是会长，你自私不行，你不干事不行，不付出不行，不担当不行，没有胸怀，没有格局更不行，所以我感觉这三年以来啊，说句实在话，原来没有这个想法当这个会长，但是在大家的推荐下支持下走过了这三年，这三年说句实话对于我来说收获最大的是我，读了很多人，认识了很多事，也接触了很多平台，最关键的是牺牲了自己的时间啊，包括资金啊，各方面都牺牲一些，但收获最大的是我，在第二届呢，在会员的努力下支持下，全票通过当选，这既是我的荣幸还是我的压力。

崔：并且是在L会长没在场的情况下。

L：对，没有，这个也是个案例，你们讲课也可以作为一个案例，首先拒绝我拉票，第二呢大家投票那是无记名投票，你要在场或者说当LWS面啊，说我投谁了，我定了那一天结果头天晚上是长春飞机落不下，第二天是广州起不来飞机，一回来这也是给我的一种促进和能量，我没有理由没有借口我干好会长这个工作。你看前天早上上北京去晚上坐晚班回来，结果还晚点了到家都三点半，睡了三个小时第一个到九台银行和那个GM见面完了成立银行的问题，第二个商会安排这个庆典大会的工作，第三一个到省里边跟这个领导汇报，第四个跟市领导汇报，第五个要一个项目跟旅游局局长见面，这一天整整全是为了商会的事。

今天一天也是，所以对于我来说我的时间可以说是论分计算，上海一谈呢，北京马上要成立集团公司，说一千道一万，你还得说以商会会员的利益、收获、成长为核心，小事商会会员找到你，你得无条件干，还不兴行贿受贿，一顿饭都不要吃，那你说要没有这个平台谁能做到这一点；第二个呢大家一定要利用这个商会，商会是个很好的舞台，过去一年我给省长汇报六次工作，就是未来中国的体制改变，这个深化改革就是实行权力下放，下放哪下放商会，自律、守法、经营、承担责任，一切利他，一切为他为核心，这个就充分给商会带来一个很好的发挥空间，不让你说管你了，而是自律，在这个平台上谁不守法，你比如说我开车闯红灯了，是我每年给大家办，你今年闯红灯你明年闯红灯你后年再闯红灯，我就认为你这个人不自律，我想最关键的一点就是对商会啊，它是个吸铁石得吸引大家。

这个经验当然很多了，一些小的故事啊和人物简直太多了，一言难尽，总体来说这个组织呢是个民间组织，一让大家走强强联合，抱团取暖，乘势借势取势，长江商学院的校训就是："取势、明道、优术"那我感觉商会要乘势借势取势。特别是现在啊把各级商会看的很重要，一定要抓住机遇，但是你得有这个认识，要想走的快一个人走，要想走的远一群人走，道理就在这，所以我感觉，一是我是参与者，是付出者，我也是受益者，我受益我这些年没在商会得到一分钱，但增长了我的智慧，扩大我的影响力了，增长了我的人脉了，比如我们一个常务副会长原来没成立商会的时候，他是后加入的，我们一个县的都不认识，现在成为一个常务副会长，这不就是很好嘛，也非常有爱心，另一个呢就是商会要承担起商会的责任，你比如我们组织大家吉林第一荣军医院看望我们抗美援朝的老兵，去的时候老兵都哭了，你看你不做他不做谁来做啊，所以我感觉要利用好吧。

3. 商会组织运营模式

崔：就是你们丁庆的那个企业文化也是一个……，等我们再有机会再，对……。

L：现在很多啊，都在借鉴我这个理念，所以你看比如说丁庆这一点啊，每周一个例会，例会与我董事长没关系，各部门轮流主持，主持完之后抛出一个问题，不要提我们的优点了啊，提我们的缺点，你比如说今天早上开例会，应该昨天昨天我没回来嘛，今天开例会就是驾驶员违章该怎么处理，因为咱们200多个驾驶员，大家出了很多思路，这条思路那条思路，最后你董事长一拍板，就这么定了，所以我想呢这个模式非常好，河南商会也要用这个模式。不要说我们的优点了，优点那很多了，找缺点找不足，咱别说，一个月解决一个问题行不行，企业也好商会也好和人的五脏六腑是一样，通则不痛通则不痛，必须让每个人带着意见，带着想法，带着问题，所以我感觉商会呢还完全没有把丁庆的模式拿来，拿来都受不了，我DQ是半军事化管理，你现在发展到各地啊辽源啊，德惠啊，天津啊，马上上海还有我的公司，我觉得这个理念我带来的非常好，只要往前走……。

崔: 有一套你的管理模式。

L : 对啊，所以这个商会啊，再回到商会当中，商会需要一个过渡期，认可了解，刚才记者采访我说的也是实话，你不了解不行，你不认同不行，你人和人在一起不叫团队，你心和心在一起才叫团队，现在副会长说会长咱干点啥的，我感觉这就挺好，比如说前边有100万咱去捡去吧，一开始咱这么说人家也不相信，所以这时候是过渡期，时间，机会，信誉，我想未来河南商会呢应该从我来说感觉很好，好在哪，大家的凝聚力比较强，二没有不同的声音，三呢都想干事，没有内耗，四呢你们三个谁说的对我听谁的，如果你跟我说咱商会上北京去有好事那咱都去呗，应该放下，领导的最高境界是放下。

包括我们河南商会在吉林省十九个商会当中我创新的，常务副会长轮流值班制，就这一点咱吉林省又成立了一个油品协会采用了借鉴了，油品协会属于中石油老总当会长，让每个常务副会长一个人值一个月班，一体验体验会长的味道，二想想事做做事，三呢你会长不用面面俱到，比如河南来个领导了吉林有个会了，他参加，这样充分调动了大家的积极性，要不然大家说这一个月干啥了，实际上很多会员现在也有，他都不知道我们干的啥事，那不能每个人我都得跟你汇报一下吧，只有说你看到了才能说商会干工作了，所以说我认为呢河南商会我们这个秘书长也非常付出，他不是把它当做一种职业，当做一种挣钱的工具，另一个呢大家都非常团结，这个未来走向一定会很好。

崔: 现在有没有近期我要成立一个好比基金会啊，或者建立一个平台。可能开会时要商量这些。

L : 不是，去年年终总结已经确定了要成立一个担保公司，成立一个驾驶员培训学校，现在正在找地，还要成立一个银行，今天把这三个任务能落地，我们就赢了。另一个要成立一个豫商工业园在空港那边，这个项目都有了，初据占据是八十万平方亩地，现在就等政府那一方，政府那一方如果行了，我们就开始征地了，这我感觉也不累就水到渠成的事，包括这次项目我都没赶上我看完之后，谁适合你干这个你干那个，我就跟踪，你们过不去的砍儿我来帮你们过去，过去的砍儿你们就往前走，只要带啊成事想事，不把钱往兜里揣都行，就是这种理念的问题，现在大家都很积极，非常积极。

咱们河南商会还有一个特点，不是河南人的要加入河南商会，那这点一是冲我会长来的，另外他看到商会的团结，三年以来没有闹过矛盾，最关键的是会长你要有博大的胸怀，承载着大家不同的意见和声音，意见你可以大家提，这条道不行走那条道，那条道不行走这条道，这个希望C教授啊，通过你们要推广这种经验，那我这个经验不是我一天打造的，关键DQ团队也这么打造的，丁庆集团是我独资不错，但是我始终没有把我当董事长一口管啊，一口硬啊，命令式的。

4. 商会创立的构想和推进的契机

冠：L会长，我问您一个问题，就是说那个我就想问一下您成立这个商会的初衷是什么？就是说当时怎么能想到要成立这么一个社会组织呢？

董：11年的时候。

L ：09年了，那早了，09年是怎么的呢，那时还没商会呢就就就一两个，我就想哎呀，我在外边一个朋友一个朋友的交那也是交，能不能我们把这个河南人都凝聚在一起，当然这里面参差不齐有高的有低的，那你能不能这个高的帮帮低的，低的快速发展，就有一个梦想啊，梦想呢我清华一个同学，叫姓L，L总，他说我有个朋友是你们河南的你来认识一下，我说好啊，就这个老板，SDY，那时我俩不认识，就拉着我吃碗面条，跟SDY认识了，认识之后我就提出我的梦想，还有几个我说咱们成立一个河南商会吧，他说成立那个干啥啊，我说将来给大家搭个舞台，就这么个引发，包括这些都是我引发的，但是为什么大家都在推我，我感觉群众的眼睛是亮的，当时成立商会之后倒没有什么想法，但是后来走了一段时间，哎呀，太难了，他也想当会长，他也想当会长，我就退出了，我退出了我们这伙儿这……，这些老乡就在这二楼摆了个鸿门宴，说万生你要不往外站……，我肯定不参与了……。

崔：就是在成立前。

L：哎，成立前。

崔：有那么一段大家都可能有那个想法。

L：他说你要不往前冲，那可让我们坐蜡了，没人能胜任这个岗位，后来我一看那中吧，他们都知道，我看那拉倒吧咱就继续往前走吧，后来我又往前走的，我说句实在话，但是现在回头想，那个C教授啊D教授，那个时候格局还是不够高，我的格局还是不够高，呵呵呵，你不敢承担责任吗，要是有现在的格局，那是啥啊，直奔目标往前走呗，刚才为什么说我收获最多呢，格局放大了，增长了很多智慧，当初没有想的说为我没有想到索取，起心动念非常重要吗，所以我想这也是对我的一种磨练吧，这三年当中确实百人百姓，包括开会，你比如说我DQ开会差一分钟都不好使，到点就开，开会好几百人没有手机响的，你在商会能行吗。

上次我们已经发了，有几个正能量大的人说这不行啊开会有的来早有的来晚，等半个小时，确实是不行，但是为啥这三年我没说呢，我感觉不适合，本身大家都在观望，你再把你紧箍咒往下一套，那不更难受吗，现在大家看到亮了，看到方向了，谁都想好，那天我跟我们一个例会长开玩笑，每天早上九点之前不起床不开手机，哎呀我说例总啊，哪有一回七点钟我给你送一百万的钱花不了了找你找不着咋整啊，我常年只要不上飞机手机没关过机，没换过手机号，常年五点起床，六点准时到公司开会，一个企业家就得有这种精神，你这个"兵熊熊一个，将熊熊一窝"[1]就在这。所以我想一个企业也好，一个商会也好，关键看一把手。

崔：L会长刚才顺着ZG这个，因为你11年成立，可能这前期有一段哈。

董：俩年的准备时间。

崔：那你可能当上会长之后，你是不是就是当时我想去承担这个责任了，你自己也有你自己的这个理想和追求？不是说，哎呀，我这个就是名誉啊，可能你有一个更高的目标和追求。

1) 俗语：多用来说某人无能，不能当领导。也用来说某领导无能，应该撤换。

L：这么说吧刚才我说话你们不知道在没在意啊，顺势乘势借势，顺势是什么啊就是我把这个舞台打造好，我在丁庆就说挣钱挣不到钱，做事，留下来帮助我干事业，支持我鼓励我，事儿干好了，你这个钱自然而然就来了。商会也是一样，你要把这个势要打造好，整一群人，人参差不齐，有正面的有负面的有积极的有消极的，都整一群消极的人，累死你也实现不了你的梦想，必须得有正能量的，有困难解决困难，有问题解决问题，但必须往前走，这是一个顺势，乘势呢说句实在话到现在呢吉林省河南省我确实认识很多人，打造了很多人脉，这些人脉有了你生意不成都难，你比如说昨天我上北京一个同学，要成立一个航空公司，航空公司呢选来选去就WS有这个能力，跟政府啊跟商会啊自己实力啊阅历啊，包括人的德行，委托来我办，吉林省正在筹备成立航空公司，那我这了他如鱼得水，那你说没有商会这个平台你就不能抓住这个机遇，你比如说前两天二月份，我用九天的时间组织个六百人的纪念大会，我这个航空项目就来源于那天那个组织当中，人家才选择了我认可了我，我参加那个活动的时候谁都不可能相信，九天的时间百分之七十都是外地的企业家，全国各地的。所以说这个商会呢说句实在话我没想到索取，就是一份责任，我是河南人，可以说现在在吉林省呢，无论是政界、商界对我评价……可以说有很多鼓励吧，对我评价很高，我一定不辱这份使命，不能让人家对我失望。我说了第二届大家有能力的可以上，别光总让我干，但是我心里有数，你LWS干出结果来了，你比如说这三年中获得国家5A级商会，去年又奖励三万块钱，钱倒不多这是种荣誉，这个步整的很高，大家谁也不好接，你必须LWS把它玩下去。

崔：还得玩好，玩大。

董：L会长，顺势乘势，第三个是什么？刚才你说的。

L：顺势乘势借势。

董：借势怎么理解？

L：就是我利用你的人脉，利用你的资源，你比如说你有资金……。

崔：借势。

L：对吧，这三句话理解起来完全不一样。乘势呢就是一定要抓住现在的机遇，机会，你比如说，今天上午我又谈一个项目，我要在北京成立一个集团公司，成立集团公司有这个梦想，这不有个领导刚退下来感觉我能不能把他吸收过来作为股东，人家能不能接受，一说：没问题，WS，你让大哥干，大哥愿意给你干，总部是在北京，包括我现在所有的资源我都想放到商会，商会不保证我再往外扩。我老多人脉资源了，你说可以这么说我的人脉，按吉林省这几个商会会长来讲他谁都不及。

崔：L会长他这种人品和这个知名度是特别高的。

L：C教授，不是自夸，别人身上有的，我身上也有，你比如说政府给我的评价，老百姓对我的认可，接触的人没有一个讨厌我的。

崔：对，大家都认可，方方面面都认可。

L：但是呢好了我再一起干点事，这也是一个识人读人用人的过程，是不是你不能说都好，不可能人都为你干事儿。你包括商会这几个项目我分散给谁，你比如说KGS，他不是个常务副会长，他是个常务副秘书长，有一天我把他叫到公司谈，我说GS，能不能如何如何，就是为商会如何，首先考虑忠诚，你对商会忠诚，我不可能没有毛病，看到告诉我WS说会长你哪哪不行了，我愿意接受，怕的是你就看负面的不看正面的。

5. 商会具体操作案例

董：我就问一个问题，L会长就是从11年到现在3、4年的时间，你简单把遇到的难题，或者这三四年遇到的比较棘手不好处理的事情你给我们概括几个方面给我们介绍一下。

L：第一个就是商会成立初期，原来是三伙儿，后来呢，变成两伙，两伙现在我们也处关系的非常好，就是要到底谁当会长，其实关键是心态，刚才我说了你不能把这个会长当做荣耀，当做名誉，就是把它当做一个家，我们从吉林省到河南省三年的时间，姓C叫CYZ就知道我啥样，说WS你人挺好，公平正义大气，会长你来干我给你当常务副会长，这是不打自招的一个问题；

第二个呢，就是商会遇到呢，你比如说拖欠了十几年的资金，从政府方面要补回来，你比如说我们有个会长叫L会长，LJB，朝阳区政府，咱也别说哪个政府，拖欠他十多年的资金100多万，那我就说我给你要去，朝阳区那个书记说WS不是冲你商会啊，就冲你来我就得给，现在计划签完了分几年给完，第二个叫叫WMQ，也在绿园区政府，他有一个暖房子工程欠他钱，那找到我我就一句话的事够他跑半年的，这个钱也都解决了。

最关键就是我们一个会员，因为他们两个民事纠纷案件，南关区法院判他五年，上诉中法，中法又维持原判，那后来找到商会，商会又我了解情况之后我感觉有问题，那我就给咱们省高法写了一封信，省高法很快就得到了重视，不到一个月把这个案子给拧过来了，无罪释放。那我感觉这几个案例就足够了，还有等等一些。当然，在商会的过程当中也是改变人的一个过程。我刚才跟C教授说不能完全用DQ的理念来管理商会，那绝对不行。

崔：企业组织和民间组织完全不一样。

L：呵呵呵⋯⋯。你比如说这个22号，22号那天我们举办完大会之后，晚上我就赶到廊坊，为什么赶到廊坊啊，我家乡县里边那个县长跟那个华日家具要见他董事长，那个董事长没时间见他，也是通过我给他把这个项目引到河南家乡，引到我的老家，这个县长就找我，说哥啊你能不能给当回⋯⋯，我说没问题我约他，23号等着要见我，我感觉就是份责任，还是利他。

崔：所以你都从利他的目的出发，最后大家这个威望啊，包括对你的信任度啊，就建立起来了。

L：反正能这么说，你有多少钱能干多大事，但你不能把钱当做你的追求，你的事业、使命、责任当做追求，钱都是顺便。

崔：对。

L：是不是C老师，反正我是这么认为的。

崔：所以你能建立起这么多的人脉，大家能对你这么认可。

6. 商会以外活动

崔：爱心联盟是一个什么？也是民间的……。

L：就是民间的。

崔：民间，主要做什么？

L：民间我们爱心联盟主要是，这个帮助孩子们啊，改变啊，另外每年要
推荐两个公益课，培训老师，还有这个这个为我们贫困山区献爱心，
免费给他们做一些白内障，你像云南了，新疆了，每年都要做一期，
这钱是我们商会这些企业家拿。

崔：这个是你们商会在那？

L：不是不是，这是我原来的组织，我自己的组织，跟商会两回事，我们
这些企业家拿钱，最关键的还有个心灵之旅培训员工，让员工感恩，
让员工努力干好自己的工作，再一个就是培训企业家，让企业家怎么
扩大胸怀，提升境界，承担责任，别为了钱，还有一些醒来班，就有
一些海外的了，让大家都出去碰撞，企业家碰撞，为什么我感觉我的
未来这么美好呢，我的平台太好了，真太好了，都是讲爱心的人，而
且最大的企业那里边一年上交税款都六七个亿，我的企业在那里面并
不大，但影响力是挂在第一号的，就是大家对我的认可，面向全国。

崔：这个真是，实际L会长，他有这个爱心活动，我就觉得，现在我们这
个商会也好，民间组织也好，未来的发展就是说，让人们的心从那个
说那个市场经济啊，光挣钱怎么能够利他，包括把这个人性的提升，
像L会长做的事就是提升人性。

L：由浮躁变为淡定下来，静下来，沉下来，很多人现在，以后有时间再探
讨吧，我再说的话说长了，我对现在的社会，对现在的人类，包括现在
社会的走向，我真的有些研究，因为我经过多了，我见过的太多了。

崔：L会长等以后有机会咱们就专门谈这个问题，因为这个是中国社会未
来发展我觉得最重要的问题，你实际现在带动做这些事，就是引导这
些企业家，包括河南人。

L：哎，对，言教不如身教，身教不如境教，你说一万句，不如你做一个
事，你做十个事，不如你打造这么一个环境。

崔：对对对，有这个氛围，好。以后跟L会长以后我们还有更多的话题。

L : 你像那么多年，各大专院校让我去做报告，我不去，我说不行，我专业精神来干我的事业，这两年顶不住了，前两天市委党校校长又给我打电话，要给市委党校讲讲课，南关人大WS主任要我讲，市人大都讲过了，前年讲的，我是代表嘛，我得服从组织安排啊，但是不宜讲，这事不能讲。还有这个农大大学托人找我让我给学生讲一讲，讲讲课，这些都属于高调的事，我就想做好我自己这行。

7. 自身文化认识

董: 对，我问你个问题就是说，作为咱们河南人这个群体，他本身有自身的中原的文化，包括做商业的也有河南的这个商业的文化，特别是在前些年，全国各地炒起来的对河南人的这种误解或者这种东西，你根据自己的切身感受，在这个过程中有什么看法。

L : 这个呢这也是河南人的一个话题，我想分为这么几个方面，一是河南人多，十个人当中就有一个河南人，这是一个造成的原因，他不一定都是影响不好的，有一两个也是正常的，第二个据说是啥，安徽的山东的，这两个省的人说办了好事是山东安徽的，办了坏事说是河南的，这是传说的；最关键的一点，就是河南人啊，大家都知道，C教授知道，河南人多地少，应该说世界看中国中国看河南，但是真正河南人的精神很值得我们全国人民，各族人民学习。

崔: 包括焦裕禄不就河南吗?

L : 对啊，这次习近平两次进兰考，又去兰考，为什么！你说我的家乡就说清丰县，我们清丰县是全国的孝道之乡，说在家乡传说……我们那县啊，原来是顿丘县，后来出来一个人物叫张清丰[2)]，张清丰就是孝敬他老妈，一些干这个善事，当时府上让他去做官，他不去，他说为什么不去啊，家有八十老母，那个他卖烧饼，每天卖的第一个烧饼，就让他老妈吃，多少钱都不卖，后来上边知道以后把顿丘县改了改为清丰县[3)]，张清丰，立碑树撰，立个像。现在我们家乡都说啊，古有

---

2) 隋朝年间孝子

张清丰，今有LWS。为什么讲这个故事呢就是说，从河南人的骨子里都不想服输，靠自力更生，艰苦奋斗，自强自立，这是河南人的本质。

但至于刚才D教授说那个对河南人的评价啊，我感觉特别是深圳那个事发生之后，对河南人的影响很大，我接触的河南人没有说骗谁坏谁，没有，很多养孤寡儿女的，都来自于河南，这一点啊，我觉得我作为河南人为河南感动。大家对河南的评价，说句实话D教授，C教授啊，你们搞研究的搞学术的，我没什么文化，但这些年我善于学习，我的梦想就想做一个堂堂正正的河南人，我不想拥有多少财富，我钱现在花不完了，但至少说我要为河南人争口气，到底看看河南人怎么样，特别是2009年市委市政府树立我当典型之后，下文件，号召全市七百万人民向我学习，那个时候我不同意，但五年过去了我仍然是我的LWS，反而我成长了，真的我收获最大，说话从言行从举止，从我的团队，跟我说的都是一样，甚至说WS甚至上说做的多说的少，我感觉这个不重要，他对我的评价不重要，这不就是对我们河南人的评价吗？

崔：河南人，对，像我们原来吉大的ZWX。

L：WX吗，WX也是咱的名誉会长，我今天上午给他打电话他没接。

崔：啊，是你们的名誉会长？

L：名誉会长，我的名誉会长四个，LYZ。

崔：啊，LYZ，啊，这河南的。

L：ZFC，原来省军区政委，ZWX，SPC。SPC就是武警总队的……。

董：ZFC的女儿原来是咱们院的，ZFF。

L：啊，昨天我跟ZFC通电话呢。后来又吸收一个中石油书记，还有一个LYL，一个副司令。一个就六个名誉会长，现在总体来讲我感觉哈，嘴长在人家身上，你能挡住人家说吗，关键你怎么做，我教育这会员也是，我说一定要帮助别人，你不要说索取不行，损人利己不行，干缺德的事更不行。

崔：中国人各地都有一些就是各种名声的，但是河南人可能像你说的

3）唐朝年间设立

......。

L：多！

崔：很多，他基数大。

L：十个人当中就有一个你算算。

崔：对对对，但是去年就是QF他家那是什么?

董：林州，他家就是林州的。

崔：林州，它就在太行山下吗，完了后来就说去看那红旗渠，就明白这河
南人啊真是有那个精神，就是红旗渠在那个山上，靠人工那种建起来
的，所以包括现在树焦裕禄，我觉得河南人那个精神和太行这个山脉
的精神……。

董：这么多年呢，生存压力也比较大。

L：对！就没有空间和条件让你你你坏别人啊，或者乱七八糟事，没有，
本来你地位就低，你再干点缺德事，谁认可你啊。

II-2. 吉林省河南商会常务副会长YWJ访谈

人 物 ： YWJ、崔月琴(崔)、张冠(冠)
时 间 ： 2013年11月26日
地 点 ： 河南商会办公室

1. 个人信息

基本信息

崔： 您我问一下，是不是这次新当选的会长?

Y： 我是常务副会长

崔： 新当选的常务副会长?

Y： 我是出差了嘛，怕这次赶不回来，所以很多事情没安排。

冠： 您出车是吧，也做很多贡献。您是从事什么行业的?

Y： 我是从事建筑防水。咱吉大我们也有合作，呵呵，吉大、理工大学、
长师[4]，我们都有合作。

冠： 那首先就请您介绍一下您的个人经历吧，您是哪一年来到东北的?

Y： 我92年来东北的，20几年了。

冠： 那个时候是什么契机来到东北这边的?

Y： 刚开始，我也是打工啊，然后南方北方的走，就留到这了。

冠： 那您是从河南那边直接过来的，还是先到南方后到了东北?

Y： 我先到的南方，然后到的北方，到了北方我就感觉北方这个人文啊，
比较适合我这个性格，人比较实在，比较坦诚那种，嗯嗯。所以就留
到这，刚开始也是打工嘛。

崔： 给别人打工，那你什么时候成立自己企业呢?

Y： 成立企业我是96年的时候开始带人，那时候也不叫企业吧，就带了几

---

4) 长春师范大学的简称。

个人去包工，然后到03年的时候开始组建自己的企业。

冠：那当时是这边有老乡嘛，然后通过老乡您才到东北的嘛？

Y：对！刚开始是老乡，之前来过的，来过的介绍。

冠：那刚开始来到东北习惯嘛，包括东北人的饮食啊，生活习惯啊？

Y：哈哈，刚开始不习惯，做人风格挺习惯，就是生活，是炕嘛，刚开始来的时候第二天早上那嘴都张不开了。

崔：那你来就在长春吗？

Y：刚开始来的时候是在九台，在九台。到九台，后来慢慢的到长春。

崔：那你年纪不大啊，那你来的时候也就二十几岁？

Y：对。

2. 商会加入契机 / 商会认识

冠：那您是哪一年加入河南商会的？

Y：我是一开始就加入的。

崔：最早的会员也是？

Y：对啊，河南人吧，可能做防水的很多，就是很正规的，很成规模的，这个吧，可能要说就说的远一些了，建筑行业吧特别是防水这一块的，很不规范，包括今年连续中央电视台连续报到了两次就是关于防水这个问题。原来吧，大家都不重视觉得这是很小的一个项目，就是很不规范，所以呢，就是在全国各地施工的就是真正的有资质的、有执照的占少部分，大家都是我可以带几个人，把这个活儿给你干好，没有经营许可这些东西，我呢，我是03年开始注册公司的，那么我也是吉林省第一个拿到资质的，也是吉林省可能今年还增加了几个，在去年也就是今年之前，是吉林省唯一的一个拿到二级防水资质的企业。

3. 商会运营模式

商会创立的构想和推进的契机

冠： 那当时怎么想成立河南商会呢?

Y ： 其实刚才让我去拍录像吧，我就……，我这个人吧就是不太会说话，特别是对镜头更不会说话，其实我就想说咋地吧，那个时候都我们大家都有一起想说，之前全国都说对河南人有看法吗，可能在几年前有一个文章哪个就是说: 河南人怎么了? 其实河南人怎么了，河南人不怎么了，就是说有一个，我曾经看过一篇文章就是说那个，关于叫破窗理论嘛，破车理论嘛，就是那个车放到车上，放到那个街上，多长时间没人动它就没人动了，但是有一天就是有一些实验的科学家把它的窗户给砸了吧，我可能说的就不是那么，窗户砸了，那么砸了一个砸了一个可能往后慢慢都砸了。

都是这样说，河南人到底怎么了，河南人没怎么啊，可能有一个不好的事情完了大家都觉得河南人怎么样了，大家都在攻击，都在说河南人不怎么样。其实河南人真的就是在全国各地做好人好事这个报道的也很多，但是为什么没有人去说这些好事，就说河南人不怎么样呢，就是穷嘛。河南人最开始，可能改革开放的时候，那时候跟不上改革开放的步伐，因为在内地嘛，对吧，人口比较多、地比较少，那我家可能就几分地，几分地你说一年就种两季，就是生活很困难。人穷志短，那学习我呢，本身我自己呢，初中我都没上毕业，没有钱上不了学，人穷嘛志短，没有那么多文化，没有素养，可能方方面面，我们到这个大城市的时候，肯定是跟不上，跟不上吧。但是那这个大社会熔炉吧，我们一边学习我们也在不断的在改变，那我们从农村，我是地地道道的农民的孩子，我家在当地我们也是最穷的，可能那个时候在全国也是最穷的，贫困县嘛，我都知道近几年我们那个县才摆脱现在可能还没摆脱贫困县。

崔： 家靠近哪?

Y ： 靠近山东嘛。山东安徽交界这个地儿吗。就是说这个人吧，他那个在那个环境里吧，但是走出了，所有的人吧，人心是向善的，总是想去支持别人去帮助别人，这个心肯定是有，河南人也不例外，一样，所以那个时候就我们，我们在一起就说，我们就要建立一个平台，来证明我们河南人一样，河南人就是好人，没有说的，就是全国人都是一样，都是有好有坏，那是有一定比例，那么河南人一个多亿，中国十几个亿，占了百分之十六的比例，多出了一个两个坏人也正常，那么多好人也是正常的

冠：您是11年还是09年，09年不是河南商会筹备吗？您是那个时候就已经在这个商会了吗？

Y：对。

冠：那个时候发起成立商会大约有多少位企业家呢？就是咱们核心的这些？

Y：刚开始吧，会长吧包括我们秘书长，老L，老C，包括S，几个人就是没少做出付出。

崔：都是当时核心成员？

Y：有那么十几个人吧，最开始。

冠：那当时商会成立初衷是这个，那现在商会成立三年了，这个有没有一些改变呢？就是说商会在这方面。

Y：有改变的，就是最起码来说，我们比方说有一些，可能小的事情我们不说除去我们真的谈的大单子之后，我们说我们河南商会我们会员，比如我说我是副会长，人家都会，"啊……。"

崔：起码这个信誉就建立起来了？

Y：对，信誉就建立起来了。我包括我说心里话，做这个行业，防水行业在建筑行业领域里面只是一个小小的一个分支，那么我做起来也是一样包括到现在跟WK、跟和H，跟国际、跟中国大的企业我们合作，一样，我们是讲信誉的，如果不讲信誉，我们也是没办法去给人去合作的，我们不讲信誉的话，我们没有办法把生意一点点去做好。

崔：像你这个企业有多少人了？

Y：企业？我们现在1000多人吧。

崔：一千多人啊？这真是大企业啊，一个工厂啊？

Y：我们有工厂、有施工、有商店。

登记过程以及和党-政府机关的关系

冠：那近年来吉林省可能出台了一些改善软环境啊，鼓励中小企业发展的
这样一些政策，您觉得这个和您刚开始做生意的时候有什么变化吗？

Y：这一块吧，说实在的我是最有感想的，我建个工厂，我建工厂那一
年，我是九几年的时候我建过工厂，我零几年的时候建过工厂，然后
07年的时候我又建过工厂，这个按现在来讲确实有很大的改善，肯定
是有很大的改善。但是呢，我要说对比和南方的去对比的话，真的还
需要改善。说心里话，我是07年，08年我在公主岭建那个厂的时候，
我建完一半我都要撤了，完了后来市长说的，差到哪开现场会议，召
集八个局的局长，一起开会现场解决，然后才把我留下来的，但是这
些年为啥一直其实咱说心里话，这个行业在全国来说，南方的企业相
对来说做的比较好一些，但是真正的软环境这一块，我觉得这几年肯
定一年比一年好，因为我现在可以不去了，最开始的时候，我基本的
精力主要都在工厂，从这一点上我觉得软环境吉林省的软环境在在改
善。但是为啥我说跟南方有差别呢，我去年，今年我在南方投资一个
工厂，就是很多事，我基本上两三个月去一次，我不用管，就是很多
事情人家政府部门就是一条龙的，把所有的事情都给你做完。很规
范，就是营业执照，我把我所有的事情我做完了，我最后就拿执照回
来了，真的就是很……，哈哈。

4. 商会功能

加入益处

冠：那像您企业做这么大，商会在这个过程中对您的生意有所助益嘛？

Y：那帮助很大啊。

冠：请您具体谈一谈？

Y：刚开始都在东三省，我没有往关里走，东北叫关外嘛，我是去年开始
往河北、河南、安徽、山东、江苏、湖北、河南、我这几个省我都有

分公司，有自营店有分公司，有营销有工程，有店面，去年开始做的。所以每到一处是通过这个平台我们去跟当地去对接去，我们就省了很多的麻烦。比如说我们在哪租房子，哪块地段好怎么租，然后我们会花最低的价格，为啥，它当地有人啊，我们都摸清了这些事情，包括做起来业务了都是很方便的。因为人家对当地，对当地了解，包括人脉啊，很多事情对我们做生意很大帮助。

崔： 就是通过这个平台，就是从你们做生意的扩展哈？这个资源……。

Y： 这个资源这是很难得的，这是其中一项，最起码我们这些人我说没有这个平台这么多老板所有人都有自己的经历，都有自己的特长，大家每个人可能从不同程度去起来，完了把自己的事情做好，能做的很好能做的不错，大家都有自己的优点，我们在一起本来就是一个很大很大的收获。

崔： 就包括你这个企业管理你可能通过这个平台，大家互相学习，从那学到一些回头我在我的企业……。

Y： 对啊，马上就用啊，哈哈。包括我们商会自己也组织学习，我们一起学习。

崔： 有经常，好比你交流交流你们管理的方法？

Y： 对，组织老板一起学习，完了员工呢，员工也有培训。比如我们企业去参观过DQ，我们回来也是一样教育员工你看DQ人家怎样怎样，互相学习。

崔： 这几年像你们企业有没有一些维权啊？完了可能你们自身啊通过商会来帮助解决的？有没有你们维权的了，或者你们遇到什么困难，是商会帮助解决的？

Y： 这个暂时我这块是没有，我这块没有，但是呢我知道这个事儿哈，如果是真的是有事了，最起码通过这个平台去跟政府啊、去跟职能部门去做一些沟通的时候肯定会方便很多，这是可以肯定的。

冠： 那您和商会内部的这些老板有没有合作的？

Y： 也有也有，互相也有合作。那你做这个材料，他做那个材料，大家互惠互利，共赢嘛，哈哈。

冠： 这样多吗？

Y： 这样很多，其实这样吧，有很多好处。你比方说，有做地产的，我做防水的，我会给他打个折，我会便宜一些，因为互相之间，这个信任，我相信他，我做完了他能给我钱，他给我钱我资金回笼快了我就，我本身，资金回来快了对经营有帮助嘛，他呢我花这个钱本来就省钱了，那我就给他快一点，大家都互相这种支持。

5. 和各种同乡 / 同业组织的关系

冠： 听说咱们长春还有个长春市河南商会是不是？

Y： 好像是有一个，没有多少人吧。他可能当时吧就是，就是最起源的时候我们都没有商会的时候，他就有两个平台，这很正常的。有一帮人在一起，相对在河南老家那块，相对比较近的，大家在一起，接触比较多了，其实都是一样的，包括四平，延吉的，还有四平的，这都有商会，其实我们在一起一样的，在一起。

崔： 就像你们吉林省河南商会，在各地下边都有一些分支的是吧？

Y： 有。

崔： 像会员也不光是在……是全省范围内的？

Y： 对啊，你比方说四平啊、吉林啊，大一点的，就像我刚才说的防水协会是一样的，虽然没有成立我们在一起大伙，有一些人在一起，有什么事的时候我们互相帮助帮助。

崔： 像你们做防水，有没有一个行业协会？

Y： 有啊。

崔： 也有啊，那你加入那边吗？

Y： 咱吉林省目前没有一个正式的协会，其实要说这协会吧，要组织其实也就是我在组织，没有一个正式的，可能近期要成立。

冠： 就是还没有注册哈？

Y： 对，没有注册。但是大家有事的时候是在一起去商量。

崔： 那就是你那个协会和你这个商会，觉得它俩的分工有什么不同，你为什么它俩都参加？

Y： 我那个是专业性很强啊，我现在我比方是，节能协会我也是副会长，防水协会虽然不是正式的啊，就是有生产的，有搞施工的，可能在全省有那么几十家我们在一起，共同去商量一些事情，就是专业性很强的。

崔：专业性很强的，包括行业标准了，包括用料了。

Y：对，包括节能这一块也是，就是专业的东西比较多，河南商会这一块呢，大家在一起互相学习，有搞地产的，各方面经营的人都有，从经营、从行业、从管理，方方面面，互相学习互相支持，就是很好的一个平台。

冠：那像您说的，做防水很多都是河南的，那您这个防水协会啊，是不是也是河南人占大部分呢？

Y：对，河南人肯定是占大部分得，河南人呢我老家那边是中国防水之乡，是国家颁牌的。

崔：哪呢？

Y：河南省平舆县，河南省平舆县是国家颁牌的中国防水之乡，但是防水之乡是什么是施工，我们主要是以施工为主。那么生产，搞生产的呢就可能有山东、辽宁。最主要是山西的，搞生产的，另外搞生产的也有当地的，施工的河南人是绝对比例。

冠：那那个协会里面有没有很多加入吉林省河南商会呢？

Y：有，也有。

6. 自身文化认识与身份认同

冠：那您怎么看商会呢，您觉得它更像是一个商人组织呢？还是一个同乡组织呢？

Y：我觉得为啥叫河南商会呢，河南本身就定位了是河南人的商会，河南人的会，要是商会呢，肯定就是商人的聚会，就是在东北吧我们比方我们在一起了，有的是，可能有的有执照、有经营，可能有的是没有的，但是同样他也是在经商，我是这么看的，包括还有一些政府部门的，但主要的相对多一些的，还是做企业的相对多一些。

崔：您是哪年出生？

Y：我71年。

崔：啊，71年，70年代都很年轻。

冠：刚开始来不太习惯哈，慢慢才适应的。

Y：对啊，慢慢适应了，现在觉得这不就是家了嘛已经，哈哈。

崔：家都安下了，是吧？

Y：我们全家都在这，最起码三代人都在这。

崔：那原来你来之前这些家里人……还是你来了之后把家里人都……。

Y：对，原来都在河南嘛，最开始我来，然后做一做，后来我弟弟妹妹啊，后来我爸爸妈妈，孩子也都……。

崔：那以后以这为家了？

Y：对对，现在基本上是走不了了。

户籍所在

冠：那户口？

Y：户口也在这边，生意也在这边，人脉也在这边。

冠：户口是哪年转过来的？

Y：户口应该是……，03年04年那个时候吧。

冠：那户口转过来之后对做生意有没有什么好处啊，就像我是外地户口在生意上办什么事是不是有点困难哪？

Y：当时转户口其实的原因是，比如买电话号码，当时买电话号码当时不是长春户口不行。

崔：包括孩子上学？

Y：孩子上学，还有买车，要是没有户口很多都是不方便的。

崔：像你们那时候转户口，难不难？

Y：不难，因为当时我们是买房子嘛。

崔：啊，主要买房子就可以？

Y：艾，买房子。

冠：那刚来的时候这边老乡多吗？

Y：多！

冠：就是您接触的也很多，是吧？

Y：对。

崔: 好像建筑行业特别多，河南的。

Y: 我主要是防水的嘛，防水在全国任何一个角落，做防水的肯定都是河南人，至少占到80%以上，现在，可能十年前要占到95%以上，甚至是更高，那个比例。

7. 商会发展规划

崔: 我再问最后一个问题哈，就是现在我们商会第一届，刚刚结束，现在第二届开始，刚才我们听那个会，你们又有一些新的举措，那从你作为一个会员，作为一个常务副会长，你对这个协会你觉得还应该包括在方向上，在协会的这个层面上还应该有哪些改进和提高呢?

Y: 我觉得一个商会吧，其实一个平台，平台就是公共的，公共的包括今天我们制定这些规则吧，游戏规则这都是有必要的，包括我今天，我今天吧，我是迟到了，这是我的失误，我迟到了我可以承担，但是真的今天是很赶很赶的，我今天根本是来不了的，但是还是……。

崔: 还是赶到了。

Y: 从心里来说，我是要赶到的，包括我衣服，我往回赶那边给我送衣服，我接不了衣服了我说我不换了，我要上，那我就达不到就达不到，就从这种。这块吧，平台肯定是公共的，是要制定一些游戏规则的，另一方面呢，从整个我们做这个平台，本身就是为整个这个商会的人服务的，服务呢那么有了游戏规则，有了……，包括我们秘书长，包括我们会长，整个制定了整个一些我们这个这个平台整个这个发展，这个方案，包括我们做这个银行，包括我们做这个驾校，包括我们做担保，包括我们未来要建商会的这个大厦。这都是我们这个发展按照一步一步这个程序来的，那所有的人包括我们会长，我们这个秘书长，都是一样，做这个所有的事情跟我们商会的所有人都是有关系，只要你愿意我们可以一起，每个人都添一把柴，我们就把这个事情做起来了。其实现在要说提高吧，毕竟这个商会也就两年吧，有很多地方还是需要我们逐步去完善的，但是今年和去年去比的话我们已经有了很大的进步。当然我们还有一个更好的，有一个远景，我们在按照我们预定的方案一步一步的去完善，一步一步的去提高，肯定会，将来我们不单是在我们这个这个平台上，比方你会员，会长，不单是为这些人服务，将来可能惠及到我们当地，其实刚开始可能是因为这些人在一起，但是最终这个商会干啥呢，就是为整个这个社会去服务的。

崔：公共服务平台实际上是。非常感谢啊！

II-3. 吉林省河南商会副会长GZ访谈

人 物 : GZ、董运生(董)
时 间 : 2013年11月28日
地 点 : 河南商会办公室

1. 个人信息

事业介绍

G : 我先介绍一下总公司的情况，总公司是河南思品特食品有限公司，隶属于河南焦作武陟县西华丰，长春思品特有限公司是河南思品特有限公司的一个子公司，我们在全国有5家公司，河南是本部就在焦作。

董 : 是在焦作市还是县?

G : 县，西华丰那块，第二个呢，在陕西的岐山，在宝鸡下面的一个岐山县，第三个在湖南的常州，还一个在河南周口经济开发区，咱们长春公司是在德惠经济开发区。

董 : 这个方便面的牌子叫什么?

G : 是河南思品特有限公司，商标是SY，电视广告上有。

董 : 除了做面别的还做啥?

G : 现在公司是国家农业产业化，中国驰名商品，全国放心粮油食品企业。咱们的主要产品有面粉、挂面。

董 : 面粉就是那种袋装的白面吗?

G : 对，面粉那边有饺子粉呀，面条粉，在超市能看见，挂面粉、面包粉呀。方便面呢又有小孩吃的干吃，也有泡面，还有土方便面。另外还有一个粉面搭档，就是粉丝与面条，一个碗里装的。

董 : 掺在一起的。

G : 一个是粉饼一个是面条。好像你吃起来就是麻辣烫的口感，里面有粉丝和面条。

董: 吉林省思品特公司是哪一年成立的?

G: 我们在进厂的时候是05年, 06年正式投产, 08年吧。06年是第一任总经理, 干了一年就回总部了, 去年八月份又回来了, 13年8月, 现在总公司的副总这样。

董: 你个人在华丰那个总公司……?

G: 我个人是什么情况呢, 我本人是西华丰周边的一个村庄。

董: 那西华丰这个企业是比较早的吧?

G: 对, 他这个企业我们是95年建的厂。

董: 你是建厂就过去了?

G: 我是建厂就过去了, 当时建厂的时候我是做一名业务员, 就是在那边打工的, 做了两年业务员当区域经理, 后期又当销售总监, 后面就做总公司的包括外边五个公司的营销副总。

董: 思品特公司在性质上属于什么?

G: 还是集体, 是全民持股的集体企业。

董: 那建厂的这个老总是?

G: 他现在是我们的书记, 村书记, 村委会主任, 董事长。

董: 那这个企业从性质上还是属于这个村的。

G: 对。

董: 那村民也将来参与年底分红啥的。那他这个没有转向民营的那个过程嘛?

G: 他现在有这个想法, 但现在企业还没转型, 他村里还有很多企业, 比如电缆厂、造纸厂、汽车XXX厂、还有塑钢厂, 西华丰是一个……。

董: 我知道, 就是没去过, 近也没去过.

G: 我们原来的老书记是全国先进代表, 全国劳动模范。

董: 那西华丰在河南还是名县?

G: 是, 还是排在前几。第一是没问题, 现在我们的董事长, 书记是全国人大代表。

2. 商会加入契机 / 商会认识

董：你加入吉林省河南商会的时间是什么时候?

G：加入是这样的，我是去年8月过来，06年当时，这商会还没成立，商会11年成立，商会成立晚。我过来以后还有原来的朋友交流，他们就提到河南商会，这样我就打听到H秘书长的电话，我主动找到商会。

董：那你在走了之后这边还有人是吧?

G：我走了又换了三任总经理。

3. 商会组织管理

董：他们当时没有加入?

G：没有。我是八月份。

董：是老乡介绍的?

G：老乡谈起商会这个事，他又不知道我加入不加入。因为公司在德惠，也不在市里面。我9月找到秘书长，再加入直接是常务副会长，这是会长给我的荣誉吧。

董：因为当时我看了设置，会员是会员，常务副会长，会长这些，你当时是怎么直接到常务副会长的位置?

G：这个就是很默契的，我当时加入商会的愿望也比较强烈一点，在一个咱们公司对商会，包括我们总公司那边也加入了焦作的一些工商联，我对这个组织是比较认可的。

董：你在老家就知道，那你知道不知道吉林老家的商会?

G：不知道，就是我过来以后。

董：别的地方的商会知道不知道?

G：不知道。

董：你常务副会长的会费是多少钱?

G：秘书处说会费就根据企业的力量吧，它这个力量是15万。

董：那么多啊，有这么高啊。

G：去年我只是没到换届的时候，仅仅是开始了解。

董：前年是刚刚……。

G：当时刚开始换届嘛，还没结束嘛，现在等于才进入正式。第二届才是，第一届仅仅是以会员的身份给商会借助。

董：你从去年八月份到现在不到一年的时间，参加商会活动然后整个感受是?

G：我就感觉商会这个活动，今天会长说了，确实都存在正能量的一种思想。

董：上次你没来啊? 前两天。

G：前两天我没过来，前期我过来开了一次筹备会，我也是为了开这个筹备会从河南分过来，这两天，16、17号，河南洛阳有个食品节，我又去那边参加会议了。到那边我是昨天下午就过来了，特意过来的。

董：那你经常在这边还是那边?

G：我在河南的时间要多一点，五分之三。

董：商会不到一年的时间所有大型活动都参加了?

G：参加了一部分，重要的参加了。

董：换届你在不在?

G：没在，请假了。

4. 商会运营模式

登记过程以及和党-政府机关的关系

董：商会也有挂靠部门。

G：商会好像也有，有管理部门，没有挂靠。

董：好像不太一样，做吉林省的，安监协会就挂靠在安监局。你感觉在商会里面对你企业的发展或者你个人拓展的关系你觉得怎么样?

G：我觉得很好，刚才就会长谈我也在琢磨，首先大家提供一个获取信息的、交更多的朋友，这样一个互相学习沟通的平台。会上也谈了，个人我给你搭上台之后企业就是舞台了，你想咱们企业在里面不会寻找很大的商机啊，我们直接面对的是消费者。

董：你是直接走超市还是什么？

G：走这个流通，超市也有，他们工业性企业可以对接。你生产钢铁原料可以对接，这是你企业里面很大的一个舞台，这是第二个。对个人来说，又是一个跳板，站台，你在这里面可以吸取利用别人的信息，产品会议啊，有时道理一样的。在这里告诉你怎么把产品升级啊，搭这个平台，有时你表达不出来收益。举个最简单的例子，你遇不到困难或者没遇到困难，我们是一个团体，集体的力量一定大于个人的力量。

董：你这两年没有具体的事通过商会来帮忙解决的吗？

G：这一块还暂时没有。

5. 和各种同乡 / 同业组织的关系

董：你除了参加商会，有没有参加过比如全国的方便面的产业的协会，或者说面粉的协会？

G：有啊，我们是河南省面制品协会会员，吉林省好像没听说，是全国的。

董：那比如河南省的面粉协会上面有没有负责的主管部门。

G：那面制品好像是有。

董：你参加过哪种活动吗？

G：有参加过，饰品工艺协会也参加过。

董：参加那个协会和参加商会你觉得感受上有什么不一样？

G：那有。参加那些协会是一些局限性的，就是纯粹的面制品，这是第一。第二他谈的都是很专业的东西，语言啊、问题啊，商会是不一样的，是各行各业都在里面，获取的信息量他是全方位的信息量，面制品这一块我们方便面协会，是一条线的。

董：面粉协会这个负责人是怎么产生的？

G：他也是非政府型的组织。

董：那怎么产生，有选举吗？

G：也有选举，也有政府带动任命的。我们河南食品协会是挂靠在河南然后面制品这一块还有个主食也有挂靠部门。

6. 自身文化认识

董：那你比较一下，河南环境文化和吉林省的差异是怎么样，包括你做生意接触的人？

G：我是这样感觉的，咱们这个产业是从终端消费者，做面这一块，不受大环境的影响，这东西你只有吃，就得吃，全国都是这样的。至于区域问题，东北的消费习惯有差异。差异是有一个气候的变化，了解今天。河南那边就是吃面，早晚都是吃面，这边晚上中午吃米饭多，消费习惯不同，面只是副食的主食。第二是从南方过来呢，要吃面。第三呢，这个口味也有逐渐从米转向面的习惯。

董：你觉得人有什么差异？包括处事。

G：这些方面也有一定差异，从细上有差异，东北人的消费和河南有差异。东北的消费有点外形，就是表面的一种消费；河南的消费习惯。举个例子，也有河南的缘故，也有当地的缘故，河南工资发了之后先存下一部分，留下的放到下个月。东北的消费习惯是把上次留下的钱先消费，再留下这次的。

董：根据你的对比，你觉得是和河南的老乡好处呢，还是和东北的？

G：各有各的特点，我觉得都不错。

董：整体上好沟通？

G：都不错，东北人外向，大大咧咧，利落，表现外向，河南表现内向。

董：那你说你这个企业，现在规模有多少人？

G：全公司400多人，德惠有300多人。

董：300多人吉林和河南分别占多大比例？

G：河南占很少，几十个人。

董：这几十个人吃饭？吃饭是一个灶还是分开？

G：一个灶，管饭。有饭也有面汤。

董：那你这个主要食品是以米饭？咱河南籍的还是以面条为主？

G：对对，河南还是吃面条。

7. 商会发展规划 / 期望

董: 行，最后再问一个。你对商会的期待，你对未来商会的理想状态是?

G: 这个理想当中的商会是逐渐随着时间的变化，也会发生变化。现在想着现在都做的挺好。虽然大家不认识，但是一提到我家是河南洛阳啊，一听就有一种亲近。所以河南商会首先一点，有一个很温馨的团队组织有心情上的支持，是第一点我觉得很好的。

第二是从实体上，大家提供一个团队的平台，就是你即使商会没有给你作出什么，但是从精神上提高了信心，就是实体上实实在在的为大家提供一个交流，信息沟通合作的平台。刚才会长也说了，项目可以大家共同参与嘛。这里参与的人比在社会上选的人远远要高，层次要高，因为有一种信任的感觉。才能参与这个商会，大项目大合作，小项目小合作，将来我感觉咱们就是一个大集体，非股东性的大集体，大家都可以进入嘛。通过推荐参与，不管是会员也好，会长也好，大家都可以参与，你逐渐的可以形成我是会员能晋升常务副会长，会长，都可以去晋升，就是用这个平台人的关系，包括思想关系的解放程度，信息来源都可以。搭起一个平台，也就是说这是一个大仓库，可以获取什么资源，建立这样的平台。

董: 你个人在这，有没有说我将来更多的参与为商会做义务性的?

G: 那一定有，企业做到一定程度以后，实际上都是回报社会，即使他做小了，咱们自己有感觉，自愿做的小，没做大的企业，我也想帮个忙啊，给我资助一点。当然你像咱们会长，企业做的多大啊，他现在就是想怎么去做事。

董: 原来是挣钱，现在是实现价值

G: 人其实他挣钱也是为了实现价值。

董: 行。

II-4. 吉林省河南商会副会长CBX访谈

人物 ： CBX、H秘书长[中途进入后又离开]、崔月琴(崔)、张冠(冠)
时间 ： 2014年4月11日
地点 ： 河南商会办公室

1. 个人信息

基本信息

冠：那您99年就是说什么契机来到东北的?

C ：原来最早的时候最早的时候也是做酒店用品吗，做酒店用品和这边的酒店都有来往，每年定期的和这边，你比如说长春啊，基本上就是长春市，它有大的酒店我们有合作，通过这边一些相应的资源朋友啊，恰好到长春就是我从酒店改到医疗这块，就是给南方一家公司做东北区经理，像市场总监这个性质，那时候对这个市场已经基本熟悉了，完了99年是正式的，长期反正在这注册公司了。

冠：那这个朋友包括老乡吗? 还是说当地的一些朋友?

C ：有老乡。

冠：就是通过老乡的介绍来到东北?

C ：最初我做这个企业就是由河南做医疗行业的龙头企业，我是负责他东三省的一个市场，市场总监，市场营销，我来负责，慢慢这个市场、人脉、资源啊，已经都形成了，所以才慢慢脱离那公司之后呢，开始自己做代理。

冠：那当时怎么考虑……，像东北这边市场可能还不太成熟，怎么没考虑去南方呢?

C ：因为我最早负责的区域就是东北啊，就是北方区，你看我这个北方区吧，当时是以那个哪，北京天津往北，后期主要业务呢，是在东北。特别是在吉林省这块。所以在这边和北方人打交道呢，就时间长了，包括我的性格，基本上都融入这个体系里面来了。你要说再重新到南方那个区域去定居去，你肯定在交流上、性格上、生活习惯上有很大差别。

冠：那像您99年刚到东北的时候像一些生活习惯啊、做事风格啊，都适应吗?

C：我跟你说我说的99年是长期定居，也就是说什么呢，我从99年的时候来呢，就马上要长期居住了，在99年之前呢……。

冠：最早的时候是什么时候和东北人打交道?

C：最早我看啊，我得算一下时间，我得是在毕业吧，24岁那年，我今年，我69年出生，你算下这个时间，我现在……。

崔：六九年，七九年……九十年代初吧?

C：对，应该是九三的时候，那个时候是做什么呢，做酒店用品，跟东北人一直在打交道，哎，对，已经适应了。河南人基本上也是北方人性格。所以到这边来呢，本身分布业务也是……。

你看我最早工作在哪，在北京，北京一个企业，一个外资企业，因为我酒店用品。我是当时主管这边业务多一些，分到这边业务多一些，完了就融入这个社会了，一般我到南方去出差，从我个头上也不像南方人是吧，说话这口音都说是东北人。

崔：大学是学什么的?

C：工商管理。

崔：哪个学校?

C：郑州，郑大。

崔：郑大，哪届的?

C：我应该是，我看看是哪年毕业的，89-90那届的。

事业介绍

冠：首先第一个大问题想让您谈一下您的个人经历，看一下您之前是从事什么的?是哪一年来到东北的? 您是河南人吗?

C：我这个长期到长春来应该是99年，哎，那时候，我最早是做酒店用品的，酒店用品就是那个从事宾馆酒店，但不是像咱们所谓的日用的那个什么牙刷牙具啊，不是那个，就是咱们那个玻璃水啊，清洗玻璃的，清洗地毯设备的，就是这些，高端的这些，我当时给美国一个企业在中国的分公司在做，做这个，哎，后期呢，我是长期到两千年。01年的时候开始从事医疗这块，就是设备这块代理，因为国外的医疗设备吧，它是不可以在自己销售的，因为它这个属于在中国设一个贸易公司，办事处，说白了就是办事处，就是委托咱们中国公司来做，基本都是有代工在做，我是负责吉林省，做这个医疗，到这个……干到……，我看看，现在还一直做这个行业。但现在我们还做一个工厂，就是神力起重机，就在长春绿园经济开发区这，我做起重机这个行业，因为我们商会成立，我们吉林省河南商会成立，成立前夕吧，也是我们河南籍的一个人，在那办这个工厂，他们当时做一个整合，调整吗，后来这个企业就由我来参股，参股就是回购了他们51%的股份，也从事这个机械加工制造，基本上就是这样。

2. 商会加入契机 / 商会认识

冠：那像河南商会您是哪一年加入的?

C：就刚成立那年，我们是11年嘛。

崔：就是第一批会员?

C：你看就是我们这些人商会的这些会员，我是99%的都不认识(此处指2011年的时候)，就是成立之后才认识，这两三年磨合吧，而且处的非常不错，很好，也有在生意上合作的。

冠：那您当时是一个什么契机，朋友介绍啊? 还是河南商会的一个宣传，您加入到商会之中的?

C：原来商会他们准备要成立的时候，已经张罗很长时间了吧，但这个消息我也听到了，当时发起的是两组，两拨。

崔：两伙人?

C：哎，两伙人，第一伙呢，首先就是你们说林州就是跟HZK那个时代，搞建筑的那帮人，一拨呢，就是L万生，他们这拨人，因为这两拨我都不认识，就是建筑呢，那帮人呢，当时个他策划就想做秘书长的那个人，那个人叫什么，叫……，这现在这几年喝酒……。

崔：那他们那拨人在没在……?

C：没进来。

崔：没加入?

C：对，没加入。所以就那边一个做秘书长的人，听说我了，找到我了，问我要成立商会，你是不是主要参加一下，后来我一看那参加吧，就这样，我不知道他们是两拨啊，但是后来选举的前夕，开准备会我看出来这个问题。看出问题呢，通过这段时间也磨合了解吧，后来我们还是选了LWS，作为会长，基于他这个理念啊，从他这个社会影响力啊，我觉得你比如说河南商会啊，你必须为河南啊有个好的形象，不光你有钱，你有钱事业做的再大，但是你这个对社会贡献各方面没有一些超前的想法，对这个商会没什么好处，对不对? 商会它不单纯它是作为河南籍的在一起挣钱，知道怎么去回报社会啊，怎么创造一些价值才行。

3. 商会组织管理

崔：您上届就是副理事长吗?

冠：副会长。

C：我们叫常务副会长

崔：常务副会长，上一届就是吧?

C：对。

崔：啊，那你这两任都是常务副会长?

C：对。

崔：那你这绝对是核心?

C：我们每个月必须是选一个常务副会长值班，轮流值班，完了就是说呢，这个月这些事由你来处理，替会长处理些事。

崔：就是相当于你是执行会长?

C：对对，执行会长。执行像有的商会可能就选一个，我们是谁值班谁执行。

崔： 这个方法挺好，让大家都有，责任。

C： 有责任了，你大家你比如这个月谁值班我就来代表会长，代表商会呢，去处理些事情，就是有责任心了，你要是这样的话呢，一个月一值班这不挺好吗？大家都享受一下这权利，一些能付出一些事，能替商会做点啥。

冠： 咱们常务副会长，数量是多少呢？

C： 我看看啊，现在长春，6个到7个吧，我也没记住，这事儿你问秘书处。

冠： 常务副会长的会费是多少？

C： 会费刚开始第一届的时候，第一届每年是十万吧。就是常务这块，后来第二年好像是五万，诶，三万还是五万，三万，后来第三年是五万。

冠： 会费一降的话，常务副会长的数量会不会变多啊？

C： 不是，我们这个名额是有限制的，你比如说我们常务副会长定额你比如说，是几位基本上就几位。副会长一年产生多少，这是有数量，那不能你拿钱就随便做这个。

冠： 有的商会就是拿钱多就……。

崔： 不规范。

C： 别的商会有这种情况，以前开会一拿名单执行会长一大帮，一大帮都是执行会长。我说：哎呀，你们都执行啊？

冠： 那咱们商会啊，一些大事小情决策的这个方式是在什么范围呢？

C： 首先你比如说我们有重大活动，首先我们常务先开个会，有这个想法了，你比如说，通过秘书处遇到一些慈善捐助了，首先我们常务要开一个会，大部分呢，这些钱呢，由我们常务这些人呢解决，来处理，但是有时候我们也号召一些会员来参与，你让会员付出这个钱吧，他可能都不是很积极的，因为自己企业大小各方面的，因为这次你们也听到了，包括这次庆典的费用都是我们个人捐助的。还有平时搞的一些慈善，以前白血病了，包括这个上学那学生了，还有荣军医院那些人，我看我们一般都是常务发起，剩下就是副会长了理事会员了你们愿意参加呢你自愿。

冠： 就是说常务这个层面把这个事定了，再看副会长、理事、会员参不参与。

C： 我们都是要发短信的，通过我们的短信通报大家，有积极的完喽报名，要不积极的，说话有人没反应啊，第一可能没时间啊，第二可能也不想做这件事，我们也不强求，不能说，老打电话你这干啥呢，下派任务啊，我们从来不那么做。

冠： 像今天咱们这个会是到什么层面，是到理事? 会员有吗?

C： 现在这个会呢，就是我们22号要庆典嘛，就是今天我们把这个工作你比如说，分配谁负责哪项哪项的工作，就是把能负责事的人，召集起来，把这些事开完会定下，你比如说有什么想法，我给你这个岗位你有没有异议，能不能给我安排这个时间，没法安排这个时间你第一时间跟秘书处汇报，要没有意见就继续按照这个安排执行。

冠： 那就是说也有会员参加这个会是吧?

C： 会员也参加。

冠： 那三月份那个会是到什么层面呢? 3月22号开的那个，就是我过来参加的那个……。

崔： 换届大会?

冠： 对对对。

C： 那是换届。我们不是原来，这属于改选嘛，改选完了我们不是得换届改选嘛，我们投票……。

冠： 那个会员层面有过来的吗? 那次应该是没来全吧，我看大概有三四十位。

C： 对，没来全，当时我们只是按照经合局这个标准，能来就来不能来的只能……。它也属于合法的。

崔： 对，像上次换届，刚才那个的L会长是吧，就是说他没在场的情况下，当时叫全票通过还是叫什么?

C： 全票通过。

崔： 叫全票通过是不是? 这个确实可以作为一个典型案例了，这也是民间组织啊，它能与这样一个威望，这也是挺难得的。

C： 你包括咱们政府选举也是这样，既然选举的话，我觉得既然选，我觉得大家百分之百的通过对当选者也是一种压力，是吧，你要说六十及格，过了，跟一百过了那跟他压力不一样啊。你一百过了说明大家都信任你，担子更重一些。

崔：说明咱们商会起码说还是挺团结的，像有些商会换届，也出现一些问题吗？

冠：像现在咱们会员所有的，能有多少人呢？

C：具体按企业来算，去年好像说的一百，一百九的，我记不住具体详细数字在秘书处那块，你可以问他们

冠：那像这个100多个会员，你大概能认识到什么程度呢？

C：这基本上，要正常叫上名字的话，我估计能在一半以上吧。

冠：那有这么一个问题，和会长和H秘书长探讨，就是说现在商会交多少钱可能就能达到一个……，可能咱们商会不是这样，但是大部分商会可能都是这样，比如说我交十万，可能我能当上副会长，我交20万可能当上常务副会长，那这样会不会把同乡这里面分层呢？就是说我有钱的能到一个什么程度，我稍微可能差一点我当这个理事，再差一点我当个会员，所以说会不会出现这种情况，根据经济实力在商会里面，同乡里面分层呢？

C：那这个不会，最起码在我们这个商会不存在，刚才我也不跟你说了你也问这事儿了，你比如说我们商会常务副会长一年的定额，是不是，包括长春市内的，你比如说几个，具体数字啊，我们秘书处都有，比如说那个延边，四平或者说吉林市各区，再比如，在每个区域我们最起码要给一个到两个常务副会长名额，并不是你这个企业多强大，或者说你要拿多少钱说来去说你要提升我这个位置，这是不可能的，我们商会是没有这政策。

H：我们这都是贡献比较大的，都是发起人，而且是热心商会工作的。

崔：实际上，这是正常的，但是可能有一些商会，你拿钱拍一个常务副会长，也有这样的。

H：他这里面有个什么因素呢，他交这么钱呢，我们首先要考察他这个实力，你要一年能交二十万你肯定不会交十万，所以我们要看看既然你当这个常务到时候有没有实力，奉献精神强不强，这几个赞助的都是我们常务的。

崔：实际上你们这些常务首先是得做贡献多。

H：对！

188

崔：到什么事，我们都得冲在前面？

H：出车，全是他们常务，还都是好车。

C：那你得起带头作用啊，你这个事你所以说像我们常务这块你不全面的就是说来付出，你找会员，说实话那我们也不去忍心去这么做。对吧？

H：相比较来说，这些会员实力还是差一点，车出去也不行，刚才我讲的也挺清楚，秘书处也没有车，没有专车，都是他们的车，而且有时候是老板开车，真是这样，真事儿，C总经常给我们开车出去。

崔：真是，我还想问，就是说你这干下来一届之后哈，你觉得像民间组织，像这种商会，你感觉对个人的发展和对社会的发展你觉得作用主要是什么？

C：我觉得首先是这样啊，对个人是整体呢，思想有个提高，就是在以前包括我没参加商会之前，你比如我想从事一些慈善的东西，有可能我接触这方面可能没有这种机会，这种机会少，慈善机构也不能主动去找我。因为它不了解我企业，我啊，不好意思主动去找他们，从这个角度来说加入商会可能跟政府啊，知道一些你比如说谁有困难了，需要我们支持了，搞商业的，从这方面，提升自己的思想。你说对企业吧，那你既然有这种思想，完了你对企业你的发展肯定自然而然，相对来说有一定影响。

4. 商会运营模式

商会创立的构想和推进的契机

冠：那据您了解，河南商会09年成立之前是不是从老乡会脱胎过来的？

C：它的前提认识我觉得和老乡会有直接关系，你包括像我们原来那秘书长这都是我后来听说的，就是没有成立河南商会的时候，他们不是部队转业的吗？他们有个小圈子，也叫啥，叫老乡会，老乡会这些人呢，都是以前参过军的，转业军人。

崔：实际对商会这块，你们加入之后，大家对商会是不是都有个期待？我

189

想通过这个平台我们能够，从你们企业本身，包括我们每个个人本身是不是也都有一种期待，就是希望我在商会中能够有一些发展啊，或者说获得一个资源啊、人脉啊？

C：这个是必然的，我觉得就是每个人到商会基本上是奔着这个来的。第一是什么呢，就是你这个商会团体，最基本上是通过河南省包括吉林省这些相关政府组织，是属于认可的一个组织。但是来参加商会的有可能说，低俗一点呢，我就想进商会马上想得到很多的一些利益，做为一个长远想法，你比如说做企业的也好，想通过这方面认识一些人脉，并不是说直接的，我进入商会之后我马上要得到，通过商会拿到什么项目，是不是？但是我们大多的肯定就像刚才这教授说的，都是有这种想法，我通过商会这个平台，接触一些相应的人脉，来实现包括对我这个企业有一些帮助，这个肯定是主要的一个。

冠：多认识一些老乡？

C：对对，通过老乡呢，多认识一些朋友呗，因为达到一个资源共享吗，一个人都有各自的一个圈子。

崔：因为就像你们因为都是自己搞企业啊，实际上我就是说这种私营企业，都有这种比较孤独的个体的那种感觉，就是想多有一个平台，大家能够建立起一个，因为我们是社会人吗嘛，就想能够通过这个平台，大家建立起一种关系？是不是也有这样的需求啊？

C：你的意思是说……，你再说……。

崔：因为做企业都是自己这个行当，接触的可能都是这个行当相关的，但是我想有更多的一种人脉，多参与一些活动，我就是通过商会的这样一个平台，来就是说，形成……，你的，就是社会的交往的一面。有没有这种需求？

冠：一种归属感吧？

崔：归属感，也是一种归属感。

C：这个有，你比如说，像我做这个企业吧，平时你比如说我感觉，你比如说我加入商会，对我内心来说，我感觉有依靠，内心感觉什么呢，假如遇到一些什么，一些不公平的对待，或者来自于一些，说白了就是不公正的一些打压吧，可能我在这方面有点依靠，有底气，可能说通过商会这个组织，可以跟政府去沟通，你比如单凭我受的欺负或怎么回事，我要单纯靠以我个人的名义，去跟政府沟通，可能政府它不一定直接给你出面，它认为啥呢，有可能我个人或者企业给政府某个领导送礼了，是不是，他才来帮助我了，处理这事情，但是我通过商会呢，可能这些疑虑呢，政府这些办事的领导呢，就打消这个疑虑了，都属于公对公的事情。

和党-政府机关的关系

冠：最后一个问题，占有您宝贵时间，近年来吉林省出台了一些改善软环境的措施，您觉得和您刚来做生意的时候有没有什么变化？

C：有改变，但改变太慢，它永远跟南方，就是这个脚步啊，说实话我们也参加过软环境这会，领导他的思想是非常好的，他往下面力度执行不行，可能政府领导说我要抓要怎么做，会上讲的非常好，但是真正实行的时候可能就打折扣了。但是整体来说执法，包括公检法，不是公检法，就是工商税务了，从他的执法层面，文明程度上啊，已经提高很多了，基本上还可以。

5. 商会功能

加入益处

冠：那像这种事平时也遇到过是嘛？就是说遇到一些不公平对待啊？这个您可不可以展开的谈一下，具体的遇到什么事了，维权，商会维权。

C：说实话我本人没有遇到。我们商会里面可能有这种情况，你比如说涉及有些欠款了，一些你比如说官司了，比如说打的一些经济官司了，没有走的太顺畅的时候，这些事都是我们ws会长他们处理过这些事，只是在这些事上呢，我们没有说通过这些事呢，宣传很多事呢，只是我们开常务会的时候谈过这件事，就是曾经我们前段时间处理过这些事情，并不是很多。

冠：也是通过秘书处那边听到的？

C：不是，就是我们每个月不是有一个常务会吗，就提到你比如说上个月，我们……，因为必须要汇报吗，这个月发生了什么事情，我们通过这些事汇报，知道是怎么回事了。

冠：像家里面的事，婚丧嫁娶什么的有这种往来的能有多少?

C：基本上，他们这些事通过秘书处只要知道，发短信，我们都必须参加，包括有没有私人交情的都参加，那捧场这个。

崔：这是你们作为领导层，这个规定……。

C：你比如说有些会员，你比如说俩人不太熟的，可能出于什么原因不参加，但是作为我们常务这块，我跟你熟不熟，就是以前单独吃过没吃过饭，我们必须的。这也是给会员捧场啊。

冠：也是给老乡捧场啊。

C：你说没有个人交情的话，那建立商会有什么意义了，是不是?

C：我觉得首先是这样啊，对个人是整体呢，思想有个提高，就是在以前包括我没参加商会之前，你比如我想从事一些慈善的东西，有可能我接触这方面可能没有这种机会，这种机会少，慈善机构也不能主动去找我，因为它不了解我企业，我啊不好意思主动去找他们，从这个角度来说加入商会可能跟政府啊知道一些你比如说谁有困难了，需要我们支持了，搞商业的，从这方面，提升自己的思想。你说对企业吧，那你既然有这种思想，完了你对企业你的发展肯定自然而然，相对来说有一定影响。

6. 和同乡人同业组织的关系

和同业组织的关系

冠：您觉得这个商会更像是一个商人组织还是一个同乡组织呢?

C：这里边吧，既有同乡又有商业，商业它的比例额得占到80%以上，因为中国他讲究是感情这块嘛，是不是，包括咱们做生意也好，或者哪个角度也好，先是先做人后做事，是不是，大家很通俗的一句话，有感情了，你比如我这个，我生产什么东西，我的产品质量也非常好，企业又很讲信誉，那这个自然而然我就做了。

冠：C总像您从事医疗行业，像吉林省有没有一个医疗行业的行业协会啊？

C：额，应该是没有成型，我觉得在我进入这个行业之前，我听说有，听说有，但是后来，因为这个行业很特殊的一个行业，所以大家呢，就是融不到一起，表面上挺好用的时候都出了很多矛盾，因为大家可能说因为市场比较局限。

崔：不是属于大众的哈？

C：对对，这个行业好像没有。

冠：如果有这个行业协会，和咱们商会，您更倾向于参加哪个呢？

C：那它是两个性质的，商会和协会是两个性质，协会本身是民间组织，可能说有些协会呢，他是通过有个相应的机关来发起给你个批文，但是这个事我不太了解了，但是商会这个组织呢……。

和同乡人的关系

冠：那像您刚开始过来的时候认识的河南老乡多吗？

C：多，99年之前就挺多的。

崔：那时候HZK当省委书记的时候……。

C：我们跟他们不是一波，他们那帮人是什么呢，搞建筑的，搞建筑的很多，像我们这里面也有搞建筑的，有几个是跟他那个时代过来的。

冠：像那个时候和老乡接触也比较多了哈？

C：我们跟他们没有接触，我们接触的多一些的有搞眼镜行业的，有做像医疗这块的也有。

冠：主要说还是生意上的……。

C：都是生意上的。

冠：像日常生活中，娱乐的朋友可能相对少一些是吧？

C：你说的娱乐是指什么？

冠：就是一起吃饭啊、聊天啊、业务生活这块的。

C：那我们认识都可能通过什么呢，你比如说，有时候通过我们老家那边的一个朋友，我刚到长春，说我有个朋友在这边做什么行业，我帮你引荐一下，你们可以互相认识一下，有困难了帮一下，基本上都是这么认识。有的时候通过这个朋友，比如说通过你，认识说他是河南人，感觉大家一聊，很好，就成为朋友了，就基本上是这种状态。

冠: 如果您选择合作的话，合作的标准是什么呢？会不会首先选择咱们同乡老板合作呢？

C: 那你首选的话肯定是选择同乡这块，第一呢，就是只要是同样质量，品牌，就是品牌价值啊，基本上相同的，那肯定要选同乡啊，这个他有个那个信誉度啊。第二呢，就是说，出现什么问题了，以后有什么纠纷了，沟通容易一些

户籍所在

崔: 现在家已经……?

C: 对，家已经安到这了。

冠: 就是户口？

C: 现在户口已经都在这了

冠: 冒昧问一下，您爱人……?

C: 也是我们那边的。

冠: 那99年是和您一起过来的吗？

C: 我先来，她后期，应该是04年，他们过来。因为有孩子吗，当时不能两地分居啊。

崔: 啊，那时候已经在那边结婚了？

C: 对，相对来说，等于这就成第二故乡了呗。

冠: 那以后您想说是等您赚到一定钱了年纪稍微也大一些了，想继续留在东北呢？还是说叶落归根啊，想回到河南那边呢？

C: 你说我个人的想法，我是没有这个打算，因为我们家里面也有哥几个，但是作为我呢，没想说以后再回到原籍，因为你那边朋友啊、资源啊、亲戚啊，都疏远了，人脉这块基本上融不到进去了。

II-5. 吉林省河南商会副会长LCH访谈 (1)

人物 ： LCH、张冠(冠)
时间 ： 2014年4月21日
地点 ： 华苑宾馆619房间

1. 个人信息

基本信息

冠：第一个问题想让您谈一下您的个人经历，就是说为什么来到吉林来到东北来经商呢？

L：这个怎么的呢，这个我来的很早，我是改革开放的初期到东北来的。

冠：那是80年代？

L：我是七十年代末八十年代初，79年到这的，78年，改革开放刚开始。

冠：那个时候怎么说到这边的？

L：那个时候怎么说呢，那个时候河南相比来说比较穷，人多地少，那时农村呢，刚实行承包啊……额……。

冠：家庭联产承包责任制。

L：对，刚一实行，人多了地少，种不来，那个那个那个人用不了，也没啥发展，我家那个地方呢跟河南河北三交界的地方，河南濮阳嘛，那个地方既不靠山也不靠水，也没有铁路，所以啥啊直奔东北过来了。到东北来，那个时候刚一开放，到市里很难找到工作，我也是下乡，下乡以后通过关系，又回到市内的。

冠：就是在东北这边下乡啊？

L：对。

冠：那当时怎么选择东北这边了？因为东北这边可能当时比河南稍微好一点，但是当时改革开放前沿不是在南方嘛，那边市场比较好吗，当时怎么没去那边？

L : 那个因为啥，农村，家条件不好，外边，你到城里来你得有个落脚点啊，我有个亲属在东北，通过这个，那时候你农村到城市来没落脚点不行啊。

冠 : 就是没户口不允许哈?

L : 没户口倒不是，你上哪住啊? 你上哪去啊? 没人接待不行啊。

冠 : 当时那个亲属就是在长春?

L : 在长春。他是四几年刚一解放时候来的，通过这个亲属。

冠 : 刚开始过来的时候河南的老乡多不多啊?

L : 刚开始来的时候，我是下乡，下乡，通过关系啥的又找了几个工作，有啥说啥，当时咱也小，社会交往了接触的少，面积窄，很少，那时候都是上班了，一听说哪有一个河南老乡了那可亲近了，我们到现在还始终保持联系，跟亲属一样。

冠 : 那个时候也没有什么，河南人也比较少是不是?

L : 没有做买卖的，做买卖的少啊。认识几个老乡都是上班了，我来的早吗不是。

冠 : 对对。那个时候也没有同乡会这样的组织是不是?

L : 没有没有。同乡会我没有，没有加入，后来就是上班，上班以后。下乡回来以后我通过关系，也是通过关系，上到长春市粮油公司，在粮油公司干了一段，又上了省建，啊，先上省建干了一段，又上了粮油公司，粮油公司干了一段呢，后来，后来怎么回事呢，挣的比较少点，就上西武办事处，那个时候开放了嘛，西武办事处有个工业办，上那块我在工业办帮着忙活忙活，从这开始，一点一点的进入了商界。进商界以后自己做点小买卖，打个短工了，或者倒腾点东西

事业介绍

冠 : 这是九十年代了吧?

L : 这是九十年代，后来自己开个这个这个叫食杂店啦，那个相比来说啥呢，投资少啊，也不用太大的房子，只要能有个房就行，再后来开个小饭店，多种经营了，再后来就逐渐了干这个了，通过小食杂店对这个行业有所了解了，但是它没啥风险，利润虽然说低点但是没啥风

险，一点一点的就发展扩大了，做酒、饮料销售。通过这个方面呢，后来认识经商了尤其是河南老乡了多了。在11年吧，4月28号，在九几年的时候，两千年那时候，但是认识的河南商会人少，后来开始浙江了、温州了、或者江苏，人家都成立商会，人家是抱团发展，是不是，一个人的能力毕竟是有限的，后来我们是有几个现在他都是常务副会长，经过接触，一说你也是河南来的，当初都不认识，很少联系，通过那以后，磨合了几年，双方了解后，最起码人品，人得先了解啊，说咱也办河南商会呗，为了两地的发展，个人这个……。

冠：事业的发展怎么样?

L：事业的发展也好，或者这个人啦，财力了不足，这样一些抱团，大伙是不是，通过这个我们就磨合了几年，但是河南商会最大这个这个因素就是啥呢，人脉好，人品好。

冠：我这参加几次活动也是有感受。

L：人脉好，没有闹分裂的，前几年呢，这个成立完以后，有啥说啥我们主要是先整合人脉，人脉你都不了解了你咋能经商？ 合伙干点啥呢？这不现在通过这个第一届这个商会，到换届了我们不是又选了第二届这个会长吗，人员方方面面了都具备条件了，你没看开会大伙都是正能量的，就是往积极这方面是不是，抱团，提供项目，真有啥项目你一个人干不了了，俩，两人干不了了仨，是不是?

2. 商会加入契机 / 商会认识

冠：那您在商会里面大概能认识多少名会员呢?

L：几乎都认识，商会人几乎都认识。

冠：咱们商会现在大约多少人啊? 这几次开会我看人数也有些出入。

L：这个商会是民间组织，它不像政府官员，多数都是经商，开会的时候你要想达到都齐，很少，你要说个人买卖是不是……。

冠：那这商会里面比如说婚丧嫁娶啊，就是家里边有事的，这样的关系比较亲密的?

L：啊，这个啊，我们几乎都参加，最起码河南人捧场呗。钱不钱不说，随不随礼不说，捧场嘛。你来我往。

冠：就像您刚才说的办驾校这个，也是这个情况的一个反应，是不是?

L：对啊，你看你都了解河南商会人品好，可行可不行的为啥不给他办，加入人品不好，可办可不办就不给你办了。

冠：咱们商会也起到这种作用就是信用啊……。

L：跟那卖东西似地，品牌创出去了。人家作为政府来说人家是扶植民营企业，是不是? 这都是民间组织的，人也是正常的，正常的我可给你帮可不帮，你口碑好了有信誉了，帮你很正常，不帮你你也说不出来，是不是。现在这驾校都知道不好办，我们这主要是两个部门，开会不说，一个交通局，一个公安局驾管处，我们一说那主动来，地整没整啊，我们给看看去，人主动的

冠：那和L会长的人脉……?

L：有直接的关系。因为他是带头人吗，带头好，口碑就传出去了。

.

3. 商会组织管理

冠：像您在商会里面是副会长?

L：我是副会长。

冠：就是刚加入的时候就是嘛?

L：我是理事。刚一开始的时候是会员，后来是理事。

冠：啊，慢慢这样升的，那咱们商会是不是还有常务副会长? 有这个职位哈?

L：有理事、会长、执行会长、常务会长、副会长还有理事。

冠：那以后有没有想法当常务副会长?

L：我下一步得根据我企业发展，步伐，根据我自身能力。

冠：就是说企业再做大一点?

L：但是我们商会啊，第一是民间组织，再一个啥呢，商会商会的，它不是创收企业，他就是给你搭这个平台，商会他也有会用啊，租房子啦办公啦，后勤人员啦，秘书了秘书长啦都是聘请的，你得给人家点开

支啊，有啥活动你……有些来人，外边，有些是商会招待，那也是大
伙拿钱，有些外边来个老乡啊，通过哪个商会，假如黑龙江河南商会
来，既是朋友又是老乡，有的都是个人付出的，不能吃个饭钱，招待
人都得商会报。商会它本身不是创收单位，它就是为了给你搭这个平
台，那会长不说了吗，通过商会，你认识了以后你上哪去商会一介
绍，第一你的身份提高了，面子也有了，再一个还走捷径，省钱，是
不是，有时候办不了了，你河南商会通过了解，人家敢给你办，我跟
你合作。

4. 商会运营模式

商会创立的构想和推进的契机

冠：那当时您是？09年时咱商会可能就开始筹备了

L：那时候就筹备了？

冠：对，给咱们商会都写过材料，09年成立了，那当时怎么说筹备两年之
后才开始，就是11年时候咱们是正式成立，11年时候咱们是获得民政
厅的登记注册，那09年到11年咱们筹备会做了哪些工作呢？

L：首先是整合人脉啊，建立人群这个关系。

冠：咱们老乡还比较少就是09年的时候。只是说咱们这个十多个人。

L：河南人确实不少那时候，在长春的，但是缺乏沟通联系的少，这几年
他认识他了，他认识他了，一个一个发展，就是下线式的人脉。(……)

冠：那您09年就是这个小圈子里的吗？

L：08、09我都介入了，介入了。

冠：啊，当时有哪些咱们现在的领导？

L：有会长，还有S会长，还有Q会长，还有C会长，C会长，这几个老会长

冠：那现在这几位有退出的嘛？

L：目前来说没有。

冠：就是那位Q会长，他是做什么行业的？

L：他是部队转业的。

冠：就是刚才您说在80年代您刚来的时候河南人之间老乡情非常浓，然后……？

L：浓，那毕竟人少。

冠：就是想让您比较一下，就是当时的这个情感和现在老乡之间的情感有没有什么不同啊？

L：那时候只是认识，现在认识加 业务加交流，感情它又增加了。

冠：增加了，有这个生意上的合作是吧？

L：对。

5. 商会功能

加入益处

冠：那像您加入商会这么长时间，有没有什么事啊找到商会，让商会帮着解决？

L：这个目前我没有，怎么说，给商会添过麻烦。但是话又说回来了，会长开会不是说嘛，首先加入商会你的人品，人品有了，素质提高了，有些事首先你经商也好，遵纪守法，是不是，凡是外界政府呢，知道你是河南商会的，正常的都高看你一眼。该照顾就照顾你了。

6. 和各种同乡 / 同业组织的关系

冠：像您是从事酒行业的，咱们这个行业有没有一个行业协会啊？

L：我这两年沟通少了，我在03年的时候成立了长春市酒水饮料商会，我是在那当会长。

冠：是啊？您那个时候怎么想成立这个商会呢？

L：那个时候第一也是为了抱团，这是一，再一个是扩大经营规模，抵制伪劣产品。

冠：当时这个组织注册了吗？

L：注册了，在长春市注册的。长春市酒水饮料商会。

冠：那它这个业务主管部门是?

L：也是这个那什么，那个市工商联。

冠：那您感觉您这个商会和河南商会有什么区别? 因为您这个也是自下而上的，不是政府部门……。

L：大概性质是一样的，性质一样跟我们又不一样了，那个是因为啥呢，我们是销售，有些政策呢，是人家厂家定的我们左右不了，你像这个抽奖了，不正当竞争了，有时候你底下组织不了。

冠：那当时咱们商会成立之后，这个力量也是对抗不过这个企业?

L：有些事，因为啥呢，像这个啤酒似地，现在长春市三大品牌，金世百，雪花，哈尔滨，是不是，雪花卖的好，它可能政策就少点，你像哈啤，它卖的不好，我搞的活动就多，这就叫竞争啊，那你你作为一个民间的，你制止不了，政府都制止不了。但是我们这个只能说，最起码抵制假货，这方面，我们这帮，协会里边，谁家卖假货干啥了互相监督。

冠：然后在价格上有没有说别把价压太低?

L：价格也很难控制，有时候都是厂家定的。

冠：当时咱们商会会员能有多少啊?

L：当时也一百多呢。

冠：当时在整个长春市能占多少啊?

L：在那个年代也就是一半吧。

冠：啊，那也挺多了，那现在这个商会是一个什么情况?

L：现在我们有事相互都关照了，沟通，和厂家协调，主要我们得跟厂家一致啊。

冠：您现在还是那个商会的会长嘛?

L：啊。

冠：也一直是做这个商会会长哈? 有办公地点，像秘书长有吗?

L：我们怎么说呢，淘汰的太多了，现在少了，现在剩了几十家了，我们有啥事，因为啥呢，费用大，有事呢，或者今天有啥事上你那，明天上我那，或啥呢，咱找个茶馆，有啥事大伙摊钱，目前是这情况。

冠：那您从商这么多年，您觉得做生意最重要的是什么呢?

L : 做生意首先你得人品讲信誉，这是排在第一，只要人品树立好了，讲信誉了，你不管啥，自然它都……，嗯。

冠：这几年吧，像吉林省啊，包括长春市它可能对民营企业，很重视，您觉得在刚开始经商的时候和现在经商，这个有没有什么变化啊？

L : 软环境比以前好的多的多了。

冠：像您做这个行业接触工商什么的得更多了吧？

L : 以前那是啥，到处这找茬那不合格了，现在少了。现在产品质量也提高了，都规范了，都懂法了。

冠：像以前执法环境不好哈？

L : 以前像这个卖酒似的，奖，啤酒里面这个抽奖，起开那瓶盖再来一瓶了，像那样式了，以前这个酒类专卖局，你卖酒他把酒给你没收咯，后来我们为啥成立这个商会呢，你收我们的酒那样式的是不合法的，那时候法治也不健全，我们是销售者不是生产厂家，那大厂家你找厂家收钱，法治不健全人心也不齐。

冠：那这么说您当时成立那个商会也是把这个分散的力量咱团结起来，咱一起和政府谈一谈。

L : 对对，维权。

冠：那像工商联软环境办颁发行政执法监督员，像这个您也是通过商会颁发的吧？

L : 这个我们是软环境监督员，省软环境办的。

冠：这个您也得了哈？当时是几家啊？咱们商会？

L : 好像是理事以上的得经过培训。培训完以后才给你发的，首先发证之前谁想要这个荣誉你得先培训，你自己得先遵纪守法，做到这点才能给你呢，那你给你个证乱用职权能行吗？

7. 自身文化认识与身份认同

对东北文化的看法

冠：您来东北这么多年，感觉适不适应东北这边，感觉东北文化啊，饮食习惯啊，因为您作为河南人，刚过来的时候。

L：开始确实不习惯的，一首先是冷，第二呢，生活上吃饭，东北那时候大碴子粥高粱米饭……。

冠：吃不习惯哈。像东北人的做事风格呢？

L：那东北人，那时候都接受不了，后来慢慢的跟他融入到一起了，像吃饭啦生活环境啦，气候了，我来的那时候我才十七岁，一到冬天分不出男女来。

冠：穿的太多了？

L：第一穿的多，都戴着大皮帽子，戴着手套，那一出哈气全是白胡，不管男女都是白胡，分不出男女来，只有说话或看着走道啊……。

冠：现在已经完全习惯了？

L：我刚来的时候哪有不戴帽子的啊，现在你看哪有戴帽子的了。习惯，都习惯了。

户籍所在

冠：现在户口是哪，是长春这边的？

L：我早就迁过来了。

冠：那以后可能您生意做到一定程度了，年纪也稍微大点了，以后还要回河南嘛，还是留在这边？

L：都习惯了，在哪都一样了，家地都没了。

冠：那您现在是东北人接触多还是河南人接触多？

L：东北东北，因为啥呢，我今年都53岁了，我17岁对到东北……。

冠：这年头太长了。

L：是不是。到三十多年了，一共五十到三十多年了。

冠：那现在也是东北人了？

ㄴ : 我是东北的，我是宽城区的人大代表。

冠：会员大会的时候好像听您介绍过。

ㄴ : 第17届，今年三年了。

8. 合作伙伴 / 行业分化

冠：那您在商会里面有没有和哪位老板有过合作呢?

ㄴ : 我目前还没有呢，目前还都是啥呢，都是相互之间给推广，你像我做
酒水饮料啥的，有朋友啥的你上他那去，都是咱老乡，他那货真价
实，是不是，最起码的。

冠：啊，就是通过老乡推荐什么的。

ㄴ : 现在有很多河南在这经商的。相比来说他没有加入这个商会，他是开
超市了，开饭店了，一说咱有个老乡做酒水饮料的，一说谁谁谁，通
过我方方面面了，有些政策了，或者厂家待遇政策了，都给他引荐，
这不双方的嘛。这边也卖货了，那边也得到实惠了。

冠：像您认识的这些河南老乡里有没有没参加河南商会的?

ㄴ : 也有。

冠：也有哈? 就是从商的，他们是怎么想的呢。

ㄴ : 这个咋的呢，第一个后了解的，以前他不了解，再一个他们有时候还
有些观望的，还有些感觉我这买卖小是不是。但是是不是商会的，只
要是河南人有啥事我们相互都能……，就是上班也好或者做小买卖也
好不管他加不加入，只要有事相互我们都支持，

冠：只要是河南人找到河南商会?

ㄴ : 对，最起码你得是河南人啊。是不是? 自己人不帮自己人。

II-6. 吉林省河南商会副会长LCH访谈 (2)

人物 ： LCH、傅园园(傅)
时间 ： 2014年4月23日
地点 ： 华苑宾馆619房间

1. 个人信息

基本信息

傅: 先简单介绍一下发展历程，什么时候来长春，怎么加入到河南商会?

L ： 首先我是一个河南人，当时家里特别穷，一无山，二无水，又不靠铁路，小时候在家里没有发展，不属于闯关东也算闯东北，当初来到吉林这个大地呢，下乡，下乡呢，也是务农，最后回到市里，找到了工作。那是计划经济，挣的钱少，养不了家里，自己把工作辞了之后做了一个小生意，以后呢，国家政策开放了，发展经济，民营企业发展，我们也发展一点一点的壮大。现在自己做酒水饮料工作已经十多年了，我是做销售，我员工有五十余人，多数是下岗职工，农村来的务工人员，既照顾了家庭，又挣到了钱，后来通过这个河南省的人在吉林成立商会，通过别人介绍加入河南商会，在河南商会的平台上把我的企业又进一步扩大，首先人脉，商业物流。(几几年加入) 我是成立那年。通过加入商会以后企业一天比一天好，为什么呢，通过商会形象特别好，都是发扬正能量，你帮我我帮她。

傅: 你在商会什么职位?

L ： 我是副会长的职位。

傅: 那在商会?

L ： 每次开会我都到，商会只是给大家提供一个平台，不是经营性质，通过商会我们把河南的企业家引到长春来，这样呢，机遇都交流发展。

2. 商会组织管理

会员加入条件

傅：加入河南商会条件?

L：首先要有人介绍，其次一定要人品好，不管你企业多大，人品好就行。

傅：商会会员对河南商会认同度挺好哦?

L：对呀，为什么都喜欢加入商会，踊跃，通过商会平台把自己企业发展了，形象提高了。

党-政府机关的关系

傅：长春让河南商会招商引资多不多?

L：现在有很多在洽谈了。

傅：那他们兑不兑现承诺?

L：政府尽量协调了。

傅：那商会有没有政府资金?

L：商会只是搭平台，商会不出资，商会建立人脉和关系。

傅：那吉林长春河南政府对你们有没有帮助?

L：有帮助，首先是河南商会形象提高了，在软环境方面给我们开了绿灯。

3. 自身文化认识与身份认同

傅：那河南商会和别的商会有联系吗?

L：有联系，凡是加入商会的都是经商的，通过商会平台，相互都有交流。

傅：那你觉得河南和长春的文化差异大不大?

L：怎么说呢，不都一样，我们是发扬河南人的传统，实实在在做人，实实在在做事，勤劳致富，只有勤劳才能致富。

傅：那河南本省对你们有没有要求?

L：河南本省啊，第一他感觉我们在外地发展了，他也觉得自豪，他们想未来回老家投资。

傅：那你户籍?

L：这是第二故乡，都在这，小孩也都在这就业。

傅：那你做酒行业，找合作伙伴，比较注重人品还是?

L：首先是人品，不管是什么要有诚信，信誉第一嘛。

II-7. 吉林省河南商会副会长SDY访谈

人 物 ： SDY、傅园园(傅)
时 间 ： 2014年4月10日
地 点 ： 河南商会办公室

1. 个人信息

基本信息

傅：当时为什么选东北？不去南方？

S：东北地大物博，我们觉得东北很有发展前景。

傅：那你来的时候能否适应东北环境？

S：一开始很苦，说白了，东北的天气零下三十几度，冬天实在是难受，当时也没房子，都是租房的，挨了不少累，吃了不少苦，改革开放后这些年，社会不断发展，我们也跟上了社会潮流。

傅：那你现在和当时的团队接触多不多？生意上？

S：很多，我们那边也是股份公司。

傅：几个人？

S：那么多，我们公司就50多个股份，总公司那边有叫裕兴集团，做和建筑有关的产业，物流产业，地产公司。

事业介绍

傅：简单介绍一下你自己？

S：我们是从河南85年来到吉林长春，是做建筑工程出身，现在转行8年做酒店，我的工作经历。

傅：你是自己来东北还是一个团队？

S：我们是一个团队来东北，他们还在，一个地产公司还有物流别的公司，我独立做了一份酒店。

2. 商会加入契机 / 商会认识

傅：那你什么时候加入河南商会?

S：河南商会我们是10，11年吧，刚成立我就加入。

傅：为什么会加入商会?

S：因为商会是一个社会组织，通过这个组织我们能交到很多朋友。

傅：那你有没有觉得受益啊?

S：这方面肯定受益匪浅，我们通过商会不但交到吉林省内河南人，而且和全国河南商会都有联系，走到全国每个城市都能找到河南的组织。

傅：刚才听到秘书长打电话……。

S：所以我们到外地联系河南商会，我们到那就找到家了，有人陪你啊，有什么问题需要帮你啊，不知道道儿啊可以领你啊，你要说有什么项目和政府沟通啊和企业沟通啊，都非常好。

傅：那加入商会有什么条件啊?

S：首先加入商会必须是商人，必须要以组织团队加入商会，不是说是河南人就加入商会，会员有买卖合作，有执照，是会员单位，不是每一个人。个人不好加入组织，平时参加小活动行，开会啊大事参与不了。尤其是商会会长LWS，是鼎盛集团的董事长，在吉林省非常有知名度的人物，是一个全国劳模，会长对我们的影响力也非常大，况且他非常有奉献精神。包括赞助学生，困难家庭啊他都很愿意帮助，所以说在这里我们在这方面也得到一定影响，也学到很多东西，包括影响下一代。商会组织都是很有意义的。

3. 商会运营模式

商会创立的构想和推进的契机

傅：那一开始成立有多少人？

S：一开始也有个三五个人吧，对这个也是不满意，后来不满意就自动退出了，

傅：刚成立时有多少商人进来？

S：一开始也有二三十个吧，后来有撤出之后又很多新加了。

傅：他说要有人介绍，以前是不用介绍吗？

S：以前也是有人介绍，不介绍也不认识，大家你跟我联系我跟你联系，跟LWS会长，头几年，头三年我两就有过接触，嗯，就是说要成立河南商会，说完了以后没有太当回事，后来有一段时间后才考虑把它成立起来。

傅：是L会长自己办起来的吗？

S：L会长是其中之一。实际上在里边还有很多老乡都有这个意愿，尤其是H秘书长比较积极，组织大家会上协调，这得有一个好的秘书长，在这个中间做很多协调，大家把这个矛盾减少，共同语言越来越多，做事就好做。

傅：那你们商会和长春的党政机关，还有河南本地政府有没有联系？

S：当地河南省省政府有一个组织，叫全国联谊会，找一个政协副主席兼联谊会会长，完了他这个做的非常好，因为各地商会有大的活动，包括成立啊，他都有人到现场来祝贺，代表那边政府讲话，因为河南商会每年都有很多联谊会，每年都有几次活动，一个叫会长会议，8月份有一次全国会长会议，在全国选一个城市集中开会。

商会活动与事件

傅：商会就像刚才那样要举行活动啊，有什么活动啊一般？

S：商会我们是月值班会长制度，每一个常务副会长一个月一换班，每个月要开交接会，大家有什么好的项目共同探讨啊，资金不够用啊大家

帮助一下啊，家里有什么喜事啊大事啊大家捧捧场。

傅：那你这个商会活动是不是都参加？

S：我是参加最多的。我是这个最早的一届，商会成立就进来了，况且我是做酒店的，这个接触方面也比较多，有这方面的事件，像成立商会这方面大家就唠，我就积极参与嘛。

傅：那河南商会在公益上有什么？

S：我们商会做的少一些，每年都有捐赠，给学生啊什么的。

傅：我那时听会长你们活动的钱都是会员捐的，那你们交的会费怎么用？

S：活动大家都在捐赠，那个钱作为平时的活动，好比说平时外出参加会议学习，各种会，做宣传册，广告啊，平时弄这个大活动，就是会员募捐。像这次活动，会长就捐了20万，接近30万，我捐了2万，作为活动的支持。

登记过程以及和党-政府机关的关系

傅：商会在申请创立时审批时在考虑什么，有没有什么困难？

S：哪方面？经营方面？

傅：河南商会创立时期有什么困难？

S：河南商会作为民间组织在成立时期肯定有困难，不顺利，好比说有些人他互相之间有矛盾想法啊，不同意啊，但是通过一段时间的调整磨合有的该退出就退出，往前走就往前走，大家一起合得来能愿意共同做这个事大家就一起去做，不愿意也不强求你，这个组织是一个自愿的组织。

傅：有没有中共党员的活动。

S：我们这里有党支部，党支部活动少一些。

傅：那现在河南是5A级商会，为什么会评上5A级？

S：是，我们是5A，国家有标准，我们去年发的，必须会员多少人，条条框框都有，和酒店认证一样，可以在政府购买服务的时候参与。

傅：那商会资金是怎么运作的，是否有政府资金？

S：商会没有，都是我们每个人每年拿出钱交入这个组织，也作为商会经费，用这个经费做宣传册啊，媒体做一些广告啊，加入商会花这几万块钱不白花，等于商会给你做了很多宣传，也等于一个媒体。

傅: 那长春政府不给你们钱? 河南那边?

S: 政府现在这块还没有，民间组织活动，加上你这个招商引资项目，一些开发区啊有，但是政府也不出资，政府哪有这笔钱啊。

傅: 那政府招商引资的时候会不会来找你们商会啊?

S: 总找，总找我们联系，引商嘛。

傅: 那会不会不兑现承诺?

S: 承诺也承诺，但是政府有政府的情况，我们也不能不招商引资了，对我们商会来说就是一种活动，不管给不给承诺，该做的也得做，对企业也有一定的好处。行了吧? 采访采访L总……。

4. 商会功能

加入益处

傅: 在商会获得什么利益? 呵呵，刚才有提到过了。

S: 在商会，刚刚会长也讲了，在商会你就知道索取的是啥，是人脉关系，通过人脉关系去做你的事做你的事那是无限的，如果你想在里面捞一把，那是不可能的，在商会只是拿着钱把这个钱当广告费，然后大家互相通过这个平台沟通联系，你看这个大家都要合作做事，比如办个公司啊，银行啊，包括地产开发啊，还有那什么养老事业啊很多。

傅: 那服务维权方面有没有?

S: 有啊，我们很多会员都是吉林省长春市的执法监督员，就说我们会员哪边有拿假药啊我们可以通过举报……。

傅: 那会员对商会的认同度高不高?

S: 现在还可以，总体大家都挺认可，不是说大家开个会吵架什么的这都没有，开个会你看今天定了一个叫会议制度，以后只要谁不参加就交罚款，一分钟十块钱，晚一分钟就交十块钱，我今天晚了一小时就得拿出一千块，我换西装去了，回家取西装去了。还挺正式的，都要穿西装。

傅: 那会员参与这个活动也挺积极的哦?

S: 对, 应该是大家积极的参加到活动中, 大部分人都很积极。

傅: 河南商会和别的商会同乡会有没有什么联系?

S: 同乡会这个也有, 但是很少, 逢年过节大家有啥聚聚, 但是这个我们是比较正规的商会来做这个事的。

5. 和各种同乡 / 同业组织的关系

傅: 听说长春还在成立长春河南商会?

S: 就是自己想发起一个小的商会, 那都可以的, 有能力就可以了。

傅: 那你说为什么不并到一起呢?

S: 这个不一定, 人咋说呢, 没有共同语言, 或者说人的意见同不同意, 他想成立商会, 他的这个目的和想法不可能都能并在一起。

6. 自身文化认识与身份认同

傅: 那你觉得河南和长春差距大吗? 饮食啊或者生活方式什么的?

S: 那差异不少, 都是东北, 寒冷地区, 冬天时间太长, 河南和东北相比之下还是暖一些, 我4月去的河南, 已经非常暖, 现在还那么冷。虽然冷, 但屋里暖气什么的也很舒服。

傅: 那你有没有把户口迁过来啊?

S: 迁过来了。

傅: 那大家认不认同啊?

S: 那怎么会不认同的, 认同啊, 当然认同。

傅: 那你觉得吉林省是如何看待外地人的?

S: 吉林省对外地人不算太排斥, 因为吉林省内本身东北人很少, 都是外地的, 山东啊, 河南啊, 江苏啊, 都是外地的, 大家对这个不是那么排外, 我感觉这个方面很少。

7. 合作伙伴 / 行业分化

傅：那吉林省在选择合作伙伴出资设立合资企业的时候，比较看重什么？比如政治背景，教育背景，就是找合作伙伴？

S：这个不好定，很不好定(还是要看人哦)，对，关键是这个人你了解不了解，对吧，他她在有政治背景你不了解也不好弄，不了解也不知道情况。

傅：那你怎么选合作伙伴啊？都是亲戚吗？

S：选合作伙伴啊，一般来说也不一定都是亲戚，就是大家有共同的这个想法，股份制什么的。

傅：现在信息不对称，所以想更加了解对方。在吉林省河南人从事的行业主要是哪几类啊？

S：我觉得挺多，但不算太大，餐饮服务行业，还有建筑施工，还有物理，各方面也都有吧。

傅：那商会有没有祈福的活动，政府有没有禁止的行为？

S：那没有，现在政府对这方面都放开了，不会不让他做事。

8. 商会发展期望

傅：那你心目当中商会怎么？

S：我心目中商会也就是这样了，大家一起做事，不是说商会过来给你开资啥，不是那么想的。

傅：那你对河南商会有什么愿望或者建议啊？

S：愿望就是大家做的更好呗，走的更远呗，建议倒没啥，平时有什么想的说的都会说。

II-8. 吉林省河南商会副会长CSC访谈

人 物 ： CSC、聂石重(聂)
时 间 ： 2014年5月6日
地 点 ： 昌和机械设备公司办公室

1. 个人信息

基本信息

聂：C总，您大概哪年来东北吉林这块儿的？

C：我是84年来到这块的。

聂：您是84年来到这块儿的，那时就是过来就是创业的？

C：对，那时候过来创业的。

聂：C总，您的公司名称叫什么？

C：吉林省昌和机械设备有限公司。

聂：C总，您大概是什么时候加入咱这个商会的？

C：前三年吧。

聂：就是(商会)创立之初……，11年的时候？

C：对。

2. 商会加入契机 / 商会认识

聂：当时是怎么加入咱们这个商会的？

C：11年咱们商会成立之初，就参加。

聂：当时是个怎么样的情况，有人召集吗？

C：对，当时有人召集，说河南成立河南商会，能给咱们这些河南在外的
人，咱们能聚到一块儿，另一个呢，就是干点事，另外一个就是，这

215

个商会属于商业组织，一个聚会的地方，能互通一下信息，这样，就加入了。

聂：您是常务副会长？咱们商会是怎样的一个 选举流程？商会成立之初，有一个召集人，大家都来，怎么样就产生了会长跟副会长还有常务副会长？

C：当时成立的时候，就是自愿报名的原则，另外一个就是，你本身有企业，有正规的营业执照，你得企业规模大(小)，这样定的会长跟副会长。

聂：你刚才提到了跟政府的一些合作，就是加入商会能够跟政府更好地打交道？

C：对啊，有时候，像这个开会啦，或者经合局的、负责商会的这些政府会过来嘛。

3. 商会功能

加入益处

聂：咱这个运营组织，咱这个商会，你加进来之后，获得了怎么样的……就是直白来讲，获得了怎么样的好处？商会对咱企业本身有什么样的帮助？

C：商会对企业有一定的帮助，因为这个，一个是，认识了一部分商业上的或者是政界的，这对企业有一定的好处。第二个，商业上，尤其是我搞建筑机械的，搞地产或者是建筑这一块儿，都能对接，还能合作。

聂：通过商会接触到的大都是搞宣传的，比如说电视台、宣传部门，还有就是负责对外搞经济合作的。但是对咱企业真正起作用的，比如说办营业执照的、财政局，或者审计这方面能帮助咱吗？

C：这方面因为以前就有正规的手续，这个现在就不需要啦，比如你搞经营的，以前都有正规手续啦，这个跟现在都没有什么关系啦。

聂：比如您搞建筑机械的，跟搞房地产的，咱们商会内部老乡一块儿合作，不是需要审批吗？地皮的审批？

C：以前咱们没搞过这么大的项目，现在不是刚磨合期吗？现在就是慢慢接触，慢慢运作着这个东西。以前三年没有这些东西。

聂：就是前三年没有大的合作？

C：对，以前没有这些大的问题，这些手续……。

聂：咱们商会成立三年到现在，开始初步探索大家共同出资出力来搞一些项目？

C：对。

4. 和各种同乡 / 同业组织的关系

聂：对，咱就是自己干事，踏踏实实干事，就把偏见撇清啦！C总，您搞机械设备，咱们这一块儿有没有同业行会？

C：有。

聂：您参没参加？

C：参加啦。

聂：那您比较一下这两种组织，就是您机械设备的行业协会和咱们商会。（……）

C：它两个组织的意义不太同，性质不太一样。行业会主要是说行业的事情，主要是业务关系。商会它一个是主要谈河南，都是河南，有感情的东西在这里边儿，另外呢，他是两个感觉。

聂：您刚才谈到了咱们商会成立的时间比较短，您参加机械设备这样一个行会有多长时间了？

C：大概四五年吧。

聂：时间比咱商会长一点，在同业行会里，你们的合作多吗？

C：反正是也有一部分。

聂：也有一部分，因为大家是同业嘛，同行嘛，竞争，那主要是竞争关系还是合作？

C：基本上我跟他们竞争比较少，因为在行业里做我这个的比较少，基本上合作的多。

5. 自身文化认识

聂：还有一个就是，您84年来到这儿，84年以前在老家河南是不是也经商？

C：对，84年以前我就搁河南销售机械。

聂：84年以前您就是搞机械设备的？

C：对。

聂：那当时怎么就想着来东北这块儿？

C：因为当时搞的是木工机械，因为当时东北木头多，就这样来到这儿。

聂：还有就是，您感觉来到东北之后，来到吉林长春，跟在老家，在文化上、生活上有什么大的差别？就凭您这几十年的感受……。

C：基本上没有什么差别，因为中国解放之后这么多年啦，基本上都统一啦，再一个，因为咱本身都是汉族，这边汉族比较多。不过在这边住习惯啦，长春这块儿地方还挺适合人居住的。

聂：气候还比较好……。

C：对，各方面条件吧，都还比较好。

聂：您现在跟河南老家那块儿还有经济合作吗？

C：有经济合作。

聂：就是咱们公司在河南老家还有业务？

C：对，业务还挺多的。

聂：您比较一下在河南经商跟在东北这块儿有什么差别？有什么感受？

C：因为现在在东北熟悉啦，现在回家就是做不了……。因为这个业务跟人脉，所有的这些，人群、圈子全在这边儿，所以基本上都已这边为主，回去以后那个属于生地方，生意上肯定是没有这边熟。

聂：对，二三十年的积淀、人脉、资源都在这块儿。还有一个就是，普遍啊，感觉就是对河南人有偏见，来到东北之后有没有遭受这样的质疑？

C：这个呢，就是一开始有点，后来就没有了，因为咱自己做人做好，不像他想象中的那样，就行啦。因为你本身咱自己做人做事都诚实，做的到位，他就是对你另外一种看法。这块儿我就能说，因为咱们河南人多，它是人口最多的，是全国第一人口大省，按比例算，它的问题也多一点。另一个吧，因为河南它是人类的发源地，河南人比较聪明，流动性比较好，流动性一大(问题就多)，另一方面呢，外边儿的人做生意一般做不过河南人，他有一种歧视的眼光，嫉妒的心理，去评价你。生意是谈的，你谈输了，不能说河南人坏，是不是？

6. 商会发展规划 / 期望

聂：就是，现在您对咱们这个河南商会的发展满意吗？

C：反正是现在吧，一个新兴组织，肯定有一定的问题，这个能逐渐改善。

聂：您感觉朝哪方面改善？就是哪方面的合作，关系处理应该加强？

C：这块儿，一个是人员的团结，另外一个就是这些人到一块时间长啦，应该联合起来干点事。

聂：另外一个就是，咱们的商会是如何运作的？是每个会员缴纳会费来维持平 常的运作，还是大家伙儿赞助？

C：主要是会费。

聂：就是会费维持日常运作，那像咱举行的这些会议，或者举办的那些大型活动呢？

C：那主要基本上是靠捐赠。

II-9. 吉林省河南商会理事SLS访谈

人　物 ： SLS、张冠(冠)
时　间 ： 2014年5月8日
地　点 ： 长春玫瑰山庄

1. 个人信息

基本信息

冠: 您老家是河南什么地方的？

S : 华县。

冠: 当时怎么说想到东北这边做生意呢？

S : 我是公司调动，我原来在河南工作。

冠: 那您准备在这工作多长时间，还是说……。

S : 这次可能说时间有点长。

2. 商会加入契机 / 商会认识

冠: 那当时是一个什么契机啊，一个机会加入河南商会？

S : 我来的时候河南商会还没有成立。

冠: 10年，对，11年4月28日成立的？

S : 那时候没有成立，那时候叫……。

冠: 筹备会。

S : 筹备会，筹备会时候我去过，也是在咱们现在的华苑宾馆，叫筹备会那时候，那时候筹备会我就来了，到后来成立的时候也过来了。

冠: 那当时是怎么了解到这个筹备会的呢？

S : 我是偶尔开车，有一次投标的时候，然后路过卫星路，当时还没修呢，看上边挂着呢，我就上去了。其实咱们现在就是说，东北这边的商会啊，包括我们了解到的商会，也是在南方看的，跟南方学过来的。

冠：当时咱们的筹备会能有多少人啊？

S：筹备会当时人少，当时这几个会长，像S会长，C会长，L会长，对L会长是发起人，C会长，最早的时候还有个四平的，一个L文顺，L会长，还有延吉的ZXM，Z会长，现在我们成立延吉的河南商会，四平成立四平河南商会，然后这两个就分出去了。

冠：当时筹备会能有多少人？

S：筹备会的时候，会长级别的，大约也就这几个主要的。

冠：是不是当时筹备会的那些人员，现在是不是都是会长、常务副会长是不是一般都是这个级别的？

S：它根据什么呢，根据个人公司的大小，财力来讲，因为参加了商会都是自己有公司，或者是在某个单位，它根据自己的财力，那么你现在公司实力不够的时候，大有大的发展，小有小的发展。

冠：我的意思就是说，有没有因为说我是先来的，我现在是常务副会长，是不是这样的？

S：不是不是，不是这样的，也有我们最早的时候，我有这个激情，我也有这个热心，但是可能我现在的财力不够，不够的时候我也愿意出力对不对，我先从理事做起，什么理事、常务理事啊，我们商会里面讲的，会长跟常务副会长，会员啊，跟理事常务理事，从级别上讲呢，就是说，不代表你级别低就商会有些事我就不去，就是什么呢，讲的是一个乡情，河南商会本身就是一帮河南人聚到一块，当我达不到的时候我愿意在这个商会发展，愿意在这个平台上走的更长，那么我们挡不住的是激情也来发展嘛。

冠：对对对。

S：只不过我现在还没发展的那么大，那么我比方说达不到，那么我先入会员。

3. 商会组织管理

冠： 咱们商会挺团结的，据我了解吉林省其它商会有不和谐的情况然后您对这个情况怎么看呢？

S： 这个情况也是最早的商会，叫什么呢，把商会的方向走偏了，走偏了什么呢，利用商会达到某些利益上的平衡。现在发展叫什么呢，叫和谐，老百姓包括政府都在提倡和谐，商会更得走和谐，因为现在你要不走和谐话你就偏离方向了，所以他们出现不和谐的时候我也略听说了一些，就是为了争会长，像咱们河南商会为什么走的好，就是会长这个方向把握的对，第二就是他这个人，人一是正，第二，出发点，一呢，为吉林省的一方发展做我们贡献，第二能让我们这些老乡聚到一块，做点我们应该做的事情。如果会长老想为自己图利的话，肯定会走偏的。你不是为大伙，为自己那就走偏了嘛。

冠： 商会这个平台还是能把会长托出来的，但是会长也需要……。

S： 它俩是什么呢？互相的关系，你商会好了你会长不就好了吗？你会长名声大了，做的好做的公平商会也起来了，有一个什么呢，商会做的挺好，会长不咋地，老自己想自己的事那不像有些商会出事那种情况嘛。

冠： 您对商会未来的发展有什么希望啊？

S： 现在商会主导，现在主导商会发展的是这些常务副会长或者从这个财力上或者各方面综合能力综合财力比较强的发展，但是我希望下一步发展的时候呢，就是说跟企业一样，大有大的发展，小有小的发展，没有小就没有大，会员级别到理事，当他们财力刚开始还不是很大的时候，他们应该组织一些这样的平台。

冠： 那现在可能就是说是副会长以上的，财力比较接近的他们发展的很快。

S： 实际上小型的或者初步的发展，当它发展大的时候也是一样做贡献的，哪怕开始的时候也能做，做的小一点。

冠： 那您说的，商会应该更扶持会员啊、理事啊，他们的发展也应该重视起来。

S： 不是说更应该，应该有一个方向让他们再发展，它发展好了自然它会长大。

冠：您现在是什么？是理事？

S：我是理事。我说嘛，我在商会我是老人了，来的比较早，但是我就从理事开始起来的。

冠：以后有没有想看企业做得好……？

S：我肯定得，要做得好肯定往上……。

冠：现在做生意好做吗？

S：今年不太好，它跟这个大环境相关的，当房地产不太好的时候相辅的这些企业做建材的、做施工这一块、建设的，都跟着受影响。

4. 商会运营模式

商会创立的构想和推进的契机

S：我来的比较晚，我是2010年才来到这的，我是做建材的，我认为商会吧，第一方面，它是这个，一个民间组织，它是什么呢，联接我们所在的……，比如说我们吉林省河南商会，它是联接这个吉林跟河南两省之间呢，民间这种商业之间的合作，但有时带着一种什么呢，带着政府的一些招商，所以说它也是政府和民间结合的这么一个平台。比如说我们吉林省要去河南考察，招商局要去河南省考察，联系各种项目啊、招商引资啊，那我们商会就起中间这种桥梁嫁接作用，到那边联系，那边有什么项目了进行对接，一样，我们的河南企业要来吉林这边发展，开分厂啊、分公司啊、也是。商会啊，是我们从老家来到这边的人的平台，它主要的是什么呢，一个是我们商会内部人，维权，我们有什么事情受欺负了，人生地不熟的，我们商会里边会长、会员很多人，能给我出份力量，或者给我一个指导、或者给我方向性上边的一个提示，这是一个商会应该起的作用。

另外方面就是商会内部的发展，它的平台就是政府给我们比方说投资对接了，那我们可能得到的信息，从而促进什么呢，我们相关的行业。比方说这是一个什么项目什么项目，对接会也好啊，或者一个洽谈也好啊，那我们相关的企业一听说有这个，商会都知道，通知我，相关的，我们可能就是及时得到的信息，有的甚至我们作为一个提供方，商会有这些企业能做这些东西，他们可以多一个选择。

另外一个呢，就是商会内部的抱团发展，现在各个商会，比如说福建商会啊、川渝商会啊、广东商会、上海商会，他们这些年喊出来的叫抱团发展。商会内部的发展，比方说我们是做其他行业的，但是我们有很多这种请客户啊，吃饭啊，这种，比方说我们现在有这个山庄了，我们有企业开饭店，干餐饮，即使没有这个企业，是不是我们也得去别的地方，那我们商会有了，我们何不往我们商会领呢，即使我们商会没这个企业我们也得上外面找去，那么有了呢，我们在自己商会把事就办了。

还有比方说我们商会有开这个礼品的，我可能是说我某个朋友开业了或者说是什么庆典了可能要送些礼品之类的，那我要去市场区找，各个市场要去看，送这个礼品合适不合适，送那个礼品合适不合适，但是我们商会要是有这么一个公司呢，我打电话我问一下啊，一说我商会谁谁谁，送什么他直接告诉你他可能就给你送过去了，有时候我们可能简单的，哎呀，你给我便宜点，实际上我们更多的是方便，有的甚至可以说我就可以给你质量上的保证，给你送货了，对不对，特别方便，像什么做酒的、做餐饮的，我们日常当中都用得着的。

冠：像驾校和小额贷款公司您入股了吗？

S：没有，这个我没有。

冠：像入股的是不是也基本是副会长？

S：它是这样，比如咱两个都是会员，你感觉驾校这方面你懂，你比较熟悉，而且也能给这几个合作公司带来些效益，或者说某些方面条件的提供，那可能你会参股，但是我没做过这些东西，我离得很远。

和党-政府机关的关系

冠：其实政府也是需要商会的。

S：其实它这个是什么呢，软环境讲的是什么呢，讲的是政府给自己看的，就是我政府公检法做的好不好，它有统计，各个商会都有，我统计什么呢，我本地人说本地人给自己提意见呢，不真实，叫什么呢，叫外来的和尚会念经。它要看我政府做的好不好，你河南人给我提什么意见、你山东人给我提什么意见、你四川人给我提什么意见、你湖南人提什么意见，都在软环境中。吉林省软环境好过，我告诉你什么时候好，原来有个书记叫WM，当时WM书记在的时候要好一些，现在这几年发展走回头路，可能BYCL省长可能他去南方考察完了要……。

冠：因为他是从浙江过来的。

S：第二是什么呢，就是软环境这方面咱们又开始抓这个了。商会也是政府挑头想让一帮老乡，但是什么呢，后期啊，你知道江苏那个经济环境比较好。

冠：就是高力汽贸车就是江苏那个老板。

S：叫高力地产，我跟他们很熟，因为我做建材嘛。

5. 商会功能

冠：现在在吉林省河南人大约能有多少？

S：哎呦，这块很多，因为很多河南老乡因为这样那样的关系没有入会，这个统计有点不太好统计。

冠：然后刚才说到商会，最开始说的商会的这个功能，像搭建平台、维权啊，维权您亲身有遇到过这种情况吗？

S：我还没有。

冠：那据您了解，听这些会员们说啊，有没有维权的呢？

S：目前我还没有，但是我也听说了，因为各个商会肯定有这种情况。因为你商会的功能就在这放着呢，就是因为什么呢，比方说我在这受了欺负也好，或者有受到不公平的待遇，它可能是什么原因呢，对各个部门的办事流程不太熟，也有可能从管理上从对接上他们洽谈的时候有说的不明白的地方，所以从这个角度上商会……，我们这个平台也是受政府保护的，它要来协调这个事儿。

6. 和各种同乡 / 同业组织的关系

冠： 像当时听说筹备会的时候还有说是两伙啊，是不是现在成立一个长春市河南商会啊？

S： 对。

冠： 当时这个是一个什么情况？

S： 这个商会啊，因为咱们是省级商会，市里也允许成立商会，但是什么呢，民政上民政部门的领导批的时候就什么呢，因为长春也算异地，它可以成立。

冠： 就是这个法律上是没有问题的？

S： 咱们跟它也不是父子关系，算是哥们关系。

冠： 那当时是怎么一个情况，就是说不两伙并一伙呢？

S： 这个问题问的挺好，咱们这个省会在长春，为什么不把长春市政府跟这个吉林省政府合并呢？

冠： 但其实这个还不一样，那其实还是一个隶属关系。

S： 你允许延吉成立商会，你就允许长春市成立商会，它俩都是地级市对不对啊，所以说是这么个关系。

冠： 这个在法律上是合法的，但是因为这个乡情，这个老乡吗？

S： 它是这样的，长春市的，一般的我们说法律上没有规定，一般的我们延吉的河南商会，它的会长在这边是常务副会长，然后长春的那边的会长在这边也是常务副会长，这样呢，就能把这样一个圈捧大，现在我们河南商会又做了一个什么呢，东三省的联谊会，实际上跟这个一样，只不过把这个盘又做大了。

冠： 江苏商会那边一年换一个会长。像商会这些会员您大概能认识多少人？

S： 怎么说呢，我们碰到一块吧，都认识。能认识百分之六七十，我都能认识。因为什么呢，商会吧，很多这种情况那种情况到不齐，而且还有一种情况每年都在增加新的。

冠： 像生意上的合作，有没有？

S： 有。

冠： 那您是和哪位老板，这个方便透露吗？

S：这个我这边还没有，我们商会的很多。你说的生意上的合作，其实我们来这吃饭算不算合作？

冠：这也算合作？

S：哈哈哈，只不过它太小了，只是吃顿饭。但实际上也是一种老乡请过来的，那么长期来看，这就是个合作。

7. 合作伙伴 / 行业分化

冠：像咱们商会里面做什么行业的比较多？

S：咱们商会做建筑的多，有做建筑的、餐饮的、汽车配件的，然后还有这个做食品的，原来我们有比方说做开发的吧，商会有建筑企业，你开发的，在这里面选吧，你择优选吧，对不对啊，可能没有这些建筑公司也得去外边招……

冠：建材的、防水的。

S：我们内部选，我这里边这三家比，反正都在商会里面呢，看哪个好。

冠：像这样的话，那其实是节省这个交易成本了，像这些老乡都比较熟，也不会存在做完工程了不给我钱。

S：有成本上的节约，还有一个问题是什么呢，就是说，两个单位之间合作啊，涉及到什么呢，我要了解对方，比方说你是一广东人，我是一个吉林人，咱俩在谈的时候我就想，你什么性格啊，对不，你办事什么方式啊，如果我俩都是一个地方的，比方说都是吉林的老乡，我请你可能咱们就吃酸菜，吃这个东北的一些菜，能接受的了，但是你要是南方人，哎呀，我要请你吃，这个血肠然后酸菜，然后你可能不习惯，对吧？ 还有做事方式，你南方人喜欢简单，然后直奔主题，把事做足，我们要说吉林人，我是不是这个事要做的体面一些，面子是不是得足啊，可能南方这方面考虑的少一点。比方说我跟南方人接触，比方说咱俩要谈一个事，说好了明天早上见，我可能要穿正式，穿正装表示尊重，南方不这样，南方很随意，要求休闲办公，但这不是绝对啊，这不是绝对啊，他要是特别大的有政府参与的也穿正装，但是一般的像我们民间这种生意上的洽谈，他们觉得很休闲，咱们现在就是说，客情之间可能吃个饭啊、打个麻将啊，走这些活动，你可能，南方的就得喝个茶啊、喝个咖啡啊，你得搞这个，打打保龄球啊，不一样。

冠：休闲都不一样。

S：这样我是一个地方的，你是一个地方的，我们之间有些事好谈，然后，组织一些活动也好组织。

II-10. 吉林省河南商会监事长CXM访谈

人 物 ： CXM、崔月琴(崔)、傅园园(傅)
时 间 ： 2014年5月19日
地 点 ： 河南商会办公室

1. 个人信息

基本信息

崔： 和河南商会我们从去年年底和H秘书长就有沟通，因为吉林省这几个商会，像河南商会，广东商会，川渝商会我们都有过一些接触，但是河南商会这次的活动我们就是有些同学啊包括老师都参与过也很关注，特别是这个前一段换届，这个换届选举，还有新的机构，像监事长，上一届是没有的，所以我们更关注商会的成长，我们首先就是想跟曹先生就是说您是什么时候加入到商会，您企业的基本状况先和我们做一个个人的简单介绍，我们对你工作有个了解再继续沟通。

C： 我是72年从河南轻工农村打拼到九台，创办电力集团，我搞电力工程的，给省电力公司包括长春电力局，跟他们合作比较多一些，跟开放商他们。

崔： 72年到现在也是有40年了啊，那你现在是一半河南人，一半东北人。

C： 我说吉林是我第二故乡，我出生在河南，我那时19岁的时候，16岁文化大革命，就不让你念书了，不让念没办法了，我家出生不好，没办法我爷爷当时说你在家憋屈上东北吧。给你个信片，叫吉林省九台县木履场。

事业介绍

崔： 当时是奔着这个亲戚去的吗?

C：对，我叔叔在那，木匠。

崔：那实际来了也是当一个工人。

C：当不了工人，学不了徒，只能落个脚，我叔叔30年没回家，不敢给家里人接触，接触不好把钱连进去了。是这么回事。在我叔叔那待了十天我就出来打零时工，什么都干了。后来就一点点的……，我打了3年临时工，我挣了1000块钱，那时挣1000块钱了不得了。

崔：那时我们工资大学毕业才46块。

C：挣了1000块回家以后家里老妈就说了不允许在东北找对象，在东北找对象好说不好听啊，我是家里老大，你是老大在东北找对象，不是倒插门就是倒插门，这不行啊，必须回河南。看好了，河南对象同意得同意，不同意也得同意。20个烧饼都拿了，20个烧饼20块钱，定礼多贵啊，不同意也得同意，这是75年。75年回去找对象。找的还是河南的。76年结婚，过去是成文不好看不起，现在穷还是看不起，生了俩孩子，穷了，还看不起，79年，78年改革开放，我想不行，还是得回东北，又回来了，你和这俩孩子在家过，你给我借30块钱路费，又回东北了，回东北后这次时来远转，我就打拼，当木匠瓦匠，后来当了小包工头，当了3年，当年是清包公，不像现在，当时挣点钱，我这出身不好啊，三年挣了好几万块钱，我一想不对啊，这钱能要么？我说不行，那时我媳妇没来呢，我说不行，不能干了，把我媳妇接来吧，我有几万块钱了。

崔：80年代初有几万块钱，那是万元户5)啊。

C：那了不得，后来不干了，我媳妇说不干就不干吧。把户口都落到九台了，别干了，害怕，不是咱们的，这钱是犯法的。后来别人说小C啊，你不干包工头了就干参培员吧，就把我叫去一个小的农机厂，一个月挣100多块钱，我说这挺好，安全，当了一年，不到一年，去黑龙江跑业务啥的。我当时一想，这没啥能耐，当这个不行，我自己当老板嘛。

중국의 동향상회: 길림성 동향상회 면담조사 자료집

---

5) 万元户，顾名思义是指存款或者收入在10000元以上的家庭民户。万元户这个词是在20世纪70年代末产生的。那个年代万元户是个相当了得的人家。

82年越来越开放了，就自己当老板。一开始就5个人到6个人。82年，当时成立九台县，九交啊，归九交管，九交金具厂，线路金具啊，架线用的，黑龙江有很多村子没有电嘛，我就把这些产品往那送。要说我对吉林大学感兴趣在哪涅，我在成立金具厂的第几年，86年，我和吉林大学和电子计算机系，叫一个什么楼啊，在老校区的楼，我们和电子计算机系成立了电工研究所，当时民营企业全国第一家，合作研究所，当时吉大研究的东西，完了我用，我给他们提供科研经费，合作了2，3年，研究了一个锅炉报警器，水干了报警了，再研究那个电动机保护仪，电动机烧了自动报警，短路啥的。我从那开始就知道科技的力量太大了，那合作之后我的企业就步步高了，大庆所有的电工箱包括锅炉厂用的都是我的。

崔：那合作了几年，后来？

C：后来我就，后来还有插曲，为啥不合作了，我不是叫CXM吗，九台又出了个YXM，同名不同姓，他在吉林工大搞了电工箱，也是和锅炉厂合作，他们都认识我，YXM就钻空子了，找吉林工大的教授啊，签合作协议。锅炉厂不是大企业嘛，一看XM，以为是我，我当时起名叫XM电力厂嘛，他叫XM电器厂，就差一个字，ZGL戴了，就跟工大签合作协议了，签完他们厂长给我打电话，说C总怎么这么大帽呢，昨天签协议你都不在，工大都来了。我说不对啊，没看着啊，不知道咋回事，啊，那九台有俩"XM"吗，这时候，我就不愿意去同行业恶性竞争，我就撤出来了，撤出来后我把大庆拉了一部分，损失了很多钱，将近100多万，当时那个年代，没法干了，别人进去了，后面我就转向电力，又成立电力集团，和长春电力局，九台电局吉林电力公司合作，一直到现在。

崔：那你现在企业的规模？

C：现在搞电的来讲在吉林省还是前3强，一年电力设备电力工程，一年一个多亿吧。

崔：那你自己也生产，还有工程？

C：对，带安装制造和送电，但是我刚才在会上讲了，有些人不懂，民营企业怎么能送电呢，结果这些企业走了很多弯路，包括你吉林大学，南校区我原来干了一部分，包括大学也是，所有电力产业都是垄断行业，他不知道民营企业也可以。

崔：吉大南校前两天总断电。行，企业经过你的打拼，从开始将近40年建这个公司是30年，82年建工。发展这么大，这也是付出了非常大的辛苦。那这个商会，河南商 会最初在酝酿，从09年？

C：09年那时我不在这，我在北京呢。

2. 商会加入契机 / 商会认识

崔：那你啥时候知道这个信息加入进来的？

C：好像10年，09年成立的，别人告诉我的，我在北京我说不知道呢。他说你们会长啊，LWS是咱们清丰县的。

崔：那都是你们县里的老乡。

C：对对对，那什么，那我看去吧，我看商会确实挺好，过去单打独斗，现在觉得还是抱团发展比较好。

崔：11年是正式成立的。

C：2009年嘛。

第三者：我们商会正式是11年，09年酝酿。

C：那我就是12年，我差一年，我是年末。

崔：那C总你进入协会就是常务副理事长吗？

C：对啊，这不是一直和会长啊理事长处的挺好，今天改选大家选我当监事长。

3. 商会运营方式

崔：这回一听商会有监事长，这个也是一个商会发展重要的动向。这个监事长，我不知道，C总对这个监事长，在商会扮演什么角色啊，C总你是怎么看这个的？

C：我感觉是这样啊，咱们光唱赞歌不行，咱们就得找不足，这会长秘书长想的不周全了咋可以沟通，我这个监事长应该替民生说话，举个小例子就是迟到的事，我说不行，得人性化，迟到三五分不是迟到，路上堵车什么，咋得坚持正义。

崔：我想作为你们商会吧，他和你们企业不一样，企业我就是老总，我说了算，商会大家到了一起，就应该是一个平等的，民主协商，经过第一届商会，整个吉林省商会的接触，我觉得河南商会大家这个抱团凝聚力还是比较强的，大家在一起能有共识，但肯定有各种各样的情况，包括决策，看法也会有一些不同观点，所以我说监事长您在刚才的认识，是挺好的定位，监督理事长和秘书长行使他们的权利过程当中有那些不适合的，做一些调整，包括作出的决议执行过程中的问题，你觉得不对你就提出来？

C：有啊，就是开会，当时秘书长提出来有多少礼品，花多少钱给会长理事长发100多块钱纪念品，当时我就否了，当时我就想，不是说我大度，我就想我们这些企业家谁也不在乎你这一个茶杯一个笔记本，没有用，你用这个钱，不如办点实在的，比如助残，资助大学生，这是我提出来的。我说大概纪念品要5万，我说这个钱别发了，这个钱我赞助到商会，再赞助残疾人，我们不是要锦上添花，我们是要雪中送炭。残疾人国家有钱，但是批不下了，慢，用这个买各种器具，我觉得比较好。

4. 商会的功能

公益活动

崔：C总那你从你企业出发，你是不是也搞了许多的公益啊？

C：我吧，我原来企业是这个，我倒不是说我做公益养残疾人是有意义的，我不是这样想的，逼到了了没办法了，我这个单位养20几个残疾人，我儿子接手后说不要残疾人了，过去残疾人指标国家利润给的多，现在给的少，没有大的算头了，残疾人福利企业，现在没什么有利可算，我当时就想人要懂得饮水思源，残疾人我们养十来年把他推向社会太难了，我说你要不用的话我马上把你开除，这是原则问题。

后来没办法了，说是说用归用，总要有退路啊。我后来2009年把残疾人派到北京，成立一个机器人研发，让残疾人学这个东西。我们这个厂是季节性的，冬天没事了。后来我一看，北京企业要拆迁，我就联系省残联[6]，在残联弄培训中心，给他们让他们动手，学做小的机器人。这些残疾人上学中午半天，下午没事了，下午让他做，给他们发点钱，学车啥的，出去找工作不好找嘛。

崔：你没参加协会前就已经在做这个了？

C：对，没参加协会之前。

崔：那你觉得加入商会之后商会给你提供平台，从你个人收获企业的收获你觉得最重要的是什么？

C：我觉得力量比原先大多了，再助残我们就通过商会，我们要成立吉林省河南商会助残爱心协会，我们有组织，我们在吉林省残联挂一个大屏幕，我们常年招收他们，你用几个残疾人，我用几个残疾人，残疾人就想我在那里好好学，有人接收我，等于残疾人的后援部队。

崔：那你们残疾人助残会是最近才成立吗？

C：这不是要揭牌嘛，这个会上揭牌，吉林省助残爱心协会，残联主任来揭牌。对，而且这是长久的工作，不是说一下资助完就拉倒了，永久性的。刚才我和ws谈了一下，他也同意我的观点，开驾校，搁残联那去，吉林省残联河南商会驾校，即养了残疾人，又挣钱了，正常人可以报名，他那个院很大，练习场，很多楼都可以用。

崔：C总吧，是自己一点点干起来了，总是想着回报社会，在这个商会你也发挥了作用，为残疾人做事上。另外我想可能商会经过30多年打拼，你参加到商会来对个人来说能获得价值啊什么，你在这肯定不是说就可以获得钱，你获得的最大的收获是什么？

C：我们不需要钱，最大的收获就是人脉关系，有人脉了企业就发展了，先做事后做人，有人脉了就大了，市场大了。过去见省长副省长啊，我们民营企业是很稀缺的，上次开会都谈了，ws会长他没在家，我代表商会去参加吉林省商会会长会，都是会长参加的一把手，就我是副会长，和副省长面对面交流，这是多少钱都买不来的，当时就说吉

6) 残疾人联合会

林省怎么好怎么好，我比较直，我就着急了，我说省长啊，给你提一个难题：我从来没打过车，那一天打车，打了一个小时没打着，我就坐公交车，我就说养残疾人难、打车难，我说省长你能不能批一个指标批100台出租车让残疾人当老板，出一个残疾人出租公司，你感觉怎么样？他也说C老板你这真把我难住了。你说的确实是好的，残疾人出门更难，我们成立一个爱心出租公司，一个月给他两天三天免费拉。残疾人不会开车不要紧啊，在家当老板啊，他有车了，我把车给他买了，他承包个司机，正常的司机都是240一天，我都打听完了，他们交给出租公司，我说我那240不要啊，我给残疾人，这不就挣钱了？省长说C老板这个事我3个月后答复你，现在我不敢答复你。他说这个和长春市协调，如果这个能行，第一个增加出租公司先想到咱们残疾人，你要不参加这个商会你没有这个力度啊！这世界演化我感觉就是站得高看得远。

崔：并且你也有机会把你们的心声反应给执政者。

C：后来秘书也说，有很多难题，我说有难题是要解决的，咱们不能说有难题就不做了。现在长春200万人口，到时增加到400万人口还是这些出租公司能够用吗？城市要发展，人口要增加，你不能俩小时打不到车啊。外来投资着怎么来投资，城市没发展，他这事得处理，得探讨。

崔：看来C总处处为残疾人去呼吁。

C：我搞残疾人工作，可以为他培训，手把手交他，给企业，过两天说不行，说不方便，有没腿的，没手的，上班不行，没办法。后来我们又研究那个残疾人工作椅，可以升高，够不着就够着了。所以我说残疾人话语权有了，但不希望当什么官。我们商会没有参与权，没有话语权，我们商会也想参加政协，我们没有话语权。他说这事归统战部管，我们一定协调，每个商会都有名额，给两个名额，参加吉林政协。

崔：实际这里还有一个，像我们商会吧，这都是民企业家，通过商会可以参政议政，以前没这个渠道，现在通过商会，国家也重视起来了。

C：所以现在民间组织不像过去乡镇企业局，商会有个老乡的热情，亲近、团结。乡镇企业局就是行政。

5. 和同乡人 / 同业组织的关系

和各同乡人的关系

崔：我们商会是以地缘河南籍老乡，以这个关系建立起来，解放前也有很多同乡会，你觉得我们现在这个现代企业发展起来的商会，都是老乡，和原来不同在哪？

C：我觉得这个商会吧，比老乡同乡意义还要更大一点，商会可以和政府对接，有难题和政府直接汇报，老乡是有亲戚，应该重视商会。这个既有商会又有亲情。

崔：一方面是亲情，另一面还要为市场啊和政府这种互动交流，为社会做贡献。

C：我感觉商会你把闲置资源和有效资源整合起来，这是最大的一个好处。就是那个ZD，在双阳有两万亩地，投入厂子，100多万，扔了，没启动。河南东家大院，咱们礼拜六礼拜天，种菜，拉着老婆孩子去住，养着鸡养着鸭，回去再带点菜回去。你看这样即把ZD的事成全了，又把咱自己的事也成全了。这就是资源整合，如果不参加商会，她卖也不好卖。

崔：就是会员在这里头可以互相帮助。

C：对，根据你的诚信啊，搞点事，我感觉还是意义比较伟大的。

崔：那天你说要弄一个老年产业园？

C：对呀，在这要搞嘛，我就说在ZD那里搞。在那个两万米地搞一个老年产业园。我还和ZD唠，她不是信家村嘛，农村，在双阳，我跟信家村的大队书记唠唠，看他那个信家村有没有文化大院，没有的话我们河南商会建一个老年产业园，建一个文化大院，即对村民服务，又为老年服务。两全其美。

崔：当时你说我就很想和你唠唠，你们这个产业园是怎么设计的，是到一定岁数还是对外什么的，像承租式的？是怎么个形式？

C：我是这样设想，当时正式方案还没出来，我们河南商会每年都有企业，比如说十个企业，每个企业盖一个四合院，以企业养老，本身不用往外弄，这个企业退下来了，干了一辈子怎么办？那么到我这来养老，哪怕住三月俩月他再回去，他感觉心情愉悦了。这边老年人安排好了，下边年轻人一看，C老板退下来还对我们这么好。

崔：对，这是一种企业文化。

C：我是这个思路。反过来讲，你企业没有老人，那就让社会上的进来，送钱就好了，是吧?

崔：对对，只要你建起来做的好.

C：啥都是自己种的，绿色安全，养鸡养鸭都是绿色的。周六周天拉老婆孩子去呗，即抚慰了老人，又整点新鲜菜，你自己也健康。我跟ZD说，我可以投一个产业园，整点H瓜什么的，草莓园，剩下四合院哪个企业投哪个弄就行了呗，是不是。

崔：是，这就体现了商会互助，共赢啊。

C：到时挂上河南商会老年产业园，壮大河南商会的声誉。我们都是河南籍的人。

C：我还跟你说一个事，我有个司机残疾了，郑州人，出车祸了，现在2014年了，12年的，2年多了。他是部队当兵的，是长春市给我推荐的，他爸是见义勇为家庭，说咋办呢，就安排到我这了。总想着开车，这小子吧特别好，特别喜欢他。完了他说C总我开车回家行不行，我说别出事啊，去吧。这次没通过我，就说C总同意了，就把车开走了。开面包车，撞到树上去了，颈椎伤了，到现在瘫痪了，现在2年多了，在他身上我花了将近100万了，我说咱们本身就是助残，何况自己的司机残疾了。虽然他把车开走了，那咱有责任，就得管啊。所以说没细致的唠，以后老年产业园，包括这个司机还有几个找不到工作的，我要搞一个爱心大院，和老年人一块，搞个机器人产业，操作机器人没问题，让他们有事情干。有一次我们让残疾人进校园讲亲身经历，说怎么自强不息，那些孩子都说以后不吃汉堡了。

崔：那是进中学还是小学?

C：小学六年级。

6. 自身文化认识

崔: 实际河南人有一段时间一度假冒伪劣产品比较多，然后声誉受影响。那天和WS会长说，成立商会时有这样的想法，会长说我们河南人就要树立河南人的形象，公信力，你们企业自身又助残，企业做得好，你们自身也是把河南人的形象给立起来了，下一步你们河南商会，我到觉得，实际上理事长、监事长、秘书长、你们是核心，对你们商会你还有什么想法和期待。你看你们现在还有这些项目，除了你们商业的互助，公益上，包括现在国家还提倡，你现在做的也有点社会企业的趋向，现在国外包括港澳台都以后要发展社会企业，所以你们对未来商会是不是有一个更高远的理想啊目标啊？在你心目中。

C: 第一，通过这次代表大会，要狠劲宣传咱们河南人，树立咱们河南人的形象。为啥呢，原先不需要，怕出名，怕这个那个的，现在要大力宣传。现在秘书长不讲了嘛，外面好多人冒充河南商会，这是好事啊，这不是有实力吗，河南人行了才冒充你，这是一个软件上。在硬件上必须马上筹建河南大厦，那么把河南的土特产这一楼或者二楼都变成河南的土特产，都引过来。那河南领导到这来首先到河南大厦，咱们这河南大厦既是河南商会的一个办公场所，又是河南的一个窗口，对不对。一个弘扬河南人的文化，一个弘扬河南的特长。你像河南的天目山药，绿豆粉皮，你们东北人都没吃过。我们是纯绿豆做的，我们家吃的都是从河南捎过来的，这有很多好东西，都可以放到特产大厦里。

一个呢，是通过理论上宣传，再一个把河南大厦搞起来。我这人脾气不好，我跟你讲一个例子。九几年，长春有一个民宅失火了，救火的是一个河南人，是个修鞋的。救火之后就烧伤了，咋不说东北人不好，他就跑了，医疗费用没人管，当时我看到报道我就来气，我说河南人咋的了，我们救火了没人管了。我告诉我们办公室主任，我说你去交去，把他医疗费去交了，我这人好打抱不平。我们河南的修鞋容易吗，他哪有钱啊，是不是，给你救火了，你药费不拿。后来他老伴儿和小孩来办公室谢谢我来了，我就说这个事啊，不是河南人都不好，东北人也不是说都好。

崔：就是有这么一个现象，人们形成一种舆论，把整个都整大。

C：我前年上新疆，吉林省残联组织的援疆对接会，全国的残联都去，吉林省残联都去了，当时把我们企业带去了，全国就我们一家。当时带的不多，就拿了几万块钱去了，给他们慰问给当地的残联。我就跟他们唠，当地的新疆人对河南人特别的佩服。当时有一年新疆暴乱，部队都不好使了，没办法了我们河南人商会组织的，他们会武，从小就学，完了就把暴乱都打趴下了。打趴下了之后政府再重视河南人，政府觉得河南人真勇敢，好打抱不平，后来打过了死了几个，后来政府没办法了，也象征性的判了几个，也没枪毙。这个事在新疆轰动挺大，河南人形象一下树立起来了，河南人行。

崔：最近习总到河南到焦裕禄家乡，实际我去年冬天去安阳，上那个红旗渠，当时我们看完之后，什么叫红旗渠精神，就是说我们河南人也是非常的困难，在大山上，那时都是靠人力，我说河南人吃苦精神河南人真是很难得的。所以我说河南的商人都是一点一点的，那天我和LJW聊，和你们都一样，都是从打工一点一点干起来，像C总30年发展起来，确实河南人真的吃苦耐劳真诚。

C：河南和山东交界嘛，有山东人的精神。

崔：我是老家山东的，就是传统文化的东西，比较注重公共利益，好打抱不平。

C：好打抱不平。

崔：今天和C老板聊确实收获挺大，我们现在是研究者，以后还想了解情况希望多沟通。包括对残疾人弱势群体啊对社会的公益心都很强，都是有爱心的人，这个协会有这些有爱心的人，这个协会有更大的发展。

C：上次我和SDY去看残疾人，我说咋办，SDY也很感动，就安排了几个去工厂，全天打电话，安排了三个没腿的。这都是累赘啊，安排工厂去，正好需要人。这个起到作用了，不参加商会他们不知道啊，会长也说C大哥下把我也安排几个。

崔：你就带动起来。

C：咱们就说不用老拿钱，安排他了，把他生活提高了，也比今年拿一千明年拿一万的好。

崔: 对，是这样的，这就是给社会做贡献了，实际助残还是助弱不是说简单的拿钱，还是工作之后给他们树立一种信心。C总您这样还在商会进行推广和认可。

II-11. 吉林省河南商会秘书长HZQ访谈（1）

人 物： HZQ、崔月琴(崔)、张冠(冠)
时 间： 2013年11月6日
地 点： 河南商会办公室

1. 个人信息

基本信息

H： 那我就简单给你们说一下情况。我个人很简单，1965年入伍来部队，在部队待了24年。当过战士，没当过班长，当过排长，副连长，连长，副营长，营长、参谋长、团长。一步一步来的。89年转专业后来到吉林省气象局，开章开到服务公司当经理，属于不对口的，那时候转业干部不这么吃香，因为没地方安排。90年来到湄河搞社会主义教育，我就去，回来后就调整到经合局行政处当副处长。那时候就算县职了。在劳动服务公司比较艰苦，连个自行车都没有，就是一帮大集体，气象局没本事的子女都在劳动服务公司，文化素质本人素质都比较低，胡搅蛮缠都谈不正来。我在那地方，当军人管都管不了他们。后来我也走了，调到行政处，在行政处干的时间比较长，一直干到03年改建，改成后勤服务中心，我就当政治书记了，是正处级，一直到退休。09年退休。

冠： 那咱们商会是?

H： 商会是09年开始筹备，11年挂户。我是5月份退休，3月份就张罗这个商会。商会成立以来，在两地政府的关怀和支持下，在会长的带领下，商会还取得了一定成绩。

2. 商会组织管理

商会评选与会费、经费管理

H：我们2012年被民政部备案了，民政厅任命了5A级商会，去年十五佳商会。

冠：这个荣誉是很少的。吉林省5A级就仅仅几个。

H：3个，我们是第三个。广东，我们还有川渝。去年我们还是吉林省招商引资突出贡献单位、先进单位，一共是6家，今年4月份发的牌。整个商会对我还算可以。知名度可以，因为会长知名度比较高，荣誉也比较多，长春市劳动模范，长春市模范共产党员，吉林省劳动模范，吉林省人大代表，全国五一奖章获得者，全国劳动模范，今年又是全国道德模范提名奖，习近平都接待了。各种荣誉我查了查，三十多个，将近40个。

冠：那你是第一任的秘书长对吧？

H：对对。

冠：理事长、秘书长，你们都是第一任？都没换过届是吧？

H：对对，都是。明年换届。

冠：咱们章程里面规定是？

H：三年一换。

冠：现在会员有多少？

H：会员是一百零几家，统计是107家，最近还有加入，没有太详细统计。

冠：那咱们最开始成立的时候有多少家？

H：最开始成立，报名是67家。真正交费的还不到40家，有的就是报名了，没交费。有一个情况是，当时我们也没太收。会长第一年是交了30万，常务交了10万，副会长5万，常务理事交一万，一般会员就交2000，交就收，不交就不收，开会也找他，活动也让参加。现在发展到107家，最近还有两家加入。我们涉及了房地产、餐饮、建筑器件、医疗器件、服务行业，很多行业，二十多个行业，发展的还是比较不错。我们最大特点就是比较团结，有几个具体情况，一个是我们实行值班制度，每个月都有一个常务副会长值班，这个人处理日常工作，参加一些活动，交班时间汇报本月的工作，安排下一个月工作，并提出商会发展计划，商会需要解决的一些问题，一直从商会建立没间断过。这项制度坚持以后对商会有什么好处呢，一个是大家都关心商会，都在商会里进行工作，到年底总结时间，说一年干什么了，你秘书长得汇报，会长得解释，这样商会都在抓商会工作，达到齐抓共管的效果，这个还是不错的。现在川渝商会，山西商会，河北商会，都实行了会长值班制。

冠：这是你们最先实行的?

H：对。这个在河南豫商大会、吉林省经合局都给予了肯定。有些单位也主动来要我们值班制度的内容。这个就和兼职制度有关系，我们商会除了坚持章程和宗旨以外，我们宗旨就是讲团结，促发展，树形象，做贡献。按章办会，但是重要一条，坚持制度，坚持一系列制度，不仅是值班制度，财务制度，会员会议制度，都要坚持。民间组织开始都挺热情，但是一定程度以后，可能是你商会需要解决的问题解决不了，需要发展的发展不了，都提出一些问题，这个不清楚，那个不知道。当时一名局长就告诉我，说老H啊，你一定把制度制定全。咱们一整套的制度都有，包括交费制度，制度必须坚持，除了抓团结，制度也要坚持。第三个重要的问题，就是当前需要解决的问题，要抓发展，如果商会不发展，那就像个老乡会似的，交点费，吃点饭，就结束了。

商会一定要发展，里面重要一条就是，要有项目，以项目去拉动，以项目去促动。因为商会就是商人的平台，商人要发展，要有效益，不像政府工作，你这个月发了工资，下个月还发，尽管少也有的给。他们要是没项目，就没发展。商会发展到现在吧，全国都是一样的，河南省到10月12号，有100家商会，国内外。省一级，辽宁没有，西藏没有，全有。地区级，各省都有，加上罗马尼亚，澳大利亚，美国，新西兰，国内外正好100家。这些可以说有一半成分，都起不到作用，甚至不向河南豫商大会交费，不参加活动，不团结，这个现象挺多。这个是当前需要解决的，需要完善和提高。有些会长他都不知道什么叫商会，抽象性的概念不知道。

我给你举个简单例子，就咱们长春，成立个长春市河南商会，会长叫ZJ，是我们河南商丘的，成立时候，我听说以后，我不准备让他成立，他把我找去了，我说第一，有吉林省省商会，第二，你原来跟这块人不熟悉，一块参加就行了，但是第一不说你是分裂出去的，第二不说你另立山头。后来他说我们这一帮，要成立，说要我当老大，我条件稍微好点，最后我们就请示了河南省豫商大会，会长是CYC主席，他原来是河南省第九届政协副主席。

他说民间组织，成立就成立了，长春市批，就可以让它成立。结果有一次长春市工商联，问你为啥成立商会，我们在一块吃饭，他说我还真不清楚，你让我H大哥跟你讲一讲。像这种情况是挺多，结果他兼职了一年多，说有病啊，就交给一个叫XQW的，说你要拿10万块钱就交给你了，就像买卖似的，按照正常的得经过民主选举，自己申请，由人推荐，大伙选举。前段时间河南了解、调研100家商会，到我们这来了，顺便了解一下他吧，就啥也没拿去，说二年了，啥也没做，工作也没开展，你就别来了。

C主席点名，调查10个商会，其中有我们一个。考察完走了，河南大学SXL教授来的。所以商会好多都不起作用，在这种情况下怎么办呢？三年止痒七年止疼，就是这种情况，好多不起作用。不团结，不发展，第二年之后收会费都很困难。成立一年以后，我就感觉这个问题是个问题，我们就主动找项目，常务开会提这个问题，经过我们一番工作，和吉林省九台市空港新城签了个协议，建立吉林省河南商会工业园，准备定在80万平方米，进去七家，准备投资20多个亿，我正在整这个资料，他们十号要开会，政府那边，要这么多地，给不给这么多地，什么时候能进去。所以有这个项目以后，会员就感到商会这个平台起到一个作用，有奔头，有干头。

冠: 那那个经费呀，是商会自己出还是……？

H : 啊，就这个有点儿难题，我们花了十多万，个别会员还有点儿想法，这个会费是应该用到会员身上，而不是招商引资上。经合局还说有项目的公司给一块儿去他还不大放心，可能要截一部分，去年我们是先进单位奖励了三万块钱，但是那个比例就不成比例了。

冠: 先进单位是那个5A吗？

H： 不是5A，是招商引资突出贡献奖。

冠： 经合局给的哈?

H： 嗯，咱们七月份八月份中的，昨天我们开玩笑说我们那个奖励到位了，你那个考虑考虑。我们那个招商引资有奖励，但是长春市没有兑现，这个政府说话不大算数。就我们在维权、招商引资几个方面和政府结合的比较紧密。现在商会面临的问题就是会长和会员发生矛盾怎么办，意见不统一怎么办?

冠： 由谁来协调?

H： 对，政府不协调也不敢协调，比如浙江商会你们都知道，前年应该换届到现在都没换届，我们那天遇见L会长的时候，他也喝多了，几个秘书长就说他你这叫整的什么事，换届没换成，把Y秘书长给整下去了，那是我们哥们儿啊。你说民政局、经合局都去了，都没解决。

冠： 那以后这个解决……?

H： 对，以后解决，这个秘书长是个牺牲品，沟通好了，什么都好了，沟通不好，说你协调不行。所有商会都是这个问题，会长和会员也分派，福建他们分出来四派，吉林省福建商会、长春市福建商会、长春市福州商会、吉林省融资福建商会、最近还要成立吉林省闽台商会，LJG拉出来的三百多家，你看这个，谁去协商，怎么去协商，这是个问题，还有会长和会员不一致谁协商，会员现在基本上就是不太明白的就要求商会给我提供什么条件，给我解决什么问题，其实不然，应该是所有会员对商会做什么，商会是一个平台，在这个平台上你看你怎么发展。实际上会员也是大家的服务员，他不是享受的。好多会员就问我加你这个商会我能有什么好处，会长能给我什么好处，可是会长也是企业，他能牵线搭桥就不错了，他是看的比较远的，但是这个矛盾所有商会都有，我接个电话。

冠： 我们学者希望通过一些努力让这个东北这个落后地区能够好一些，像商会的问题哈，确实是，会长和会员有什么矛盾怎么协调，这个政府也不管，那谁来协调，这个会长和秘书长是关键，秘书长是核心，像商会的日常运转，所以说我们商会能获得5A级商会H秘书长立了头功。

H： 这几年我对商会也有一些体会，一个呢，思想明确，你知道商会在干啥，你得把他落到实处，章程得明确，宗旨得切合实际，商会我看了就是个老乡会；第二个呢目标要明确，知道商会要往哪个地方走，要有短期计划、中期计划、长期计划；这个制度要健全，措施要得力，还有个重要的就是情感，中国人呢，有个问题，你看有水平的领导，能说能干的，有高度有理论大伙儿也服，这是有水平的；第二个呢，有感情的，你看这人水平不高，但有感情，对人不错，最有水平的是既有感情，又有水平，这是最高，但是很难。像秘书长这活儿是好汉不爱干，赖汉干不了，得像牛一样干活儿，像狗一样夹着尾巴做人，像王八一样的受气，哈哈。秘书长得协调还得有奉献精神。有的秘书长就对付会长，应付会员。我们商会上层领导就是副会长以上的收费，会员你想来就来，不想来就算了，我也不要。去年一般会员收600，今年收1000，今年常务副会长交50000，你看差多少呢？

秘书长职责与会长身份

冠：像你们常务副会长有没有规定多少个……？

H：这个你虽然是老乡吧，但是你根本不知道他的实力，注册资金和实际资本不一样，所以呢，商会就以交的钱为准。但是呢，企业家包括商会会长，好多呢，他程序上呢，也没个系统，也没个程序，甚至个别不按规矩办，就他说了算，这个秘书长协调啊，也挺费劲，你睁着眼睛知道他不符合常理，那你还得去办，所以这个协调啊很重要。但是我考虑，当秘书长角色得转变，不管职务多高，水平多强，资格多老，你得为商会服务，这服务是宗旨，第二个呢，就是你得不折不扣的执行人家临时会研究的东西，至于办不了可以汇报，不能按自己的办，开始来个办公室副主任，也是部队副团职干部，告诉我，H大哥他根本不行，他们会也不开、也不研究，我说你得跟上，还老跟我犟，后来我跟他放假了，放个长假，这一般真不行，像湖南商会那个SXX，原来那个正厅级干部，我都看到摔杯子，那能行吗。再一个是你得放下架子，我在大会上讲，我HZQ没有长人之处，我不值得你们对我尊敬，除了会长开会坐在中间之外，其他吃饭啥我都是正座，实际上不是我能耐，是商会给我提供的平台。如果没有这个平台你上哪施展去？你早上睡一觉、中午睡一觉，晚上连饭都不想吃了。所以说你得理解是商会给你提供的平台，是河南人认可你，你才这样。所以说我就宣布，我是咱河南人的大通信员，在场面上我是服务员，私下是通信员，我是这么说的。然后那个S教授还记了。

冠：像咱们会长是正职身份有哪些？像人大代表、政协委员？

H：他就是吉林省人大代表，XX公司董事长，长春市工商联副主席。

冠：这个是哪一年评上的？选上的人大代表？

H：就今年。原来是长春市的，今年到省。11年是全国劳动模范、五一奖章授得者。今年是道德模范提名奖，提名奖也算一个奖项。习近平接待以后，回来WLL书记都进行接待。抗震救灾，玉树、汶川，雅安，都代表吉林省农民工去的，而且亲自去的，特别是今年，去了15天，特别感动的是两个儿子上大学，就在吉林大学，研究生，两个儿子都去了。吉林省这都报道了。中央四台朝闻天下都报道了。会长在吉林省事业不算太大，但他的风险意识比较强，这几年做慈善事业，有700多万。

冠：光他这一个企业？

H：是。他这个企业不算太大，利润也不高。去一个学校，今年我和JJ也参加了，第七次赞助35个学生，第七年了，年年是这样。还养了不少孤寡老人，安排了不少复员转业军人。公益事业做的不错。

冠：我看汇款里面这个都有介绍，5月份时候崔老师来这讲课，办班讲课。他在会上介绍经验。咱们商会把会刊拿过去一些，给负责人分发了一下。

H：他就是这么个情况。我是从这以后就一直在商会。

3. 商会与政府的关系

登记过程、运营组织资金的筹措

冠：应该在这块注册就不应该交税。

H：所以说注册呢，咱不应该到税务部门去注册。

冠：你们是在税务部门注册的吗？

H：去登记了。

冠：你们是工商注册吗？

H：YM那是光登记，但是税务不应该去，后来我又找一条重要根据，这个会费是税后交的，不能重复收税，这税务部门有规定，你说如果税前给商会交1000万，肯定不能不缴费，肯定不让，那我们是税后的，你不能重复交税，他们不应该收我的税，后来长春市地税局局长开了两次座谈会，我还挺客气的给提了个建议，我说建议像这种活动咱经常搞，第二你们找业务比较强一点的去给我们辅导，你比如说商会为啥不交税，我找到根据了，是税后交的会费，那个局长就笑了，说这个我都不懂，所以说我们这个所有商会都不交税。

冠：所以可能在民间组织这个法律这方面，包括政府可能也不是特别清楚。

H：其实我在政府也呆过，这个政府呢，有些单位就是喝茶水看参考什么待遇都不少，就是坐着。你研究那么多管事多了，我转业之后，我在气象局行政处开始当副处长，六月份我就写报告，这个暖气该修了，你不修以后到十月份就来不及了，没人搭理你，到十月份冷了才批点钱，有个局长就告诉我，我俩不错的，我告诉你在部队啊，你们是实干点，地方都要干了你再去干，你要都不去干，没考虑到你去干好像你要搞什么名堂似的，我一看那个部队和地方啊，真是不一样，但是你们都上大学了，研究生了，你到社会上有时候你都适应不了，你都厌世啊，为啥呢，他跟着书本上的都不一样，你寻思那么容易有条条框框，你上有计策下有对策，那真不行，C教授都知道。

和党-政府机关的关系

冠：包括企业是不是对政府也是有这方面的一个想法啊，官僚作风比较严重啊，像这个政府部门？包括像软环境。上次是哪的商会就说好比招商引资，没落地之前是大爷，一落地就是孙子了。

H：那个例子就比较多了，现在在全国都存在这个问题，开门招商，关门打狗，有的是。这两年都遇到这种情况。

冠：商会可能好一些？

H：好不少，我给你举个例子，去年湖南商会，但我们没遇到这种情况，我是比较横，老是找他们维权，湖南商会在临河街，他们就是搞什么机械啊，钱呢，公安局就发了二十万，他是二道区的，二道区当时这个地方呢，招商引资啊，条件特别优惠，投资多少都进来，进来以后这块地现在挺值钱，外面准备搞大投资，又没法说，因为公安局往外撵，你比如检查质量问题，公安局你又不负责质量，联合执法可以，他们就撵这一家，都抓起来了，这家湖南商会的秘书CQ去了，去完以后他说公安局你不应该管呢，他说我们应该联合检查，然后他说这个技术监督局也没来啊，他说我们先来了，他说你是干啥的，他说我是商会秘书长，在这个场面没法跟他争论，讲些道理，他就到公安厅，找稽查处，到那把情况一说，稽查处马上打电话马上就撤下来了，他都不应该的，因为这个他们都真不太懂。

你比如说今年我们遇到一个河南人，他不是会员啦，我们遇到这个情况，至今没解决呢，在德惠投资SWT，这个食品公司，这次我到河南去了，他这公司在河南比较出名，搞食品，搞方便面，搞这个山药，挺好。招商引资他们投资将近两个亿，成产06年07年开始生产，好几年了，今年不是咱们长春出事了吗，DD，那个养鸡场那个，出事以后德惠停了28家，其中包括我们这一家，它主要是防火设备不行，不行以后叫他改，改得多少钱得一千多万，最后这一家它认了，如果说我们改完以后改到什么程度你们能不能签字，没人表态，现在将近四个月停产了，但是他用的都是什么人呢，残废人他用了一千多人，残疾人占三百多，然后他们开资开到九月份然后就不开支了，六月份停产了我再开资就不行了，但是这个残疾人就不行了，到政府去闹，不给开资，政府赶快把他老总请来了，说你稳住职工，不能闹事，他说不是我让找的，我不能九月份以后再开了，你不让我生产，那天这个事情我们可以出头，到什么程度你给签字，人家厂子认，当时招商引资期间，行，到那都行，什么条件都行，只要你进来，就可以生产，现在又不行了。

所以说政府这个职能吧，有些部门他是不负责任的，你后来也不检查，所以说维护会员权利呢，对商会很主要，这个政府他那个职能在转变，但始终很困难，比如说这个房子三套以上他收税呀，超过140

김원석 하남성회

收税呀，我看前一段报道，落实起来很困难。有头有脑呢，他都不是一套房子，你都涉及到他切身利益，推起来很困难，党内政策都是对的，但是落实起来很困难，但我总认为有些人骂共产党那是不对的，没有共产党谁知道你是什么条件我是肯定生存不了，你13亿人口，在各党执政之后呢，吉林省最小的7、8万成立个国家没问题，他得养部队吧，他得搞建设吧，他得腐败吧，倒霉的都是老百姓，所以说你得说共产党好，我18岁入党，我认为共产党好。

冠：像咱们这个商会和政府部门打交道最多的应该是哪些部门？

H：工商税务[7]。

冠：民政[8]，主管单位……。

H：主管单位，他就是个联系单位，实际上我们打交道的部门是工商税务。再主要就是发改委[9]，走一些项目，像这个建委，这些都是我们需要解决的，像市政都是需要项目的，正常呢，民政部门应该改革，不应该有主管部门，因为未来发展就是小政府大社会，你还要什么主管部门啊，你要主管能管了就不要商会了，但现在还没解决这个问题。

冠：今年咱们从国家政策已经要调整了，有要取消，但是在下边，我看吉林省咱们说要5月份，培训的时候，当时就说有些注册，他说那还是没有主管部门，那我们民政有的也不懂这个行当，你给他注册出事怎么办？

H：其实注册完就拉倒，我看上海这次叫什么，什么自由贸易区啊，花3万块钱，要个门牌，要门牌就可以注册，公司，没房子都行，买个门牌就行。我们准备去考察一下，看一看。

所以说他这个政府啊，主管部门主管你啥，他没有职能权力，他也不给你资金，第三呢，他也不给你这个项目。你比如说今年给你多少个项目，他算什么这个主管部门。实际上现在都为政府服务，不客气讲他不给我们添麻烦就不错了，属于这种情况，他啥也解决不了，但是我和经合部门、特别民政部门，关系都特别好，他们说啥，我基本都支持他们，因为现在就这个社会啊，你不支持他，他不会给你这个

---

7) 工商局和税务局的简称。

8) 民政局简称。

9) 发展改革委员会简称。

5A级商会的。你像我们公益事业就最后一个搞得比较好，你像融进医院，一个人280块钱生活费，YM说你们有条件去看看，融进医院这块老革命了，那么多人，挺困难，一下午我们就捐献了5万块钱，一吨豆油，一吨白面，还有一吨大米，我们十来个人去了，那些老革命都挺高兴，列队欢迎我们，我们这个公益事业搞得比较好。理工大学白血病是山东籍的，我们听说以后呢，我们捐献了六万，这小孩现在上学了，C院长说上课了。C院长是这个分院院长，机电的那个，当时我们在一块吃饭的时候说实话这就是形式吧，估计是够呛，现在一见面上学了，上课了，你看挽救了一个生命，这种情况我们都赞助，还有白血病，我们正开着会，说绿园区政协一个副主席，白血病，当时都去了，也都捐献了，像这种情况我们做的都比较好，像公益事业，民政部门、经合局对我们也比较认可，我们去年就搞了个全国商协会吉林行，我们把广东的、深圳的、四川的、北京的、山西的、黑龙江的、澳大利亚的和罗马尼亚的加起来三十多个人，我是八月二十三号到了河南联系的，一直联系到八月三十一号，会议是一号结束的，没等会议结束我就回来了，回来以后我们三十多个人就到了九台、珲春、延边，现在有些人还在联系着，对于招商引资都有好处。

4. 商会功能

冠：像你们这个项目，是从你们商会的角度去跟九台那边谈，是不是以商会的名义来达成的协议？

H：对。必须以商会，九台规定，个人不谈。这个新城呢，可能你们知道一点，吉林市和长春市中间，是长吉一体化的第一步，不管是WM也好，SZC也好，说要往长吉发展，结果发展几年才发展到项目三，你不可能跟吉林联系起来，他就设计这么个规划，在两市中间建立这么个城市，30万人口，来源一个是九台市老煤矿区的8万人，房子都盖完了，明年入住，一下进来8万，其次要引进各个企业、商业、学校，要成立一个教育城，现在进去4家，长春大学、中日联谊医院、艺术学校，包括理工大学，可能要进去一部分，叫科研所。昨天下午才去，说这么一下来，基本上就联系起来了。我们是怎么和他联系呢，他没批之前，去年6月7号国务院才批准成立这么个城市，前年报规划的时候我就跟他们联系上了，所以商会要联系项目，就得有一条，沟通，第一要去沟通，第二要会沟通，要对商会有利，对政府有利，我们是第一家进去空港的，目前为止，这个空港对我们支持很大，尽管我们有些进去的含金量不太大，河南商会，我必须给你一块地方，对我支持很大。

9月25号我们开值班会议，15家商会，轮流值班，我们是第二个，第一家是河北商会，一家三个月，我值班时间一直到会长、秘书长都找来了，找来以后Z主任介绍一些空港的情况，结果湖南会长LXP，前一段通过我，也去联系项目了，对他们支持很大。所以我们沟通的项目，一个是适合商会的，空港是一个新城，自然村就3个，搬走以后建设很省劲，没有那么多麻烦，很适合商会。另外是政策比较优惠，我ZL的，100到200，5000万以上的，一平方米给你地，你像XXX保税区还394，上下不差几公里，这个商人，你必须给他解决，要降低这成本，要看到前景，要看到利益。所以当时我有一个观点，虽然是一片空地，没看到有什么发展，没看到有什么利益，我就想，可能看到的只是势利，看不到的才是阳光，我说这个有发展。所以我们一直发展到现在，到昨天，有7家项目，我们要写一下具体情况，这第一。

第二呢，过了25号以后，我上南方去一趟，深圳一个河南商会会长叫CY，前一段了解一下情况，他们有600多家企业要出来招项目，我们去考察一下，争取为我们当地做一点贡献。

冠：为招商引资做比较大的贡献。那你是不光引进你们河南的，深圳也是河南的企业？

H：不是，我们是全国的、全世界的都可以引进。为啥政府支持民营企业？一个商会，就等于一个招商局，比招商局还起作用，招商局不可能联系到100个商会，他没那么多精力，也没那么多经费，所以比较支持商会，商会工作做好了，起很大作用，是个纽带、桥梁。所以我们商会把河南在吉林的企业家，团结起来。

第二起一个桥梁作用，吉林省政府，河南省政府，乃至全国各个企业的领导、企业，我们起到一个联络作用，沟通作用。再一个是服务作用，服务很重要，这几年我们搞点服务，一个是融资服务，我们都知道，中小企业发展很困难，我们和中行、工行、建行、民生银行，特别是建行、民生银行，我们都贷了款了，他们条件比较优惠，我们基本上进行联保，四家一上来，贷个款，这联系不错。还有走访服务，了解企业的一些困难，为他们排忧解难。再一个，培训服务，有一些企业家不错，像我们会长，长江商学院都报名了，交了68万，飞来飞去的学习，但长江商学院最近名声不太好，说想离婚就进长江商学院，LYP进去了，最近也离婚了。是不是？但是培训服务很重要，提高了企业家的理论水平、经营管理经验，特别是我们培训了中层以上的干部。

冠：那你们是请哪些人给会员培训？

H：培训一个是河南豫商大会把河南郑州大学的S教授Z教授，免费来培训了两次。再一个我们会长单位和上海爱心联盟有一个联合，中间有个叫YZ搞教育的，来讲课时候我们叫会员参加，再一个是我们自己组织财会班，财务管理他们是免费的，他为啥免费呢？他找不到这么企业的会计，他组织不起来，企业会计还需要他们，培训之后才能联系起来，你看那个增值税应该增，好多都不知道，但是他要像辅导，像收费他找不到这些人，他通过培训以后接触不少人，最近二年培训六百多人，对会员单位起到了一定的支持和辅助作用。属于这种情况，这是我们这几年搞的这些活动。

维权问题

冠：那会员，尤其是小企业碰到一些维权了……？

H：第四个我就要讲要维权服务。这个维权服务这二年有四起，都解决了。今年这一起是比较大的，我们请了律师，请了法律顾问，今年我们有个企业原来买块地，03年买块地，现在政府要占，按03年的算法就给1170万，经过半年多现在增加到2300万了，已经达成协议，达到要求了。最近要签协议了，一下我们给他解决了500来万。

冠：他这个地是长春的吗？

H：北京的。

冠: 那次开会您也介绍了这个。像你这个维权呢，主要是通过找律师，法律渠道去维护?

H: 而且以商会的名义，北京商会我们都联系了，他有两个是长春的，他60万到什么程度呢，一个电机厂，给电业部门他用了，用完以后60万不给，不给以后给台车，开出来就让交警给扣了，这是黑车，那我们这个老板呢，大大咧咧的，把交通队扣的条告诉他爱人了，说不用了，没啥用就扔了，然后通过律师呢，去找去核实就解决了，60多万也解决了，通过河南商会法律顾问都给解决了，最典型的例子是去年，河南我们一个老乡，在十三局修路，四十万一分钱不给，大连的工程队，一分钱不给，那个基建拆的慢了都不行，他欺负他，后来我们去完之后就把账给分了，分完之后说和解就20万，我们说坚决不行，40万一分钱没少。我就给他们老板打电话，开始都不接，我说我河南商会的，我要跟你谈谈，他们没说不给但是可以和解，给个一半，我说既然咱维权了，争取到底，所以这个维权服务也很重要，对这个商会起到作用。

再一个我们为会员服务呢，做了很多工作，比如说培训会员，咱们这个软环境办办的学习班，两期咱们这个JJ都参加了，这个软环境办这个证给了23个，我说这个证还真起作用。发证时候我专门提一条，这个证是监督别人的，监督政府的，起码企业别受欺负，但是别拿这个证蛮横，我们这个会员还真听话，比如说开车违反规定了，他要是逆行，人家警察让你停下来，他就挺客气说，哎哟小同志，太对不起了，着急去软环境办开会，把那证就拿出来了，交警都客气说哥们最近忙不忙啊，快走吧。我们Q总他媳妇说什么证这么牛，他说我还真不告诉你。再一个会员维权以后呢，我有个例子，有个副会长叫MGX，他儿子刚毕业不长时间，他就搞汽车装饰，好多设备都不是有商标的，他就研究研究还都需用，还挺好，正常是违反规定的，汽车朝阳区工商去检查，到那就到仓库去了，他卖出去不少，到那去就要把电脑搬走，一看电脑里边销售那么多罚死你了，就给我打电话，我说你问他是哪个部门的，是哪个所的，叫什么名字，我不能可长春市工商联找吧，我说你问他，一打电话问，他说我是汽车厂的，你这些东西都不应该，得印商标，应该认定，他说你看我儿子刚毕业，没事干，就干点这玩意，他说你干什么的你儿子在这干，他说我河南商会副会长，给商会办点事，其实他没给我办事，他说啊商会的拿回来再说吧，回来说吧说吧，你办点手续，交不多少钱，还有他那个车辆就自己买台车都不懂，那也得花钱办，通过这些法律规定都解决了，所以说为会员服务呢，一个是搞点培训，一个是搞点宣传，再一个和工商部门进行沟通，包括税务部门，我们也跟他沟通，说河南商会你们省好几十万不来交税，把我们JJ找去了，说这么点事你们领导也不来，JJ兼会计啊，我说我去，去了以后说你为啥不交税，我说我根本就不应该交税，我们民间组织我交什么税啊，按规定不交税，他说我没看到文件，我说可以给你找，你也得找，但是我也没说过他，他也没说过我，他挺客气的说的，后来我找到根据了2003年国务院有个文件，商协会不交税，他不是营业单位。

5. 商会发展期望

冠：他们之前好像也开展了一个走访活动，到这些会员企业走访走访、了解了解情况。

H：所以说这个商会得提高完善呢，不是说现在一般民间组织，商会在民间组织算运作好的，还是这个情况。咱们国家就一轰隆就办了，外国商会都可以审批技术鉴定的，他这相当厉害了，咱们国家这个轮不到。

冠：吉林省你看是刚刚才建几年，所以吉林省商会最早是06年，这几个时间上也不太长，所以你像有几个好的真就是有H秘书长在这块。像很多都是开始的时候轰轰烈烈的，但是发展之后就虎头蛇尾的。

H：其实我建议你们呢，一个是了解以后呢，从商会的角度、从理论上、规模上、要求上你们整的东西，这是一。第二个，找几个比较好的商会去实践一下，如果成型以后建议有关部门建议一下，然后都向他们学习。这样你看，我们去河南**大会去了15个秘书长，C主席在会上就讲了，四个坚持、四项任务，四项规定，三个服务，后来人家坚持多少年了，03年就成立商会，国内外一百多家，对你们研究课题也好啊，推动商会建设也好啊，都有好处。

II-12. 吉林省河南商会秘书长HZQ访谈（2）

人　物 ： HZQ、董运生(董)、张冠(冠)、佟雪(佟)
时　间 ： 2014年5月6日
地　点 ： 河南商会办公室

1. 商会组织管理

干部的职能

H： 会长必须有奉献精神，你看我们这次会长，今年啥了，老会员不交会
费，新会员交会费，像这次活动呢，前两天转过来三十五万，会费是
三十万，这次活动呢，赞助五万，其他的像监事长一看，那我转三万
吧，赞助费，SDY转了两万嘛，这十万就进来了，我一共十多万，还
有一个副会长转一万，白酒赞助了，啤酒赞助了，饮料赞助了，纪念
品四百件赞助了，我这个大会就有声势了。这是一个，再一个会长这
一段连续到延边，然后我们开了两次常务会，研究项目，必须往前推
进，分了几个小组：有双汇项目落实组，空港项目推进组，公主岭开
发区的一个联系组。

董： 那人手怎么出啊？

H： 我就是商会这些会员分组，秘书处负责沟通，出出计划，他去联络，
有什么问题呢，反应到秘书处，秘书处和政府啊有关部门沟通就沟
通，然后利用会长这些资源，利用商会这些知名度，然后进行联系。

董： 你觉得有没有必要商会的这些办公人员数量增加？

H： 有必要，但是得根据你商会发展，你商会发展了，有综合办公室，有
会员部，有维权部，必要的时候有党支部，有工会这都需要有，关键
是呢，招商引资部，会员部，你比如说会员谁来，会员有什么困难。

董： 咱们现在会费是多少钱，普通会员的？

H： 普通会员少，一年两千块钱。

董：其实这点钱对会员企业来讲，应该不算啥了吧？

H：应该都不收，但是对于一个商会来说，不好整，因为你不收会费谁算会员啊？ 但是理事以上的，他就收的多了，为啥说，第一我看你实力；第二看你奉献；第三啊还有组织级别的分配问题，你别如说咱们全是老乡，让谁当常务，让谁当副会长，让谁当理事，那就根据我们制定的会费的情况。有可能实力挺强……。

董：这个没有名额限制，愿意拿这个钱就可以是吧？

H：按照民政部规定呢，是有限制。你比如说二百会员，按照20-30%的理事，理事里面百分之多少的常务，但是民间这个组织了就是根据情况，我参加商会以后第一我要做点贡献，第二提高我点知名度，我这个常务副会长我能参加一些场合，然后我提高我的知名度，要不然我参加这个干啥，除了会长和省市领导接触多点，你到哪以后呢，我们常务副会长或者说执行会长……。

董：就是说除了会长，像常务副会长和会长和省市领导接触多不多？

H：不多。

董：代表商会基本上就是会长是吧？

H：那我沟通事基本就把会长拽去，然后会长不在省市组织活动去个常务副会长，我每个月有个值班的，他代表，我为啥要个值班的呢，我这十来个常务(副会长) 我叫谁去啊，一个是你秘书处没法安排，第二个是他忙的时间对他不利的时间谁都不想参加，但是现在这个呢，你不想参加也得参加，你出车啊出人啊沟通啊你都得参加，你像今天咱这范围小，像大范围的今天来人了以后，会长不在家，你执行会长常务副会长必须得到场。

董：咱这没有会长坐班吗？

H：不坐班。

董：我看是哪，广东商会，说会长轮流坐班。

H：他都是跟我学的，叫轮流值班，但不叫坐班，不叫坐班，我们叫轮流值班。

董：值班就是这个月有事就找他协调，处理，但是他不来。

H：来啊，比如说今天你们来调研我们，他就得来，他就得发言，他就得组织。你比如说，山东商会下午有活动那他就得去。然后我这个月做了几项工作，哪项工作完成了哪些工作没完成，下个月干什么我要拿出个计划来，而且通过了解这一段说商会应该怎么怎么办，提出些建议。这个解决两个问题，第一，咱过去叫齐抓共管，就是商会大家都抓，第二个，他了解商会情况，到年底以后不能秘书处汇报全年的工作，然后说话相当不利，钱怎么花的，项目怎么推进的，这个每个月我们和秘书处一块研究，来多少客人，这个钱怎么花的，项目怎么推进的，要不然的话以后大伙就该问了你一年干了啥，这样我们每个月我们有个会，汇报一下情况，基本就没那么多麻烦事了。

董：咱们这个网站做的，我查查，有长春市河南商会有四平市河南商会，咱省河南商会的网站我咋没太……。

H：有一个，有一个前边有个小孩吧，他就注册了一个吉林省河南省河南商会网，我那个网呢，要加一个什么字母才能查出来。

董：关于会长的这个任期时间包括他这个连任的届数，现在有没有这个明文规定？

H：没有，根据章程，你看我这个章程是定3年，有的章程就定五年。

董：这个在国家部门，政府管理部门那块有没有规定？

H：有，原则上是会长秘书长原则上是干两届，一届是3-5年，这是一个；第二个呢，如果有特殊情况以后，可以给写出报告来，你比如说我这一届大伙一致选谁谁当会长，他还可以继续连任。

董：这是第三届？

H：第四届都行，但你得写出报告来，上报民政厅备案，还有个年龄，年龄像这个会长原则上70岁，但是根据身体情况根据工作情况，因为什么原因可以连任，或者提前退下来，都可以，但民间组织他有一个报告就行。

2. 商会运营方式

商会的分化与评选

H：现在商会的作用啊，还是比较大的，咱们省商会成立以后呢，不少打着省商会的旗号到外边组织活动，最近就有有些要成立周口河南商会，一组织活动的时候它就叫河南商会，它把周口去掉喽，现在有点整不清了，所以说这次了……。

董：包括四平河南商会和长春市河南商会，他们成立的时候和你们打没打招呼，或者说这个，正常来讲它一个河南商会就够了，它应该叫分会，它为什么要单独成立一个那个呢。

H：这个你恐怕对民政部这个文件没理解透，商会不允许有分支机构，特别是吉林省它是个重灾区，有LHZ这个，民间组织……。

董：那它四平和长春加入你这个不就得了吗，它为啥要单独整一个？

H：它的确可以，吉林省有个规定，长春市和延边市可以批商会，民政厅规定的。

董：四平市我看也有呢。

H：四平市人家是地级市啊，民间组织是这样的有独立法人资格的，自发的，非营业性质的组织，原则上就是这样，不允许成立分支机构，不允许成立联合会，商会省级、市级、县级，它同样……。

董：那下面它搞活动之间有没有什么关系或者冲突，有没有？

H：原则上没有利害冲突，没有隶属关系，但是我们都联合起来，就是22号东北地区的河南商会联合会要成立，然后主要是沟通一些项目，抱团发展，我刚给河南政协副主席打了电话，他来，他来要讲个话。

董：东三省哈？

H：东北地区，东北地区河南商会联谊会，也可以叫联合会，会上呢，我写了一个商会宗旨，C主席说你别写章程，写章程政府就得批，跨地区的批就得经过民政部，不允许，这样的话我就得成立一个民间的联谊会，我们也选一个会长也选一个秘书长，然后定期申请开个年会，大型项目呢，进行合作，你像七月份沈阳有个名优产品展销会，本来中午他应该赶到了，但是又赶不到了，下午赶到到这来。

董：就像以前中央有个东北振兴协调组。

H：咱这个也类似于协调组，你比如说沈阳它要开这个展销会，我们名优产品啊地方产品啊都可以去。

董：那这些会员有没有即加入吉林省河南商会又加入长春市河南商会的？

H：有……。

董：这个比例能有多大?

H：这个比例不大，占百分之四五吧，你比如说川渝商会(的成员)，他现在又在云贵商会当副会长，在川渝商会也是，云贵川不分家嘛。

董：国家有没有规定，不允许担任两个团体的负责人?

H：它是这么规定的，商会的法人代表啊不允许担任其他商会的法人代表这是一个，第二个呢，商会会长原则上驻地在当地，你比如说浙江商会那会长现在他经常在浙江，所以说选举他就三年了嘛到这11月份三年了。

冠：就是还没解决吗?

H：现在还是拖着呢，所以说这个情况有，各个商会呢，按明确规定呢，就是河南籍的在吉林省经营的这样的企业家，两个可以参加的，就是集体的，股份制的，再一个个人行为的也可以。

董：有没有说吉林省河南商会的会长要比四平市河南商会会长级别高，有没有这种感觉?

H：它是传统习惯上应该是这样，但是刚才我说呢，县市省……。

董：都是一样的，那比如说我有事呢，我就找吉林省河南商会的会长，我不找你长春市河南商会的会长，这个就说明他位置比较高啊。

H：他是啊，吉林省组织活动，一组织你比如说秘书长培训，都是省一级的，没找市一级的。长春市它可以组织，但是省里它不组织。

董：比如说会见省市领导的时候，省商会和市商会会长的机会，这个差别很大吗?

H：市里和省里接触的机会不多，就是每个月一次的秘书长会议，三个月一次的协调会议，轮值值班，都是省一级的，前两天你看谷春立副省长参加座谈会全是省一级的，没有市一级的，市一级的它主要是长春市。

董：然后省一级的，是省里面的和市里面的接触的都比较多。

H：而且长春市的这些活动啊基本上都拽我们省一级的，不一样。

董：中国范围这么大将来是，省级、市级、县级都成立商会是不是以后太多了?

H：浙江现在就是啊，浙江乐清商会、瑞安商会都是县一级的啊。

董：我觉得这个是不是得有一个限制吧?

H：它就像啥呢，就像三支一包事件啊先分开逐渐的完善和提高，它现在吧商会会长有一个误区，误区到什么程度，我成立商会了回本地区我是吉林省什么什么商会的会长，市领导接待、区领导接待，要不然的话回去没人喇他。他现在有这个知名度问题。

董：副会长回去之后接待不接待？

H：副会长你得有实力的，然后秘书处先给你跟政府打招呼，我们谁要回去找你跟领导汇报，这个人相当有实力，有可能回去啊回去投资或者协商什么情况他接待，但是会长差别比较大了，各个地区都知道在外的商会会长，他不可能知道副会长，知道会长知道秘书长。

董：所以说这样的话一换届有很多副会长就想竞争这个会长，造成换届问题就比较麻烦。

H：它这个问题是个普遍存在的问题，但是就看你这个会长你这一届工作怎么样，办事怎么样，但是商会越大越发展竞选的激烈性越大，商会越糟糕干得越不好竞争能力越不强。

3. 对其他商会的看法

冠：H秘书长，像长春市温州商会怎么样啊？

H：温州商会实力比较强。

冠：他们好像就是从浙江商会那边分出来的是吧？

H：对，会长叫SLM，然后浙江商会前年要选，SLM说我拿500万加入浙江商会竞选会长，小道传的啊，结果商会说你原来不是商会的会员，你没资格参加选，给他杜绝了。实际上，这都不允许的。

董：不允许是指什么，你是说人家也有资格参加竞选？

H：对啊，我是在吉林省经商的浙商，我有权利参加商会。

董：就是会长政府部门有没有相关的文件，就是说你这个商会就是应该在这块拟定出一个文字性的东西？给将来形成一种规范。

H：没有，就是刚才我说那个，第一你只能担任这一个组织的法人代表。

董：刚才你说一条，你之前得是本商会会员才有资格竞争这个会长，或者说原来是理事才能竞争这个会长，应该把这些东西形成文字固定下来。

H : 他民政部门有个规定，一般了这个会长在常务理事以上产生，但你肯定得是会员了，你不是会员你外边来人，你不是会员突然来了也不行。

冠 : 当时省里像这事儿为什么三年都没给协调协调啊? 像经合局民政厅啊。

H : 也去协调，但是它一般不像行政部门，他自己有个协调的权力，他下不了行政命令，然后最终还是归他们会员代表大会，理事会选举。

冠 : 就是还是让他们自己内部解决?

H : 对，这个事情啊就是民间组织啊他还是真不大好管理。

冠 : 我看就是把他账户给封了。

H : 现在是这样的，民间组织比较强的有点实力的，你一定把章程写明白，规定整明白，到必要的时候你问这是怎么回事啊? 你必须把这个整明白。

冠 : 章程就像宪法似的，是最根本的。像温州鞋城是不是也是温州商人出的事儿啊?

H : 温州鞋城还就是温州商会把这个事情办妥的。公安厅有四个处长都抓起来了。温州商会的当时据我知道当时研究了一下，需要钱大伙拿钱，必须申诉，必须维护权利，一直可能干到国务院里头了，据传说是在国务院找到一些领导，在吉林省工作过的领导，然后把这个谁呢，公安厅地方保护主义太严重了，抓起来好几个处长，抓起来20几个人了就因为这个事，连黑社会。

II-13. 吉林省河南商会秘书长HZQ访谈 (3)

人 物 ：HZQ、CSY(问)
时 间 ：2014年5月12日
地 点 ：河南商会办公室

1. 商会整合

问：咱们商会内部现在在整合什么呢?

H：哪个商会都在整合的，第一个成立商会就是人脉的整合，成立商会后呢，就是资源的整合、资金的整合。讲整个商会的整合呢，挺抽象、挺大，商会的整合包括人脉的整合、资金的整合、包括信息的运用，这都是整合，看你从哪个方面写。

问：我也是觉得太大了，应该具体化一点。现在太抽象、太大了。

H：对啊，商会整合的根本、核心问题是什么问题，能把这些组合起来。因为商会本身成立商会就是整合这些东西，你要解决商会怎么整合的这些问题是不是? （……） 我们想象的就是这样，商会的成立都是这样，除了和政府沟通、服务当地经济、回报家乡，这是个基本的东西，但你根本的东西还是发展经济，提高效益，这是基本东西，这个东西怎么解决呢，大家都想抱团发展，也叫抱团取暖，现在是商会的人都会说这个话。(……) 这么多商会、政府这么重视会有什么发展。商会得有个坚强的领导，团结的班子，有个坚强的领导、团结的班子，这个班子是能代表商会、是能带领商会、引领会员发展的班子，就是有个班子；第二呢，就是有个规划也好、计划也好，有一个长期的规划或是运作的班子；第三个就是要有具体的措施和具体的办法，我给你举一个例子，这论文也可以写的，比如说商会想成立一个宾馆或酒店，这个宾馆或酒店呢，是大家合资的，三个人、五个人，可能一个人三十万、二十万不解决问题，十个人以上投资五百万以上才解决问题，才能建成宾馆，规模比较小的会员，组成一个小型的企业，大伙去投资，然后大伙都到这来消费，就起到了一个消费推动的作用，年底可以分红。(……)　比如我们整合有个例子一联保贷款，就是企业在发展当中需要融资的，需要资金的，有时候个人担保条件不够，那商会就组织联保，和银行组织联保，三家组织联保，这样呢，就解决了几千万的贷款问题，这也是整合。人脉整合、资金整合、资源整合。人脉怎么整合呢，像成立了商会、成立的组织。像我们这有会长办公会、理事会、交接班会，我们这都有，把这些人都笼起来，心往一处想、劲往一处使，大家都为商会着想。你像我们有值班制度，值班制度就达到了齐抓共管的目的。

大家都想着商会、都考虑商会、都支持商会，这是人脉方面。资源整合呢，像搞房地产的，需要钢材、需要木材、需要玻璃，是商会自己的能用的、能干的，都自己干，商会能自己供应的都自己供应，是商会的人能自己干的，同等条件下都用自己的。像资金呢，都可以互相担保，互相支持，好多商会都成立担保公司、小额贷款公司，把零星的资金都存在担保公司或小额贷款公司，都用在商会建设上，一定要按照国家规定，有个信用程度这几点。

问：啊，就是分人脉啊、资金啊、资源啊。

H：对啊，整合不就是这几个方面？　整合整合，一个是人脉、一个是资源、一个是资金，再一个是信息共享，这也是一个方面，信息也算是整合也算是共享吧，就是大伙知道的信息，大伙共享了。

2. 商会的奉献精神：慈善

问：慈善信息咱们从哪获取的呢？

H：慈善这方面它和商会是不对的，商会不是慈善机构，就是在社会上增加点知名度，这个商会有奉献精神，政府比较重视，但是它和商会的发展，它是不对的，商会不是慈善机构，商会的任务是发展经济，慈善仅仅是一个方面，代表一个奉献精神。

问：那是有的机构找到咱们，让咱们去做慈善么，还是？

H：这个多了，政府号召啊，你像地震啊、水灾啊、残疾人事业啊，这都有也都来了，这主要是看你商会的奉献精神，但是它和商会发展不一样，商会发展啊，资金雄厚了对社会的贡献就比较大了，像助残啊，都可以解决一部分，但它不是根本任务，根本任务是发展。

问：就是经济信息的交流呗。

H：我看这个问题啊，从什么方面获得慈善的信息。这个很简单，政府的要求、媒体的报道、会员的反映，这个都很简单，还有困难户的具体要求。

问：困难户会找到咱们商会么?

H：对啊，报道之后就有找的，有的是找的，像烧伤的、摔坏的、或者是学校白血病的，这不都是学校找来的么。像这个问题，咱们和其他异地商会的往来。那往来就多了，通过主管部门会议的交往、项目的交往、信息的交往，有很多啊。你可以先看看我给你的资料，对商会的了解能深很多，真的，你翻一个礼拜就行了，现在还真不能写。这个问题啊，商会成立以来到现在有什么变化。变化是肯定的啊，人脉的整合、资金的整合、资源的整合，在社会上提高了知名度，互相之间得到了支持，互相得到了解、互相的信任程度的提高。过去找一个人呢，需要了解好长时间，现在参加商会了，商会就了解了。

问：恩，通过商会去了解一个人。

H：恩，对。

3．对商会的认识

H：商会是个新事物，也就最近几年才开始，我们是第十个商会，原来是第九个，第九个之前也就两三年，06年吧，吉林省才开始成立，但全国成立比较早，06年开始成立，06年以前政府也不重视，社会也不知道，有时候我发短信，我说我是商会的，他们都疑问商会是干什么的，都不知道。

问：我看资料也比较少，我在学校的图书馆查也不是很多。

H：好多人都不太懂，你像有的会长都不知道商会是干什么的，实际上商会按照民政部的规定，商会是有独立法人资格的、自愿参加的、非营利性质的民间组织，它不是营利的而且是民间的，但是还有法人资格的。有些人当会长了，他都不知道，你像长春市那个会长，有个民政的处长问他："老Z啊，商会是干什么的，为什么成立商会"。我们在一起吃饭，他说："让H大哥和你说吧"，他当会长的，他都不知道。他就是想成立一个组织，当一个会长，到哪有名啊，有个头衔，这个你像福建啊、浙江啊，一说商会的会长回来了，政府都老重视了，领导都接待，还给拨款。咱们国家呢，不太正规，像外国成立商会，都是相当有实力的，都能主导当地的经济的，而且像是技术监督、技术论证啊，都可以批，批技术过关不过关，咱们国家就完了，要是给商会，都给你批名优产品，咱们国家这个不太过关，但你这个和这个没关系，你这个是怎么整合的问题。最后你这个就是整合了才能发展、整合了才能进步、整合了才能强大，找一些适合社会发展的语言。整合了为什么能发展呢，由小到大，经济也强大了，对社会的推动也强大了，发展了之后政府也比较重视你，重大项目、重大建设，都可以找你商会来办，而且政府规定三星级以上的商会可以购买政府服务，政府可以拿钱让你为他服务，所以说你越发展、你越发展、对当地政府贡献的也大、发展也快，最后啊就起到这个作用，为什么要整合，也可以放前面说。政府也提出来、商会也提出来，为什么要整合，整合以后是什么情况，这个对社会啊、对经济啊都有发展。到最后怎么整合，我考虑就是这么几个整合。你先弄个思路、弄个纲，弄出来之后就找材料，感到哪有用就记上，如果材料和纲不对，可以把纲改一下，材料和纲弄完了，就赶快组合，组合之后哪怕都错了，你也一星期或什么时候把它整完了，全推翻了我也写，就按照原来的思路写，不行呢，就全改，光在那想不行。不知道你写没写过东西，我是好几天都晃荡，走路也想，突然有思路了，我坐那就写，写完后甚至于推翻了，我也这么写。

4. 商会功能

问: 刚刚咱们说到政府可以购买服务，政府都可以购买什么啊？咱们都可以服务什么啊?

H：招商引资啊，上哪去拿钱，一起招商。你比如吉林省的水利建设、长春市的高层建筑、修路这不都是么。

问：都可以?

H：都可以。比如政府不太了解的，和商人接触不太多的，他可以相信你啊，让你去招商啊。比如政府资金短缺了，政府问你能不能把这个事情承担起来，资金能不能垫付，这都可以找你，你要是不是5A级以上的，3A级以上的，他不太信任你，等于什么呢，信誉度啊、知名度啊，都不够。

5. 商会制度与会员管理

问：咱们商会发展到现在制度有什么调整么? 原来觉得适应，现在觉得不适应，就推翻了。

H：商会的制度不能推翻，一个是商会成立以来要按章办事；第二是有一个组织；第三有个规划；第四是有个要求，要求要奖惩严明啊。每个商会换届后都要上一个新台阶，因为人脉关系、知名度都提高了，就期待着商会的发展、商会的整合，向大的方面发展。

问：像咱们会员和会员之间、会员和会长之间他们的意见不统一，要怎么去整合他们的意见呢?

H：这个问题啊，我和那个河南H河大的教授都讲了，一个是互动，一个是项目的带动。就是一个项目呢，把大家带动起来，一个是走访的拉动，通过走访呢，解决问题，拉动关系。我们现在有了矛盾呢，不就矛盾解决矛盾，而是通过其他方式把问题解决了，就像刚才说的项目啊、走访啊，平时的一些活动啊，化解，像开业大典啊、座谈啊、聚会啊，这些活动啊，化解，没有，就问题解决问题。

问：就是不让这个问题激化了。

H：对，就问题解决问题啊，他不解决问题。

问：您认为会员发展到多大规模算是最好?

H：这个还是要看具体情况啊，这个问题挺抽象，会员的发展啊，就是根据情况，但是商会啊，要支持他们的发展，会员的发展呢，要先让他活动，战略规划、核心规划、远大目标，这些都要有。但是真正的活动是日常运营，先让他活动，所有的企业都是先让他活动，别让他死了。发展多大呢，是逐渐发展，根据情况稳步发展、良好发展，不能恶性发展。比如有五十万的资金干八十万的活，缺了三十万，这是少了，要他良性发展，不能恶性发展，这是商会的基础东西，要根据实际情况做好规划，这叫日常运营吧，也叫做活着的运营。

问：哦哦，那要是会员违反了商会的章程，咱们怎么对待啊？

H：一个是按章程规定；第二个是视情况处理。违反章程啊，我们都有规定，比如说按时交纳会费，我们都有规定，三个月内交会费，没交的可以延长一个月，延长期间没有理由的、不交会费的，视为自动退出商会，这就是比较体面的处理。但是要是像其他的，比如说在社会上造成影响的、偷税漏税的、违章经营的，轻的商会要进行教育、进行帮助，重的要接受处罚，就是这些，这些都很正常。

问：像是影响比较严重的直接就让他们退会么？

H：影响严重的要清除出商会队伍，不符合会员的标准。

问：咱们会在商会里通报他退出商会了么？

H：那当然通报了，川渝商会不就开除一个叫CTF的么。第一个呢，不交会费；第二个呢，赞助了，他喊出来了不交钱；第三呢，在商会造谣，他们就研究把他开除商会，这都有的这例子。商会怎么运作的，会员必须按章交纳会费，如果违反规定了应该怎么处理，商会怎么发展、商会怎么沟通，那这都有，这太普通了，什么电话沟通、微信沟通、网络沟通。

问：像我前一阵访谈了一个会员，他对商会的归属感不强，咱们怎么整合呢？

H：商会的归属呢，它就是个民间组织，它有可能死了，但商会的发展呢，应该是越发展越大，它是社会发展不可缺少的力量。政府也提出来了"小政府、大社会"，未来呢，逐渐把一些事情交给社会办，交给社会办交给谁呢，交给民间组织，当前运作比较好的还是商会。商会第一呢，有经济基础，这些民间组织呢，商会的实力是比较强的；第二呢，商会的运作是比较好的，有规章制度；第三和政府结合起来，有主管部门；第四呢，在全国范围内呢，它还有交流，还有沟通，还有互相支持，这个商会运作是比较好的。像其他协会啊、学会啊，大部分都是政府领导兼职，组织呢，更松散，而且没有经济来源。商会和他们不一样，商会发展现在还可以，商会只能发展越来越大，越来越多，发展下去还是民间组织……。

6. 商会期望

问：秘书长您理想中的商会是什么样的啊？

H：我理想中的商会就是对会员有发展、对社会有支持、对国家发展有帮助的商会，能够为会员排忧解难，为国家呢，担当一些责任，这是比较良好的商会、比较合格的商会。第一对社会，第二对会员，这是比较好的商会，这是值得提高的方面，为啥整合，对社会、对会员有什么帮助，但是辞方面还得措一下，我现在想到这么两点，实际上也是这样。

问：恩，好的，今天太感谢秘书长了。

H：好的好的，那都没事。

II-14. 吉林省河南商会副秘书长ZD访谈

人　物 ： ZD、董运生(董)
时　间 ： 2014年5月14日
地　点 ： 华苑宾馆

1. 个人信息

基本信息

Z：我读大学的时候念的是水电专业，在吉林市那里大坝最早有一个水电专科学校，当时因为我爷爷在那边，有个照应，到那边上学。上学之后开始经商，当时毕业的时候没在人家那按部就班工作，86年毕业，比较早，是专科学校。那时开始做贸易，最早的时候做酒店，偶然的机会去海南，原来准备搞酒店，后来说炒地炒的比较厉害，93年，开始一步步经商，由北到南，应该比较早，比较前沿的信息。后来做了粮食贸易，其中97年地产不好，转行做粮食贸易，无论做哪一方的生意都是有朋友帮忙，还是比较顺畅。97年回长春。是特别偶然机会，做粮油，有一个朋友急需作饲料，买不到，我就回东北给他采购。后来想，家在东北就是……，想还是回来吧。

董：你做企业，我问你一个问题，作为企业家做的比较好的时候年龄比较大了，涉及到交班的问题，很多企业家培养自己的子女，企二代也好，你从企业家的角度你怎么看？

Z：接班人的问题。要客观的去看，不要只看亲戚说要给我家的什么人或者下一代，经营企业当中你一定要有招聘的人员，完全从才能本身出发，本性出发，你具备这个能力就可以用，是我儿子，你不具备这个能力就不能用，应该是从受教育到一定程度之后才确定了他儿子具不具备这个接班的能力。如果到了一定程度发现孩子行，各方面的素质达到你要的状态的时候你再把他往那方面引，虽然有些送到国外去镀金了，但他回来还接不了班。

董：你了解的里面有没有没有孩子能接班的情况。

Z：有，有很多，他有意的去培养，接不了，他自己也知道接不了，他就会想其他办法。有的不会再极力的扩大发展，有的琢磨把股权进行转让，我身边确实是有这样的现象，感觉还是接不了，现在这些现象还是比较多的，能接班的不是很多。

事业介绍

董：你现在这个企业叫什么？做啥？

Z：我现在做水利信息化，是长春唯一的一家。

董：是咨询公司还是？

Z：不是咨询，是做工程。大坝监测，又回到本行了。

2. 商会加入契机 / 商会认识

董：那你加入河南商会的契机，是那年加入的？

Z：筹备的时候，09年，07的时候就……。

董：是怎么样加入这个团体？怎么组合？

Z：这个是和WS联系比较早，是朋友，我俩是邻居前后楼。

董：他也是筹备组的主要成员？

Z：最早是H秘书长，他就开始找了嘛。到处到吉林省这边来都找H秘书长，他有一个心就开始筹备建设河南商会。

董：在商会成员当中，我刚才也观察了，女士不多。你从女士的角度参与商会有什么不一样的吗？ 社会当中成功的女性相对来说比较少一点，这个你有什么感受？

Z：对。那到没有，说心里话特别受这个哥哥弟弟们的关爱确实是有的。女性比男性获得的关爱多一点，比如有困难，无论给谁打电话没有拒绝的。

董：你感受到的是性别优势。

Z：也不完全，做企业这一块也跟你自身的实力也有一定关系吧，不会单单因为女性……。

董：咱们这个商会女性的企业家多不多？

Z：应该也不少吧。

董：你接触的多不多？

Z：不算太多。但是随着年龄增长吧，我只是个人理解，他会不会年龄的关系不太愿意参加这样的活动？有没有这样的关系啊？商会女同志这块尤其河南商会少，广东商会那块还好。

3. 商会运营方式

商会创立的构想和推进的契机

董：你在筹备那几年主要做什么工作？

Z：筹备其实就是大家沟通啊，商会怎么做，而且那时做商会最早的是广东商会，和WQ，我们也是朋友，咱们都多借鉴其他商会，经常聚在一起，聊商会怎么做会更好。就加入到河南商会了。商会从最初的筹备到正式成立2011年。

董：你成立的时候是理事还是会员？

Z：副会长，后期因为我做这个事做工厂，总在外头，我们一旦施工的时候就全国各地跑，这样的话我就很少在。

董：这次换届以后你身份有什么变化？

Z：因为我还是工程很多，全国各地跑，没有那么多精力，身份没有变化还是副秘书长。只要我还在长春的时候集体活动我会积极参加，我有一个感触，这些商会我接触的比较多，大概有4、5个，河南商会的发展，尤其是会长H秘书长对商会的发展真是潜心研究，这是非常有感触的。他很关注各个企业的发展，大家困难呢。最早的时候司法厅关注企业维权，河南商会我觉得是做的最到位的，给企业维权。比如遇到麻烦了……。

董：因为维权是他的一个重要职能。

Z : 对，做的特别好，好在是通过商会有个别企业受益了，但是我没有这方面的纠纷。钱要回来了，商会积极参与，非常务实，不是虚的来要一个什么名。尤其是会长，特别注意企业商会形象。而且对商会的发展特别有独到的想法，不是单纯的利用河南商会这道牌维护自己的形象，他维护商会所有企业的形象。

董: 你是从商会成立到现在大多数活动都参加了？

Z : 基本重要活动都参加了。

和党-政府机关的关系

董: 不知道管理部门允许不允许社会组织来做这个经济的活动或者直接从事商业的这些事？从政府的角度有没有这个限制？

Z : 应该没有限制，因为商会都是独立的个体单位，从政策上是允许的，实际上在这些过程当中我就很担心这些问题，它一定会有营利或者亏损。

4. 商会功能

加入益处

董: 有一个自身维权的问题。

Z : 有些不好直说，不能直说，哪个利大于弊还是弊大于利。

董: 至少我们国家越来越重视社会组织的发展，尤其是商会，以前都是通过单位制、企业把人给组织起来，现在商会也没有多少年，商会这种模式把企业家聚合在一起，这种方式和以往方式的单位和政府机构组合的方式你觉得是怎么样的？

Z : 要从历史学的角度去讲，完全走市场经济，如果真的能走到市场经济，商会能力一定大于政府职能部门，商业行为是主导型。如果我们还是以政府职能部门作为指导，商会永远是辅助作用。

董: 你觉得现在这个阶段还是处于后者吧？

Z : 对，但是我们真的能达到完全市场经济，政府职能部门是无法达到商会的作用的。

5. 和各种同乡 / 同业组织的关系

董: 你这个企业有没有参加其他比如说水电的协会啊?

Z : 参加一个水协会, 那是水利厅的, 在水利部注册的。

董: 他的性质也是一个社会组织, 那你觉得水协会这一类的组织和商会的
组织主要的差别是什么?

Z : 最大的区别就是他有行业性, 水协会嘛, 我们研究完全和水有关。商
会就不是, 是包罗万象, 什么样的项目是河南籍的都可以参加到这个
团队里, 信息更广泛一些。我们叫水学会, 不叫协会, 更多的是搞研
究, 大部分都是涉及到水的事儿。专业性非常强。

董: 那个学会的管理模式和这个有什么区别? 比如这个会长是怎么产生
的?

Z : 选举产生的, 水学会大部分都是原来水利厅退下来二线的副厅长, 一
般都是。

董: 那要不要交会费什么的?

Z : 交, 也要交。

董: 是必须得交吗? 还是合同上有什么要求?

Z : 有, 都有。像理事, 常务理事, 理事单位都有。一般都是理事单位,
个人很少, 一共就两家。都是以单位, 不是以企业。学会都是理事单
位, 大部分是水利单位下属的机关单位。和商会截然不同。到那里我
们交流的都是本行业, 专业性很强的。

6. 自身文化认识

对东北、吉林文化的看法

董：你是在长春长大的?

Z：对对，小时在榆树，到14岁。

董：问一下你直观的感受，吉林省本地的企业家和河南的企业家的差异是什么?

Z：从人本身这块，或多或少有一点差异。北方人的豪爽河南人也有，还有区别。我总有一种感觉没有北方人能完全放开的豪放，怎么说就是放不开，能感觉出来，不是土身土长的，用最通俗的语言，就是缺乏这种霸气，就是骨子里的东西，不是用语言形容出来的。

董：你觉得他们的优点有哪些? 相对于吉林省。

Z：从河南走出来的人，都是比较善于交流，而且有一股子闯劲，能吃苦，河南人都很能吃苦，吃苦耐劳的精神，思维理念还有一点差异。

董：这种差异能概括一下嘛?

Z：我在想很准确的语言去概括这种差异，河南人比东北人经商的角度上更精明一些，更细腻一些。还有一点，河南人闯出来能做事：一个是他的细腻，一个是他的勇敢。他的细腻勇敢和吃苦耐劳。很难用语言去形容。

董：最后回到商会上，从09年之前到现在有5、6年时间，还是以河南商会为例吧，它发展的限制因素你感觉都有哪些?

Z：最限制的是人们对河南人最早的观念，会有影响。这两年感觉原有的东西很难去改变，制约河南商会。其他我觉得河南商会本身做的很到位。

董：从组织结构上，比如正常的工作人员?

Z：确实需要增加一些，工作量太大了，另外河南商会的宣传力度完全靠他们在做在宣传。

董：不像川渝商会到处都是牌子。

Z：我想说的就是这个意思，我能理解，实实在在做出了去理解，而不是用现代的理念去做这种表面的宣传，是很感性的直观宣传。

董：目前这种干点实事是比较长远的。应该也有一些近期的东西是吧?

Z : 对，从长远的和当下的区别吧。还有现在商会工作量很大人员要增加，秘书处这块。是否需要单纯弄一个搞宣传的。不知道其他商会怎么样，你刚才也听到了假冒的，像C监事长说如果你东西不好，不会……是正面的角度。从另外一个角度，别人，河南人怎么造成更不好的影响，你们河南人自己都……。

合作伙伴 / 行业分化

董: 商会的性质是非营利组织社会，今天下午这个会，通过商会项目合作这个应该怎么去看，或者怎么去界定它？这个矛盾不矛盾。

Z : 我一直对这个问题挺困惑的，我也在思考，每一个单位都是独立体，这个独立体融到一起的时候，比如商会来搭建这个平台，银行也好，这个首先就是制度，如果制度制定的不严格，会有经济纠纷的隐患非常大。但是，你把制度制定的非常完善，我相信，但是这是有一个摸索的过程，一定不是……从去年开始我就有困惑，因为我也要有一个银行，要自己组，我就在想一个企业自己做还好，有些事自己做，如果很多个体你把他们融到一起的时候，如果没有一个完善的制度出现后，后面问题很难出。咱们中国人最传统的就是人与人的相处，有些人很有个性，会把这种感性色彩融到企业里去就会致使你这些东西，一个两个还可以，十个八个甚至20个就很难处理，这一把手无论谁去担这个责任，就都不好把控，如果完全从投入的股份来计算的话，那我问你，开会的时候他会高兴吗？他一定不高兴。你能确保到完全赚钱吗？不一定。尤其是担保公司，它风险其实挺大的。

7. 商会发展期望

董: 吉林省的商会有些是不错的，河南商会也可以，也有一些其他的商会出了不少问题。按照我们最初的假设是要通过社会组织把社会组织在一起，你对这个前景是怎么看的，是乐观啊，还是……？对前景你觉得会怎么样，从你个人来看。

Z : 现在参差不齐有好有坏，这个主要看带头人，带头人很关键，这要看他几方面的素质：一个是看他是不是很有德性，看个人素质；还有一定要有奉献精神，如果一味的在商会创造经济价值或个人社会地位，你首先的出发点就偏离了这个社会轨道，一把手，就是商会会长。商会的成员每个人都有独立的架构，完整的，你想把他融到完全服从各方面的制度。

董: 如果一个组织的发展更多的跟一个领导人关联在一起，这个前景特别不稳定，国家领导人换届的时候，大家都在猜测会不会能像上一届那样么。更好的情况下是制度来保证，无论谁上来，都应该按这套规则来。

Z : 你说的和企业制度一样，大家执行就完了。但我们国家，你制度再完善，那执行力呢？

II-15. 吉林省河南商会秘书ZHJ访谈

人　物 ： ZHJ、CSY(问)
时　间 ： 2014年7月4日
地　点 ： 河南商会办公室

1. 个人信息

基本信息

问： 您当时是学什么专业的啊?

Z ： 环境管理。

问： 哦哦，就是也不是咱们专门学这方面的是吧?

Z ： 嗯嗯，是的。

问： 您当时来的时候需要什么工作经验么?

Z ： 我来的时候是商会的筹备期，所以招人的时候也没需要什么工作经
　　 验，但是现在要是招人的话就得需要了。像我们工资也是这些年才涨
　　 起来的。

2. 商会加入契机 / 商会认识

问： 您以怎样的契机加入到咱们河南商会的呢?

Z ： 我就是应聘。

问： 就是应聘过来的?

Z ： 对。

问： 咱们的会员一般都是通过什么途径了解到咱们商会，加入咱们商会的
　　 呢?

Z ： 就是老乡之间互相有介绍，就像一个人加入商会了，咱们是一个圈

子，咱们互相聊天的时候就了解到商会了；还有的就是通过报纸，因为我们也会做宣传；还有就是其他外部商会。

问：外部商会咱们也有相互介绍的么？

Z：对，像我们新进的会员，郑州中原的那个就是川渝商会介绍过来的。他是和川渝商会那边有项目进行联系，到那边了然后说那你先加入河南商会吧。

问：咱们商会的会员要求必须是河南籍么？

Z：我们是那样要求的，但也有例外的，比如说会员推荐特别好的企业也可以。

问：咱们对于入会的会员有什么要求么？

Z：要求就是首先就像你刚才说的是河南籍的，有正规的营业执照，在长春没有违法的、偷税漏税情况的，我们会先考察一下，通过秘书处先考察，然后再推荐给会长会决定进入商会。

问：咱们商会的女会员大概有多少啊？

Z：三个，就是CY总、Z总、还有Z总，就是ZCL。

问：就这三个？

Z：对，女会员特别少。

问：为什么呢？昨天他们开玩笑不还说到这个么。那是他们本身不想加入商会，还是女企业家就比较少呢？

Z：了解到的，女企业家就是少，川渝商会女会员挺多的。

问：那这三个女会员是怎么样加入到咱们商会的呢？

Z：Z总是会员企业推荐的，她是先加入的，然后C总，CY那边也是会员企业推荐的，还有Z总，她们都是今年参加的。ZCL总参加的早一点。

问：Z总是在成立的时候就参加了呗？

Z：她不是筹备的时候，她是成立以后。

3. 商会组织管理

商会管理的原则

问：咱们商会都有什么活动么？

Z：活动，像换届这是正常的，每三年一次，还有年会，还有和外部商会的活动、会员单位的活动，商会正常举办的联谊会这样的活动。还有我们有一个河南豫商联谊会，就像前几天和YZ去的葫芦岛就是豫商联谊会，河南商会之间还有这个活动。

问：您认为心目中完美的商会是什么样的呢？

Z：我觉得啊"以商养会"。

问：以商养会？

Z：对，现在我们商会没有什么项目，单靠会员的会费，我觉得"以商养会"就是商会之间成立一个项目，就不用收会员会费了，这样抱团发展。

问：不收会员会费了，那会员会不会觉得没有那么强烈的归属感了呢？

Z：我觉得应该不会吧，抱团发展虽然不收会费，但进来也会有一个衡量标准，也需要通过会长会审核一下。

问：那制度方面您认为还有什么需要改善的么？

Z：制度方面吧，我觉得我们商会退会那块没有太严格的要求，因为退会啊，没有一个文件啊、一个表啊这样的，这里我觉得需要完善的，其他的我觉得还可以。

问：退会是咱们要求他退会，还是他主动退会啊？

Z：都有。

问：这两方面都没有什么制度安排么？

Z：对，目前还不太完善。

问：什么样的人会退会呢？

Z：太急功近利的那种人，他加入商会就有一定目的，像有的时候我接电话，有人就问河南商会怎么加入、有什么条件，我加入后能给我什么好处，这种人吧，进来的目的性太强了，如果短期内他没得到一定利益，他觉得我交这点钱不合适，就这种人；或者是进入商会后没得到多大利益，说商会一些负面影响的这样的人。

问：那有没有会员就是他第一年交钱了，第二年感觉没获得什么利益，然后第二年就走了？

Z：也有这样的，每个商会都会有。

问：咱们对于这一部分人也没有什么挽留措施或者是……？

Z：这都是自愿的。

问：像其他商会有一些不太好的情况，像是换届啊，或者是管理方面，如果发生在咱们商会了，您认为应该怎样去处理这样的事情呢？

Z：处理？我们商会目前还比较和谐。

问：就是感觉这种事情不会发生在咱们商会是么？

Z：我感觉是吧，因为我们会长、秘书长都是以鼓励的方式。

问：像昨天我采访一个会员，他说感觉像是咱们商会开会有的人迟到了，或者是在会议中接打电话什么的，咱们有一个管理的措施么？

Z：有，我们新定的制度，但是可能实施起来还需要一段时间，你采访的会员估计是新加入商会的，他应该是上过挺多课那种的，就是企业家培训那种课，到那手机就关机，然后就签到，没到就罚钱。

问：对对。

Z：我们也是制定了一个那个制度，因为以前养成的一种习惯吧，原来没太实施。刚开始实施了，可能不太履行。这个叫"乐捐"，就是迟到多少分钟，罚多少钱，几次没参加会，罚多少钱，有这个制度。上次那个W总不就是弄了个纸盒在门口。有这制度，但是实施起来可能比较困难，他就是参加的学习班参加的多了，可能一到我们这来不适应，然后我们会员以前那样开会开时间长了，也不适应现在的制度，需要一个过程。

问：会员对商会的活动支持程度差不多么？商会都满意他们对商会的拥护么？

Z：我觉得会员对商会的支持表现在上次那个第二届庆典大会，就挺明显的，我们有个群么，每个人捐多少钱、捐多少物，在群里就说一下，鼓励一下，大家都顶起来那样的，对于这个还挺好的，响应的人也挺多的。

问：就是会员对商会支持的也挺多的呗？

Z：对，尤其副会长以上的人，因为他们也有实力。副会长、常务副会长这样的，实力强的可能就是捐的多一些。也有那种像干体力活那样的，可能就是没有捐钱，但是行动上也表现出来了，车啊，他们都有派。上次第二届庆典大会，基本上属于没有花商会的钱。都是赞助和捐的。

4. 商会组织结构

职能分化

问：像咱们商会多长时间开一次会员大会啊？

Z：会员大会我们定是一年一次。

问：这些会员都会来么？

Z：就是在家的来。

问：像是常务副会长、会长、会员等，他们之间会有小的分化么？就是平常几个人比较好……。

Z：我觉得这个应该是有吧，就像那种特别有钱的和特别没钱的之间会有一点分化的，而且我们会员有提过有那种想法的，就是他觉得自己实力不够，往那边凑吧，他觉得不好意思，不好意思张那个嘴，往那个群里凑。

问：针对这个情况，咱们有什么改善措施么？

Z：这个怎么改呢，就是首先他自己得改变他的认知观念，因为你说你总不和别人联系，你的圈子不也小了么，你不往上联系，你就总是这个阶层的是不是。他的认知，我觉得应该改变一下。

问：就像有时候咱们中午吃饭的时候Q总还有C总，他们就在下面聚，就是一起吃个饭，平常这种情况多么？

Z：多，特别多。

问：就是他们平常的联系？他们加入商会前是不认识的？

Z：对，有一些是不认识的，有一些是老乡之间认识的，还有一些是听说过、没见过，尤其是到商会以后才认识的。

问：他们属于到商会后才认识的？然后中午聚一起吃个饭啥的？

Z：对。

问：那娱乐活动都有什么啊？

Z：斗地主、打麻将，呵呵。

问：平时也总聚呗？就是没有活动也总聚？

Z：我们前几年聚的挺多的，今年还少了一点。

问：那这也属于一种交流啊，平时慢慢地相处，可能关系就更……。

Z：在这过程中为人什么的，慢慢不也就看出来了么。

问：我看咱们监事会也是刚刚成立不久吧。

Z：我们就二次庆典大会的时候选的。

问：那现在发挥什么作用了么？

Z：监事长，目前还起监督作用，还没太监督，才刚刚开始，就钱多交了
一点，还没太进入正轨呢。但是很多会议都是会长参加不了，监事长
就参加。会长发完言，监事长就发言。

问：那像监事长就属于咱们商会现在的二把手了么？

Z：可以这么说吧，你像昨天不就是么。他代表发言了，如果以前的话，
他不当监事长，可能就轮不到他发言了。

问：那监事长是你们选举出来的么？

Z：就是会员投票，一样，投票选举。

问：之前也会有其他人竞选这个职位么？

Z：要求是可以报名，有个截止日期来着，但是报名的没有，就是C总一
个人，选的时候就是不记名投票，他就当选了。

会员的权利与话语权

问：咱们会员的权力多么？在商会各方面的权利多么？有什么权利？

Z：会员的权利……，有选举权、监督权，章程上都有写，就是在不同的
职位有不同的权利，但最起码他会有选举权。

问：那对活动的举办什么的有话语权么？就是怎么举办？

Z：这个的话呢，一般都是领导班子、常务、会长办公会什么的，商量着
来，我们不是独裁的那种的，什么都得商量着来，就是每个月开常务

副会长交班会么，然后就研究一些事。

问：交班的那个人，平常没事他就会来么?

Z：对。

问：都干什么啊?

Z：他就是参加一些活动，外部商会给我们发一些邀请函，或者是对外的活动，我们就会给他打电话，让他来参加，他就代表参加了，因为他是值班常务副会长。或者说外地来客人了，他得负责接待。

问：就是会长不在的时候……。

Z：会长在的时候也得以他为主，需要会长出面的时候会长再出面。一般的话都是值班的常务副会长来应付这些事。

问：那他就是执行……。

Z：对，他就是这个月的执行会长，那他得派车接，他得负责接待。

问：那一般他们配合么?

Z：都挺配合的。我们这几年值班常务副会长轮流，都挺好的。

问：他们那边企业忙不忙?

Z：忙啊，但是他们企业也得过来，实在过不来的话，秘书处再安排。尽量都找他们，因为既然是常务副会长，你不能不让人家知道这个月发生什么活动了。

5. 商会运营方式

会员管理机制

问：那商会现在发展的现状来看，就是你希望商会往哪方面改进一下，就是哪方面存在什么小问题?

Z：小问题? 就是发展会员吧应该，就是宣传方面再增加一点，多一点发展会员，嗯，这样的。会员多了，影响力就大了嘛。

问：别的没什么了吗?

Z：别的? 就是项目，项目方面，就是开发项目方面。

问：现在咱商会有什么项目?

Z : 我们不是有一个河南商会工业园嘛，要准备投资，就各企业往上报你能要多少地那种。

问：那在制度方面呢？就是监督会员，还有一些制度建设方面需要改进的？

Z : 制度建设方面就是我刚才说的，那个就是退会那块。

问：退会那块快？

Z : 嗯，应该制定一个制度。

问：其他方面呢？

Z : 其他？其他我们都有制度。

问：但是正常运行的话，就是商量着那种来，用不着制度什么的是吧？

Z : 也有制度，你得按章办会，按章办会这个挺重要的。因为你没有个章程你说啥是啥那样也不行。

问：咱们现在会员有多少？

Z : 120多家，但是参加的你们也看到了，基本上都是那些。

问：那120多家都交钱了吗？

Z : 交钱啊，不交钱不能让他入会。我们现在会员都得交钱。

问：你认为发展到多少家会员会比较合适？是越多越好吗？

Z : 也不是越多越好，就择优吧，那种。

问：大概有一个数字吗？你觉得多少是比较好呢？

Z : 那没想过。没有吧。不知道这个多少是好，没有这个概念。就是团结一点，大家在一起然后商会有活动，就是拥护商会嘛，对外拥护商会，然后商会活动积极参加这样。

问：像咱们有没有就是对违规商会的会员的惩罚机制呢？

Z : 违规会员？没有。我们一般都是鼓励，然后有一些事就是私下沟通商量着来，很少就是说硬的，就是给他惩罚，前一阵我知道川渝商会把那个副会长ZJF开除了，写了一个通报，就是发到微信上边，公众平台了，然后大家都看着了，我们没有那样的情况。

问：他做什么了，这么严重？

Z : 就是不太拥护商会，对外散布对商会不利的谣言什么的可能，没交会费，这也挺重要的。可能有点不知恩图报。进商会以后吧，就是大家都挺帮他的，然后他可能自己起来一点就散播谣言了可能，然后就给他开除了。我们没有这样的，看到这个挺震惊的，有点太狠了，我们都是以鼓励为主，其他的是就私下知道私下沟通了。

问：那如果咱们商会也有这样的会员那咱们怎么处理他呢?

Z：应该，我觉得按我们会长和秘书长的性格，就是那种处事方法应该也不会就是这样公开，因为太不给对方面子了有点。以后在吉林怎么发展，有一个诚信的就是失信的那种感觉似的。应该不会这么狠我们。

问：啊，像那个就是商会没有大型活动的时候只有秘书处在处理日常事务是吗?

Z：对。

问：那您和秘书长两个人处理整个商会的事务吗?

Z：我们分工不同啊，像我就是做一些文员的工作，秘书长主要是负责沟通，对外沟通。

问：咱们会员刚加入我们，是一个新的会员，那咱们会把他介绍给其他会员吗?

Z：会，还有就是通过他自己的运营。他自己的实力，比如说就像S总吧，我们今天我开酒店的，我开个山庄，然后我加入商会了，我想请老乡过来参观一下，吃个饭什么的，互相认识一下。我们就帮他联系，就像昨天的那种情况，但如果说他可能想不到这方面，我加入商会，通过商会去联系，那就是等到商会有活动的时候会把他介绍给会员认识。还有就是他主动提出来的，咱就帮他掌握一下。不提，只能通过那样方式。

和党－政府机关的关系

问：咱跟政府就像你刚才说的，都是哪方面的接触呢?

Z：就是像我们主管部门是经合局，吉林省经济技术合作局。就是他们是我们的主管部门，前一阵秘书长就是每个月他们都要开秘书长会议，我们这边不是替他们招商引资嘛，就这方面跟他们有联系，主要是给他们解放了。我们属于联系最密切的了，再就是民政厅，我们是批我们的。

问：他除了在审核我们方面还有对咱们引导管理的吗?

Z：年检。每年都需要年检，去民政厅那边。

问：都年检什么啊?

Z：就是营业执照。

6. 商会功能

问：像现在咱们商会在那些职能方面发展的比较突出?

Z：维权吧，我觉得。就是还有融资、贷款这方面。就是帮会员解决了很多常题。

问：能举一个例子吗?

Z：这个主要是秘书长主要负责这边，他跟你说过吧，应该，上次那个来调研的时候，去年的时候，跟老师一起来的时候，他不就是说了几个嘛，这方面一般都是他接触。

问：那就像他们C总还有什么加入商会后，不是还一起开了一个公司吗? 这也属于加入商会以后的利益。

Z：对，找着合伙人了他就……两个人挺投机的。

问：那他们会员在加入商会以后跟政府的联系有没有在加入商会之前那么紧密?

Z：肯定没有。因为商会他属于一个集体。如果你个人以企业的名义去找，去找政府，可能不接待你，但是你说你是河南商会的，你代表一个团体的。你得通过秘书处去联系他那边的。

问：他自己还是不行，是吧?

Z：对，他自己的话，他说吧，可能也会好一点，比他说企业强。

问：啊，就提下商会，他可能就……。

Z：因为商会现在政府这边对商会还是挺扶持的，挺支持的，民营企业嘛，大力发展。

问：那你们平时唠嗑的时候，说他们那个河南籍的商人跟长春或吉林本地的联系多不多? 认识的人多吗?

Z：就是说他们入会以后啊，多啊，因为他们都很多年了，不可能只是跟河南籍的老乡联系啊。

问：就是好朋友什么的也有长春的?

Z：对，就是有那种会员要不然他知道的企业好了推荐给商会，但可能不是河南籍的，就这样通过认识的。

7. 和各种同乡 / 同业组织的关系

问：那商会和吉林省川渝商会或者是吉林省异地的商会也联系比较多是吧？

Z：对，省级的商会联系的特别多，成立大会都参加，联系也多。而且他们向我们会员企业，有活动的话也邀请我们会长、秘书长过来参加，还有就是年会的时候，年底的时候特别忙。所有商会都办年会，都互相邀请，天天都参加不过来那种。

问：那互相有业务上的往来吗？

Z：业务上也有，就是……，就像我刚才说的那个咱们郑州中原那个，可能咱加入到他，他加入到咱们商会。咱们就帮他沟通，跟川渝那边沟通了。

问：这种也属于一种搭桥，牵线搭桥啥的？

Z：对，会员企业有需要的，就看哪个商会有呗。比如说，我们秘书之间也有联系，比如说我们需要点钢材了，但是我们会员内部没有做钢材的，然后就在群里发一个，哪个商会有做钢材的，他就给我们推荐一个他们的会员企业。

问：咱们是所有商会还有一个会员群是吗？

Z：对，有一个，都是秘书加进去的，这样秘书长也有群。

问：整个吉林地区的？

Z：省级商会的，有省级商会，还有省市都在一起的，啥样群都有。

问：就咱们这种省级商会跟市级的联系就没有跟同等级的商会联系多？

Z：对，都是基本上都是省级商会。

问：那咱们跟其他的行业协会有什么交流吗？像什么烟草协会啊，什么什么……？

Z：比较少。

问：一般都是这种地域型的商会。

Z：像行业的，我们跟计算机联系的还比较频繁。还有钢铁商会。

问：为什么跟他们联系比较多？

Z：因为他们有活动经常邀请我们。

问：我看咱们还有长春市河南商会，长春市河南商会和咱们吉林省河南商会有什么不同么？

Z：长春市河南商会，他们应该是商务局批的。不同？没什么不同吧，就是我们参加的活动是省里的活动，省里的活动可能就不叫他们市商会了，就是这样的。

问：比咱们低一个等级么？

Z：应该算吧，我觉得。

问：像一个企业家，他加入省河南商会，可以再加入市河南商会么？

Z：不冲突，两个都可以加入。

问：那像咱们和市河南商会之间有什么管辖么？

Z：没有，这不可以，就是成立的时候就不允许的。

问：就是各自管各自的？

Z：对。

8. 自身文化认识与身份认同

对东北、老乡文化的看法

问：您在商会这几年中有没有感觉河南籍的企业家对东北有什么不适应或者认知方面有什么冲突？

Z：认知冲突，我觉得没有吧，因为商会会员就像秘书长似的都过来很多年了，已经对东北这边的土地非常了解了。他们的年龄基本都是三十五往上的了，我们商会的平均年龄，你也看到了，都是这样的。

问：那他们在东北地区待这么长时间，他们还自己意识里还认为自己是河南人吗？

Z：是。

问：还强调这个？

Z：嗯，强调是河南人。尤其是加入商会以后，因为就是河南商会嘛。他们就是有时候话开始有点东北音，后来就家乡话了就那种。

问：是吗？

Z：意识里还是一个河南人。

问：在这块他们的家乡归属感也挺强的吧？

Z：到商会以后啊？

问：到商会以后。

Z：对，很多会员都说，找着商会找着家了。就是这样的。

问：就是这种感情方面的？就是刨除那些商业的那些因素。

Z：但是吧，我觉得如果刨除那些因素不太可能，因为他刨除那些因素后就可以加入联谊会，老乡联谊会。他加入商会，他还是那个。就是每一个人的程度不一样。可能有的注重乡情多一点，有的是……但是他都会想一些就是跟自有利益关系的。

问：就是那个比重多少。

Z：对，在每一个人的心里不一样。

问：您刚才提到的那个老乡联谊会，那个是……，不是咱们商会在这组织这个活动，就是别的……？

Z：就是自发组织的，联谊会他不需要登记什么的，可能就是老乡一帮抱团了，也不起什么实际作用，可能就是也是扩大他的圈子，他不需要去民政啊，什么去批准啊。没有什么这样正规的营业执照，就是个联谊会。

问：那个也是只能是商人才加入吗？

Z：不是，就是河南人就行。就是大家在一起。

问：像咱们商会内部不是有这个市那个市的，他们有没有划分啊，就是交朋友或是企业家在交流的时候。

Z：这个市那个市，是指的？

问：就是假如有安阳市的，有开封的，他们之间会不会有划分啊，有那个就是……。

Z：基本上没有，就是到这里来以后都属于到外地了嘛，基本上都是河南人，我们都是一家人。但是也有可能见到比如说我是安阳，你也是安阳，咱俩可能家更近，更亲一点这样，走动更多。

问：那他们在商会的时候不总是想吃烩面吗？那他们不在商会的时候在家

吃饭的时候也愿意吃河南的那些特产，烩面什么的?

Z：愿意，我觉得，就是有的家里边都会做那样的东西，烩面什么的。

问：在家就吃烩面呗，就不太习惯东北这边的。

Z：也习惯，就是吧，到哪如果有烩面肯定是，可能想尝一下烩面。

户籍所在

问：会员在长春、在吉林发展，他们的籍贯是怎么样的呢?

Z：有的还是河南籍，有的就移到长春这边了。

问：落长春的多么?

Z：挺多的，因为一家老小的全都过来了，在这边发展的时间太长了。

问：不打算回去? 以后就在长春了?

Z：对，因为他年龄在那呢，你看我们商会，哪有年轻的? YZH、YWJ这算是年轻的。

问：YZH是怎么知道商会的?

Z：还真不清楚，筹备的时候他就在了。

9. 商会发展展望

问：咱们商会发展有什么展望吗?

Z：展望啊，就是项目方面，以商养会嘛。展望我可不敢多说，哈哈，我就是希望秘书处多加两人，哈哈，这是我希望的，展望让会长来说吧。

问：工作那些人员，那些机构啥的，人员设置需要再丰富一些，分工再明确一点。

Z：像广东商会，他们还有会员部，这部那部的呢，人更多，就好几个人嘛，会员部啊，开发部啊。

问：他们是会员人多吗?

Z：挺多。

问：所以秘书处的人也多了。哦哦，那好的，谢谢您啦。

Z：没事的。

II-16. 吉林省河南商会会员LBS访谈

人 物 ： LBS、CYM(问)
时 间 ： 2014年6月3日
地 点 ： HC公司办公室

1. 个人信息

基本信息

问：那咱们先谈一下你们加入商会之前创业的历程。

L ：我们这属于公司，在东北的办事处。

问：那这个公司是你们创办的吗？

L ：不是。

问：董事长是河南籍的吗？

L ：对董事长是河南的。

问：那两位是河南的吗？

L ：我们是他的下属，但不是河南的。

问：那加入商会你们是代表董事长呗？

L ：嗯。像咱们河南商会，全国各地的河南商会。比如说咱们吉林的河南商会，就是我们代表，北京啊，或者哪的就别的代表。所有的河南商会我们都有代表。

问：那你们了解你们董事长的一些资料？

L ：我们董事长厉害啊，我们是做密封胶的，小区玻璃，高楼大厦的玻璃，那个幕墙我们就做那个。董事长是从航天转业过来，我们董事长享受国务院基本津贴，也是我们这个领域的带头人。打破外国垄断。以前密封胶是外国垄断的，他是打破国外垄断。

问：那你们董事长是哪年来的长春？

L ：我们是纯粹的驻外销售，生产基地全在河南。

问：啊，他现在本人还是在河南，他创业也是在河南。

L：第一个分公司是在沈阳，我们现在是一共有七大分公司。

事业介绍

L：商会啊，一些活动他基本都不参加，分公司处理，他都不会管。

问：那他在国家那方面有什么荣誉吗？

L：挺多，他是从航天转业过来，那领域荣誉多，再一个是在密封胶领域，可以说他是密封胶领域的带头人。

问：那像这个商会会长L会长不是还有一些道德模范这些称号嘛，你们董事长注重这些荣誉吗？

L：他是技术型，不会注重什么模范啊，他注重的是在技术领域的荣誉。去年获得了一个中通行业的什么奖啊。是整个玻璃这个第一个……。

问：就是咱那个领域特出色的。

L：我们董事长比方说社会学，他会比较注重一些社会学学术上的东西。

问：啊，就是比较专业化。

2. 商会加入契机 / 商会认识

问：那你们是怎么得知这个河南商会的？

L：我们是通过别的商会做工程，然后找的别的商会，他让我们先加入这个商会有个对接的平台。

问：正常来讲不应该是在吉创业发展的河南籍企业家吗？但是他现在在这边是有个办事处性质的，那起初加入商会事项从商会获得些什么？

L：就是资源整合嘛，大家现在不都喊这个口号吗？比如说建筑领域方面很多，我们只做胶这块，别的我们涉及不是很多，那么商会里面就有一些资源。

问：那像有什么活动的话，你们董事长会亲自来参加吗？还就是由你们代表？

L：不会来，基本不会来，顶多就是我们分公司的老总过来。年龄比较大了，今年78了都。你想全国各地这么多河南商会他不可能……。

问：他现在户口也是河南的呗?

L：嗯。

3. 商会运营方式

商会大事: 会员大会

问：那你们加入这个吉林省河南商会以后, 如果有什么活动每次都来参加吗?

L：我们大多会来参加。

问：会积极配合吧, 就像上次的换届庆典, 车辆啊都是从各个会员企业出力帮忙, 还有赞助什么的, 就是特别积极, 到时候如果有类似的活动需要配合的话咱们公司应该也可以……?

L：这个没问题。

对商会的认同

问：那现在对商会的认同感怎么样?

L：商会就是平台, 大家聚在一起, 社会学有句话叫啥来着, 一个群体。

问：也就是整合呗。

L：差不多。

问：也就是扩大一些在本地的人脉资源或者影响力什么的, 就更有利于公司发展呗。

L：嗯。

4. 和各种同乡 / 同业组织的关系

问：那你们总公司除了加入吉林省河南商会还加入什么其他地区商会, 或者协会?

L：有，挺多呢。咱们北方这边很少，南方那边挺多的，大连沈阳哈尔滨都加入了。

问：也是河南商会吗？

问：同业协会比如说你们这个领域的一些同业协会也会参加吗？

L：协会北京多一点，北上广。

问：基本上知道的相关的应该都会参加吧？如果参加的话回去竞选副会长级别还是常务副会长还是会员？

L：咱们相当可能没有那个影响力的前提下，也不会去争取那个，我们这边是刚加入，我们正好赶上这个换届。

问：那下届时候有想法想要晋升吗？

L：看发展吧。

5. 自身文化认识与民间信仰

问：那在你们公司里面会有一些河南地区的象征的一些禁忌什么的吗？就像有的地方会在公司里摆一些关公之类的信仰什么的？

L：那没有。

问：没有一些信仰什么的，或者禁忌需要遵守？

L：本身企业就是以科学发展观，不会整一些迷信。

问：河南信什么？

L：好像有个龙王庙，可能会供一些东西。

问：这个我没见过。

L：董事长最早是北化毕业的，北京化工大学毕业的，他是河南校委会的会长，我们公司有很多北化毕业的研究生和博士，他们一直是搞科研的。

II-17. 吉林省河南商会会员XW访谈

人　物 ： XW、CYM(问)
时　间 ： 2014年6月3日
地　点 ： PK公司办公室

1. 个人信息

基本信息

问：我想了解一下您的企业。您是哪个企业的啊?

X：我做卡车配件的。

问：那在咱们商会中从事卡车配件的多么?

X：不多，这个商会是各行各业的。

问：那您对这个加入商会，对自己的企业有什么帮助么?

X：商会哈，就像我刚才说的，在政府哪方面遇到人了、有问题了，商会
出头，比咱们个人出头要好的多啊，就是这样的。

问：我怕您太着急。您和这些河南籍的企业家接触，有什么认同方面不同
的地方?

X：因为我们接触时间不长，我不能做评论，是吧。你不了解的事情做评
论，是正确还是错误的啊，是不是? 我不误导你了么? 你这学生还没
毕业呢。但相对比较还挺好，都挺好。

问：就是大家接触方面没什么不好的是吧?

X：你家哪的?

问：我家是黑龙江的。双鸭山。

X：哦，双鸭山我知道，产煤的，离佳木斯很近。那你这走走吧，我再和
你唠唠。

2. 商会加入契机 / 商会认识

商会加入契机

问: 要不我先了解一下您怎么来长春这里创业的吧。

X: 来长春创业哈。

问: 哦，那您是怎样知道咱们河南商会的啊?

X: 河南商会这样，我还有一个平台，因为会长呢，和我是一个平台的同学，我们有一个"文华大系统"、"文华机构"。就是中国的第一家金融超市，我不知道你听没听说文华大系统，文华大系统，你听说过"斯巴达"吧? SYM讲的。

问: 我只知道这个名词，但不知道它是什么。

X: 但是呢，中国现在最有效率的、影响力最大的，就是我们文华大系统。达到中国第一家金融超市，老师叫LWH。这是一个平台，一个集团，文华国际投资集团。要谈到我们这个集团，你有很多可以学到的知识。39个座的普世价值观、合法争辩共赢、不谈论政治、不攻击他人，感恩、分享、添柴火、做到最好、爱国，就像很多很好的东西都在这里边。

问: 就是在这里边认识的会长?

X: 我们的会长就是我们的同学。文华的会长正好是我们的同学，我们的会长也比较有正能量，一个船怎么走，就是看这个船长；火车怎么走，得看这个车头。首先，你这个商会不管什么商会，得看领导机构。会长要是有高度、有格局、有能量的人，我们就愿意跟着会长走。所以说我进入商会，是这么进来的。

问: 商会刚开始建立的时候，您就进入了么?

X: 没有。我进来时间短，一年不到。

问: 那现在是会员么?

X: 对，我现在是会员，因为商会成立到现在可能是三年? 两三年吧。

问: 那您是东北人还是河南人?

X: 我是东北人。

问: 哦，东北人，一直在东北创业么?

X：对。

问：那怎么加入河南商会的呢? 以东北人的身份加入河南商会的呢?

X：现在商会吧, 真正是河南人加入的, 也可以叫商会, 也可以叫同乡会, 同乡会你知道是什么意思吧? 都是老乡。这个河南商会呢, 不是谁都能加入的。我感觉我们加入河南商会呢, 因为我们文华呢, 我们文华的同学有六个人同时加入河南商会。

问：也都是东北人么?

X：都是东北人, 一个是会长, 一个是理事, 因为我们可能也是忙, 因为你想当会长、副会长、理事, 首先得想办法为这个商会多做点贡献吧。我们可能基于时间的有限, 就先当个会员吧, 因为这个商会要是大能量的人多一点, 对商会的发展还是有很大的帮助。通过这个文华大系统, 会长可能认为我们还是能为商会做一点事情的。因为我们这个平台, 学费比较贵, 十几万的学费, 文华我们上课阶段学费就十几万。

问：在长春上课么?

X：我们上课在广州, 长春没有, 长春争取这个课程都争取不过来。广州、上海、成都这样的, 北方没争取过来, 就是这样一个平台。我感觉商会就是一个凝聚力, 说白了商会出头对企业家也能有个保护, 像河南商会这么有影响力的商会, 在吉林省算是比较有影响力的了。

问：对, 咱们商会是5A商会。

X：对, 真正有点什么事, 因为像做生意也好啊, 不说正面负面吧, 中国的法律是有弹性的, 你今年多大?

问：23。

对商会的认同

问：像其他商会发展不太好的, 出现一些问题。假如咱们商会也出现了这些问题, 您认为应该如何去解决呢?

X：什么商会? 什么问题?

问：像有的商会换届选举换不下去了, 或者说治理的不太好, 如果咱们商会也出现这种情况, 您认为通过什么途径解决比较好呢?

X： 首先呢，人和人在一起，我说话就是大概这个意思啊。人和人在一起首先是一个团伙，心连心在一起是团队，心不联系在一起，那叫商会有什么用啊？

问： 就是不团结？

X： 对啊，心和心在一起就可以了啊。再一个，能不能走下去，得看你有没有高度，首先得是职位有高度，我们这个商会有，会长格局都非常高，格局高、有高度，人家都能付出，这商会才能发展。如果说有的商会没有高度，那他就没法往下走了。没有高度，又不愿意付出，因为商会每天运转得需要钱啊，需要钱，这个钱来源于哪啊？首先这个钱得会长拿的多，会员拿的少，是不是这个事。啊，你还想当官，还想说话算数，总想在这里边找点便宜，然后还不想拿钱，那怎么可能呢。是不是，就是这么一个事。

问： 您理想中的商会是什么样的呢？

X： 我心中的理想商会无论商会内外，只要我是会员，商会应该有一个利益共同体。

问： 怎么一个利益共同体呢？

X： 我们商会假如有五百人，五百人我们做一个项目，每人投资，多投多得，少投少得。全投入后是不是有收入了，每个人在商会每年都有分红，这是我理想中的商会。

问： 就是把大家的利益结合到一起了。

X： 对啊，而且现在我们也准备这么做呢。

3. 商会组织管理

商会内部治理

问： 那管理方面，您认为应该怎么样呢？

X： 管理方面，就是让我说……，应该用制度约束。制度约束就是，我不代表商会啊，我代表我个人。

问： 嗯嗯。

X：你想进入我的商会，我得有个"格"，有个"杠"，就是有个纪律，这几点要求同不同意。同意，行，就加入商会；不同意，那你就别加入商会，第一个就是我就不让你加入商会。每次例会都必须参加，不参加呢，通过什么什么形式请假，或者说家庭有什么重要的事，得需要有证明。对不对，你得有制度约束，你要是没有制度约束，那就不行了。

问：咱们商会现在有这个制度约束么？

X：这个商会……，这个商会没有，因为我们别的平台有。

问：那你觉得这两个协会，这两个平台之间吧，有什么相互借鉴的么？

X：相互借鉴？

问：就是咱们商会有的优点，他们没有；他们有的优点，咱们商会没有。有没有相互学习的地方呢？

X：因为我们会长就是那个平台的，我们会长……，这人多都不愿意说。我们那叫做"没有管理的管理"。不用管理，刚刚我握手的那个女的，就是我们系统办公会副会长，她就是我们文华的，我们就那个平台的。和那个老妹唠嗑的，那也是我们平台的。我们三个是属于文华的系统进入到这里来的。相对那个平台，能量大的比较多，系统比较大。所以说那里面是紧密型的管理，就是"没有管理的管理"，什么意思呢，就是不用管理。

问：那不管理，怎么去管理呢？

X："没有管理的管理"就像我们课程开会的时候，我们有一个一百个人的顾问团，我是做过顾问，比如说八点集合，八点到这来，没有迟到的。课间手机必须静音，响铃一次多少钱，我们都是用制度约束的，响铃一次一百，迟到一分钟一百，十五分钟封顶，迟到一分钟一百，迟到十五分钟，一千五封顶，那迟到二十分钟，迟到一个小时，拿不起钱了是不是？

问：执行的特别好。

X：对，用制度约束，而且不能嚼口香糖，不能吃东西，不能睡觉，不能打瞌睡，不能迟到早退，这个那个的啦，不参加课程会的、手机响铃的，很多这个东西。用制度约束呗，用制度定在那就行了，而且像商会，我们有很多东西可以复制到商户中，我们大系统的很多东西都可以复制到河南商会中来。我们可以把这个事情传递给秘书长，秘书长传递给监事会，我们这有监事会。

问：我看监事会是刚设立是么？

X：刚设立，我们这个商会将来会越来越完美的。为啥这么说呢，因为我们这个商会的会长，现在在上海，会长在上海做顾问呢，因为我做过顾问，做顾问可以多做几次，就当做学习的就是，这话不用我说，会长会把好的模式复制到这个河南商会，这样的。

问：咱们监事会现在发挥作用了么？

X：监事会，现在这个监事会我还不知道呢，监事会呢必须地找一个叫敢担当的，监事会就是黑脸包公么，是不是，得敢说的，这样的。监事会将来能发挥作用。因为竞选监事长时，你就得这样，这样商会会越来越完整的。

问：因为咱们商会起步比较晚，发展到现在这样挺好。

X：对，起步晚，成长阶段也在学习阶段，就这样。

问：您认为咱们商会中还有什么值得改进的地方么？

X：商会啊，我认为商会就是比较松散。

问：就是没有制度？

X：对，因为企业家么，就是做企业的。做企业的就是，诶，我一年也几千万的产值，我一年也干一个亿的产值，我手下的员工都得听我的，我上这来就得听你的，多数企业家都是这样的。是不是？ 有的企业家，有的商会，一开会老板都得这样的……，翘个二郎腿这样的，不行。你要像我们那个平台，坐有坐姿，站有站姿，还是得加强学习。

问：为什么那个平台制度能执行的那么好呢？ 他不怕执行的这么严格，其他人不遵守，或者说走了么？

X：那里边有他需要的东西，我们的平台有他需要的东西。你可以不执行，那我们可以把你优化走，叫"优化"，那优化走了，没这个人了，就没人和你玩了。这么好的平台，这么有正能量、有吸引力的平台、值得你去学习、值得你去成长的平台，你宁可让他优化走了，你不想让他优化走的前提下，你就得服从他，他定的制度你就得服从。

4. 商会运营方式

商会创立的构想和推进的契机

问：那咱们商会还没有那么吸引人么？

X：商会没事，我们既然加入到这个商会了，我们就会把那边好的模式复制到这边。就这样行不行？

问：咱们正常聊天就行，不用过于正式，哈哈。

X：啊，我知道知道。这个来长春创业是这样的，商会属于大商会、小政府，将来比如我一个人实力太大，也别说我资产有多少了，我实力太大，政府不会对你某一个个人、个体，怎么支持。那如果说我们商会有五百个企业家，五百个会员加入我们河南商会，五百个会员就是五百个单独的个体，你看看。你比方说我是做汽车配件行业的，还有做烟酒的，有做电力工程的，那这样呢，政府对你就会有很大的支持，很多国家的政策，你都能享受到，就这样的。你比如说，我个人去找政府去了，我是长春市什么什么公司，指的是我个人，我是法人，我个人想批块地，那政府给你的政策是不一样的。如果是河南商会，我们有五百家企业，我们想建个工业园，那给你的土地，正常可能是200一平，那就给你80一平。尤其现在通讯发达时代，微信、朋友圈都能看到，都"抱团取暖"。真正的抱团取暖有么？不多。所以说我们加入商会，就是想抱团取暖，想达到这个"师群效应"，就是这样的。

5. 商会的功能

X：那你多少能明白点了，法律是有弹性的，说你这个东西合法，我说大概的意思啊，不能误导你啊，这个东西有点违法也可以，但是现在以个人的身份出去说，他一看你没什么实力，政府可能想找你点麻烦，就说不太合理啊，那怎么办呢，就得罚你点款，要不就不能让你营业了。但是商会出头就很有影响力了，商会中的会长啦、副会长啦，他本身就是和政府打交道的，政府都得是市长、部长级的了，大概就是这个意思。这么打交道不就是有话语权了么。听会长说，咱们会员去年在外面欠了不少账，外面欠他的钱。打官司这钱也不好要，这怎么办呢，就是不还钱，最后商会出头，代表商会，找政府。政府就重视这事了，这事不就大了么。国家老说稳定稳定的，这么多河南老乡，几百人的企业家在你这发展，然后长春出现这种问题，法院都得该执行就得执行。

问：在商会中您感觉您收获了什么啊？

X：可能我们做企业的哈，商会是一个平台，通过这个平台能结识不少企业家。

问：获得信息更多一些。

X：对啊，现在平台不一样啊，通过平台获得的人脉更多一些。我收获的就是这些，一个是人脉。

问：您加入商会后，都参加过哪些活动啊？就像您刚刚说的，参加华天的那个活动，还有什么活动呢？

X：因为我是后加入商会的，参加的活动不是太多，这样的。商会的活动参加的不多，商会的活动参加过几次，像是项目考察，就像我刚刚说的，你个人去哪个开发区，以个人的名义去开发区要土地，没有商会要的有油水，个人要的话能要多少啊，三万米、五万米的。商会要五十万米的，那谈的价格就不一样了，价格非常低。

II-18. 吉林省河南商会会员LB访谈

人 物 ： LB、XGG(问)
时 间 ： 2014年6月3日
地 点 ： JLC公司办公室

1. 个人信息

基本信息

问：首先呢，是想先问问您，您老家是哪里的?
L ：老家是吉林的。
问：啊，是吉林的。
L ：媳妇是河南的。
问：啊，媳妇是河南的，那您是原来上学都在吉林这边吗?
L ：对，原来上学都是在吉林这边。

事业介绍

问：那您现在做的企业是关于什么方向的?
L ：汽车零部件。我主要做的是汽车零部件方面的。
问：那您是怎么想到进入这个行业的呢?
L ：当时，我老家是磐石的，从老家到长春过来的时候，是给我家亲戚打工，他是给一汽[10]做配套的，做了几年，然后不景气，不景气后来就选择了企业倒闭，企业倒闭后，我的亲戚就不做了，回老家了，之

后我就把企业接管下来了。刚开始创业的时候非常难，因为已经面临倒闭的企业没人去帮你，没人去扶持，全靠自己，一点点从小工做法吧，就是说几个人，几个亲属在一起，小打小闹，然后一点点，一点点把规模逐步的扩大吧，把厂子在2003年的时候，重新启动了原有的模式机制。

问：那原有的模式机制是啥样的？

L：就是给仪器做配套的嘛，走的一汽的路线。

问：就是按照一汽的整套流程？

L：对，就是按照一汽的标准，整套流程来走。然后03年的时候我就重新启动，通过咱们以前的配套路线某一些内什么，然后，03年重新启动，启动以后吧，当年的营业额还可以，销售额还可以。05年到08年期间，这是咱们企业在腾飞的时候，这三年的时间，像刚起来的时候也非常难，但是咱们以前毕竟有过这段路嘛，做起来吧，也不算那么太难，然后一步一步，跟一汽又重新建立了合作关系，开始重新做配套，配套企业，然后是08年的时候，08下半年的时候，企业解体，不干了，然后，这个企业完全就不做了，03年到08年，五年期间，做的非常不错，后来那个汽车厂改字，我们的厂就卖给一汽了，选择了合并，然后自己出来做的企业，一路就这么走过来的，呵呵呵。

问：您能给我具体讲一讲，在企业内部管理上，您认为哪些有特点的？

L：企业生产这块没有问题，主要是销售这块。因为生产这块是根据一汽的标准来走，一汽给我们下达图纸，指标，数量，我们按照这个来走。但是，后续给一汽做配套的时候，忽略了外围市场，没有做外围市场，只做了配套。后来，05年的时候，我选择了做外围市场，虽然我们品牌是给一汽做配套的，但是刚开始做市场的时候底下不认，我选择了自己建立了自己的销售团队，当年我们成立了23人的团队，包括懂技术的，懂销售的，懂科研的，还有一些有文凭的，一路走过来了。刚开始是对东北三省，逐步是南方，一点点走，一直走到现在。现在我们虽然配套不做了，但是我们外围市场没丢，外围市场做的不错，一年也能做不少。中途有很多问题，包括人员流失，企业变动，很多事情，一时半会是讲不出来的，哈哈。

问：那您给我讲一下企业变动这方面的问题吗？

L : 我们企业变动时候，当时是08年，上半年还可以，下半年企业危机。

问: 这个危机是怎么来的呢?

L : 危机主要是国内，汽车零部件主要是钢铁，07年，08年上半年我们囤积钢材囤积的最狠，把资金都压在钢材上了，08年下半年的时候，一夜之间企业面临着倒闭。

问: 那在面临这个问题的时候，公司整个内部人员，还有管理层面，有什么变化?

L : 人员管理层没动，因为我们中高层以上人员在公司都占股份，包括房、车，都是公司提供的，底下工人变动较大，基本上一半的人都走了。

问: 那咱们公司主要的人员设置，机构的设置是什么样的?

L : 我们公司的设置主要是家族，属于家族企业，人员机制高层以上的3个，全都是我的亲属，中层主要是同学，外雇的大学生，搞技术的这么分的。销售团队我们是承包出的，包括现在的也是。我们注重的是结果，不要过程。但是按照我们的模式去做，不允许跨省销售。08年资金改变以后，都是承包出去销售的。

问: 像您的业务范围已经很大了，已经跨省了，在这个过程之中，各省可能会有文化冲突，或者不认同，有具体的事情可以讲一下吗?

L : 汽车零部件行业跟其他的行业不太一样，专一性非常强。一种车型就是配这种零部件。汽车零部件全国有很多知名企业，进入外省的时候也冲击到了别人的市场，在这种情况下，我们不会直接销售，会找当地地区的代理这种模式，如果代理谈不成呢，我们会建站，建立自己的服务中心。

问: 在您自己接触的这些外省的企业家中，有哪些是您特别理解不了的?

L : 这个没有什么特别理解不了的，特别理解不了的是不回款，呵呵，这个是最主要的。

问: 那他们认同您东北人的背景吗?

L : 认同。因为毕竟吉林长春一汽是这个产业之都嘛，咱们做的也是一汽的解放车的产业，所以说非常认同，说是长春的，就会非常认同。

2. 商会组织管理

商会加入契机 / 商会认识

问：那我想问一下，您是怎么进入这个河南商会的呢？

L：我进入河南商会，算是半个老乡嘛，因为我媳妇是河南的，通过会长，我跟会长私交的关系非常不错。再一个，我的主采购区，我产品的毛坯主采购区在河南林州，并且我们都是长年的产销，链接这方面。

会员管理

问：咱们这个商会入会有什么要求吗？条件限制是什么？

L：主要是企业的高度。

问：是在什么样的高度呢？

L：诚信！也就是没有污点，你才能进入这个圈子。

问：污点是哪方面呢？

L：从企业业绩，产品质量，包括一些环节，社会方面，都不能有负面影响。

问：咱们这个商会现在是一个什么样的机构设置情况？

L：现在咱们商会属于省直的么，也是吉林省二十七个商会中的5A级商会，我们商会的这些人啊，非常抱团，包括做企业啊、有什么事啊，都非常非常抱团，然后一起做一些慈善活动啊、公益活动啊，我们响应的都非常好。

商会内部治理

问：您认为比较理想化的商会是什么样的呢？

L：比较理想化的商会……，用现在话说商会，不能把它打造成吃吃喝喝的商会，得真真正正做点事的商会，为我们会员、吉林人、河南人做

307

点事，不能说是大家伙在一起吃吃喝喝的都来了，现在有很多商会都是这样的，办一些活动的时候都不来，都派一些秘书啊、自己的人来，自己都不来，有什么活动啊，也都不参加，现在有很多商会都这样。对外宣传商会就是吃吃喝喝的商会，商会就是在一起吃、喝、没别的。我希望我们商会呢，建造什么商会呢，团结、共同能够做一些事情，都有自己的方向，按照这个方向去走，共同去做一些事情。要是老单纯的考虑一些出发点为了自己，但是你也得为了商会，为吉林、为河南去做一些事情。

问：就您在商会中，您觉得商会中的治理有什么问题么？

L：商会治理的问题也有，就是说在商会中有很多企业也面临着亏损、也有很多企业做的非常好，好的企业同时也可以带动商会、也可以带动所有的会员企业，共同往下走，抱成团去走。商会下一步打算做一些事情，商会所有的人共同去做一些事情，现在在策划当中，还没有形成具体做法。

问：咱们商会现在是建了多长时间了？

L：三年多。

问：三年了，那三年中有经历过换届选举这种事情么？

L：有啊，今年的四月份换届选举。

问：选举出来新的会长，您觉得怎么样呢？

L：非常好，非常能付出，真真正正能为我们会员啊、商会啊做一些事情，这是最主要的。而且会长这个人啊，包括对整个商会的付出能量啊，都是非常大的，他不考虑个人，先考虑商会，这就是我们会长。

问：您非常认同他？

L：对，非常认同他。

问：您和商会内部成员的关系怎么样啊？

L：关系还可以，有的像新加入商会的、老会员，我们关系都不错，像新加入商会的，我们也不是说一步步的，我们都融入到一起，就像一家人似的，现在都在一起走动。

问：商会日常的办公流程，您清楚么？

L：这个还真不清楚。

问：假如说，现在咱们商会运行的非常好嘛，但是假如说商会日后出现这样一个问题，就是说在换届选举啊，选举出来的新会长，咱们对他的管理方式不认同，您觉得如果出现这样的问题，您会怎么做呢？

L：这个我只能这么说吧，不管是谁担任下一届的会长，我希望他不要仅仅考虑他自己的私利，他要为商会、为大局考虑，考虑的更多一些。包括现任的会长啊、还是说以后的再任会长啊，只能说现任会长特别付出，如果以后有新的会长啊竞选啊、当选了，希望他不仅考虑自己，也考虑商会，为大家付出一些。只有你为商会做事了，大家才能跟你去走，才能一起去往商会上去想，假如都为自己、搞得四分五裂的，那么这个商会走的路会更加艰险一些，但是现在这个商会非常好。

问：咱们商会运行的这三年中有没有过违规的会员啊？

L：没有，这个真没有。

问：咱们商会之前确立的协议里有没有对于违规会员的惩罚机制？

L：惩罚机制我们倒有，就是不讲诚信的、不守承诺的、对商会造成负面影响的就是让他退出商会。先是我们商会做一些活动帮助他，如果他真的不改，对商会造成一些负面影响的话，我们就选择让他退出商会。

3. 商会运营方式

商会活动参加

问：进入这个商会之后，都参加过什么样的活动呢？

L：参加过年会，参加过慈善捐助，参加过养老院，包括商会内部的企业开张，很多活动。

问：能用一个具体的活动讲一下吗？

L：今年过年的时候，去养老院，看望一些老人，捐助一些老人，包括大学生，我们都有这种捐助活动，都是商会集体的。个人也有这种捐助活动，我们年后就组织了一次。

经费的筹措和党-政府机关的关系

问: 您知道咱们商会运营和活动的资金是怎么筹划的么?

L: 商会的运营和活动的资金都是我们做慈善的、自愿捐助。

问: 还有什么其他的来源么? 除了慈善这一方面。

L: 除了慈善这一方面, 你像年会啊, 这都是商会的钱, 这是我们交的会费么, 会费的经费里往出拿。

问: 我可以了解一下会费是多少么?

L: 我们会费没多少。

问: 您知道咱们商会和吉林省、长春市的哪些部门有联系么?

L: 有很多啊, 像是红十字会、残联、市经委、市经办。

问: 市经委、市经办?

L: 就是市经济管理局, 这都有联系。

问: 这一般都是怎么联系上的呢? 联系方式是什么呢?

L: 联系方式一般都是像我们慈善这块, 捐助老人、儿童、大学生。市经办都是我们当地的企业, 招商引资, 招商局。像是我媳妇那边的企业, 斯美特, 他是焦作的, 是通过我们河南商会招过来的。

问: 您觉得咱们政府部门啊对咱们商会是什么样一个态度啊?

L: 政府对咱们商会非常重视、非常好, 主要是一些企业啥的到咱们长春发展。

4. 商会发展展望

问: 您在这个商会中, 今后希望得到什么发展呢?

L: 我希望能不考虑个人, 能够和吉林老乡、河南老乡在一起共同做一些事情吧。嫁接桥梁啊, 我们商会啊、会员的都非常认可。

问: 您在这个商会中得到过什么帮助么?

L: 在商会中得到的帮助很多。像有一年我去河南林州谈了一个项目, 被当地的一个企业给骗了吧, 通过我们商会出头, 把这个事情给解决了。

3

기타 동향상회,
정부관계자, 회의록

III-1. 吉林省湖南商会秘书长HNZ访谈

人 物 ： HNZ、董运生(董)
时 间 ： 2013年3月4日
地 点 ： 湖南商会办公室

1. 个人信息

基本信息

董： 像你是湖南人吗?

H： 我是。祖籍是湖南，父母都是湖南的，我是在东北生东北长的。

董： 像您之前是不是也是政府部门的领导啊?

H： 以前我在吉林深工[1]，原来是政企[2]不分的，后来分开变成吉林深工集团。所以现在我们商会拿了这块地在发展，比较有型有样。

2. 商会运营方式

商会创立的构想和宗旨

H： 我们这没有什么太保密的东西，商会就是在明清时期就有商帮会馆，当时有湖广会馆。现在就是商会，商会按咱们国家目前这个来讲，商会本身假如说湖南商会就是湘籍人士或湘籍企业工商业界人士，在吉林投资兴业发展的、自发的、结成的民间性社团组织。应该是这样的，但是它实际上按商会自身，按狭义来说商会是为这些老乡服务，

---

1) 深工：深工新能源有限公司的简称。
2) 政企：政府和企业。

但商会还不能等同于同乡会、老乡会，因为同乡会、老乡会什么人都可以参加，商会必须是以经商的形式，按照咱国家现在的形势，你有一个工商登记证明，你有一个经营的场所，经营的范围，假如说学生、普通的工作人员都可以加入老乡会，但商会跟这个就要有所区别。要拉开一定档次，你看像江苏那些人、你像澡堂里那个搓澡的大部分都是扬州人，那加入商会那些人他也不干，你还是要有区别的，所以说商会要有工商执照，要有一定经济基础的，在经商，商业这个领域中的各种行业，说白了实际上就是老板们的一个俱乐部。是有这种性质，但是商会按照咱们国家的形式来讲，从政治意义上来讲，首先给政府当好助手，当好参谋。然后呢，在促进当地经济发展，第三条是为会员企业服务的。实际上为会员企业服务这是根本。

董：实际上排位是把这个？

H：倒过来排。为会员企业服务、为社会服务、为经济发展服务。应该是这样的，会费现在在国家已经明文提出了政府要购买社会组织服务，就是政府你想让商会帮你招商引资，需要拿出经费，因为商会的会费是要为会员企业服务的，不是为政府招商引资用的，所以说这个都是明确提出来的，所以商会怎么样为会员企业服务，这是一个最根本的问题。

那么会员企业在当地发展，一是资金，首先是资金有没有，一般商人也属于特殊群体，一般人不这么理解，当然是他有钱他没钱，但实际上不是这么个概念。我的感觉你要想当商人，必须具有发散性思维的人，才能当老板，你像各个大公司的老总，总经理他们都不是老板，但是这些人都非常精明强干，你一说条条是道，业务非常精通，非常明白，各行各业的事，他都能知道，你跟他说啥，基本上没有他不会的，这些人非常精明。

那么他不能当老板，他们思维缜密，办事严谨，说话滴水不漏，当老板是发散性思维，我一眼就看出这是挣钱的，我马上就集中我全部力量去投入进去，假如我今天命令我下边好几千员工，我今天我全部干这个，明天晚上我睡觉一想不对劲，告诉全停，昨天的投入费用全废了，不管了，完了就都收回来了。共产党的政策就不行了，共产党今天周一了，先例会，咱大家坐一块，把一周的活动计划安排的非常好，哪一项具体时间都不能错，今天的事必须完，这样的事搞商业就完蛋了。所以说你说今天看着不行马上就撤出来，前期那点小投入就不要了，那都不计，所以说你干公司的老总啊就不行，前怕狼后怕虎，你不能给人家亏了，还得挣到，那哪有那么多好事啊。

商会大厦

H： 现在随着经济形势的发展，商会不断组织完善，商会作用不断提高，一种自发的抱团发展的趋势，我们商会在这方面表现就非常好，好在哪，会长领着几个常务副会长或几个实力比较强的会员企业，在二道购买了八万平米土地，准备盖湘商产业园，盖湘商大厦，盖一个湖南花园，就那个民宅小区。这最起码需要二十个亿，但他自己谁也达不到，那么抱团发展嘛，你有钱你想发展，咱们就共同开发。

董： 这个事是会长带着几个副会长?

H： 已经把这个土地拿下来了，这就是一个非常好的范例，一般商会都在提，都没有实际行动，你像广东他们也要做，但是他们没有钱。

董： 广东商会不是有一个广东大厦在运作吗?

H： 这个因为是别人家事，我说不太好。MX实力不是很强，但他对商会特别热心，他把精力都用在这上了，所以在社会的影响面整的挺大，又是人大常委、又是政协委员，在全国整的不少，但实际上它没有钱，据说，他跟吉林省福建、温州这些商人他们拿出来一个多亿，后来一看没动静了又撤资。现在土地是这样，你得是国家把这块土地说我要了，完了我收储，国家花钱。假如这个土地是你的，你们单位的，那么国家我给你钱了，成为国家收储了，完了给你没关系，你拿钱你就走人了，然后这个土地国家挂牌卖，竞争是谁的就是谁的，他那个你得先交储备金。

董： 这个地不是吉林大学的地吗? 小白楼这块?

H： 吉林大学原来这个南校区没盖时候，是90年代初，国家说每年我给你一个亿，往这边投，最后你们都搬过去，投十年投十个亿，一点一点盖起来，完了这个地方就国家收储了，让他都搬走。

3. 商会功能

H：商会工作就是为会员企业服务，所以说你得首先能看准，但是也有看走眼的，看走眼的就亏本了，所以要求上基本上不能亏本，不伤筋骨的赔可以，伤筋骨的就翻不了身，都是从小一点点做起来的，没有一步做起来的，一步能做起来的一步能输掉。在我们商会，都是和各家银行合作，希望各个银行能够帮助自己。

董：咱们适合哪家银行?

H：和民生银行合作，民生银行主要为我们受近三个亿无抵押贷款，他说是受近三个亿，一般商会是没有这么干的，为什么湖南商会和其他商会相比来讲在这方面做得比他们好，但我们不怎么宣传这个事，实际上民生银行也不干，你一分钱没有你要去贷一百万，你说可能吗? 但是我们可以做到，但背后民生银行与我们会长LXP搞了一个私下协议。LXP拿他个人全部资产作担保，是这样的，没有哪个商人会拿出我自己的资产给你担保，我替你背黑锅，我给你还债，所以这个资金瓶颈问题是最难的。

商会与各个银行，我们也跟许多银行合作，邮政储蓄银行、建行、交行和工商行都有合作，但都只限于嘴上说说，我给你办个卡啊，办个卡三万五万的了不得了，十万八万的根据你的情况，要是真有办个十万八万，根据你的情况，但是你这根本解决不了问题，最少得个几百万，所以资金瓶颈是个问题。

再有一个是资金，一个是帮助企业进行宣传推广，就是你企业有什么产品呀，要开个产品发布会，得找人来参加，商会可以帮你邀请人，商会就是搭建一个平台。说白了，商会可以帮你保媒拉线，可以给你介绍对象，可以帮你操办婚礼，但是不能帮你生孩子，生孩子是你自己的事。商会只能到这。比方说有个工程啊，你想参与一下，不认识那个老板，想找个人认识，通过商会说你认不认识，商会通过各种关系找到那边，跟那边介绍你们两家认识。

董：但是你俩合作的情况怎么样就是你俩的事了。

H：那就跟商会没关了。商会没有权力说，你这个东西卖多少钱给这个会员，也没有权力说你必须多少钱接受对方的东西，没这权力，也没这能力。最后你俩谈，是你们的商业秘密了，商会你都不能告诉。所以商会只是接触最表层的东西，只是起一个桥梁和连接纽带的作用，不可能再更深入了，再深入也不好，当然也有人这么做，那是另外一回事了。所以商会在帮助会员企业发展，包括产品推销、开产品推荐会、产品展销会，帮你邀请一些人来，这样帮助企业发展。再有一个最根本的是企业维权问题，因为外来的商户，人家都愿意欺负你，为了不让找商会帮忙，像公检法司社都来检查你。

董：商会在这其中起到啥作用？

H：前面说了，比如有个大工程，想包下来，帮找人，或者帮着介绍项目，比如哪个项目是不是川渝商会的，去问问，一问，是，那行。不认识的，摆个局，吃个饭，认识认识。都这样，全是。所以你写没法写，有宽度没深度，商会的工作很难写，从其他角度看，不然想深入没法深入、一个问题10个方面，每一个方面都有7、8个问题在里头，没有，就一两个问题，再就跟商会没关系了。要写博士论文，写这个好像挺难的。商会这个面比较窄，基本就是这些东西，到各家商会，就是给你举点实例，事情都差不多。再就是商会收会费，是个难题，再一个是发展会员企业，有很多就是不加入，那你也没法强迫人家，入会自愿，退会自由。商会一般要找几个大家，来扛旗的，人一看，这家大，商会有几个大的实力企业，就说这个商会有实力，没有大的实力企业，商会就扛不起旗来。

4. 商会组织管理

组织结构

董：咱们商会有多少企业？

H：200来家吧。

董：咱们商会也换过届对吧？

H：对，换过一届了，现在是第二届，第一任会长是LXD，现在会长是LXP。

317

董：刚开始那个会长，商会是由他发起?

H：对，有10个发起人，现在的LXP，也是发起人之一。商会一般是谁实力大，谁当会长。

董：也得选吧?

H：对，但大家都是这样，看这会长能为自己弄点名利，都想当，竞争非常激烈。

董：咱们这年也有这种情况?

H：我是换届才过来的，原来我在江苏商会，湖南人换届，就让我过来。当时L会长说，你有三个情结，一，湖南老乡，二是有个归属感，三，你得为湖南人服务。

董：也是提要求。咱们这个商会会长一年能交多少钱?

H：会长一年二十万，常务副会长三万，应该有执行会长咱现在没有，副会长两万，常务理事五千，理事三千，会员一千。

董：常务副会长几位呢?

H：常务副会长十一位十二位，副会长十四五个十五六个吧。

董：那么什么层以上有决策权呢?

H：有常务副会长会议，有副会长会议，还有会长办公会议，所有理事都参加，由理事会决定，会长办公会议，就是有什么决定事件啊，就是常务副会长会议，副会长会议。华天大酒店是我们常务副会长单位，还有三一重工啊，YQS酒业啊，湖南有色金属啊，都是非常大的知名的企业，当地成长起来的就是我们会长单位，环桥大酒店就是我们会长单位，还有其他的湖南大企业比较少，因为湖南在这边人少。

董：那大约能有多少人呢?

H：据不完全统计大约能有八万人，所以说我们去云南开会，原来是一年一次的湘商大会，全球的，后来11年开了五届以后，开得太频了，人家都烦了，湖南人一看，不好，赶紧改变，两年一届，这不今年九月份又有了吗，以前都搞过四五千人五六千人，平常都两三千人。都是政府拿钱，去了一人一个单间，你不是搞什么招商引资吗，你把这些人招过来不也一样吗，完了我们还一年搞一次那个会长年会，今年我们在云南开的，那你讲话了湖南人在我们这边有两百万人，我估计有点儿吹，但是一百多万人是没问题，那人多了实力大的有都是，你讲

중국의 동향상회: 길림성 동향상회 면담조사 자료집

话了，到我们那儿当副会长的没有一个亿不行，不够格。你讲话了我们开个这个会三四百万，商会不出钱，都是这帮人捐的。

和党-政府机关的关系

H : 习近平、李克强上来，搞这个，我认为对，但是你想回去，已经回不去了。因为都是生在红旗下长在红旗下，接受毛泽东思想教育，像我们都是一代人，他们是53、54、55的，我们都上过山，下过乡，知道最底层人民的疾苦，知道社会的发展，知道人民的需要，所以太希望找到毛泽东那个时代。但是历史车轮是向前的，倒退是不可能的，那怎么把这个东西和现代有机的结合起来，这是个关键问题。所以现在走群众路线，不让大吃大喝，官员都不敢干了，这个事挺好，看能不能坚持，大家都在观望，如果一届五年能坚持下来，那就有点成效，如果两届十年能坚持下来，那国家是能有彻底的改变。但是贪污腐败历朝历代都有，打不绝，就像鱼过千层网，网网都有鱼，只能做表面的，就像毛主席那时候，最后也不全按照毛泽东思想那一套，原来四人帮3)的说法，现在不也修正了吗，必须得修正，因为社会在发展，历史在前进，要求你的思维方式随着历史时代而变迁，不改变必然被淘汰。

董: 对，WLL，对对对，就是三月末民政局开一个那个促进民营企业的座谈会，把这个商会的秘书长找去了，像那个他就去了。

H : 对，去了那个我都去了，嗯……，那都扯淡，瞎批口号，那就能整事儿，全民他妈的创业，哪有全民创业的?

董: 关键那个那会儿好像是促进民营企业吉林省多少天，然后长春市又是多少天，然后那个就是全是……。

H : 那都是扯淡。

董: 都是招商会，让商会帮助办这些事。

H : 对，那都是扯淡的事儿，那都提的口号本身就有问题，他不可能的事

3)　四人帮 : "四人帮"是指王洪文、张春桥、江青、姚文元四人在文化大革命期间所结成的帮派。

기타 동향상회, 정부관계자, 회의부

儿。所以说这个这都是商会内部就是说你像福建最有实力，因为福建在这个明末清初他就全国走向世界了，等到就是为什么浙江人尤其是温州人改革开放80年代以后，温州是最先走出来的，所以说现在到的都是浙江人，所以说他就是这样，尤其在温州那个地区，问你干啥的，你要百分之九十人你要是说我自个儿做买卖，那人家就高看你一眼，你要是说我在政府机关干啥，对你那就另眼相看。

董：这边是重商主义比较……。

H：对，中国人就是啥呢，就是封建传统遗留下来的，这个中国固有的传统观念，官本位这是一个；重农抑商，重视农业压抑压制商人，不让你发展，所以说中国没有，没经历过资本主义阶段就掉到社会主义阶段，有许多人不是说中国缺少一个社会历史阶段，没有资本主义阶段，一般都是什么奴隶、封建、资本主义社会完了社会主义社会，完了再共产主义，中国就没有这个资本主义阶段，这就是中国这个历史传统，人们思想观念也是这样的，根深蒂固，所以说现在呢，社会发展就得让这些有能耐的人出来。

董：这是改革开放之后发展市场经济，把这些民营企业家才逐渐逐渐……。

H：对呀，以前我对这个吧，也不了解不熟悉，说这玩意儿咋都这样呢，今天说完话了，明天你再问他就不是这样了，明天又另外一个，后天你再问又一样，一天一个样，就整天在变，一开始我也不适应，后来慢慢的适应了，这种思维是一般人理解不了的也没法接受的，这是我跟他们接触时间长了，（适应他们这个思想）对呀，他们这个思维，尤其这个老板越大越这个……那你下面人你没有思想，你不能有思想，我说什么你做什么就完了，（执行）你就是个执行，怎么把它执行好了，回头我说停了错了都不怨你，你又想搞个小花样儿那不行，绝对不行，哈哈哈，所以一般人到那儿看接受不了老板，两天半就跑了，都跳槽，他不是有意跳槽，他是真接受不了这个东西，他不习惯，你像你做熟悉了才知道怎么回事儿，他这里也都有规律。

董：他也有个适应过程，像这个在分工上国企像传统单位，商会还是一个新生的……。

H：商会是啥呢，跟政府部门接触，你得了解政府的那套东西，但是呢，你还得跟企业接触，你得为企业服务，你得知道这个企业的要求，所以说两方面你得结合起来。企业是啥，就是今儿我想怎么的就怎么地，明儿我就那么的了；我今儿这么的明儿那么的，政府不行，我这一套安排下来了就必须得这么走；商会不行，所以说你在商会工作你得知道政府是怎么回事儿企业是怎么回事儿，怎么把这个东西结合起来，要不你搞不好。

所以说商会他也是一个连接，连接的功能，国家和企业。要不咋说他是桥梁和纽带呢，他搭建一个平台，各种各样的平台都有，什么融资的平台，什么这个产品推荐的平台，什么招商引资的平台，什么这个企业维权的平台，什么这个现在他妈的公益组织都来找商会，捐款吧，这又有什么事儿了，一个商会特别有钱，都来找商会，大商会有钱，小商会都没钱，大商会毕竟少。

董：咱们商会和政府部门间呢？

H：咱们商会和政府沟通的非常紧密，到南方那面和政府沟通的不紧密。

董：我之前调查过辽宁省莆田商会，他们那个联系不是太多，像吉林省商会这个联系就有点儿太多了，管得太多了。

H：他不是管得太多，是WM在这儿吧，他整的那个招商引资太多，政府也想招商引资，但政府整两个来行，但他想大面积整那就得靠商会，所以各个政府部门都来找商会，现在好多了，以前可多了，以前都是市级以上的，区级我们都不搭理，现在他妈的区级县级的都来找，各地区像白城、通化来找，整的商会今儿请你吃饭，明儿请你吃饭，闹死了，推都推不开，你说政府来找你吧，你也不能拿大了，到时候你会员真在当地呢，人家有事儿求你，你咋整啊，所以你还得搭理人家政府。

董：这边是不是都是07年成立的？

H：没有，就上海是，他是第一家，剩下的都是08年。

董：那为啥都是08年呢？和当时的政府的政策有关系吗？

H：跟WM有很大关系，当时WM是书记，03、04年末来的，当时把浙江的大企业都带过来了，名单啊、身份证啊，什么都有，那帮人给他凑了好几百万，WM当时没要，就给什么基金了。当时有个笑话，给WM开工资，1000多，WM说太少了，后来涨工资了，政府涨了企业也跟着涨了，所以大家都念他好嘛，完了WM都给那个哪儿有问题的企业给整明白了，这企业缺钱了，他就出面给整了，投资了。那时候吉林重点搞经济，就那时候给搞起来的。完了政府，WM带头搞商会，大家一看好啊，像什么福建、广东、川渝、湖南、江苏、山东八家都在那年成立的。

董：商人的政治敏感……。

H：嗅觉特别强，这多好啊，能和政府领导见面，当时江苏商会成立，WM当时有个不成文的规定，副省长不来，都是工商联主席来，完了这面出个副省长，对等接待吗，定的十月二十六号，WM定的，说高力汽贸城和江苏商会一起办……。

董：商会成立和WM有很大关系呗。

H：那对呗，当时经济形势好，商会都跟着张罗张罗，完了上海就成立起来了。(……) 商会和政府啊，和省级领导啊，一个桥梁，这非常重视，尤其今年BCZ上来以后，三月多少号来着？(3月22号) 组织这15家商会会长开会，三个办公厅主任，五个副秘书长，十二个厅局部委的一把手。

董：BCZ是浙江商会那边的，像浙江商会搞的就很好，他可能想把这种模式……。

5. 商会运营方式

关系网的效用：一案特殊事件

H：所以商会的发展也是这样，有人来吃拿卡要的，商会出头帮忙，再就是人家收拾你了，让商会帮着解决。再有一个就是打官司，帮你请律师，最后帮你找法院，这个是最难的，不说法官是两头吃吗，吃了原告吃被告，像WJH那个，六处搞刑事侦查的，插手这个，党委现在也插手，他们给公安局都有下指标的，你得完成多少钱。

董：这个人是？

H：WJH，就是我们一个会员，生产电缆，当时这个事也挺气人的，当时我们会员企业也简单，对方他们据说是有内部人跟他们关系好的，跟那帮人串通起来查他们。前年那时候，还没换届，我还没来，查了一把，抓了两个人，把这女的抓了，连吃带罚的弄走了三十多万，一人弄了十多万。去年又来了，正好我来了，给我打电话，我问在哪，在正茂市场，我就去了，看一帮人在那翻，别人进去都给撵出来了，我进去，那帮人就瞅我，没吱声。当时这会员我也不太认识，我说你们干啥呢。

董：这是哪个部门的，公安？

H：公安局的。当时他们说，你哪儿的，我说我湖南商会的，他说你干啥，我说这是我会员企业，我过来看看，你干啥的。他说我们在办案，我说你们哪的，说公安局的，我说公安局多了，你哪里的公安局的，省局的还是市局的？还是分局、派出所？说是市局的。我说市局也多了，你刑侦啊还是经侦？那个部门的？他不说，说你先出去吧，不要影响我们办案。还管我要，问你有证件吗？我说就名片。他说不行，有身份证吗？我说有啊，给他了。我说，你们有证件吗？他没拿出来。他们一帮人，这时有一个女的，穿警服，其他人都穿便衣。她说你先出去吧，别影响我们办案。这事我们也不知道是什么事，要真是违法乱纪，打砸抢，走私贩毒，那事儿大了，咱不可能包庇啊，人家这么说咱也没招，我就出去了。后来一个湖南人出来说，公安局给人戴手铐带走了。后来他们就说就这小子做的，勾搭公安局来抓咱们，他跟那帮人都熟悉，家底他都知道。

董：就是哪块违规的，他知道内幕。那这个湖南人是他们企业的？

H：不是，是工商的。他们出来了，我一看要带人走，我就过去，问，你们要干嘛？　他说我们要查封，把人带走。我说那你不能随便带走啊，你得说明你们是哪，市局什么单位，哪个是领导，叫出来。一开始他不说，后来一个说，我是队长。我问你们有什么手续？他说我们在办案，不要影响。我说你把人带走了，得让我们知道上哪去找人啊。他也不说。我说那你们带人走就有点不合法，不出示证件就随便带人？他们说开封条，我一看，治安管理支队，就是刑事侦查的。回来我就找人打电话，一问，这是原来的六处的，那小姑娘穿警服的，警号一查，是六处的。后来过两天我去找那小子，一开始还跟我搭话。我到

323

那寻思，能私了就私了，他说不行，我们是正规办案。把我堵得没法说，拉倒吧，我就出来。回头我们就找省公安厅解决。对了，给了一张拘留证，是假的，写拘留证，内容说是生产假冒伪劣产品，底下没名，也没章。我拿过来，告他，拿着去找省公安厅，公安厅纪检主任来了，说这得收拾他们，去查他们。

董：这也是正规的找？不是通过私人朋友关系吧？

H：是通过私人朋友关系找的，这人我们都认识。说查，就下来查了，一查他们就害怕了。我们也不想把事搞大，把人给我们放了就得了。这人一看拘留证是假的，搁他那，就拿走了，要也要不过来了。但是我们都有照相。他们害怕，但紧着不放人。

董：没想到商会这个能量也挺大的。

H：是啊。他们就把那小子扔进去，原来那小子就进他家，说我为了保你，花了几万块钱，就想拿钱。这家伙就不拿，就问这帮人，这帮人说不拿就不拿，一分钱也不给。就没捞着钱，一分钱也没捞着，就不放人。我们这头就够人，就不放，挺了一个多礼拜，一看不行，又找人，又说，那帮家伙后来真害怕了，十多个人整了十多天，查这小子，说这小子交代了。

董：就这会员？

H：对，九万块钱，假冒伪劣产品九万块钱。按国家规定，五万就属于犯罪。我们通过处级干部领导一说，处级干部到那跟他们处长一说，说是涉及犯罪，就不敢讲了。后来我就跟他说，一，他没有权力来打假，因为有打假科。后来我们找打假科，说胡锦涛有一次出国，在国外媒体给他问住了，说你们中国净是假冒伪劣产品。确实中国人好干这事。胡锦涛回来大发雷霆，要公安局去查，所以各家都伸手抓。那还能发展地方经济了吗？他们来查，不就捞着实惠了，能得到钱，让给钱我们就没让给，录音都给录下来了。后来就给放了，我再去找的时候，他们就给我看了，不是生产假冒伪劣，因为他们都是亲戚关系。像我们有个副会长，用他的名字，注册了一个注册商标，然后自己不生产，委托别人去生产。

董：是被抓的这个人吗？

H：不是。副会长单位的一个会员。比如我叫张三，要生产产品，注册了张三的商标，我自己不生产，委托别人生产，然后我表弟来了，一看挺好，也以我的名义，委托别人生产，去卖，这种形式。这不能说是假冒，也不能说是伪劣，只能说产品不达标。后来他们也整明白了。

董：就是说被抓这个人，是这种形式的？

H：对。后来他们一看纪检来查了，是动真格的了，他也害怕，要是做不实，受不了。后来查，就说这小子弄了九万块钱的东西，这小子也不明白，他们就瞎查。最后找省公安厅有关领导，直接给他们头儿打电话，一开始也答应放人，过了一个礼拜不放人，管他们要五万块钱。

董：管被抓这个要钱？

H：嗯。他不拿。就又拖一个礼拜。

董：五万块钱是说罚款啊还是？

H：啥也没说。我说你们就不会办事，五万块钱给他，不是早就出来了，还较真，还以为你找的是硬人，怕你了。我说西游记你们都看过吧，孙悟空和唐僧取经成功了，不给钱，人给你假经，不给你真经，就在如来佛眼皮底下。你干嘛不给人钱啊。说是嫌多，一万两万还行，我说放屁，他们十多个人，除一下，连跑带颠的，一宗调查，把你产品拿去检验，这费用谁出啊？他们能出吗？不都是你出吗？该给人家就给。后来挺了三个礼拜才把人弄出来。

董：这个事就全靠商会在帮着协调是吧？

H：对啊，就是会长给找的人，商会露面跟他们整。你得找对人，找不对人得花多少钱啊。现在不怕别的，就怕今年整完了，钱给了，明年还来，这不去年整完了，今年又来了吗。所以今年我们要制止这种情况，不能让它再发生。要不一整一个月，啥也不用干了，都围着它转了。

董：这也是耽误商会工作。全整这个事了。

H：你想啊，打个最简单的比方，商会要是有100个单位，100个会员企业，一个会员企业找你一件事，要是简单的好办的，自己就办了，不用找你，都是不简单、棘手的问题，才找你商会。一个事办3天，这一年啥也不用干了。要是200个单位，不累死你，多少人也不够忙。

6. 对于自身以及其他商会的看法

吉林省异地商会的现况

董： 您之前也是做领导工作的?

H： 最早WM在这当书记的时候，江苏商会成立，WM从江苏过来的嘛，当时江苏那些大老板，都是WM给引进来的，有苏宁电器，雨润食品，几个全国有名的大老板，都是全国政协委员，工商联副主席啥的，非常有名。我们老大哥一天天事多，忙不过来，G局，就说老弟你们干吧，来我家，从没成立起来开始组织到成立。后来我到这来了，所以之前的事知道一点，但具体不太清楚，只是商会工作基本上都是这样。

董： 那您经历过两个商会，感觉这两个商会工作有哪些不同的?

H： 完全不同。江苏那些人，都挺精的，都是刘邦项羽，争权夺利，非常厉害。

董： 江苏那边换过届吗?

H： 换过。换3届了。

董： 吉林省这边商会最早是上海，我看是07年成立的，那江苏肯定是晚于07年。

H： 大多数商会都是08年整的。

董： 那08年，才过来5年，他们就换了3届了。

H： 对啊，两年一届。

董： 章程里面这么规定的?

H： 对啊，我们现在改成5年一届。不然你想干点事，还没等说呢，到期换届了。原来我们3年一届，你要想领着大家干点事，像湖南产业园，盖湖南大厦，湖南花园，没等动呢，换届了，那不行，得保持一个稳定性。

董： 江苏三个会长是不一样的?

H： 对，第一任是GL，第二节是WYB，现在是FDD。所以这些人在里面瞎搅和，不起好作用。

董： 争权夺利?

H： 对，都这样。看大商会，为啥要找大的企业呢? 像G局在江苏商会的时候，一般是房地产，下边搞电线电缆、变压器、包工、土木、建筑的，都这个，说，你带带小老弟吧。这工程给谁不是给？同等条件下，先给会员呗。

董：川渝那边也是这样。会长是房地产，下面是劳务、园艺之类的。

H：对，它也是。尚元实力不大，但是尚元在这方面运作的挺好。

董：商会这块运作的挺好。

H：对，所以一开始他们也闹矛盾，但后来他把这事解决的挺好，他们三个执行会长，CTF、SHM，都想争，他们都比他实力大，后来他都给平息下去了。所以，你实力没我强凭什么你当会长，我当多好。

董：而且当会长会带来很多好处吧？

H：实际上太多的好处也不一定，但是确实有用，好处在于你可以认识上层领导。

董：省领导？

H：对，平常你想见高低领导你见不着，当会长方便。

董：做买卖，认识省领导，能带来什么好处呢？你看我正常经营。

H：是这样，很多事情，下面都吃拿卡要你，你办不了，上面一句话，你就办了，就简单。比如证让警察扣了，不认识找谁要去，跟我唠嗑，诶我认识哪个警察，帮忙一说，一打电话，证要回来，就要了。非常简单，到你那，就得掏钱。这就不一样了。

董：怪不得，像浙江商会那边换届换不下来。

H：对，到现在都没换下来。

董：福建才换下来。

H：非常简单，到你那儿那就发钱，哈哈哈，所以说都是这样，能帮你说一句话那你下面那累死你也跑不下来，那就不一样了。

董：怪不得像浙江商会那边他好像就是换届就是……？

H：福建换不下来，这不才换吗，浙江到现在都没换下来。

董：福建才换下来。他是好像分出来一个。

H：就是啊，他收错费差不多他妈的收了他妈的八九百万。

董：收这么多？

H：那当然了，完了后来就为了当会长，竞争，完了后来退出三百多万，退出三百多人，拉出去三百多人，他要成立商会，三百多万么吗，董：那个长春市福建商会不是那个……那个一个……。

H：福建商会有好几家，有吉林省福建商会，我说的这个是吉林省福建商会，还有那个又成立个长春市福建商会。

董：对，长春市福建商会，那个老板是?

H：WLL

董：吉林省现在有大商会吗?

H：就是福建和浙江是最牛的，福建有好几百万的会费……。

董：那所谓的大商会他是资金比较多?

H：对，人员比较多、资金多，像浙江大概有二百万吧，剩下其他商会一年能对付个百八十万就不错了，一般小的二三十万都……。

董：但是大商会面临的就是竞争太激烈，竞争一激烈像那个内耗就出来了。

H：对呀，你像浙江和福建为什么能收那么多钱，浙江是会长一年五十万，三年一起交，是不是? 所以说各家商会的会费还不一样。

吉林省异地商会扩展的背景

董：上海当时怎么就想到成立了呢? 是有什么想法吗?

H：当时长春市统战部还是工商联有个外部企业家联谊会，成立各个地区的分会，像江苏、上海、浙江，上海商会秘书长老D在，他就撺掇上海绿地成立，他们是第一家成立的，完了大伙一看这事儿好就都跟着。商会成立当时政府非常重视，为啥呢，因为上海当时是上海驻东北万事办联系的，把浦发银行、交通银行这些大企业全都撺掇起来。

董：上海都是国企哈！

H：对啊，他们自个儿撺掇不起来，大伙一看这事儿好，政府管，大企业有实力，干啥不来啊。要钱，找银行，要办事儿，找领导，那时候江苏老牛了，去政府办事儿找WM，可好使了，那帮大老板办事儿直接跟WM通话，这WM一走，完了，马上就不行了。

董：我看所谓好的商会就是和政府走得近的，像吉林省这几家5A，像川渝，他可能实力不是很强，但是和政府关系比较好就评上了5A。

H：他们就是听说哪旮有什么事儿了，他们赶紧就过去了，整上了，像我们会长不整这事儿，他说咱低调，咱办实事，像他们建大楼、买地、整钱，我们会长都不整，就说办点儿实实在在的事儿就行了，他们净整那虚的。

董：像川渝商会也是要建大楼。

H：他们在四川重庆那边有个领地集团、明宇集团，非常有名，来这边了，他给联系了，盖那个环球大厦，他们想参股，参了百分之五。

董：领地啊、明宇啊，是他们引过来的?

H：我估计不一定是他们引过来的，可能是他们过来的，完了他给联系上的，完了在政府那边好说话啊。

董：也算政府招商引资?

H：啊，对啊，哈哈，都有材料的，剩下的事儿都老难办了，都得自己来办，大致情况就是这样的，商会，嗯。

董：之前还不知道您在江苏商会工作过，一聊还真是收获不少，我还不知道以前的事儿，以为过来就了解了解现在的事儿，像那个江苏商会还有那个08年为什么那么多商会成立的一个契机。

H：对，主要是经济发展了，商人的嗅觉特别灵敏。刚来的时候浙江商会还挺团结的，现在呢，CWG也是浙江商会的人。

董：前一段好像温州鞋城的事儿吧，闹得挺大。

H：对，那都是温州他们自个儿搞的，商会没出头，那时候商会都快塌了，没人了，温州商会。温州商会不是办的不好吗，现在办的挺好了，ZCS去了，给办起来了。能力强的人能把商会整起来，要不也不行。温州商会那是扯淡，不是商会整的。

董：后来好像抓起来了，抓的都是黑社会的。

H：对，他是这样，本来这块地是我的，完了你们来了就要要，那谁能干呐，那是我的钱啊。

董：那就是欺负外地商人。

H：对啊，WM不就说吗，你们不要开门招商，关门打狗。各地都这样啊，钱进来以后他就使劲收拾你，给这帮人气的，把东西一卖，完了就跑了。

董：招进来之后就查你，或是不管了。

H：商人就这样，跟WM进来的，市政府都知道底儿，完了要1.6个亿，不行，两个亿吧，最后说1.8个亿吧，人家都知道了。YX挣了两三个亿

기타 동향상회, 정부관계자, 회의록

329

走了，GZJ挣了十来个亿，也走了，光是汽贸城他就整了七八个亿，完了净月那个80万的地。

董：因为这个地啊，他是政府的，商人不得不跟政府结合。

H：关键是官商结合他挣不了大钱，是不是？有这个需求，发展地方经济政府官员能升。

董：商人也有这个需求。

H：对，有许多事情也挺为难。

董：真是非常感谢您，今天收获很多。

III-2. 吉林省江苏商会秘书ZYZ访谈

人 物 ： ZYZ、张冠(冠)
时 间 ： 2013年10月21日
地 点 ： 江苏商会办公室

1. 商会创立的宗旨及目的

冠：首先请简要介绍一下商会的基本情况吧，是哪一年成立的，等等。

Z：咱们商会成立五年了吗，今年是第五个年头，也就是2008年10月26号的时候成立的，你看顶上这牌就是我们当时成立的时候。其实我来咱们商会也没多长时间，就是我了解的也不多，但是我听我的领导啊，他们偶尔会谈论过这些问题。咱们商会刚成立的时候就是由咱们当时的省委书记WM给我们颁发的、组织的这个授牌仪式，然后我们第一任会长也是咱们高力汽贸城的董事长，GSJ。

冠：他是江苏人，是吧？

Z：对，他是江苏人，特意引过来的，但是后来因为种种原因之后就不在这边发展了，但是我们的这个光荣的史籍还在墙上挂着呢。

冠：当时这个是挺有名的，就是我也听说过。

Z：对，挺有名的，其实在各个商会当中很少有像我们商会成立的时候这么轰动的，省里领导给颁发的。

冠：对对对，这个是名声是挺大的。那当时为什么说要成立个商会呢？

Z：这个我们应该不是最早成立的商会，我听说最早成立的是上海商会，这块我不太清楚啊，我觉得这块我觉得你应该问问秘书长，资历比较深的秘书长应该比较了解这个情况。具体我也不太清楚。

冠：为什么成立商会？

Z：对，就是为什么成立商会这个目的性我也不太了解，我认为可能就是大家觉得在这块搭建一个平台，交流、资源共享，还有江苏籍的老乡在这块聚一聚，毕竟都是在外地闯荡。

2. 商会组织结构

冠：那开始能有多少家呢？

Z：我们现在的话将近有80家。

冠：那最开始是多少家呢？

Z：起初，起初最开始的第一届第二届据我的了解啊，我记得得有百十来家。

冠：最开始要比现在要多。

Z：最开始的时候要比现在多一点，但是也没有多多少，就是因为中间有一些小小的变动啊，这都很正常，或者有不在这边发展的，或者其他事变故这都很正常。

冠：然后像这个当时这个最开始那个会长，当时他是一个什么政治身份呢？

Z：这个我真不知道不过我可以给你查一下，我不知道我电脑里有没有。

冠：像现在这个会长是吉林省政协[4]委员？

Z：好像还是人大[5]常委吧，好像。

冠：正好帮助你熟悉下商会的情况，哈哈。

Z：对啊，这个对我是个鞭策，是省人大常委，还是我们江苏商会的会长，是新通州教仪的董事长，同时还是东华教育集团的总经理。

冠：他是哪一年来到长春的啊？

Z：他之前是我们这个商会的常务副会长，然后后来一步一步的到我们会长这块儿，证明他企业做的很强很大。

冠：哈哈，当时你不是这么说的啊……，没事就像刚才那么说的就行。

Z：刚才说的？刚才没说啥啊，哈哈。

冠：不过一般都得这样。

Z：在商会能做会长的，确实都需要这样的人。

---

4) 全国政协的地方组织的简称。中国人民政治协商会议，简称人民政协，是中国人民爱国统一战线的组织，是中国共产党领导的多党合作和政治协商的重要机构，是中国政治生活中发扬社会主义民主的一种重要形式。

5) 人民代表大会常务委员会的简称。

3. 商会的功能

加入益处

冠：但是一般我感觉商会的会长不见得实力特别特别强，一般我觉得企业做的特别大的，他也不成立商会了，他自己玩自己的就行了。

Z：那不对，我觉得不对，有的企业家就会觉得既然我玩得这么大，我这么有钱，那我跟江苏籍的老乡在一块，我也可以认识更多的人啊，有的人会有什么想法。包括我们商会也有，我不会依靠着商会把我的企业做强做大，我也不想通过这个平台怎样怎样，我只想看看能不能为老乡做点事，我们有的会员就是这种想法。就是真有这样的，就是我们的兼职副秘书长。因为他觉得他这块不需要别人来帮助他，他也不需要商会这个平台来强大自己，他就是想看看自己有没有什么事情可以为大家可做，能不能为老乡做点什么事儿。现在确实有的人想法很复杂，每个商会都是这样，商会在大家看来也就是这个资源共享啊⋯⋯。

冠：比如说你看像卖酒的，然后像这些做食品的，尤其还有做东北特产的，他就需要有这个人脉，包括像领通也是，他加入商会他真的是，他可能在生意方面会给他带来很多帮助。

Z：嗯，对，有的企业就是这种目的，加入商会就是有目的性的，也就是一个商业平台，无非就是扩大自己的朋友圈、建立自己的人脉，然后强大自己的企业。

4. 商会运营方式

商会会长选举

冠：咱们商会是不是换过好几次届了？

Z：对，这是第三届，第一届是GSJ，他是长春高力投资集团董事长，然后我们第二届的时候我不知道有没有给他封过这个名誉会长，我不太清楚啊，这个我不敢瞎说；然后我们第二届会长就是WYB，他的企业是做房地产的，翰邦房地产有限公司。

冠：HB，我看现在在这里是副会长，对不对？

Z：对，吉林省翰邦房地产公司董事长，他其实是第二届的会长，然后在我们开了第三届三次常务理事会之后就把他作为名誉会长，因为其他商会也是这样，就是换届了一次会长之后，老会长都变成名誉会长了。

冠：但是现在换届的少，很多都没换过届，很多会长都连任了，然后换届的都出现情况了。比如浙江商会的它也出现情况了，像福建也出现情况了，所以像这种名誉的可能……，我觉得这个方法还真是挺好的，你说要不让这个老会长做什么去呢。

Z：对，这种方式挺好的，毕竟老会长为这个商会付出了很多，然后回头人家要是不做会长了之后，我们也得给人家封一个名号。我们得有光荣的下岗，哈哈。

冠：那五年换三个，就是两年一届啊？ 章程里面就是这么写的嘛？

Z：正常不是这样的，就是每个商会都有每个商会的情况，家家有一本难念的经。

冠：那你把你们家难念的经跟我说一说，也还好吧，没什么保密的吧？

Z：没什么保密的，就是人嘛，都有一些其他的想法，每个人都有私心，然后就像我们商会也会有这个会……，会捣乱的，对，也会有搅局的，那有一个搅局的可能这个东西就没法正常进行下去，那一般情况下，作为商会嘛，就是个大家庭，作为一家之长啊，他不会去计较这些东西的，那他就好……，那就不去计较喽。

冠：那搅局的是什么意思，那就是说，他当会长了，我也想当，是这个意思嘛？

Z：不是，不是这个意思，跟我们这届会长是没有任何关系的，就是有人在背后嘛，整一些歪风邪气的东西，但是我们现在已经和这个人也没有什么……。

冠：就是比如说呢？ 就是这个歪风邪气是什么意思呢？

Z：就是他就想掌控啊，就是他想整个掌控商会这一块，就是觉得之前他不好掌控啊，所以他就想如果想掌控的话就只能他自己这块鼓动鼓动歪风邪气，他其实没有什么实力的，他就想使把劲把这块……。

冠：他就是想当会长？

Z：他不是想当会长，他就想让商会的所有人都听他的。

冠：那么他不当会长他怎么能让商会的所有人都听他的呢？

Z：他可以选举一个能听他的会长啊，他想操控整个局面，因为他没有实力当会长，没有这个条件来当会长。

冠：那这个人野心那是真的挺大的。

Z：但是，哎呦，他这个想法，但是你想啊……。

冠：这是哪一年的事儿？

Z：这个我不太清楚，应该是换届的时候，去年这个时候应该就有这个事情发生，去年具体什么情况，我也不太清楚，我也只知道有这么个事，我也只知道这么一点，一知半解，具体的细节问题我还不太清楚。

冠：关键是咱们商会会长为什么就是……，因为很多商会会长他都寻求一个连任啊。比如说，我的任期是两年，但可能两年之后它一般是可以连任一次，比如两年之后我再干一届，但是咱们商会就不是。

Z：对，这就说到刚才我说的那个人。

冠：那之前的那个会长就觉得这样，我就不干了？

Z：对啊，他就是我也不要仗着商会我要发家致富了，我已经很有名气了，不是说很有名气啊，我个人理解，如果要是我的话我可能也是这样，我就不跟你瞎搅合了呗，我个人看来，我在秘书处看来哈，上一届会长可能是因为他这个人很大气、很大方，他不在乎这些东西，没有君子和小人之间的区分嘛。

冠：就是说，要争一争其实他也是可以争的，是吧？

Z：对啊，他也不想跟你整这些没有用的，人家平时玩一玩、吃一吃、做做自己的事业，没有必要跟你整这些。

冠：那当时这个选举是一个什么范围的呢？

Z：我认为啊，我认为当时可能就是一个小范围的，具体怎么回事我也不太清楚。

冠：小范围的，就是说不是整个会员大会。

Z：没有那么正式，所以说我们商会现在，就像你刚开始来的时候我跟你讲没有当初那么风光了，那也就是一句话：一条鱼腥一锅汤嘛。就是这个人嘛，第三个……。[在通讯录上指给我看，监事长]

面临的困难

冠 : 那他现在还在商会吗？

Z : 不在，一看我们有什么事情我也不通知他。(……) 然后，就是说这个人现在还在商会，也不除名什么的。

冠 : 通过我这两天的走访，大家对他的意见很大，就是因为这块儿。那他当时想扶持谁当会长呢？ 当时他想扶持的人不是现在的这个会长啊？

Z : 是啊。

冠 : 就是现在的这个会长，啊，那现在的会长和他的关系……。

Z : 具体的我也不太知道，之前关系很好吧，但是现在的话我不太清楚他们之间的关系。

冠 : 那会员对现在的这个会长应该还是比较支持的，要不不可能选现在的这个会长。[低声说了一句话，好像是会员对现在这个会长也不怎么支持。]

Z : 所以组织的大家的话凝聚力不像上一届的时候。

冠 : 嗯，这个情况，那咱们的这个会长当时不就是这些理事啊、会员啊、副会长啊，选出来的嘛？

Z : 不是啊。当时就很多咱们的会员啊，现在也是对他们有意见或者怎么样，就觉得当时选这一届的时候他们都不知道。都是小动作，那这个人搞的小动作。

冠 : 那当时选完之后，然后就给大家说了一声？

Z : 对对对。然后大家就觉得人家干的好好地，我们都很支持之前的那个，都很支持之前的那个，怎么回事啊，这家伙，所以说通过最近这两天走访吧，大家也对搅事儿的这个人也有很大的想法，大家一致想把这个人踢出去，或者是通过什么样的法律渠道啊，或者怎么样的，把这个人……。

冠 : 就是公开就这么跟你们秘书长就是表达这个？

Z : 秘书长们什么的都知道，不用说公不公开，大家都知道，我们家里事儿谁都知道了，就看这个问题怎么处理。

冠 : 那我看咱们江苏商会还真是挺和谐的，这个事它是一个挺大的一个事儿，但是咱们商会没把这个事儿闹大，让它很平缓很平稳的走下去。

Z : 我们现在商会很多的章儿啊、很多证件，除了公章，其他的一些章儿，都在这个人手里啊？

冠 : 啊，都在他手里。

Z : 所以大家都很气愤。

冠 : 他也不交回。那真是……，像以前湖南商会的秘书长CX他以前不就是在这当秘书长嘛。好像就是因为这个人吧，听说……，也是因为这个事儿？

Z : 也……，类似吧。就是他可能对谁都看不惯，谁来他都看不惯。

冠 : 就是那个丁，像那个秘书长C他也看不上？

Z : 对对，他谁也看不上，但是我的秘书长来了之后，可能我的秘书长把他压住了，压住了这股歪风邪气，我个人来讲我还没见过这个人。

介绍秘书长

冠 : 那现在这个秘书长是谁请来的呢？

Z : 好像是会长请来的啊。

冠 : 像现在这个秘书长应该是挺厉害的吧？因为像以前的C秘书长他以前可能就是吉林森工的一个……。

Z : 员工啊？

冠 : 不是员工，他没跟我说他是做什么的，就是说他是吉林森工[6]的，但也应该是个领导吧，这么大年纪了退休了。

Z : 不太清楚，应该也是个领导，是国企的，国企的员工。

冠 : 对对对。像现在这个秘书长他是政府的，可能是搞政治的，他可能……，商会里面也有政治，他处理起来比较得心应手。

Z : 对对对，机关工作的，机关老干部了，年轻的时候还当过兵，他经常跟我说：哎呀，YZ啊，我像你们这么大的时候我都已经开始管干事了，很出色。而且我认为啊，我觉得我的领导，那六十多岁了，六十四了，他头脑清晰这种思路，一般年轻人可能都比不了。真的一般年轻人都比不了。你想他这么一把年纪了天天开车上班下班，我觉得像

---

6) 吉林森林工业集团

在他那个年龄的，都应该是一个颐养天年的一个年纪。但是他还搁这块操心这事那些事，帮这个人跑政府这个事，帮那个人跑法院那个事儿。

冠：就是说秘书长每天也是在忙这种事情，也就是说帮助会员吧，是吧？

Z：而且他自身也是大华那边，他那边也会有一些忙，他一天也不会经常来，除非他有事了，一周怎么也能过来个一次两次的。

冠：像咱秘书长，他就是长春人？

Z：嗯，长春人。

会员籍贯与会费

冠：像商会的全是江苏的？

Z：对，咱们商会全是江苏的，或者是江苏籍企业，你比如说苏宁环球，在我们做副会长，常务副会长，苏宁环球一开始我以为它和苏宁电器一样，但是苏宁环球它是在吉林市做房地产的，这个CY他就是长春人，就是苏宁环球的这个总经理，然后它这个是江苏籍的企业，所以他就加入了商会。

冠：那现在像会费啊，是什么情况呢？

Z：会长一年20万，执行会长二把手嘛一年5万，常务副会长一年3万，副会长一年2万，常务理事是5千，理事是3千，然后会员500元。

冠：那有没有感觉领导太多了？

Z：都是常务副会长，副会长是嘛？但是你想，首先在我们商会看来啊，一个常务副会长或者一个副会长3万块钱或者2万块钱，这样的话一个会员500块，常务理事才5000，你得是四个常务理事才能是一个副会长，那我为何不让一个人就干一个副会长呢，我上哪找四个常务理事呢，而且一般情况下，你做副会长和副会长重视程度是不一样的，像做副会长、常务副会长和做理事的级别是不一样的，待遇也当然不一样。

冠：这个待遇包括什么呢？

Z：比如说我们开什么会，很简单，我刚才跟你说那个江苏工商联邀请我们全国的江苏商会去到这个宿迁去参观他们那边企业发展情况，邀请四位企业家，副会长以上的，那么这样的机会就可以提供给他们了，虽然我们副会长，常务副会长很多，但是如果我们要只有四个常务副会长，那这四个如果说有一个能去的，那这名额是不是还有三个空缺，我们在江苏工商联我们没办法报，所以我们得多多益善，这样的话我们能够更多的去选择。你明白什么意思嘛，我要是五个副会长，然后它要求你要出六个副会长，那我那个副会长到哪里去找，而且这五个还不一定全都去，每个商会每个领导他不一定天天就围着你商会去转，他有他自己的事业，他有他赚钱的时间嘛。不会说总围着我们商会这边，所以说这是两方面吧，但是我觉得还有其他的……，哈哈。这都是我领导说的……。

冠：啊，秘书长也给你讲过这些东西。

Z：我自己理解的。

商会与当地社会：具体的活动事例

冠：然后之前是什么活动呢？有一个中秋的？

Z：嗯，中秋联谊会。就是从我来了之后，我们有几个活动，就是8月8号那天有一个关于省里颁发关于发展民营企业优惠的四十条政策，我们通过召集我们所有的会员，然后请到了HZS处长，他是什么处，我给忘了。

冠：经合局的？

Z：不是经合局的，他是什么什么，忘了……，咱们那个简报上有，那顶上有。请他过来给我这些商会的会员，讲解四十条优惠政策，是他编撰的，让他来讲解一下，是这样一个活动。后来呢，我们就去松原走访我们的会员，因为松原有我们一个江苏商会的联络站，有这么十几位，也是在我们这里做副会长，做会员做理事都有，他们在那面，去走访下他们那边，同时把我们长春这边的会员也联系了一个遍，就是他们谁愿意和我们一行，然后我们请了几位副会长带队，就到松原那边进行一个考察，同时也探望那边的会员，一举两得嘛。

我们也合影留念了，那顶上有照片，哈哈。9月17号，我们开的三届三次常务理事会，会上就是有一些老的会员这个重新提名，由理事变为常务理事，由常务理事变为副会长，往上升，还有新加入的这个会员，八九位，十几位，十三位吧，新会员。新加入的一些会员，这个副会长居多，常务副会长，这样一种情况。紧接着，我们就开了中秋联谊会，我们在8月7号吧，还是在8月几号我忘了，我们还有个授牌仪式嘛，由省软环境办公室那块要求每个商会选取5个联系点，我们就推荐了5家企业。

冠：那像咱们这个是怎么选的呢？这个是有一个什么样的评判的标准是嘛？

Z：对对。这个标准是我领导给的，哈哈哈。那么这个时候就能体现出你这个是常务理事好啊，还是副会长好啊，还是常务副会长好。

冠：一般是不是从级别高往下排，一般像会长那肯定是了？

Z：这个没有会长单位，我们这个五家企业是WZ地产肯定有了，还有JD的，XFH的公司，就是北京JD科技有限公司，他是常务副会长，然后还有我们的老会长，就是HB，WJB那，HB房地产，还有BMD，BMD食品有限公司，就是原先好运来，现在叫BMD，他是常务副会长，重新提名的，之前是我们的一个理事还是常务理事，现在是常务副会长。他们公司是联系点，我们上次颁的就是联系点。

冠：我看WZ地产外面都挂着了。你感觉副会长这么多你感觉为什么要给这五个人呢？

Z：首先可能是我领导觉得这些企业发展前景很好，首先WZ你看得到企业做的很强很大，在全国都是五百强的企业，然后这个JD呢，JD这个公司我了解的不算多，也不算少，我只知道X总他们这个企业做的这个很红火。他宣传做的很到位，他主要做的是老年人的保健品，宣传很到位，每年都是包括今年也是，七一的时候他请了好多老党员，把整个七一大厦全包了请他们吃饭，包括十一他做的活动做的很多，就宣传这块，就是他企业得的这个奖名副其实，这是我看来啊，我理解。其他这些东西我领导怎么订的，我就不知道了。然后就是FDP这块。FDP这块我也不太了解，可能他这个企业现在做的有一定规模，然后作为一家民营企业的话做的也比较优秀，也可能是名列前茅这样，所以我领导把这个软环境联系点这块就授予给他了。然后再一个就是老会长那个单位，就是HB房地产，既然是我们老会长单位的话，那更无可厚非啊。

冠：嗯，这可以理解，那为什么现在这个会长没得这个呢？

Z：哈哈，你的问题咋都这么尖端，哈哈，我觉得我之前五个单位我答的可好了，哈哈。

冠：哈哈哈，你确实是很官方，但是可能确实有这方面的原因。

Z：我们其他这些单位不能说它不好，可能我看电脑里面其他的公司之前可能是……。

冠：已经有这个东西了。

Z：已经有这个授牌的这个了，一碗水我们得端平它，至于你说的为什么没有授予我们会长单位，首先我们会长已经是省人大常委了，他自身可能是政府这块了，也不需要软环境授牌了。他这个人就已经是他这个企业的代表，如果他要再弄这些东西可能就会太怎么样了。

冠：多了也没用了。

Z：我认为是这样啊，我不太了解具体情况，我只能这么讲。

会员服务工作：中秋聚会的事例

冠：还有走访会员是吧？

Z：嗯，最近我们一项任务就是走访会员，这已经是13年下半年快要收尾了，我们接下来得主要工作就是走访会员。

冠：走访会员主要是了解什么？

Z：我们这次走访会员的目的主要是什么呢，一是让他们填这个我们有一个会员登记表，我们要完善一下会员登记表，因为在我们没来商会之前有很多工作都是一知半解的，都是断断续续的，没有连续的上，然后我们这边的工作也不太好开展，所以我们这次走访会员的目的就是把这个表填全，这是一项；再一项很重要的就是通过大家这块了解大家心态，我们商会这块工作、意见、建议，有没有可行性，需要怎么做，今后我们要怎么做，我觉得这是一个很重要的问题，既然想要把商会搞好，搞的更红火，那就得通过大家这块，大家有什么想法我们就要统一的去整理、整合。

冠：现在的会员对商会是一个什么样的想法呢？

Z：我上周也就走了六七家单位，但这些单位有副会长、有常务副会长、有理事、有会员。那他们的整体想法就都是什么呢，希望把我们的资源整合一下，希望大家要能够互相理解，互相了解，至少你的公司是做什么的，我的公司是做什么的。那如果你有我这方面资源的需求，那肯定大家都是老乡，我们还都是一个商会的，我给你最低成本，放宽政策，优惠的给你，这样的话我又能提高我的生产率，可以这么说吧，还是销售的效率啊，然后你呢，还能节省一笔开销。

冠：然后互相也信得。

Z：信得过，有商会这个平台肯定信得过，都是老乡没有必要怎么样的，这是一方面，再一方面就是还是这块儿，主要就是这块……

冠：就是刚才说的，你说的是哪一块？

Z：资源整合这一块，大家互相了解互相知道，而且还是很多人希望我们能够多搞些活动。

冠：就是互相交流？

Z：就是有的我们最近新加入的会员，然后很多人都不知道，或者是不认识。

冠：像中秋联谊会是去了多少家呢？

Z：哎呦，中秋联谊会我们去的人可挺多的，因为我们没有限制一定要自己去啊，没有限制可不可以带别人，那么所以他们去的话我们当时得有80来人吧。

冠：那这个费用？

Z：费用的话当然是由商会出，我们商会现在资金确实很短缺，至于这块费用……，那天我们这个费用吧，当时拖欠了一段时间，每天我领导给我打电话，他说他去交，具体这个费用是从哪里支出，我们现在也没有一个这样明确得概念吧。自此上次脱节之后我接手时就不是一个完整的体系。

商会内部矛盾

冠：你说的脱节就是换届的那一块？

Z：对对对，因为换届到我这已经是第二个秘书了。

冠：那就是说走访了之后，会员对商会这块对商会的发展对商会的现状这块有什么……？

Z：多少还是有看法的，实话，多少都是有看法的，那么你想自然已经换届了，我们商会的一份子，我们有权知道这些东西，就算我们这个不知道了也罢，知道了之后呢，可不可以为我们做一些什么事情，或者说我们开一个正儿八经的会议来宣布这个任期。

冠：那换届的结果大家是通过一个什么样的方式知道的呢？

Z：有一次我听说啊，也是我最近走访的时候才了解到这个情况，就是什么呢，有一次召集大家一块吃饭，这个就说了，老会长下来了新会长上来了。

冠：啊，就直接通过吃饭这种方式就通知了？

Z：对对。

冠：那这是有点……听一听肯定会挺惊讶的。

Z：正常是应该通过理事会，选举通过，不通过来定夺这个事，然后再报省里，但是这个事听说好像已经是有结果之后才请大家吃的饭，才找大家一起吃的饭，然后说的这个事情，应该是这样的。

冠：大家对这个新会长的态度呢？

Z：也都差不多，应该也吃过很多次饭了，像新会长以前也是这个商会的常务副会长，挺好的，其实还行，会长这块还行，他们也就是无非是希望我们多组织一些活动，然后让会长这块多组织组织、接触接触。

冠：那这还算挺平稳的，这要换到别的商会又出一个比较大的这种事件。

Z：那其他商会我不太清楚，我觉得我们商会这块没有弄的大动干戈。

冠：对，可能事儿呢，可能家里面有事但可能外面也不太清楚。

Z：对，家丑不可外扬，哈哈。

冠：也不能这么说，这个事别人也就不知道。

Z：我们江苏商会人的一大特点就是不像是有的，我不知道其他商会什么样啊，我听说啊，好像是其他商会如果遇到这种情况，肯定就是打的锅瓦瓢盆满天飞了，那我们商会没有，我们商会就是很和谐，虽然说大家都有意见，但我们都不会是跟你撕破脸的那种，大家可能都是觉得这样不对啊，什么什么的，大家不会说是那样。

冠：像有的商会他有可能自己但拉出一帮去，他再成立一个商会，有很多这种的。

Z : 但是其实正常来讲，这样是不对的，而且他要成立的话需要很多手续，比如说法人啊，工商联[7]那块，省经合局[8]那块，那不会同意的。但是一般这种的就是撕破脸了，已经不能在一个商会里面待着了，就是你干你的我干我的，一山容不得二虎嘛，然后我们各自找一个山头，我们都当老大，很多都是这种的。

冠 : 啊，但是还是在这一个商会当中？

Z : 不是一个商会当中，比如说，我是江苏商会吧哈，咱们两个竞争会长，我没竞争过你，我可能到长春市的民政我要成立一个长春市江苏商会，就是咱们前面的名头不一样了，你是吉林省的，我当长春市的，但是我的生意反正也都在长春，然后我当了这个会长之后可能我通过当长春市的政协委员，当长春市的人大代表那我这样也行吧，是吧？

冠 : 对，有这种的。

Z : 大家虽然是有想法、有意见，但是他们不会有这种这种独立、撕破脸这种，除非真的是逼急眼了，那我们也不是说针对某一个群体，只是针对那么一个人，对我们江苏商会来说没有任何影响。

和政府的关系

冠 : 然后像政府部门那块呢，就是和政府部门接触这块多不多？

Z : 嗯，就是工商联和经合局。

冠 : 但是工商联也不是咱们的业务主管部门啊，你说的省工商联还是市工商联啊？

Z : 省工商联、市工商联都有。

冠 : 都有，也都会找到。

Z : 对，你看我们一整就像刚才那个会议，就是长春市工商联给我们发的

---

7) 是各级工商界联合会的简称。中华全国成立于1953年，其性质和地位可概括为: 共产党领导的中国工商界组成的人民团体和民间商会。(www.baidu.com)

8) 经济合作局的简称。

嘛，因为他们有的一些组织会议的，确实是需要我们商会这边出人来支持的，所以说就是这样，我就是这么理解的，每次都是出人支持来参加会议，偶尔还没有饭。哈哈哈，有的时候还没有饭吃，不管饭。现在不是抓的很严嘛，尤其政府那边组织的活动。

冠：也像上次经合局那次哈，也是说像抽调人去帮忙什么的，也是像那种的。

Z：嗯，对。

冠：像民政厅这边基本上就没啥接触是不是？

Z：好像是没有什么接触，我好像是没接触太多。

冠：经合局一般找又是什么事呢？

Z：哎呦，那可多了，一整就是开什么会，就像刚才这个，长春市商业园区建设，这块就会找到我们，工商联就是商业嘛这块，工商商业这块，有什么问题就找我们。

冠：然后还有一些私事是不是？ 就是也不算私事，比如说，你说周日昨天参加的那个，那不也是……？

Z：那个是什么地产来的，盛蓉什么地产，我忘了叫什么名，他应该找的是经合局这边，然后通过经合局才找到我们，经合局给他们找的各个商会秘书长去的，然后再带一位副会长。

冠：那这样对他们有什么帮助呢？

Z：对房地产嘛？

冠：对房地产。

Z：它是来推介房子的，它在珠海有一个楼盘，然后通过这种把大家招到一块，请吃饭的前提是他们推介他们的房子，但是昨天参加这个活动的，不只是我们商会这些人，还有协会的、什么长春市总裁班，还有普通的黎民百姓也都参加了，他们可能通过房交会这块。

冠：就是咱们说的商会秘书长啊，商会秘书其实是给经合局的面子？

Z：对，起码是经合局找我们过去的，很多活动都是这种情况。

冠：比如说还有什么事呢？

Z：还比如就是周三那个会，刚才经合局给我发来一个，关于召开开发区建设发展专题报告会的通知。一看你听这标题就知道，开发区建设报告会，这还和工商联发那个有点那啥呢？

冠：他俩挺像的是不是，这可能又是政府对开发区又有什么新的指示了，然后可能各个部门都要对这个事儿强调一下。

Z：对，自愿报名，每个商会三到五名领导。

冠：像经合局是不是也会请商会的这些领导吃吃饭什么的？

Z：他们私下应该经常聚。

服务工作难度

冠：那像你来商会这么久，七月份到现在。有没有什么给你印象比较深的事呢？

Z：印象比较深的事啊？ 还真没有什么印象比较深的事，我觉得在商会这边工作时间过得特别快，印象比较深的无非就是我们组织了一些活动，比如我们中秋联谊会这个，中秋联谊会，那段时间就我一个人忙活嘛，商会这些事儿，包括酒店那边什么的，但是还好，我们秘书长也在这，副秘书长也在这，一些大事都他们定夺，我就一些小活我干，对，就执行的。然后人比较多，然后还有发月饼，就是有些照顾不过来。

冠：一个人是太少了。

Z：一个人确实太少了，一比七十的比例。

冠：七十人反正是不算多，但是一个人来为七十人服务那也确实是挺累的。

Z：但是还好吧，他们这七十个人不一定就是，好说话的，但也有不好说话的啊，还有对这个意见很大的啊，那他就不会配合你的工作就哼哈的，哼哈的。对于我来讲，作为小小的秘书来讲，我中间的工作就不太好开展，毕竟我是执行上级的指令，那么我把这个消息传达于你之后，我得知道个结果，汇报于我领导，你不告诉我一个明确得结果，我没有办法跟领导说。你说我是说你参加好还是不参加好，那你不参加我们这桌订多了订少了，你参加那当然是最好了，那还不告诉我，就说:啊，行，知道了，就这样，但是也没办法只能再次打电话呗，都通知完了之后，第二天或者什么时候，就像昨天我昨天给他们发短信，今天给他们打电话，我说收没收到昨天给你发的短信，你要接二连三给人家打，人家会烦的，如果是你你也会烦。

冠：这活动是挺不好弄的哈。

Z：其实我最头疼的就是在商会要开展个什么活动。

冠：像通知什么的还好通知吧？打电话什么的？

Z：其实就是通知才不好通知呢。

冠：哦，那像到年底还有什么活动啊？

Z：我们到年底的话就要有迎新春晚会嘛，这个是一定要开的，而且我们原计划是10月26号要开一个五周年庆典的，要搞的很大、搞的很红火，但是我们会长不是省人大常委嘛，要贯彻国家这种精神，然后就决定和迎新春晚会合并到一块。

冠：那挺好，对于你来说工作量会少点。

Z：如果按照原计划走的话，今天是10月21号，我现在就应该是在忙的焦头烂额之中，甚至在这个月初我就应该是在这个状态。

冠：要是五周年庆典那是一个不小的举动啊，包括各个商会的会长秘书长，像省政府的领导都得请。

Z：我看之前我们有个两周年庆典的那个策划活动的策划书，那顶上就写的好多好多，又抽奖又摄像又表演节目，文艺表演。

冠：你们秘书处应该再配一个，一个人真忙不过来。

Z：我们不是还有一个副秘书长嘛，今天没来。

冠：但是副秘书长也是领导啊，还得有个干活的。

Z：但是秘书长给他分配的都是之前XC，我之前不是还有个秘书嘛，他干的那些活，虽然活是那些，但是主抓的是宣传那一块儿，但是当然还得是我来干了。但是写材料什么的是人家写。我就省去了一个写材料这个，如果这个副秘书长没过来的话，这些都是……。

冠：这个副秘书长就是专门在这干副秘书长？

Z：嗯。

冠：他以前是做什么工作的？

Z：他也是退休的，他之前是党工委[9] 的，吉林省党工委。

---

9)　党工委(全称：中国共产党 XXX工作委员会) 是一级党组织的委员会的派出机构。是指党的中央和地方各级委员会为了加强对同级党和国家机关或某行业(系统)、某地区的领导而派出的领导机构。

기타 동향상회, 정부관계자, 회의록

冠：但也应该是给工资是吧？

Z：他给工资但是具体怎么给我就不知道了，不是我领导负责，应该是会长那边吧。

冠：其实写材料这块也是一个挺大的活儿。

Z：对，特别特别不好写，我们这个副秘书长没来的时候就我和XC，因为要写简报上的内容，去趟松原回来你要写一个小简短的小短文，哎呦，那个时候XC吧他是新闻毕业的，他82年的比你还大，他是专门学播音主持的，然后之前还做过记者，所以他就写这块吧，写的还行，起码他也知道怎么写，什么格式应该怎么写，我就不会啊，还好他走了一段时间之后副秘书长就来了，哈哈哈，我就不用太多的为这块操心。

冠：那那个秘书现在去做什么了？

Z：那个秘书那啥了他去别的电台工作了，家里边给找的一个电台。去一个外地的电视台工作。

关于维权

Z：那像遇到过维权的事儿吗？

Z：遇到过啊，对。就是之前我们有一个会员，叫WHX，他是普通会员，这是我来商会之后遇到的事儿了，他就是在长春哪个地儿来的，有一个工厂，他的工厂是自己建的，然后政府呢觉得他这个工厂是违建的，而且那边都要拆迁，把他地儿拆迁了，他当时建的时候就没有和政府打招呼，他就觉得这样不对，没有经过他同意就把房子给推了，然后要全推，就是这么个事儿，然后我们就要给他维权，然后我们就要找软环境办公室这块，问问这个事情什么时候能有结果，得有个答复，怎么解决，不应该给我拆啊。

冠：但是他开始建的时候就没跟政府打招呼。

Z：那你也不应该拆啊。

冠：那现在也没有个结果吗？

Z：没有，具体的情况我还不太清楚。

冠：那向政府部门反映就是软环境办？

Z：嗯，通过他们那边来解决，正常说8月末的时候应该有结果，但是后来也杳无音信了。

冠：有没有维权成功的啊？或者没成功的，有结果的。

Z：那就是我领导跑的事儿了，我都不知道了，他天天在外面跑的就是这些事，有的时候这边要找谁了，那边要找谁了，维权我只知道这一例。

5. 商会现状与发展期望

冠：那你对商会今后发展的前景有什么看法呢？

Z：呵呵呵呵……。

冠：那你觉得现在商会的现状是……？

Z：啊，我们商会现在的现状就是，当然还是不够这个有凝聚力，所以我们想通过走访这块，听听大家的想法，听听大家的意见，我们好把这块做的更好、更强大。我们商会正常来讲，你看从第一届开始我们就应该是很辉煌的一个商会，很强大的，但是现在可能没有想象中的那么好，我们就想听听大家的想法大家的意见，今后怎么走、今后要怎么做，需要大家的配合，那当然不是我们秘书处这块说做的强大他就强大，得需要八十来号人，来对我们工作的配合与支持，才能把商会建的更好，才能做的像大家想象中的那么强大、那么和谐。这个我觉得要是能把商会建好啊，这是最大的一点，但是我们这个活动要开展的多一些，这样的话才能把大家凝聚到一块，这个都是互相的嘛，我们有活动了大家也愿意参加，我们做事呢，大家也愿意交会费。

冠：现在会费交的顺利嘛？

Z：进行中，不是很顺利。

冠：有些人也不想交？

Z：一到拿钱的时候谁都，谁都吃五喝六、挑三拣四的，很正常。

冠：那他不想交他可以退会啊。

Z：没有啊。

冠：又不退会，但是我又不想交。

Z：对，现在其实我们怎么说呢，现在我、秘书长，秘书处这边的想法就是我们这一阶段把会员这块走访了之后，然后就着手会费这块，因为我们要了解每一个会员的情况，但是不是经济情况，是公司情况和他们的想法，了解了之后我们跟他们聊完了之后，他可能对我们秘书处这块通过我领导，通过我们这边的沟通、交流，他可能会对秘书处这块有些肯定，因为之前有些人会有想法嘛。

冠：对秘书处也有想法啊？

Z：当然了，所以说工作不好开展，通过走访之后，希望他们对秘书处这块提了建议之后，他们也能给我们更多支持呗，更多支持我们收会费什么的，当然收会费只是一小部分啊，这块也能好开展一些。

冠：像这个会费要收齐的话能达到多少钱啊？

Z：这个我还真没算过，我认为这一定是一笔巨款。

冠：一百多万差不多？

Z：有了。

冠：第一任会长是辉煌的，第二任会长怎么样？

Z：其实第二任会长是最辉煌的时候，第一任我不是很了解，因为很多人都比较推崇第二任会长。怎么说呢，第二任会长是这样，我们听说第二届的时候我们会员有一百多个人，然后召开什么会议的时候，只要一听说，这个会长WYB，W会长去，那帮人轰轰烈烈的都去了，召开的会议也都很辉煌，人很多呗，锣鼓喧天、鞭炮齐鸣，哈哈，我从他们口中听说的差不多就是这个意思。

冠：就是那个时候凝聚力还是挺强的，凝聚力很强？

Z：可能是当时的会长为大家也做了很多事，义务的为大家做事，然后为商会付出，给商会资助，这个那个那个这个的，这怎么说在钱上可能不是问题，大方，所以大家比较得民心。

冠：那这个转折点就在换届这块？

Z：啊，对，可能大家心凉了，心散了。

冠：那现在可能是一个慢慢调整。

III-3. 吉林省浙江商会秘书H和主任Z访谈

人　物 ： H先生、Z先生、董运生(董)
时　间 ： 2013年10月28日
地　点 ： 浙江商会办公室

1. 筹备工作介绍

董： 你随便聊天，我回去整理一下。

H ： 我想想哈，06年开始筹备的，当时筹备组。然后08年五月份注册成立的，五月十五号在民政厅社会组织登记那儿，然后XX是主管部门，08年11月份办的。然后以商会名义把CXX请来的。

董： 那你是不是一直都在这儿当秘书，一直到现在吗?

H ： 我是十二月份来的。

2. 商会组织构成

职位与职能分化

董： 你说的那个是最开始会长干了一年之后他想干还是……?

H ： 最开始他就想干。我们这是选举制，大会三分之二的票数……。

董： 那你说当会长的好处是什么呢?

H ： 当然有一定好处啦，你要是当了商会会长，全国的商会基本都能知道，而且现在政府也挺重视商会，那政府肯定会和会长联系的呀，还有通过政府这方面的商机他会知道的多一些。另外他还起一个引导的作用，拉着商会成员一起做点儿什么的，名利都有。

董： 那咱们会长是人大代表什么的吗?

H ： 他是浙江省的，好像是人大吧，看过他的照片。

董: 那这个组织结构是什么样的呢?

H: 一个会长, 下面是执行会长、常务副会长, 然后是100多会员。

董: 那会长和执行会长是管事儿的吧?

H: 章程上写的是当会长不在本地或者不能决定这个的时候, 就由执行会长来。

董: 那副会长和常务副会长呢?

H: 副会长和常务副会长, 还有理事、常务理事、会员, 交的钱还不一样。

董: 一般副会长就不管什么事儿了吧, 像决策什么的。

H: 嗯……, 也管, 章程上说一个月开一次副会长会议, 但我们一般都开不上, 因为领导都很忙, 两三个月吧, 开一次, 像大事儿什么的就开个会, 做个表决, 一般就基本就鼓掌通过了, 因为他们不了解。

董: 这中秋都挺忙的吧, 我看商会都办什么联谊会吧。

H: 我们没办, 现在办的少了。但是应该有的, 要不会员时间长了不见面也不行。

董: 副会长以上的决策的有多少人?

H: 二十六七吧, 决策也不是会长一个人独大。

董: 像咱们现在办公的场所是会长的吗?

H: 是, 会长免费给我们用的, 一般都是租的嘛, 我们这会长奉献了。

董: 像你们俩个都是长春的?

H: 嗯, 因为商会在长春嘛, 都有一定关系的, 像秘书长都是有一定社会地位的。

董: 那咱们秘书长是做什么的?

H: 我们秘书长最开始的是二道区的副区长退下来的, 他现在去温州商会了, 当时有的人有点儿记仇了。

董: 那为啥记仇呢?

H: 这是每个人性格的问题, 没法儿说。后来的秘书长是省委办公厅的, 也是退休的。现在没有了, 因为我们换届不是换乱套了嘛, 然后秘书长也气走了。你可以调查调查温州商会, 看跟我们有多大过节, 跟我们……。

董: 那为什么会这么大过节, 你说都是一个地方的?

H: 这个真不知道, 可能浙江商会做的太好了, 我们现在就是这么认为的，名气太大了，大家都想争这个会长。

董：那现在秘书处能有多少人啊？

H：以前正常的好的时候是五个人，一个秘书长，两个副秘书长，然后就我跟YY。

董：一般都是一个秘书长带一个秘书，像人多的比较少。

H：因为我们商会不是做的比较好嘛，活动也挺多的，所以需要的人手也多。像我们商会招商引资还投资得奖，受到两个省的重视。

董：那咱们商会一般有事儿的话找哪个政府部门比较多啊？

H：一般就是经合局，因为他们不是主要管招商引资的嘛，他们通过商会这个平台到全国各地去招商。

董：上次我就不太理解，商会不是社会组织嘛，经合局没有权力让你出多少人就出多少人，但是……。

H：因为是相互配合的嘛，好多事儿都是互相的，在中国做生意就是离不开政府。

3. 商会运营上的问题

特殊事件：换届时的冲突

董：像你来商会这么长时间有没有什么印象深刻的事儿呢？

H：印象比较深刻的就是打起来了，哈哈哈……。

董：动手吗？不是吧。

H：没有没有，还没动手，但是比动手更可怕。换届的时候，当时吧，我们有规定，会长连任不能超过两届，这不我们会长连着干了两届了，需要换了。但是如果大家都同意，还是可以选现在这个会长的。当时是11年7月份，已经跨年了，必须得换了，但是换的前期各方势力就开始骚动起来了。

董：那都有哪些势力呢？具体来说。

H：三方吧，有一个让人当枪把子使，还有一帮幕后的，都是商会领导。商会内部就是成派了，比如这一派100多人支持会长，那一派就几个人，势力呀，也都不一样。

董：那这是两方啊，还有一方呢?

H：还有一方是外部的人，比如说温州商会。

董：那他是不是就是换届的时候走的?

H：对对对⋯⋯，商会外部的一些人打入到商会内部的一些人，整得跟政治斗争似的。

董：不过都这样。他觉得那时候选不上才走的还是?

H：我感觉吧，这是我自己的想法，当时外部的人通过正当的选举肯定选不过我们会长，因为我们会长人特别好，把商会做得很大，整个商会也都特别信服他。然后换届大会的时候，那些理事，48个人吧，他们举手，然后要通过会员大会的，再通过一次，其实会员大会举手走个形式。然后开大会嘛，就是大会之前就开始行动了，做工作。然后到开会那天，我们都挺忐忑，因为知道很难把他开完。然后会长还挺那什么的，说咱就正常，照常开会那天，就不了得了，有几个理事做的委托书，然后有几个温州商会的人强行进入会场。然后给大家发选票什么的，会长做述职。然后三个人报名竞选会长，一个我们现在的会长、一个执行会长、还有一个常务副会长。

董：那这里边哪个是代表温州商会的?

H：应该算是执行会长吧。他不是温州人但是和温州商会走得比较近，他参加各种温州商会的活动。他这个人的性格吧，有点儿唯我独尊，因为他的企业做的也特别大，就一直一个人说话说的算来着。但是Z会长的意见呢，就是存大求小异。然后执行会长的好多想法得不到实施，觉得好像对他不重视，他就想自己干一干。然后外来的温州这帮人就胡编乱造讲Z会长，讲得特别难听，涉及到贿赂啊、强奸啊，就是特别恶劣，还带着威胁，说我知道你孩子在哪儿上学、你媳妇在哪儿。然后楼下就有两伙人，黑社会的。开会当天我们副秘书长后来把警察也叫来了。他们趁着会长去卫生间的时候，温州那个大光头身边还带着保镖的那种，就尾随会长进了卫生间，把会长打出血了。

董：哎呀，我的天那，那不得报警吗?

H：对，报警了。然后这会让他搅合的，我们都不吱声了，完了跟会长不是一伙的人就走了。然后按照规定，理事超过三分之二的人就有选举权，他们就相当于弃权了，完了我们就继续投票，我一查人，三分之二都绰绰有余，等我们开始投票了，走的那几个人他们就又回来了，他们就不让我们投了，把我们的票都给撕了，然后搭着那个投票箱就不让我们投了。

董：当时警察没来吗?

H：后来才来的，当时没到，就这么的，换届大会就坏了。

董：这是11年的事儿?

H：嗯嗯，是。然后就一直拖，拖到现在。拖到现在也有原因，当时经合局和民政厅都想参与来着，哎呀，这是不是说到政府了。

董：没事儿没事儿。

H：哈哈哈，涉及的太多了。当时政府就想商会是不是应该敞开门来，只要是浙江人报了名就可以来竞选会长。

董：那你不是得加入吗，得是会员吗？

H：但是不是有一股外界势力想进来吗，如果不敞开大门他们都没有竞选的资格嘛。

董：经合局和民政厅都是这个意见吗？

H：他们没说，只是说有这个建议，就说是全开门，或者半开门……，但是我们内部选举他们又不同意，这不很明显别的意思嘛。这几伙儿人都不是吃素的，在背后就开始运作了，省里有的帮着这个说话、有的帮着那个说话，然后经合局和民政厅帮着这个得罪那个、帮着那个得罪这个，他们就管不了了，所以就拖到现在。

董：那你说这事儿啥时候能……。

H：希望你毕业写完论文我们能完事儿，哈哈哈……。

董：这事儿挺复杂。

H：嗯，那呗，政府和商人都是紧密联系在一起的。

董：像这些商人是不是都有高官给他们做后台的？ 是不是都得省级领导啊？

H：有的可能都到了中央。企业你做的越大，需要的后台就越硬。

董：要不政府一查都能把企业查坏了，是不是？

H：对啊，嗯。企业我就不知道了，但是我知道这些副会长什么的愿意喜欢和领导接触，就像和领导合个影，要是大点儿的领导，那都觉得很有面子了。

董：也不知道你俩啥关系，可能你俩就是合个影，但是进来人一看，就觉得……。

H：像政府有好多政策呀，你要是关系好，那肯定近水楼台啊。像盐碱地改良，必须和政府搞好关系，比如当地的土地啊、林业啊、水电啊、国土啊，都得搞好关系，要不你就寸步难行，一旦被人查住了，你就不行了。还有那补贴啊，多少啊，什么时候到你手啊，那你都得搞好关系，中国企业就这样。

董：那会长认识省里的，让省里打声招呼不就完了吗？

H：但是当地很厉害的。

董：县官不如现管。

H：对对对……，你跟省里多好的关系到他们当地都不好使，上边说完了，他就给你推呀。而且因为政策补完了他都到县里边，到时候县里边说没补，你也没办法。

董：前一段不是有软环境办推荐……，监督，像咱们商会怎么推荐呢？

H：正常我们从大到小往下排，再一个呢，看他能不能用上，有做零售的、有做实业的，还有小商小贩，看他能用上哪个。

董：那现在咱们商会就相当于没有决策的人吗，一些事儿啊，谁决定啊？

H：形式会长呗，不管怎么说会长不是还没换嘛，要不然很多事儿没法办。

董：可不是嘛，都没人拍板了。

商会内部矛盾

H：秘书长也管不了的，指着我们商会秘书处去把届换了是不可能的，没那么大能力。会长就是协商出来的，商量今天你干、明天我干，或者怎么样，会长不是打出来的，打是打不出来的。

董：我感觉那边就是来坏事的，就是来捣乱的。

H：对对对。

董：我就是来捣乱的，我就是让你换不着。现在不有三股势力吗，有一股是咱们会长，有一股是温州那边推选的，有一股是执行会长。

H：执行会长就是温州商会的。

董：那另外一个呢？

H：是普通人。

董：他想要很多？

H：也不是，他一开始是想参与参与，后来就被拉下水了，其实那个人很好。

董：他是比较积极？

H：他的思想也很先进，我也不知道他为什么没整明白。

董：他是想参与参与，结果没整明白。

H：对，结果整的现在省里也不重视他。后来有一些会长、执行会长都说不参与了，那就剩他自己了，正常的话就可以了，选一下就理所当然当上了呗，然后最后政府那边就说选不了了，不能选了，把他气的，生气了，其实也是个特别儒雅的人。

董：那他还是势力太小是不是，相对两边？

H：这个人吧，跟他们不太一样，他是脚踏实地干事的人。

董：做做买卖，做做生意。

H：他企业做得特别好。

董：但是在中国，不合政府意思不管用。

H：不管用啊。

董：商会是社会组织，但是政府还是能决定它的事的，是吧，领导人任免，最后不是政府在里面干预这个事么。那，那个执行会长最后也不能在商会里面干了，退了？

H：也在这呢。

董：在这啊？不挺尴尬的。

H：但是他俩见不着面，执行会长不太来，碰面也就一次两次的。

董：那就请示一个事，也不用示执行会长，就请示会长？

H：对对。

董：温州商会那边呢，他没有职务？

H：对，万一都是他们家后边使坏。

董：那其实他就是被当枪使的那个人。

H：我们内部也是，分成两派。

董：秘书处内部啊？

H：是啊，要不怎么能闹成这样呢。

董：秘书处内部几个人啊？

H：就四个人啦，两个两个一伙。哦，不是两个两个一伙，我是一伙，我站在会长这边。

董：哦，你是自己一伙啊？

H：其实我也没伙，我和L主任是看怎么把它进行下去，但是别人恶意甩巴掌的话我们也是不同意的，而且我们肯定要为Z秘书长平反的，他们背后使坏。

董：给会长？

H：嗯。

董：你说副秘书长？

H：对啊，就一个副秘书长，但他现在已经一个多月没来上班了。

董：那我昨天给你打电话不是说一个副秘书长在这？

H：那个是中立的，老太太。那男的，是从温州商会出来的，他就站在另一方了。

董：那管财务的那个人呢？

H：很明显是另一方的。正常不是得省民政厅下属的审计机关来审计我们财务嘛，换届账目不清晰，半路也没跟秘书长打招呼，我们财务的所有资料就被送到会计师事务所去了。他们要查有没有什么违纪啊、违章，秘书处找。那你说要不是他们俩的话，怎么可能运到别的地方去呢？

董：他不是干了挺长时间了吗？

H：他从06年筹备的时候就开始干了。

董：对你们有没有什么影响？待遇啥的。

H：没有，就是账户被冻结了，工资发不出来了。

董：那就够呛了。

H：没事，到最后还能补上，账户里有钱，有上百万。就是被冻结了，执照被年检，账户被冻结之前没取出来钱也跟那财务有关系，故意的。

董：那他也开不了工资。

H：对啊。

董：那你说他干这事干啥呢？

H：有病嘛。当时川渝商会还搞过一次捐款。

董：雅安？

H：对对，动员各个商会。我们会长没在家，执行会长就召集了一个会议，一共二十六七个人就来了三个。

董：那咋整啊？

H：他们就当场拍板，把商会所有的钱都捐出去。给大家发了个表，不允许大家发表别的意见，只能同意。

董：什么意思？

H：就是捐款，写钱数，金额特别大，正常的话根本不可能，一个商会捐个十万、八万就最多的了。

董：川渝我看也就捐一百多万。

H：对啊。所有的省级商会平行，大家都捐一万、两万，我们商会捐了二百万、三百万，干啥呀。他们就非把数目写的特别大，然后给副会长，要发下去，副会长都撅了，把我一顿骂。

董：你这活也不好干啊。

H：不好干。我电话离那么远，他嚷嚷。其实我也没办法，这不是我的意见啊。

董：我这也是给人办事啊。

H：我这也是传达的人。

董：那为啥不让干财务那人传达？

H：他啥事也不干。

董：他是不是上次经合局帮忙他来过？

H：来过，很另类，你跟他没法正常交往。

董：是挺奇怪的，你说账户冻结了他图啥啊。

H：冻结之前，领导给打电话，说取出来一块钱，账户就激活了。他就说我不激活怎么样，就这样。

董：那他干过啥？就走了，就去温州商会了？

H：我们也可不理解了。我感觉他可能想攥着呗，最后还把我撅出去了，人家最后变成他们的了。

董：哦，就争那个，还有个棋子在这。

H：这边一个电话，他没说啥呢，执行会长一个电话过来了。关键是让他传，他不传好话，不照实把事儿给你传。

董：瞎传？

H：嗯嗯，矛盾越来越大，那边有人找公安局举报，来查。

Z：我们现在有个拍卖行，做的特别好。他们就眼红了，举报。说我们拍卖行没有证书什么的。

董：其实还是生意上的事是不？还是？

Z：嗯。找公安局举报，说我们没有公安局发的许可证，就来查了，其实也不缺。

H：他们也不知道。

董：他们就找他？

H：嗯。不知道一个什么会，反正有这么件事，本来有原因在，他就不会给你说这个原因，直接说没告诉你啊什么的，恶意的，没给你传。执行会长当然不知道你这边发生什么事了啊。

Z：他就说你发奖金，好几次没发着。

董：是谁发奖金？

H：正常我们发奖金。那会长的意思是互相也不知道谁发多少钱，这很正常嘛，就一人一个红包，完事了。他不嘛，就给管财务的副会长打电话。

董：还有管财务的副会长？

H：对。财务有监管的，不能是会员来。然后他就开始造谣了，拿事给你说开了。管财务的副会长和会长就闹得不愉快了。

董：其实是别人挑拨的。

H：对，因为他传话不传好的嘛，事儿本来不是那么回事，他就非要那么传，整的好像会长挺坏的。

Z：什么都自己说了算，没跟人商量。

H：他就怕给他发少了，我这么感觉。

董：你说会长这事定不了，那选啥会长？啥事都一起商量得了呗。

H：全国各地的商会都有这种情况，海南也是。

董：啥情况？

H：换届争权力。刚上来，没过一个月呢，又来一个，又重新开换届大会。

董：也是浙江商会呗。

Z：说白了就是利益，当会长跟部长啊，什么政策都通知会长才知道，领导比较重视会长。比如我们会长到上海、广州、北京各个地方，领导都接见会长。古代的时候一个商会的会长不也地位很高嘛。

4. 和地方政府机关的关系

对政府招商引资活动看法

Z：你现在在商会调查？

董：我现在一周能去一天吧。假期在川渝商会也待过，感觉川渝商会事儿挺多的，但是是日常工作这些事，不像你说这些事。他们还没换届呢。

Z：换届时候事儿就多了。

H：福建商会换届你知道吧？打的那会儿。

Z：要不换届就正常工作呗。

董：一换届就容易出事儿。

H：我们商会做的特别好，也是吉林省前三名，各种奖励、奖金，年年都有，浙江也给、吉林也给。就换届这两年，唉。

董：那会费现在收的了吗？两年都没收了吧？

H：对。会长都表示不想干了。

董：那你们平时日常工作还行吧？忙不忙？没啥事儿吧？

H：以前有些事儿。换届之后吧，一阵儿一阵儿的。

董：政府有些事儿还得管？有些任务啥的。

H：正常通知。我觉的是两方面的吧，相辅相成，我们是帮助他们招商，他们也介入我们这个平台，开一些会啊什么的、找一些老板。

董：那比如说老板不去呢？

H：对，有可能不去，他们也挑。比如有没有领导出席啊，多大规模啊，对他们有没有用啊。有些是没有用的，我们就去，必须得出人啊，有时候就得凑数，凑数的事儿太多。今年干东北亚还行，每年都跑的晕头转向的，长白山开完了白石开。

董：都跑这么远去开会啊？

H：不，他们都在会展中心，开了就需要人，不能空场啊。

董：那政府的东西也都是形式哈。

H：就是个形式。你应该写这个。

董：你说他本来就找企业，企业都不来，找你们。

H：对。意义就往高了写，往上加。到了中央数目就非常庞大，招商引资多好多好。

董：关键你看，会开着都挺好的，布置的挺好的。

H：结果都是这些人。

Z：我们在那玩手机。

董：东北亚那会儿我也有跟着。

Z：给我折磨的不行。

董：通化那个吗？

H：不是，省宾馆，你觉得那个好吗？

董：我感觉那个会像骗的一样，诈骗团伙那种的。最后那个人，穿着小白西服那个，一开始就说我干爹怎么样怎么样，这也太明显了，太假了。

H：对。说他儿子在台湾，女儿在香港怎么怎么的。

董：那天晚上我参加通化市一个会，他们邀请LRH，你们没看那个，那个更假，就是骗人的，忽悠通化市长，我们投资加多少多少钱，感觉就是骗吃骗喝。说我们要投多少人，上通化市考察。他是十九届，一年能换好多届，在各个城市开好多届。

H：讲着讲着还有讲东北战争的，这就没关系。跟个推销会似的。

董：后来我在网上搜过那个LRH，就你刚才说过的那个段子，他之前就说过，培养他儿子怎么怎么样，一个演讲到处用。

H：他一看就是那种做演讲的。

董：营销，像激励你什么。包括那主持人，叫TLH，我在网上也搜过，上优酷一搜，就是做营销的，怎么激励你，怎么把我的东西卖出去。

H：对，他根本就不是讲什么东西，讲的跟我们就没有关系。

董：一鼓掌吧，底下就放音乐，就一种营销的感觉。打扮的挺像华侨的，留个小胡子，穿个小西服。商人也是很多鱼龙混杂的，我去一汽参观，坐车后边，就有商人问我，拉投资，说我们有个什么什么项目，感觉就是骗人的，然后我说我不是，他就找另外一个人了。另外一个人说，我就有钱，你这有什么项目跟我说，我就能给投资。就这样的，一个说项目特别好，一个说我就有钱，我一个什么公司，就有钱，没项目。我感觉跟骗子似的。

H： 说的投资考察什么的，就是走走形式，就是要我们交钱的。

董： 像梦想赢天下那个，通过那个会他就能认识很多企业。

H： 还能跟政府连上，像政府采购。商人像做太阳能灯的，要到全国各地，让政府采购。

董： 现在一了解内幕，就这种事儿。中国反正就这样，虚的比较多。

5. 对商会的认识

政府与商会的关系

H： 商会从很早以前就开始有了，开始在上海，然后就消亡了。

董： 就文化大革命那时候。建国之后就把商会取消了，民营企业全没了。是吧？ 改革开放之后才起来。

Z： 他们就怕商会聚起来惹事。

董： 商会就什么社会责任都没有了。

H： 他们都给人封闭起来，好管理。

董： 商会是资产阶级，那这是社会主义国家，现在还是发展经济呗，地方政府不也是，为啥这么重视商会呢，也是这个。

H： 但中国连资本主义社会都不是，我认为中国是半封建半资本主义社会。

董： 现在也不好说，市场经济一搞吧，地方政府不是中央拨款了，自己得发展地方经济，就导致官商勾结，有共同利益。地方经济搞好了，官员可以晋升，商人财富也越来越大了。

Z： 所以他有个办法，政府监管嘛。

董： 但是政府监管，权力太大了。

H： 政府干预太多了。

董： 也导致商人不得不依附政府，商会也是，要是政府权力小一点。

기타 동향상회, 정부관계자, 회의록

H：那商会也就不会成立了。

董：不是不会成立，自主性可能就更强，自己想干啥就干啥了。

H：商会有这么几个活动，一个是跟政府搭桥，一个是组织会员，跟家一样，会员大家是老乡，联系多一些，容易抱团。再一个是维权，你看我们商会，会长、副会长出事了，大家可以一起找人。

董：副会长出啥事呢？

H：什么事都有。

董：举个例子？

H：不能举例了，这个不行。涉及太多了。举个小例子，比如说争地，打起来了。比如巴黎春天，他在这租了一个地方，然后和业主发生争执了，商会就可以帮忙找一找。

Z：商会出面帮忙调解一下。

董：那商会找谁？找物业？

H：就找认识的人呗。

Z：会出面会给你个面子。

6. 商会的功能

加入益处：具体事例

H：我们有个副会长，做塑料的，当时光复路那个大厦着火了。

董：啥时候？

H：10年吧。老光复路，一把火全着了。公安机关就查，查到说是烟头引起的，说是挨着他家的楼梯口。但是他损失了好几百万，所有的设备全烧没了。

董：光复路这个是干啥的？市场？

H：批发市场，建材啊啥的。

董：他也是一个摊位的摊主，靠近楼梯？

H：对。有库房在那，货全在那，好几百万烧没了。还可倒霉了，保险过期了两个月吧，不然正常保险公司给赔。这事到现在还没解决利索呢，就涉及到赔偿的问题。找了光复路那个大厦的负责人，他的意思就是从你这烧起来的，想撇清关系，不给你赔偿了。我们副会长说，既然消防部门，公安机关都出说明了，一个保安失误扔的烟头，咱也不知道是诬赖给他了还是确实这么回事，这就无从考证了。但是他们得出的结论就是这个引起的，所以这就不是我们副会长的责任，那正常的话是应该赔偿啊，但是他们不给赔。这样商会就帮忙，去找区政府帮忙协调。

董：区政府还管这事？

H：当然管了，他们政府也给赔偿的，不光是那个人赔。

董：就找了区政府，然后最后给赔了没？

H：对啊。赔了多少到现在也没个数，但是肯定是帮忙找了，努力了。

董：这事就反映到商会，然后会长就出面了？

H：当时好像都圈禁起来了，关起来了。

董：为什么关他呢？

H：因为最开始没查到那个老头的时候，起火点是在他家，然后就把他关起来了，软禁在一个宾馆里。关了二十多天，媳妇哭着到商会，就给想办法。

Z：还有人，不是我们商会的，来要钱。

董：是怎么回事？

H：浙江人，不是我们会员，在吉林创业，赔了，一分钱也没有了，家里人也不管了，回去车票也没钱买了，往商会的沙发上一躺。

董：我去，这也太逗了。

H：大事小事都有。

董：我觉得你们这么有意思。

H：对，就是这样，什么事都有。听着好玩，到时候你就闹心了。

7. 和同乡人 / 同乡组织的关系

其他同乡商会的关系

董：咱们当时的会长是做什么的？

H：当时是做投资担保的。

董：一直都是这一个人吗？

H：对，一直是，到现在都是。刚开始做汽车投资公司，后来做农业，农业是和商会一起做的，叫什么吉林行。然后会长看见了商机，就拉着商会的几个人一起做的这个，还去巴西了，站在国际的舞台上来着，国际生态安全组织都来过人。

董：当时办的应该是挺好的哈。

H：对对对……，我们是联合国下属的一个示范基地，拯救人类嘛，那个盐碱地改革。

董：最开始成立的时候会员能有多少？

H：100多。

董：那在吉林省做生意的浙江商人有多少？

H：大概能有12万吧。

董：那真挺多。

H：因为温州不是一个挺大的嘛。

董：那长春不是还有温州商会吗？

H：有，市级的，归统战部管。

董：那你们是竞争关系吗？

H：不是。

董：那如果我是温州的，我是加入你们还是温州商会？

H：随你，都可以，他是一个配合的关系。像还有宁波商会，商会这样的，他都是一个配合的过程。

董：那温州商会会长是属于浙江商会还是？

H：不是属于，是……，刚开始是WP，后来是SLM了，SLM在我们这儿干了一年的执行会长，后来就不干了，因为他想干温州商会嘛。

董：温州商会不是出过挺大的事儿吗？

H：那个我不知道，跟他们联系吧，后来关系闹得不太好。

董：那因为啥呢，是竞争吗？

H：也不是，没有竞争，因为没有利益关系，就是你加入哪个商会对我们来说都没有利益关系，但是他们内部有些问题，比如对Z会长有反对的声音呐，SLM当时想当会长没当上啊，就这些。

III-4. 辽宁省莆田商会秘书长XM访谈

人 物 ： XM、张冠(冠)
时 间 ： 2013年8月1日
地 点 ： 辽宁省莆田商会办公室

1. 个人信息

冠：那首先就是请您介绍一下您的基本情况，就是说您的经历和您是在什么样的契机之下加入到莆田商会的。听您口音，您还是沈阳人？

X：我不是莆田人，我以前啊，是沈阳市政府政策研究室的，研究室的副主任，市政府研究室我不知道你知不知道它是做什么工作的不？

冠：是不是和我们这个有点类似？

X：哎，有点类似。它是市政府的智囊团和参谋部，而且沈阳市的市政府啊，都是一把手的市长来抓这个事儿，所以你要看一下啊，各个城市，包括北京啊、上海啊，都是正职的市长来抓研究室。实际上，市长的一些大的谋略每年要做些什么一些大的决策，都是由研究室事先拿出来预案，拿出来决策的一些方案、方法，然后市长呢在自己的执政的过程中，按照那个来执行。

冠：按照咱们提供的政策来执行？

X：对，按照政策来执行的，你比如说像现在中央的那个LJH、WHN，原来不都是研究室主任来的嘛。

冠：像省里面也有这个研究室，市里面也有。

X：市委呢，还有个政策研究室，市政府呢，是研究室。我在政府呢，研究室里干了二十多年，当过工业处长、城建处长、财贸处长、综合处长、商业处长、所以说应该对沈阳市的经济啊，应该说就农业、教育处长没当过。这样的话在这个基础上完事提到副局级，这样啊，对我后来到商会有些工作呢，都有许多的借鉴。

冠：因为您工业方面，经济涉及很多。

X : 对，所以对这些也不太陌生。

2. 加入商会契机

X : 我退下来之后，我不知道是谁给推荐的，可能也说是政府研究室有一个领导退下来了我们，莆田啊，你要这次机会抓住，就找到我。莆田有个什么特点呢，他们善于利用当地的一些资源，政府退下来的一些老同志啊，这样的资源，他们的秘书长呢，多数是一些当地的老领导给它当。有一些异地商会比如说像温州商会啊，他们不这么做，他们用温州的老板当秘书长，你等用当地人呢，他用下一个层次的，秘书处下边呢，设一个办公室，办公室主任不是说参与决策而就是一个纯粹的执行的，所以说莆田它就有这个特点。

冠 : 那您是哪一年到咱们商会的？

X : 我是那个06年，我是05年从政府退下来的，就给我挖过来了。

冠 : 06年过来，那也是小十年了。

X : 哎，也小十年了，所以说整个莆田商会，从小到大，小弱到强，从人数十几个人、二十几个人到现在的五六百人，这个过程都走了。

冠 : 您是亲历者也是见证者。

X : 对，亲历者见证者，也是参与者。

冠 : 也是领导者。

X : 不是领导者，参谋者，出谋划策吧。我还继续发挥我在政府的角色，领导市长拍板，我们是拿方案，如果我们的方案被采纳了，这就是成绩，不被采纳那就是等着。

3. 商会创立的宗旨及目的

冠 : 那咱们这也是省级商会哈？ 辽宁省的。

X : 省级的。

冠 : 像辽宁省的异地商户能有多少家呢？

X：辽宁省的异地商会啊，我感觉好像能有个四五十家。

冠：这么多啊？

X：因为它各个省，是不是。

冠：还是说咱们辽宁这边经济比较好啊，像我在吉林那边，我家也是锦州的，辽宁的锦州的，然后我去那边吧，吉林省异地商会才十六七家。

X：咱们这个多，因为啥呢，因为它是三十多个省市啊，再加上北京啊、上海啊，这不都是这个规格的嘛。但是辽宁省啊，它能在省民政厅注册的好像是没有那么多它现在实行的是叫"一省一会"。

冠：一地一会。

X：啊，一省一地一会。你比如说，像广东省它在省里只能是辽宁省广东商会、福建辽宁商会，但是我们莆田商会是全国首例，就是说作为一个地级城市，在省里边的一级商会，这是头一个。

冠：一般都是省和省的。

X：对，为什么这样呢，这是有历史的原因和现实的原因。历史的原因就是说我们莆田商会啊，它是十年前就成立了。

冠：我在网上看是03年就成立了。

X：哎，03年就成立了。你在网上也能查到哈？

冠：因为有咱们商会的网址，我寻思来了先做点准备。

X：啊，做点准备，对对对，03年成立，成立的时候吧，福建商会啊，它不是福建省的嘛，福建商会还没成立呢，它是先于福建商会成立的，这是第一个，是历史的沿革。第二，它的规模呢，要比福建商会大很多，福建商会也就三四十户吧。

冠：咱们能有多久了？

X：我们500多户，这就是比较大。

冠：就是企业、个体工商业者都算上哈。

X：这是第二个，我们历史上叫辽宁省莆田商会。第三个呢，我们贡献大，这些年尤其在抗震救灾啊、在捐资助学啊、扶贫济困啊，这方面非常突出，所以说省民政厅呢，他们觉得在最关键的时候我们支持了它。有一次在辽宁省孤儿学校从朝阳转到沈阳，省慈善总会和省民政厅向全省各个商会发出了呢，要支持它的号召，当时正好赶上郭美美的事件。

冠: 公信力最差的时候。

X: 对，这公信力差了，但是我们感觉呢，这是一个扶贫济困，捐资助学的大事，所以我们感觉呢，组织大家积极捐款，这个捐款的数额在全省所有的商会是第一名，最多的，一个礼拜，我们就是第一名的。这使他们很受感动，它感觉这个地级商会比许多省级商会能量都大，积极性高，所以针对我们这种情况，经过研究就说要把咱们作为省级商会，但是这个破例有历史的情况、有现实的情况，对我们应该说是一种认可，一种鼓励。后来有些商会你比如说温州商会，曾经也是走后门吧，找过省里的领导了，省里领导也跟他说了，但是他说不行，因为莆田商会呢，有特殊的贡献，他们也没有什么功利，特殊的贡献进行破例了。所以说目前我们辽宁省莆田商会在省一级的，一级商会独立法人，银行有账户，方方面面呢，一查就能知道。我们到社会上是一个独立的社会组织吧，做什么事情，做经营了什么玩意都是一个独立认可的，你要是二级商会不行，银行不给上户啊，我们原来做二级商会的时候，想上银行开个户，说以辽宁省莆田商会，那说那不可能，你不是一个独立的法人。

4. 商会组织管理

组织构成与决策

冠: 那现在咱们商会会长是一个人，副会长……，那我看有的商会是会长、执行会长、常务副会长、会长、理事。

X: 我们商会啊，也基本上差不多，我们商会呢，就是会长是一个。我们会长呢，光环很多，第一个呢，是辽宁省工商联企业家的副主席，应该说从行政级别来看是副厅，辽宁省政协委员、沈阳市人大代表，应该说同时有这几个光环的会长，沈阳除了他没有。人大代表，政协委员能够有一个就很了不得了，我们会长还有一个含金量相当高的一个头衔呢，就是沈阳市十大杰出青年。这是在沈阳几百万青年里面你一个外地的青年人能够进入十大杰出青年，而且这是最高的。有的十大杰出科技工作者啦，这都给你拿个小节目，它一个青年是最高的，最大的一个涵盖量了，当然了现在已经四十多了就说是五六年前，要成为一个历史了，这个五四青年奖章获得者。

我们商会呢，这个会长，然后下面叫执行会长，执行会长在我们的结构里面就相当于国家的政治局常委，有九个，也按照奇数来做，加上会长，八个执行会长一个会长，他们在一块决策呢。那就是属于少数服从多数，就像习近平领着大伙开会哈，这决策的时候5比4，4比3，这是一种民主决策，执行会长下面叫常务副会长，常务副会长下面是副会长，副会长下面呢，是常务理事，完了理事、会员，就这么个结构。

冠：那像咱们日常的决策是如何决策的呢？

X：决策哈，日常决策你像我们商会的一些，除了大政方针由整个的会员代表大会决策，这是五年一次的；你等会长办公会议呢，因为一次开会得百十多人啊，所以说我们一个季度啊，争取开一次，开完了那吃饭就得吃多少回。在那一些大的方针定下来了，临时出现的事情就是由执行会长，我们叫常委，常委会的那九个人，到这个会议室，完很快的一打招呼，很快就定下来了。会议开完之后要有会议纪要，会议纪要有的需要上网，大伙要知道，常委会的一个特点呢，就是决策速度比较快，你要开会长办公会议，一半会开不了，效率比较高，这些人本身层次就比较高，这就像中央政治局常委一样。

冠：那咱们商会一直是这位会长做会长嘛？

X：对，十年来一直是他，中间几次改选，他以自己的人格的魅力、卓越的经营的业绩、那种为大家服务的热情，一直是受到大家的认可，三次选举还是他。

冠：那咱们这个章程是说可以连任三届是吧？

X：一开始没有章程，咱们反正每届是五年，没有说必须得连任几届，如果管好的话、大家拥护的话，一直可以做。但是现在呢，大家的观念中就好像再好也得换换，你像俄罗斯的普京你换吧，对啊，他们俩互相换一下，是不是啊，哈哈哈。

冠：那请您再介绍一下咱们商会的职能都体现在哪些方面？

X：啊，商会的职能。

冠：像我在吉林那边，那边商会的职能招商引资更多一些。

X：这个职能是上级强加给它的，不是他们自己发自内心的，我到这个地方做买卖来了，我要发财，你凭啥叫我给你招商引资啊。

冠：但是如果不帮助招商引资那就⋯⋯。

X：那就要给他颜色看了，这就是外加的这种啊，使人心里很不舒服的。这个职能，就包括咱们这些他们也存在这个问题，但是我们辽宁省工商联这些商会，因为工商联它有点是这个总商会啊，它这个任务呢，有点像政协、像党派似地，统一战线，它没有招商引资的任务。所以说呢，它也不给咱下，所以说我们这个职能基本上是我们发自内心的、是我们需求的。我们这个职能一个重要的职能就是要维权，因为异地商会这就叫背井离乡，按照有的人的话同是天涯沦落人，但是不是沦落人啊，咱现在都是到外地来做买卖了，他们不如当地，如果是不形成商会，不抱团，一听你的口音，啊，就欺负欺负你，或者是跟政府打交道的时候人家有的时候也不一定重视你，所谓维权呢就是受人欺负，协调。

商会日常的活动

冠：那咱们商会每年日常的活动都有哪些呢？

X：我们应该说经常，一个月或者三个月开一次会长办公会议，就把这三个月来商会做的工作，要研究的下一步的工作，这是一个例会；再一个呢，遇到重大的维权的了，还有一些重要的捐款的了，都要组织大家；再一个呢，就是因为他们相信妈祖，前年专门组织了一台妈祖的戏啊，大篷车似地从家乡几千里从莆田拉到这，给我们老乡唱了五天五台露天大戏，使大家原汁原味的老头老太太啦，看到了家乡的乡音看到了社戏似地这种东西，使大家呢，感觉到精神非常振奋。这是一场大的活动，这个活动我们下了很大功夫啊，因为你要五天露台戏啊，要跟公安局文化局都得打交道，晚上一唱唱到十来点钟，连唱五天，唱的家乡的戏。

再一个我们商会建党九十周年，我们也组织大家进行联欢会，对，参加联欢会，还有我们组织的以我们的商会发起，组织全省的乒乓球赛、象棋赛、书画比赛，我们还组织一些笔会。我们就是会员同时由我们出资为全省的工商联呢，做这个贡献，在大的俱乐部组织了几天比赛，在我们商会呢，也为全省工商联呢，组织全省企业家健康俱乐部，为他们服务。应该说莆田商会贡献很大，为辽宁省工商联做的贡献很多。正因为这样，才能够连续五年让我们当先进商会。而且从现在开始呢，辽宁省工商联每年组织一次叫"友好商会辽宁行"的，把全国各地的一些企业家到辽宁来共商大事、投资。我们在这个活动中呢，也把我们全国各地的蒲商请来，请到辽宁来，到这来开会，到这投资项目完了共叙友谊，去年已经一次了今年还要一次，我们因为做的突出也被评为先进。

会员管理、会费

冠：那像咱们商会不同级别的会费是不是也不太一样啊？

X：总的来说啊，我们的会费是采取个什么呢，低门槛宽入口，我们叫平民商会，主要是为广大在辽宁省的企业家服务的，让大家呢，不望而生畏，敢进来，你不要变成大老板俱乐部。现在不说啊，有一些商会呢，它叫大老板俱乐部，一般它这个门槛高的，你啊，小老板到那地方就感觉自己到那地方就感觉很自卑，人家到那地方就说这次捐款我们一人五十万，大老板说我拿一百万，你那小老板到这地方马上就感觉到哎呀，我在这里边不行；人家说我现在要买块地，现在几十个人，这块地几个亿，一个人拿五百万，人家那都说行，明天就打过来，所以说小老板不敢去。不敢去呢，这样呢，到我们这敢来，我们的会员五年才五百块，一年一百块，一年也就一盒烟吧。

冠：确实这个费的标准是很低的。

X：我们的目的就是要他来，我们好为他服务，让所有的人都敢进，只要他是莆田人，做买卖的，只要他是诚信的，不是说有犯罪的前科或者说这样的人不行的，承认商会的章程，我们都欢迎他来。

冠：那咱们这个真是挺适合莆田人加入的。

X：是的，所以说我们有一个口号嘛，在辽蒲商引以自豪，其他商会呢，感觉到羡慕向往，上级领导呢，充分认可，在远近呢，有一定的知名度和影响力，我们的目标是变成东北地区最大的商会。这样的话我们通过我们这个现在500，大家感觉到进来商会有好处，辽宁省莆田的企业有三千多家，五万多人，这要是进来一千多户，这可了不得啊，一个商会一千多户挺可怕啊。

冠：现在500多户就已经很多了，我在吉林那边了解呢一个商会200多家算多的，算大商会了，500多家在那边没有，没有这么大的。

X：是的，尤其是一个地级市啊，它不是一个省啊，那你说像川渝商会，重庆和四川，那四川老了，做小买卖的，开个小饭店的都加入，我们这个呢，做那些东西的少。

5. 商会与政府的关系

商会评级

冠：那所谓的二级商会，是指市级商会是吧？

X：不是，市级的也不是，市一级的吧，你假如说在沈阳市民政局你注册了你叫市的法人，但是我们原来的名字呢，叫辽宁省莆田商会，我们的会员呢，是辽宁省各地的，你在这种情况下你在变成这个沈阳市，在沈阳市注册就是不对口啊，你要在沈阳市那只能就是沈阳市莆田商会，沈阳市商会呢，其他的城市的，大连的啦，十四个城市，你招不来，我们的人员比较少。这是辽宁省唯一的，全国也是唯一的，在一个莆田市是一个在全国各地的能够在省一级的注册一级法人的也是唯一的，现在是空前的，是绝后这个事咱不敢说，所以说它这是一个比较特殊的情况。

冠：确实是这样，咱们这个商会是03年成立，那个时候咱们的业务主管部门是什么地方呢？注册部门是民政厅？

X：不是，03年那时候没注册，我们注册的时候才是去年。我们经过九年啊，因为在这之前啊，没有提到注册的事儿，商会刚成立的时候啊，对这个东西不太清楚，一开始那就像个独立大队似地，叫莆田市辽宁商会，没有上级主管的，所谓主管的就是家乡莆田市。

冠：哦，是那边管？

X：对，是那边管，这边呢，有事没有地方找，等到大家后来在实践中感觉到在哪个地方做买卖啊，必须得跟当地政府搞好关系。所以说咱们05年的时候完喽就重新组合了，叫辽宁省总商会莆田商会，加入当辽宁省工商联，主管单位是辽宁省工商联。但是到10年的时候，国家啊，因为商会越来越多，国家开始要规范了，说规范了呢，就是说要作为独立法人，按照一业一会、一省一会，省对省、市对市，这个原则进行重新登记注册，规范化。这个时候呢，我们就出现了一个问题。你是辽宁省的总商会，但是省里边呢，你只能是注册一个福建省商会，人家虽然少但是人家当时起的名就是这个，莆田呢因为它特殊，莆田人啊，非常抱团。

商会主管部门

冠：那咱们商会现在的业务主管部门还是这个工商联吗？

X：对，工商联，我们这个注册部门是辽宁省民政厅，业务主管部门是辽宁省工商联，下一步我们党组织的部门啊，也要挂靠在省工商联，成立新的党委。

冠：那这和吉林省那边还不太一样，吉林省那边是经济技术合作局来作为主管部门。

X：现在也有两，对于我来说我们这个部门因为一开始我们进入的时候就是进入到辽宁省工商联，现在辽宁省也是在这两块，辽宁省也有一部分。因为它在进驻的时候，它就叫做经济合作办，经合办为什么要抓它呢，它主要是发挥异地商会的招商引资功能。

辽宁省的省长CZG，他有一个特长，善于招商，我在政府的时候呢，他招商啊就到国外，日本的招不来就招韩国的，举办"韩国周"。韩国呢，逐渐现在呢，也没有了，国外的资金现在越来越少了，原来最高潮的时候全国每年都五百亿啊、五千亿啊，沈阳市都是45十亿嘛，现在越来越少了。完了现在又开始上南方招商，叫南资北上，异地商会哪都有，但是还是南方的多，没听说几个黑龙江的在辽宁开商会的，那本身比辽宁的商业意识还差呢。所以他们都靠着，你们的业务主管部门在那，但是我们有一个共同的就是说一级商会，全国的都得在民政厅注册，一个注册单位然后是两部分主管部门，基本上就是这两个主管，省工商联主管。它的特点呢，就是一切都比较正规，各种活动都有，唯独招商这方面的职能差一些。

你等在民政厅，我就说在经协办的，主要任务给你下任务，你去跟省长去招商去，别的事不管，而且呢，它没有政治推荐的名额，所以说这些商会啊，就感觉到，就要我们干活。人大代表名额弄来弄去，又推到工商联去了，那工商联不给自己的亲生的子弟怎么能给你呢，所以他们有不少的要求，说几年之内啊，招商的任务历史要结束。因为咱们招商所谓利用外资咱们逐渐的目的已经不是要外国的钱了，中国的钱世界最多的，怎么要外国的钱，希望在招商的过程中带来先进的技术，如果它没有这个要它来干啥，所以说呢，有关专家说呢，五年之内基本招商引资这个工作就结束了，我们恐怕要走出去到外国投资，引进来的历史已经完成了。

政府的管理

X： 政府对商会的管理，我感觉到，目前来说关心的还是差，我感觉到像你那个头一个接触到要做商会的课题，我在政府那些年，到现在我也没看到有来研究商会课题的，要是研究商会课题，过去一直是我领着他们搞课题。

冠： 像十八大和两会都说了四类组织可以没有业务主管部门，像科技类的、行业协会类的、商会类的，就是我注册一个就行了，我不需要有业务主管部门了。

X： 但是把现在的商会啊，因为社会的环境啊，不公平，所以说逼的这些人都愿意找一个婆婆，替它说话，没有业务主管部门就欺负你，那你像资本主义国家没有业务主管部门我该咋地咋地。

冠： 它的那个组织是非常强大的，就直接和政府对抗的，但是中国还是不能走这条道路。

X： 中国有句话叫政府是块铁，谁碰谁出血；政府是块钢，谁碰谁受伤。你跟政府抗衡，这是不可能的。

冠： 那像工商联在咱们发展这么长时间也是帮助咱们很多啊，就是照您刚

기타 동향상회, 정부관계자, 회의록

才说的这个……。

X：是的，我们工商联在维权的时候，我们有重大的事向它汇报，它给我们做后盾，就像我刚才说的，在那边拆迁的关键时刻，工商联的维权部长就跟我一块去的嘛，驱车赶往。在重要的场合上，在一个工商联呢，经常跟我们传达全国的一些政策，组织我们秘书长开会进行活动交流经验。另外一个工商联呢，给我们提供政治参与的途径和平台。工商联本身啊，它叫执委，常委，虽然不是人大代表、政协委员，也是参政议政的一个职务了。

冠：那咱们商会还和其他的一些政府部门打交道嘛？

X：有啊。

冠：多不多？

X：也不是很多，你像工商联吧，有的时候我们全国统战部要研究有中国特色的社会主义商会，就向我们征稿，我们就是专门搞了一个材料，几个工程，其他的有的兄弟商会啊，统战部啊，省委统战部啊，都找我们，我们都是把我们的做法介绍汇报吧。

冠：像咱们辽宁这边有软环境办公室吗？

X：也许有吧，也许能有，那玩意都是临时的，照理说这都应该是政府部门各个部门共同营造的，你怎么还专门弄个软环境办公室呢，这有点好像是搞个突击似地、搞运动似地。

冠：像吉林省那边就有一个，他们对商户管的真是挺严的，老向商会要材料，然后它们还给商会分配名额，要软环境监督点，就比如咱们这个商会我给你分配五个名额，然后把这五个名额分配到会员企业，会员企业它就有一个牌匾，叫软环境监督点，就是监督吉林省的软环境，因为吉林省的软环境真的是太差了，企业家呢，都说招你的时候怎么样都行，招进来就不行了。

X：都差不多，咱们啊，现在我倒没听说，但是呢，咱实际上也是那么做。一个是通过人大他们这些企业家，让他进人大政协，每年提提案，他们关心的就是这个软环境；再一个他们当了人大代表和政协委员给他们社会职务，假如说某某某监督员，本身它就是搞监督了，通过这个不一定就是说设立一个办公室，那个好像有点简单化。

冠：吉林省现在的省长不是BYCL嘛，他是从浙江那边过去的，浙江那边温州商会不是搞的很好嘛，他好像是想把这套模式复制到吉林省那边，所以说现在就是说要抓这个商会建设，所以专门成立了软环境办公室，一个副省长做这个一把手。

冠：所以说，咱们商会的这个困难还并不是特别明显。

X：因为商会啊，也有一个什么呢，商会怎么样增强这种组织上的这个凝聚力。因为商会它毕竟啊，就像一个联合国似地，这些老板呢，本身都有自己的经济利益，商会只有在不断的给大家服务的过程中，有共同利益了，大家才感觉到商会啊，对大家有用，如果说这方面做的差一点呢，有的就不见得那么关心。

冠：另外还有一个就是进出自由。

X：是啊。开会吧，有的时候松散，你订三点开会，他四点到，到了还呦，我到了还走了，对，也说不了啥，你更严格的要求吧，我就走了，因为他本身不像过去的那个组织上的人，咱们商会的党组织也不能说是党管人的，我们的党就是在商会的基础上怎么样发挥先锋模范作用。

冠：毕竟还是一个社会组织，不是像单位啊、像企业。

X：对，不像，所以说会长呢，那只能是奉献，所以说商会不断的有一些新的问题。

6. 商会的功能

服务会员：具体事例

X：我们叫服务立会，创新强会，我们有几个口号。

冠：我看咱们总结的这个挺好，都是十六个字。

X：对对对，我自己是有自己的思路的，这是一个；第二个呢，就是给大家贷款，做买卖嘛，一个是叫人欺负再一个得让发财。发财怎么办，中小企业他们最大的一个特点啊，没有固定资产，多数都是搞买卖的，那点资产可能在那卡里呢，房子是租来的、场地是租的。你贷款一个重要的是抵押，怎么办要有这个联保，联保你就得是以商会做后

기타 동향상회, 정부관계자, 회의록

379

盾，商会做最大的信誉平台，因为你那五百多人的商会，你跑的了吗？你跑了张三李四也跑不了，你不能为一两个人把商会的名誉弄没了，所以银行啊，看准了这块，跟我们商会就要签订战略合作协议，这次又要签五个亿，前几天这不是签了三个亿。

冠：就是咱们会员贷款，商会担保？

X：商会不能做担保人，商会做信誉上的一个平台，商会它你有资产啊，但是呢，它心里有底儿，它做不了担保但是它是一个最可信的，它了解情况，贷款它费老大劲了。你比如说，给一个人贷款，不了解又得了解这个人的信誉情况、资产情况，他得多大的成本啊。到我们商会，谁怎么样、谁什么资本，一句话，这是几十年的考核的，降低它的成本，所以说跟商会合作这是下一步啊，银行啊，跟中小企业贷款的最好的一个途径，所以我们商会呢，最近正在抓这个工作嘛。原来我们秘书处没介入这个，最近我们秘书处专门有一个常务副秘书长，就抓这个以商会跟银行进行合作，给老乡贷款，做担保，不叫担保，反正就合作，组织他们，以商会的信誉来做，同时商会在贷款的过程中呢，提取点服务费，解决商会的会费问题，要不我们那么低的门槛，我们这么多的工作人员开资很多的钱，这样的话呢，不以营利为目的把商会的秘书处按照企业经营的方式把它运转起来，这个思路。

商会理念

X：所以像这里面提了，您能看到，我们连续六年啊，先进商会啊，这个是没有的，那一个商会一年被省工商联被评为先进商会就了不得了，六年所以说我在这里面用的，为了好记、为了宣传，所以说用了一点顺口溜。"商会人气空前高涨"，这就是把从小到大的过程说了，"投资辽宁成绩斐然"，这就把我们的贡献说了，"鼓足干劲奋力争先"，就把我们在这个先进的地位说了。"抗震救灾彰显爱心"，就把我们在汶川地震，玉树地震啊，把这些东西都包括了，"咬定青山"，就把我们作为一个市地级的商会，最后变成省级商会，完了商会的党建，就把我们商会要抓党的工作，这是商会的工作了。再一个呢，"国家兴亡匹夫有则"，就是说我们商会是参政议政的，商会职能充分发挥，依法维权这是我们商会的重要工作就是维护权益的，一会你说为什么能团结起来，就在这个。

维权：具体事例

冠：像咱们维权有什么具体的事嘛？

X：我给你举几个大的例子，我们这有个望花木材市场，应该说是全国最大的一个莆田的木材市场。这个市场有二十年了，莆田人开的，刚开始开的时候呢，那个地点啊，属于城乡结合部。随着经济建设的发展，它由城乡结合部变成了规划区了，尤其是最近要开十二运。在这个过程中啊，那个地方要进行绿化，而且要重新的规划建一些汽车城，这就需要我们要动迁。动迁的过程中呢，我们从大的方面，应该支持，因为小局服从大局嘛，但是动迁要对我们产生重大的影响，经营上的影响啊，我们已经建筑的一些东西，建筑物的影响啊，这里面我们就是维权啊，商会的维权呢，就出面和政府谈判。你在补偿上必须要合法，或者合理，你在拆迁的过程中必须要从实际出发，你不能像赶那什么什么似地，我们所以说和政府提出来了我们要体面拆迁，你不能像那什么似地把我们轰出去。和谐拆迁、合理拆迁、实事求是，我需要的拆迁我得是好几个月，你说限你明天就走，不行，不合理的不行。我们就是从商会出面，组织跟政府谈判，我是其中一个吧，我是秘书长嘛，会长、书记、执行会长，我们还有一些人大代表，我们的顾问一起去谈，我们拿着我们的方案，我们大家的诉求，大家都盖上手印了去找他，以组织对组织来谈话。

冠：组织对组织，对对对，这个概念挺好。

X：是的，我们是以一个组织，我们和政府谈判，现在你不是专门研究的，现在组织呢，政府、企业、商会，对不，这三大组织嘛，三大体系嘛，说商会它是一个桥梁，所以说很重视。我们每次有些重大的维权都是以商会的文件，红头文件多少多少号，完喽致沈阳市政府或者说是省长，一封维权求助信，我们既要维权又要求助，这个口气得把握住。

冠：咱们这个谈判是跟什么部门谈？

X：东陵区当时区政府。

冠：那他们一看人大代表这么多，也应该很重视吧？

X：他重视啊，首先我们的前提是响应号召，但是我们要呢，历史唯物主义的，因为他们二十多年了，要考虑到他们的贡献。他们的贡献呢，是你原来是个农村，我在这地方开发，把你的第三产业发展起来了，把你当地的就业解决了，完成了历史任务。现在呢，我们响应，但是呢，他们历史上的贡献要考虑，他们多年来在那里面盖的建筑物，你现在呢，突然让他们走，他们可能有些投入要损失，再一个呢，换到新的地方一些客户要流失，你就要给予补偿。

冠：那这个木材市场就是一个莆田人开的？ 然后应该还有很多莆田人在里面做木材生意吧？ 是这个模式吧？

X：它这个市场啊，应该说有六百多户莆田人，而且每户那都是占地好几亩的，都是本身自己就是一个大的企业。

冠：那这样就涉及到很多莆田人的利益？

X：那涉及到上千户，这样的话呢，最后我们达到了一个维权和维稳相结合。首先啊，一般的做不到，在经济损失上我们是针锋相对的，必须实事求是啊，在大局上，商会要把握大家，要大家呢，从长远考虑，从国家的大局考虑，那个小局服从大局。我们这里面党的组织在这里面做工作，党员带头行动，完了一家一户的做思想工作，这样的话呢，大家在迁的过程中心里也比较平衡，就觉得这个商会替我们说话了，如果我们把握不好，就跟政府干，那将来商会是挺可怕的。

冠：中国还是不能走西方公民社会这个道路，还得是说合作的。

X：是的，所以说咱们商会呢，下一部发展呢，有中国特色的社会主义商会组织建设，我的体会，一个特色商会要建立党的组织。

冠：那咱们党的组织是哪一年开始建立的呢？

X：09年。

冠：然后也有专门的书记？

X：书记本身就是执行会长，也是企业家，我们最近党员发展的比较快，有一百多了，最近我们正在筹建党委。

冠：像维权的事还有吗？

X：多！维权的事儿大的能有十几起，我们那个浑南的大市场维权。

冠：这个市场也是莆田人开的？

X：对，莆田人开的，他们的一个开发商看中了，把我们就要撵出来。

冠：这个开发商是当地的？

X：当地的，后来我们从他们规划的角度我们也拆迁了，拆迁的过程中呢，我们在和市里政府谈判。开始他们有点把我们小瞧，觉得我们这么一个南方的，完了就是吓唬我们，完喽就说我们拆迁才去几十个人，我们拆迁的队伍几百个人啊，要过来的话马上就给你们拆了，还等着你们？

冠：这是政府说的？

X：政府的一个区的副区长，还有一个公安局长，我们的会长在这个场面毫不客气，拍案而起，如果你是这样的话，我们会组织我们辽宁省的五万名乡亲一起跟你干。

冠：那是很有气势的。

X：对，很有气势，把桌子一拍伏案而去，他们一看整个的不行，再一个他们在拆迁的过程中啊，那个时候正要拆的时候，那就是已经打起来了，真组织去了。我们的老乡啊，那些女同志冲出去了，完事被打折好几根肋条骨，完事我们组织的队伍到那拍摄，录像，当时我带领这个律师、和辽宁省工商联这个维权部的部长一起赶到现场，当时有点剑拔弩张，已经拆了好几个房子了，就那个时候我们过去的时候必须要停、要谈判，你凭什么要拆这个，你没有做任何的补偿，你就强制拆。

冠：拆迁的这个是……。

X：区里的，区里面组织的一些叫行政执法队，还有公安局配合，后来我们就几次谈判，他们说这个市场没有经过政府的允许、没有什么贡献，我们和他们辩论的时候，就拿出来了他和政府的工作报告，政府的工作报告几年的把这个大市场做出多大贡献、GDP多少，是他们优秀的市场，这些东西啪啪一拿，他们马上就感觉到理亏，你不能说需要的时候把这些人弄来，你不需要的时候就说这些人是非法的，那能行嘛。

冠：然后咱们这个维权……。

X：维权成功了，该给的补偿都给了。

冠：这个谈判也是咱们商会和区政府谈？

X：对。

冠：那咱们有没有更上一级的政府部门啊，比如说市政府啊、省政府啊？

X：有啊，有的那个一般什么情况下呢，个案的维权，你比如说我们有一个老板被一个职业的高级的骗子，在经济上用各种手段给他洗脑，完喽一下子给他骗去一千万。洗脑的手段很多，把自己装成一个大老板，有那个办公楼，领你去看，跟你谈判的过程中一码接电话，这个银行给他三千万明天去取，我都不需要他非得找我，那个也找，完了几天呢，上他那去吧，看他的时候换一个车。完了之后呢，跟他说合作，完了说他有几个大矿，我的矿有多少，我就帮着，我不需要钱了，人生啊，应该说是什么呢，就应该帮助别人，舍得舍得，他说是钱啊，扔出去人心才能回来，把这人说的哎呀这个大老板也太好了。有那么一天突然就跟他说我给你一个好的项目，这个项目呢，我也不挣，我给你联系，那个有一个高速公路要修，需要钢材我的初始资金啊，我都给你垫上了，剩下一些尾款一千万你给垫上，咱们这个项目几天就挣回来多钱，咱们这个老板经过他一个多月的洗脑，终于就是彻底相信他了，回去之后当夜把自己亲朋好友的钱都弄来了，完就给他，给完之后第二天上他那地方手机就关机了，到那地方一看楼也没了，人也没有了，后来呢，就追啊，就知道这小子在外地。

冠：那他把这事跟咱们商会也反映了哈？

X：他反映啦，这个情况我到那个地方去了，听完情况之后我连夜给XWY市长写了一个维权的，把他这个欺骗的手段，几个步骤都非常系统的给他分析到位的，怎么样怎么样一步步的洗脑，他实际是个典型的骗子，经济上的诈骗，定为经济诈骗，最后把他抓回来了。抓回来了实际这个骗了很多，他就是一开始不认，不认可还承认有这个事儿，就是这个没钱那个没钱，哭穷啊，他的媳妇也来找咱们啊，要咱们原谅啊，给他缓啊。

冠：就找到商会来了？

X：哎，找到商会来了，要判他刑，最后我们会长也出面到那个地方，你只要把钱拿回来我们给你说情，是吧，就不判你刑，要不然的话既要罚款又要判刑，最终一点一点的吧答应了，扣了能有一年多吧，把这个钱扣回来了，但是基本上也都没回来，唉，你像最近有好几个，你像给市长、省长这都有，对，都有。

冠：这和我之前看到的商会还是不一样。

7. 自身文化认识

语言文化的影响

X：福建吧，福建叫八闽大地哈，他们的语音啊，互相基本上不太通，你想闽南人和莆田人说话基本上百分之二十都听不懂，虽然说在一个商会哈，但是说话要用普通话，所以说他们在一块吧，那种亲和力乡音乡情只能说咱们都是闽商，这方面的亲和力不太强。但是莆田呢，全国各地都有莆田商会，莆田人的特点它是独操乡音于一方，它这个语音，这个语系，不知道是怎么回事哈，基本上除了莆田那个地方的三百六十多万人其他地方谁也听不懂。

冠：他们是专门有一种方言在。

X：唉，一种方言，这种方言呢，虽然经过了方方面面的挤压，但是它却是顽强的保留下来了，所以说莆田人他们的一个特点呢，那个抱团，饮食呢，也独特，到哪呢，莆田人专门经营的地方，就有莆田人的饭店，他们吃咱们的也不习惯，人家非常爱吃，在那里面说着咱们也听不懂的话。但是正因为这个它的乡情啊、乡音啊，到哪都是非常抱团的，所以说全国各地这个莆田商会，你不让组织也不行，那都有我听说西藏拉萨也有。

莆田人有个什么特点呢，被称为是东方的犹太人，中国有两个地方的人被称为是东方的犹太人，一个是莆田人，一个是温州人。我的理解为什么叫这个呢，一个是脑瓜好使唤，另一个犹太人还有个特点，它遍布于世界各地，当年犹太人被罗马给打散了之后，到处各地。莆田这个地方它自古以来地少人多，它谋生啊，这个很困难，所以他们说就是跨海，世界各地，它华侨多，到全国各地去做买卖，所以说现在你到全国各地的城市，几乎都有莆田商会。

冠：另外莆田人我看应该是很勤劳是吧，我看咱们网站的那些方言，有半夜没三更，跌倒了也要抓把沙什么的。

X：对！你都看了哈。看来咱们的网站还是很有作用滴。

冠：好像是一个领导吧，省长吧，说的。

地方性商业文化

X：莆田人有他们自己的莆田精神，还有莆田宣言，蒲商宣言。莆田你别看它经济上什么的，但是历史上的莆田，那是出官员、出状元首屈一指的。王安石啊，曾经惊叹：说莆田人读书太厉害了，莆田人考状元、考进士太厉害了，那里面不都有嘛，咱们中国在隋朝，大业年间到一九零五年，咱们整个的科举制度到结束1300年间出了可能也就是几千个进士吧，莆田占了能有六七百，状元也挺多。莆田呢，有两个，一个无蒲不成商、无兴不成镇，兴化嘛；一个叫做学而优则仕，就做官了，一个是经商，这两条路，应该说蒲商是闽商最优秀的一支劲旅，可以这么说。

冠：它形成一种商业文化了。

X：它不像咱们辽宁哈，咱们辽宁基本上没有商业文化，所以说辽商，哪来的辽商，现在就是辽商促进会，没有。蒲商有一千年的历史，到解放之后呢，计划经济的时候不行了，叫再兴于改革开放。

冠：像您刚才也是计划经济时代国家太强大了，社会是没有的改革开放之后，公民的结社意识才逐渐的发展起来，商会啊、各种社会组织啊。

X：是，计划经济的时候，咱们国家基本上叫做什么呢，叫组织人、单位人。组织人，每个人都得有一个单位，都在一定的组织之中，完了走到那这东西得背着，现在呢，改革开放之后，基本上那种组织松散，解体了，原来禁锢在土地上的这些农民就出来了。二十多岁的年轻人如果说谁要在家，那就是里出外进的，基本抬不起头，那你说不出去经商，那了得嘛，不像咱们东北，咱们这二十多岁弄得溜溜达达唠老，完了打麻将什么玩意都是很正常，他们那个你十来岁就得出去。

冠：像锦州有没有莆田？

X：锦州啊，有，但是它那个地方吧，没太组织起来，现在正在组织呢。

想把锦州和葫芦岛他们哈弄到一块，想叫辽西商会，但是辽西商会，辽西是一个经济地理的概念，不是行政区域的概念，你将来注册啊没法给你注册。

冠：没有地方注册？

X：对，没地方注册，你像现在咱们有一个闽南商会哈，它实际上没注册，没怎么注册，它闽南实际就是一个经济区域，你说它是啥？

冠：它是一个地理上的，不是行政区域。

X：所以说呢，还是要行政。（……）商会诚信这是一个，再一个我们最近要建天后宫，这是一个莆田人特殊的，天后宫啊，妈祖是一种文化。这个东西你要展开讲，你要提莆田人，你不提这个不行，蒲商的一个突出的特点，共同信仰妈祖，而且妈祖的这个信仰是全世界的，台湾百分之七十的人信，信妈祖。

8. 和各种同乡 / 同业组织的关系

商会会员从事的行业

冠：那莆田人在咱们这边做哪些行业比较多呢？

X：木材、钢材、陶瓷、医疗、厨具，医疗就包括有医院，还有石油加油站、珠宝，而且这都是比较垄断的。

冠：房地产多不多呢？

X：不太多，照别的商会比咱们商会房地产不太多，近几年有了几个，有几个是在小城市，是大牌的，你比如说咱们有一个在阜新的，它是第一大开发商，阜新市人大代表工商联副主席，劳动模范，每年都是给阜新慈善机构捐款100万，十年一千万。

冠：现在咱们九位会长，包括八位执行会长他们主要是做什么行业的？

X：我们会长呢，是做医疗还做医药开发，现在他经营的单位啊，叫做东方中科生命责任有限公司，他是跟中科院合作深入开发冬虫夏草的一种深加工的产品。现在咱们冬虫夏草一般有拿那个挖来的，但是从长远来看就那么几个最好的地方。三江源那个地方其他那个北虫草那个玩意也不好使啊，那个地方呢，这有一个保护的问题，大家都弄的话现在越来越少，他根据这个思路呢，想什么办法就把它仿照它那个生长环境，用科学的方法仿照它的生长环境，完了用加工的方法把它最起作用的菌实体培养提炼出来，完了做药。不叫药叫保健品吧，那种饮料了，他这个产品应该是受到了中央领导的高度重视。

咱们的网上也许你注意看了，习近平啊、李源潮啊、能敢上网说的那随便敢说吗，那不得找你嘛，说你莆田商会吹上牛了，全国各地说习近平，因为有照片。习近平还没当国家领导人的时候在福建当市长的时候，省长的时候，那个时候几年前，他们是非常关心到实验室去，原来中科院院长路甬祥还亲自给题词，叫做高科技大产业。所以说这个产品应该很有发展的前景，将来生产之后可能成为东北地区最大的微生物保健品的生产基地，还准备要上市，它现在生产的基地啊，有五百多亩地，所以说咱们会长呢，因为他的事业和他政治上的安排，应该说都是比较相称的。

而且他的参政议政的能力比较强，每年做人大代表政协委员的提案，那都是几十个，被称为提案王，脑子里有数，有创新精神。所以说上边来了，领导该座谈了，重要的一些企业家的东西都找他，每次他都有新思想、新观点，中央也感觉到喜出望外，说你们有这么一个企业家呢，因为多数的企业家说不出来啥，也说不到点子上。

9. 商会发展期望

商会工作当中遇到的困难

冠：那咱们商会从03年到现在有没有遇到过什么困难？

X：我们的困难啊，应该说产业结构太传统，这种低技术含量的、传统的，那种低增值含量的这个比较多一些，高科技产品呢，比较少，会员的文化素质呢，普遍比较低。

冠：这应该是中国商会普遍面临的问题。

X：对，所以说产业结构不调整，将来不太好办；再一个呢，资金上也有点瓶颈，虽然说我们商会做贷款，但是银行啊，嫌贫爱富，往往有一点风险它都不干，你假如说刚才我们正要说贷款呢，啪一下上来说钢材，有几个大的南方钢材跑了，联保的跑了，啪一下给拿下来了，所以说有的时候贷款啊，找我们的多成了的少，有的时候到你这划了一大圈，把你的信息都他妈划了去了，你非常认真的组织座谈最后告诉你不成，所以说老乡也很生气，那怎么忽悠我们。

冠：那这是会怪咱们秘书处呢？还是怪银行呢？

X：银行啊，他们就说谁也别怪，要怪就怪整个的经济大形势，因为银行它也怕赔、它也怕被骗。

商会期望

冠：那最后就是问您一个问题，就是您对中国商会未来发展有没有什么展望？

X：我感觉到非常乐观，商会原来十几年二十几年前刚成立的时候有许多部门害怕啊，第一个商会成立的时候那不就进行了一番辩论嘛，温州商会在哪，在贵阳啊、在昆明啊，那担心的是啥啊，担心经济组织搞大了要在政治上有诉求，这不就是历史上就是嘛，法国的第三阶层哈，到一定程度上……。

冠：资产阶级出现了。

X：对啊，但是现在来看有诉求是对的，现在商会的企业家入党的也有，参政议政的也有了，你不让他能行嘛，你要把它看成洪水猛兽那就完了。我觉得商会在某种程度上，解决了计划经济那种公司啊、行业的什么会哈、部局啊，那种企业组织解体之后，社会上没有组织啦，它在某种程度上通过行业商会的形式，或者通过外埠商会的组织，把那些过去人为的强制的那种组织结构，变为了适应市场经济的新的结构，为我们国家的稳定经济发展有个组织。你说要没有那个商会，C政高各地组织什么招商引资，谁给你啊，这不就是嘛。

再一个商会呢，发展啊，将来能够代替政府的职能，现在咱们不少政府解体了，政府的公司、局解体了，它留个尾巴就是协会，协会半官方的还给点钱，将来要把这部分啊，逐渐的把他压缩，由商会完成一些想干还干不好，干不了的一些事情，由商会来做。

再一个商会在市场经济呢，民营经济越来越多，这要是没有一个商会来做，咱们党的落脚点往哪弄啊，没有商会你怎么组建党的组织啊，好几亿人口没有党的领导，一盘散沙。你有了商会，将来在商会基础上建立党的组织，我们的公有制党得领导呢，就有了一个落脚的地方，就像过去说的那样，毛呢，有一个皮才能够粘上；另外呢，因为党得领导公有制全覆盖的，所以我觉得国家对商会是越来越重视，你没看一个接一个文件，政府也是越来越重视，市场经济的发展呢，需要越来越多的商会。现在我一看那个古玩的也弄个商会、医疗体检的也弄个商会，就说呢，他们都感觉到组织起来有好处，组织起来能够跟政府对话；组织起来呢，能够进行很好的自律，组织起来呢，能进行抱团发展，所以说市场经济发展要求这样。

我看啊，在商会当秘书长哈，在商会里面各个商会秘书处，某种程度上有点像一个重要的就业岗位了，商会这要成立起来了，轻易好不了，你不当会长还有人抢着当呢，它有个大家共同利益决定了这个部门啊，它比那个民营的，私营企业要稳，私营企业哪天就有可能好，卡一下你就解体。商会呢，轻易的解体不了，所以说我说你上商会啊，就像上事业单位就业，而且商会的秘书长，一开始呢，能有一个处长当秘书长这就不错了，等到后来呢，我这是局长，现在是副市长来当秘书长，有副市级的，市委副秘书长、正厅级的，咱们那有个广东商会，刚退下来，我想再弄一下能不能再来个省长当秘书长，因为老同志退下来啊，因为在这里面可以干到六十多岁，七十来岁。

冠：关键是有经验，当地的人脉比较广泛，所以请这些政府部门退下来的可能对这个商会发展更有好处，好像大部分商会都是采取这个模式。

X：对啊，因为你在职的不行。

冠：行，真的挺好，非常有收获的。

X：我寻思我别给你浪费时间。

冠：没有，关键您以前也是搞这个政策研究的，又有实践经验的，所以这两个一结合真是挺有收获的。

III-5. 吉林省河南商会友好单位LWW访谈

人　物 ： LWW、CSY
时　间 ： 2014年6月16日
地　点 ： SJ公司办公室

1. 个人信息

基本信息

问: 您能介绍一下您所在的企业么?

L : 因为我们这个集团吧，我是在苏酒集团贸易有限公司，它主要是做酒的，做YH蓝色经典，我们这边所有走的流程模式都是厂家有很好的团队，有个策划团队。在习总书记没上台之前，我们已经在转型，原来是政务团购，现在逐渐转型为商务团购，就是说习总书记上台后，不允许政府公开吃喝了么，所以要求我们加入商会协会，通过厂家给我们引导的方向，然后我们才开始接触商会。所以当时我为啥加入到河南商会呢，就是因为当时我有个高中同学，她就是河南人，她爸爸就是河南商会的，然后我去找到了H秘书长了，把这个情况和他说了一下，他说正好有这个关系，那就加商会吧。然后一直也没说当什么常务副会长之类的，就当个会员单位就可以，但是商会有什么活动，都会找到我们。在大环境非常好的时候，像商会开年会啊，或是大型活动，我们都会提供支持，比如说像赠酒。还有一些像商会副会长的维护，客户维护，像一桌式品鉴，我们厂家都是承担的，但是像现在大环境不好，说实在的对高档酒，像茅台、五粮液和我们梦系列冲击特别大，厂家对这部分的控制也特别大，现在和商会就是一种感情的维系，因为觉得和商会就是一家人，所以就一直走到现在。

问: 咱们公司在每个商会都有么?

L : 对，咱们公司差不多，基本都差不多，像我有同事加入河南、河北的，还有冀商商会、辽宁商会，还有很多商会都有加入，即使没加入，我们都有接触，像钢铁协会、婚庆协会、汽车零部件协会，这些差不多我们都接触过，而且各个商会的秘书长我们都有过对接，就是即使没加入，也都知道这个商会的秘书长叫什么，都属于这种。

事业介绍

问：那您怎样从导游到经销酒的呢？

L：这就谈到个人生活问题了，我原来是做地接的。

问：什么是地接啊？

L：就是外地游客来到长春，我进行接待，在长春进行游览，像是长影世纪城、伪满八大部、雕塑公园，那时候东北的导游是怎么样呢，像是长春的导游的导服永远都涨不起来，因为长春属于大学城，学导游的、旅游系的学生太多了，就是你刚毕业，尽管没毕业，宁可我不要导服费，你给我实习的机会就可以，对老导游来讲不是很公平，导服费永远涨不起来。旅行社那宁可用一个新人，不用任何的成本，那也比用你一个老导游划算啊，老导游老奸巨猾的，还得给你交保险。东北导游夏季的时候特别旺，冬季的时候特别冷淡，夏季的时候可能一个月挣个一万左右，冬季的时候可能一个月就一个团、两个团，一个月可能就几百元钱，可能没有收入，工资差特别特别悬殊，而且还不给你交保险，除非你和他签协议，干满很多年以上，他才会给你交什么几险一金，就属于这种，不是很稳定，就跳槽了，YH酒厂招人，然后我就过来了，他毕竟是世界五百强企业，现在除了茅台，就是YH，然后就是五粮液，现在就是YH品牌的影响力比较大，无论从工艺来讲，还是……，就是现在我们品牌的影响力已经有了，就是在做美誉度。像赞助中国梦想秀里面有个YH公益基金么，那个就是我们厂家赞助的，还有一个"寻找最美乡村女医生"，还有什么青歌赛吧，那也是我们梦之蓝赞助的。

2. 商会认识

问： 就像咱们企业和商会接下来还要继续怎么发展呢?

L ： 我们企业说实话啊，要求对接商会、协会，还有什么写字楼啊，我们企业现在在发展村总工程，村总工程就是发展长春市区周围的一些村子，他不是有村支书啊、村书记啊、村会计什么的么，像YH主要是瞄准家宴这个市场。就比如说婚宴，结婚啊、乔迁啊、婴儿宴啊、老人过生日啊，主要是往这方面发展。但商会、协会我们肯定不会扔，因为接下来肯定是以商务团购为主，商会是各个企业家接触最多的地方，而且是异地的，像河南商会来讲，在河南当地卖的也特别好，一个小县城都能卖到过亿，属于这种。像我们厂家在长春都属于偏远地区了。我感觉我的回答对你们好像没有太大的帮助。

问： 没有没有，很有代表性。

问： 那你们企业在长春和政府方面有没有什么接触啊?

L ： 几乎是政府的一些领导什么的，我们都能对接上。

问： 对你们持一种比较支持的态度么?

L ： 我们首先接触的都是江苏当地的一些老乡，就有一些江苏的，还有周围附近的在长春政府任职，通过这个。为什么YH能走到今天这种程度，他是以大批量赠酒为主，就是全部厂家允许你赠酒、公关、一桌式品鉴，就属于这种。现在像法院的院长、税务局的局长，什么应急办事处的、从市政府往下各个区的区长啦，还有就是教育部门啦，差不多，还有部队的领导，全都能对接上。

问： 那就您参加过商会的活动，都有哪些方面的呢? 就比如说慈善的啦。

L ： 来到河南商会，参加的活动都是召开的会员大会的那种，还有就是商会每年都举办的年会，像是慈善的，几乎好像很少。现在慈善，我感觉都是打个幌子，大家越来越对慈善这个东西看的感觉不是很真实，因为你捐钱，真的不知道你的钱捐到哪去了。

3. 商会功能

问：您感觉在商会中收获到了什么呢？

L：对公司而言的话，我感觉我讲的就有点大了。就我个人而言的话，总是以一个个人的角度出发，我觉得通过商会这个平台能认识很多企业家，说白了，即使不在YH企业工作的话，我可以通过这个平台可以找到我的下一份工作，它能起到一个很大的人脉关系，然后再有就是还有很多商机存在，我就觉得这点比较好。

问：信息很多？

L：对，信息量非常大，因为既然加入商会的，他们肯定都有自己实体的企业或者是有自己的工厂，他们的规模肯定非常大，而且人脉资源非常广，现在这个社会人脉就是钱脉么。

问：您在和河南籍企业家接触过程中与他们价值观相同么、有没有什么认同特别不同的地方呢？

L：暂时没出现这样的问题，因为说实话没来YH之前，我是做导游的。在做导游的时候对河南人的意见特别大。而且我现在做酒，很多河南人，就是五十家河南人能有四十五家到四十九家都在卖假酒的，就属于不是很诚信的这种。但是加入咱们这个河南商会，就是给我一种很大的改观，就是觉得河南人不是像我们原来所想的，矛盾具有特殊性。就是有少部分人这样不好的，但是大部分人还是很好的。印象给我改观很大。

4. 和各种同乡 / 同业组织的关系

问：您只专门负责河南商会是么？

L：也不是，其他的我也有，像之前接触是市河南。

问：感觉这两个商会有什么不同么？

L：会员的凝聚力不一样，省河南的凝聚力更强一些，活动要比市商会要多一些，还有就是秘书长对工作的积极性、对商会会员的维护，要比市河南要强很多。而且我还接触过像宁波商会，市级商会我感觉规模肯定不如咱们省级商会那么强大，但是像凝聚力，很少有像咱们河南商会这么有凝聚力的，而且组织活动什么的，很少有像河南商会这么……，像是会长，比如江西商会，他们会员一年都见不到他们会长几次面，根本不像咱们河南商会每次有活动，会长都亲力亲为，即使他不在长春，他或是通过秘书长打电话进行沟通，这样是很罕见的。

问：嗯，我看到咱们会长很多活动都自己亲力亲为。

L：对，就像什么讲话啊、发言啊、策划啊，对自己商会的一个支持啊、动用自己企业的员工帮助商会，真的特别罕见，在其他商会真的很少有能做到这样的。

问：您感觉其他商会，就像您刚刚说的浙江商会、福建商会有分裂的情况，如果这种情况发生在咱们河南商会，您觉得应该如何去应对呢？

L：我感觉这个河南商会发生不了这样的事情，我感觉他们太团结了，每次常务副会长、副会长，我总能见到CBH，C总、S总、C总，有时候偶尔一起出席，有时候出席一个，后加入的会员来讲，我觉得没有原始的工作班子那么团结，我个人认为是。但是这个东西还是看秘书长吧，看秘书长的协调，我觉得秘书长起的作用很大，秘书长、会长，两个人的人品，还有对于商会的付出，我觉得人心都是肉长的，而且出门在外，尤其在长春，很多人都是一点点起来的，很多人凝聚在一起特别不容易，但是要是出现这种问题的话，我觉得不可能，河南商会真不会出现这样的问题，它不像是……，而且我觉得河南商会的人不是那么的功利，所有的事情都把金钱看的很重，比如最后我能得到多少多少利益，就是算计的心不是那么强，不像其他商会那样。咱们就当聊天，说实话我对你们专业的问题答不上太多，让我瞎聊天行，说的太专业我也说不出来。因为我是去年年末吧，对，是大去年年末接触的，就是这几年参与的活动比较多，原来也是因为工作上特别不允许，有些时候像是我上班或者开会什么的，很多活动都参与不了，而且有些时候心有余而力不足的感觉，就像河南商会举办活动什么的，明明想给一些支持，像是赠酒什么的，但是厂家现在要求的确特别特别严格，所以我这头没有办法，只能像和H秘书长交好朋友那种的相处，和H秘书长接触是商业融入的少一些，个人的感情色彩融入的多一些。因为我们这些企业吧，和其他的会长、副会长性质不一样，因为我们属于厂家设在长春的办事处，我们是属于厂家的业务人员，我们手底下有经销商，但是经销商吧还没有对接到商会，有时候他可能不愿意加入到商会，他只能靠我们去对接，形成购买的时候，我们手底下的经销商去出货，就这样我们就起到一个衔接的作用。东北做我们业务经理的比较难做，夹在中间的。上面有领导，底下还有经销商，有的在江苏省内业务员说一句话老好使了，就属于这种。

问：他为什么不愿意加入到商会啊?

L：也不是，有些时候经销商就觉得，一是他自己的想法不一样，二是他觉得商会可能给不了他多大的利益，经销商嘛，都会以自己的利益出发，就像我加入你的商会，能给我带来多大的销量，或者说你能买我多少酒，可能我会和你深接触，他不会像最开始和你处朋友似的，一点点处，感情处到位了，之后再……，他不会这样，现在很少，像做酒的，我负责的经销商是这样的。就是想法不一样。

5. 商会发展期望

问：您认为商会怎样才会走的更完善一些呢?

L：商会的运作各方面，我没参与太多，因为商会只是有活动的时候，我才去参加一些，像商会的换届选举、咱们商会举办的联谊会啊，我感觉啊，就自身来讲对商会的了解还不是特别多，对商会的运作模式啊了解的还不是很多。

问：那以旁观者的角度看，商会怎么样才会更完美一些呢?

L：旁观者的角度来讲的话，怎么说呢，这个问题挺复杂我感觉，呵呵。现在河南商会是我所接触的这些商会中，活动最多的，而且人员的凝聚力特别强。因为在我接触的这些商会，像浙江商会，他们现在的秘书长都没选出来，就是因为一些矛盾。还有一些商会，像福建那边吧，就是分裂，自己分出了好几个商会，闹得四分五裂的，但是我觉得在河南商会，我就觉得特别和谐。在商会换届选举的时候大家举手表决，全都通过了，就是感觉特别好。

问：好的，我们的问题就是这些了，谢谢啦。

III-6. 吉林省经合局总经济师ZZF访谈

人 物 ：ZZF、董运生(董)、张冠(冠)
时 间 ：2014年1月8日
地 点 ：经济合作局ZZF办公室

※ 吉林省经合局总经济师ZZF的访谈过程没有录音，下文根据访谈者的笔记内容记录整理。

1. 吉林省商会成立的历史

吉林省最早的商会不是06年成立的吉林省上海商会，而是2001年成立的长春市温州商会，长春市温州商会的注册机关是长春市民政局，业务主管部门是长春市统战部。之后长春市政协领导下的外埠商会联合会，外部商会联合会里面又按照地域分为了上海分会、江苏分会、福建分会、山东分会、广东分会，并且这几个分会都是自发成立的组织。以上是06年之前的情况。

2005年12月22日，由时任经协办秘书处处长的ZZF撰写了《关于在我省的兄弟省市区企业建立商会联合会的请示》，并递交省政府。该请示的主要内容是，由于对外开放，越来越多的外省企业家来我省创业发展，企业家希望能够成立商会，外省的相关机关部门的领导也有成立商会的希望。而且当时国家民政部，对于商会的成立有"登记在省，试点先行"的方针。经由当时的副省长L锦斌批示给吉林省民政厅。民政厅发布了《关于异地商会登记管理问题的报告》，该报告有两点内容：第一，严格执行民政部"登记在省，试点先行"的方针。第二，将异地商会的业务主管部门设定为经协办。Z总认为异地商会的成立，商会的成立是上下需求结合的结果，一方面政府有招商引资的需要，另一方面企业发展也需要商会。

2006年6月，吉林省上海商会成立。在上海商会成立时，上海商会现秘书长DZX找到民政厅，民政厅开始并不同意，D秘书长与Z总(时任经协办秘书处处长兼商会管理处处长) 再到民政厅宣传成立商会的好处，才成立了吉林省第一家商会。2009年1月，吉林省组建经济技术合作局(当时有9家商会)发展至今日，吉林省有18家商会：已经成立的15家，3家正在筹备的商会(黑龙江、陕西、云贵)。

在商会成立之前，都是以老乡会为前身的，但是对于老乡会组织国家并不支持。在成立商会之初，老乡会会长都会先找到经合局。

2. 商会组织管理问题

会员会费缴纳的问题

有的商会几年会员不缴纳会费，完了还参加活动，不但参加活动呢，而且在商会呢，还散布、发表一些不利于团结的言论，起一些不好的作用，他还有这样的，当然这都是在商会个别的。在福建商会、浙江商会，这些根本都不存在，因为有些商会，比如说，人家福建商会、浙江商会还有一些商会哈，人家明确规定，你不交会费你就不是会员！你就不能参加商会的活动！

但是有些商会吧，从会长、办会思想，他就是个什么呢，唉，这会员这个钱呐，就不用交了，就是会长、副会长、常务副会长交钱就够用了，甚至呢，就是说这个……，一个会长，就光叫会长一个人交钱，连副会长什么的都不用交，然后呢，我有这个钱，就够运转了，其他人就不用交了。完了呢，这是一个想法。再一个想法呢，就是商会通过运作项目能挣来钱，我能挣来钱就不用叫会员交会费了，实际上这个思想都是错误的。因为章程规定了，三条嘛，第一 承认章程；第二 参加活动；第三 缴纳会费。你只有做到这三条了，你才是会员，真正意义上的。你说你不交会费，你怎么能叫会员呢？ 这个，有几个商会，存在这个问题。就是说，不交会费，你这哪能行呢？ 从领导到会员，他就不行，我这都写了，这是存在的问题。

内部决策民主问题

第三个问题就是我说的那个，就修改章程那个，不走程序那个。再一个呢，更重要的一点，就这个第四点：就是这个不依照章程办事儿这个，这里的第四小点我得讲了，就是贯彻民主什么……做得不好。就是商会呀，这里突出表现就是，有的会长就认为自己是法人，商会的一些重大事情他一个人说的算，把商会的运作当作一个公司来经营。就是你看，我是法人，我把商会当作，他认为我就是商会的老板，把这个商会变成他的公司，经营公司一样来进行，这样肯定是不行的，这是两个性质，在商会里，大老板小老板都是平等的。同时在决策中，你只能是一票，现在商会闹矛盾，很多都是这个问题。就是说什么呢，一个就是贯彻民主，一个就是商会不是企业，你在企业你是法人，你是老大，但是在商会虽然你是法人，但是你不是老板，你就是一票，这是一个想法，决定重大事件的时候你就是一票，你要多听大伙的意见。再有一个就是你一定要宣传什么呢，商会会长你是大哥，你不是老大，大哥和老大什么关系，大哥就是说你就是要带领着这些商会的会员、副会长共同发展，大伙是平等的，你有这个责任，但是老大呢，老大就是你一个人说了算，所以说呢，会长一定要处好和副会长的关系。

第二个就是，我就说这个问题。有的商会呢，会长只想要"会长"这个金字招牌，要"会长"这个光环，他不履行会长这个职责，或者在履行职责这方面呢，履行的不够、责任心不强。有的会长当会长以后，由于自己的企业、自己的事儿，几个月不到商会去一趟，也不过问商会的工作，就是不能做到自己的事业和商会的工作的兼顾，摆正这个关心，兼顾起来，所以这就不是一个合格的会长，所以这样的话也得说下半截这句话啊，就是说你要感到你事业忙，你没有精力顾及商会工作，那怎么办呢？

3. 商会运作问题

领导与会员的关系

　　再一个就是商会运作方面存在的问题。现在就是商会呢，会长忙、秘书长忙、常务副会长、副会长、甚至一些理事呢，就参与商会的活动不够，就几个人忙，商会不是那几个人的，所以呢，这么造成什么原因呢，一个是这几个人忙吧，再一个那些人不参与呢，人家也有意见，就是说有什么事儿就你们几个人，有什么好处也是你们几个人，其他人呢，得不到。比如说，见省领导啊，到外学习啊，参加省里的会议啊，你应该都参与，所以呢，有好事儿总是会长、执行会长，大多数副会长都得不到见领导的机会，比如说跟领导吃饭的机会，或者去省里参加会议的机会，都是这几个人，这不行。所以呢，要发挥常务副会长、副会长、理事的作用，这应该怎么做是值得研究，值得考虑考虑的。现在呢，也有比较好的一些做法，比如广东啊、河南啊、河北啊、山西这四个省会，都实行什么呢，叫"副会长值班制度"，这一个月，你这个副会长或者两个副会长值班，都有这样的，这是我到南方学习，人家南方经验，回来以后有的商会就开始实行了，现在逐步越来越多的商会在执行，但很多还没有执行。这是其中一个好的方面，再一个做的最好的还是川渝，川渝呢，它是那谁你说？[冠: 行业分会，有秘书长，行业秘书长。] 它是每个常务副会长是两个，是一个，它是两个吧？[冠: 两个。] 额，就是，行业秘书长好像是一个吧。] 那是秘书长，我就先说这个，就是它不是有这么多常务副会长么，就每个常务副会长负责一条线，这里头呢，再设两个秘书长，一个秘书长再一个副秘书长，这些人呢，都是什么呢，都是这个行业协会里的企业家、都是会员，[冠: 纵向分开 。这样一来呢，这不是七个方面的副会长全都调动起来了，这七个就都忙起来了，就都发动起来了。这个呢，将来是可以推广的，我们准备好好总结一下这方面的经验，在所有的这个商会里面推广川渝这个经验。再一个，就是说普通党员，普通会员参与商会的活动少，多数会员认为呢，商会没有活动，只交会费，甚至说再不交会费了，没有什么用，一年也没有一次两次活动完了还交会费，这是，当然他这个也可能是比较偏激的，但是这毕竟还是反映了普通会员的想法，这确实是有一个什么问题呢，就是有一个活动多的就总是这些领导层骨干，才有活动，那么普通会员参与的少。就是说呢，怎么能让这些普通会员感到参加商会有收获、值得，这是需要各个商会进一步研究的。

维权服务

实际上各商会呢，在这方面还是做了很多的，包括维权啊，做了很多工作。但是呢，即使做了，这不一样，有的做得好一点，会员就反映小一点儿，比如说，河南、河北都不错，就是这样的商会，普通会员也有反映："活动总是领导，普通会员一年没有几次活动"，这都是搞得不错的，何况一般的，就是这个怎么解决。再一个，有些商会在服务会员方面，这个还是做得不够。商会缺乏商机和活力，这里呢，主要是要通过活动，活动很多，比如说文体活动、请老师授课、讲健康、讲经济形势、讲企业管理、讲企业知识还有些过生日、红白喜事等等，活动很多，通过这些活动为会员服务，这里面各个商会还是做得不够，还应该有很多的事儿需要做，这是一个活动方面的事儿。

会员服务的内容

再一个是项目，项目实际是商会要办一下大项目，让每个会员都能参与到项目中来能受益，比如搞一个大厦啊、公益园啊，比如说承接一个大的项目，让会员都能参与进来，比如建一个大楼，做门窗的、搞电器的等等，都能参与到项目中来。总之要通过一些项目，为会员盈利啊、为会员发展，比如说家具，像卖家具的，搞一个什么项目家具也能卖出去，总之呢，商会要通过项目，这方面要注意。再一个就经济组织，现在呢，比如说安徽、川渝、湖南都有小贷公司，河南也有，就是还有一些成立了担保公司，还有搞投资公司，就这些经济组织怎么能把会员都吸纳进来，让他们在中间能够受益，商会也受益。人家收会费一收收一千万，他把这个会费就放到投资公司或者小贷公司去。这样呢，他这一千万，就拿出一部分来，除了还股东以外，给商会一部分，商会的活动经费就多了，就可以办一下事情。现在咱们也在学习南方各个商会都在搞这些。[冠： 谁出钱？]

现在还是少数，开始会员不敢拿。〔冠：　能惠及到领导层还是所有会员？〕谁入股谁得。

秘书长的职能

这个秘书长要有做好商会工作的强烈责任心，总得来讲秘书长还是不错的。秘书长这块儿，也有不尽人意的一些地方。

秘书长这个性质是什么呢，从理论上来讲，他是一个双面人物，有双重身份，他既是商会的领导人。为什么说是商会的领导人呢？因为秘书长都是在理事大会上选举产生的，他贯彻理事会、贯彻理事会的意图，他主持商会的日常工作，他就是一个商会的领导人，他发挥的作用比某些常务副会长、副会长的作用要大，所以他是商会的领导人；但同时呢，他也是商会聘用的公证人员，他是拿工资的，是拿着会费给他开工资的这么一个人物。所以这个人有的时候从作用上来看他非常大，但是从拿工资的角度，他又是一个工作人员，在一些老板的眼里，他就是打工的，是雇佣关系，所以秘书长本身对这个问题也认识不清楚，当他需要利益的时候，他认为我是你们选出来的，你们不能随便罢免我，但是在工作中，他就认为他是挣几千块钱，所以说现在有些秘书长的问题就是责任心不强。他不认为他是商会的领袖、领导人物，他要全心全意做好商会工作，他就是为了那几千块钱。因为很多都是退休在家呆着没事儿，找点儿事儿。咱们不能一味的否认说人家就说怎么样，但这也确实是其中的一个问题。就是说他们想，一是可以有一些收入，第二可以接触面，有很多的人，各方面、企业的人，再一个就是可以参加一些各种各样的活动和场合。

广东、河南、川渝都不错，江西也不错。秘书长就是责任心，是不是想真心实意做好本职工作，不能老想着为了几千块钱、为了认识几个人，参加一些活动不去履行一些责任。今后秘书长要作为职业经理人来看待，现在的秘书长由于责任心不强，存在的问题就导致几个关系处理的不好，会长的、副会长的、会员的，就这三个关系处理不好。不好在哪儿呢？他只对会长负责，对其他的副会长、会员都不负责，或者是咱不说不负责任吧，就是位置摆不正。这可不行，秘书长是为整个商会服务的、是为会员服务的，不是单个为会长一个人服务的，要摆正自己的位置。还有一个

402

就是会长、秘书长和政府的关系，到底是什么样的一个关系。比如，他们老想通过政府，在政府那儿拿到钱，老想在政府那儿得到一些实实在在的。

我给你举一个例子，现在社会和商会本身这个反差比较大，整个社会认为商会是块肥肉，谁都去抓，哪个部门都去抓，什么杂志啊、推销啊，甚至什么活动都上，什么书画院……、纪念毛泽东诞辰120周(12月26号)，什么什么邀请全国的，北京那边四十多个将军来长春来纪念毛主席诞辰。跟我们商量啥呢？说要请商会给赞助，我说商会赞助什么啊？做哪部分啊？他说就赞助这些将军来回旅差费，当时就叫我给否了，我说商会不可能给你这个钱，非要拿。后来他就说那我去跟他们谈谈，你把那个秘书长的电话给我怎么怎么地，你们商会能见到这些将军也不容易怎么怎么地，我说那行，你去谈去吧，你要能谈下来就行……，没用的废话。我说宣传册，商会要在杂志上登一篇文章宣传商会，三五千块钱商会都不愿意拿……。都认为商会是块肥肉，都认为商会会员有钱，不是那么回事儿。商会啊，老想通过政府得到钱，而社会老认为他是块肥肉，就是说这个反差非常大。

商会本身是想在政府这块得到钱，这个思想也是不对的。社会想在商会得到好处，割块肉吃，这也是不对的。两方面都是不对的，商会本身也是不对的。商会本身就是想通过政府拿到钱，他这个思想……，支持是可以，但是不是支持就给你钱。浙江给的是开拓市场的，不是给商会的钱，是给浙江开拓市场的，推销浙江企业的产品，有个叫浙江产品推广办公室，给这个办公室的钱。而这个办公室一般没有办事处，就借助商会，但实际这个钱不是给商会的，是给开拓市场的。咱们省还真给商会不少钱，这个真得宣传，不宣传商会不知道。就是每年咱们都开招商引资大会，全省的招商引资工作会，在招商引资工作会上对招商引资的先进单位和先进个人都要进行表彰和奖励。其中这奖励里头包括商会，搞得好的商会咱们都给奖励。广东是历年都得的，最多的时候是十万、八万、五万、三万，今年是三万，因为今年没分等，没分招商引资一等奖、二等奖、三等奖，今年先进商会十佳都是三万。以前是给过一等奖十万、二等奖八万、三等奖五万，这个过去都给过。

激活社会组织

省去南方招商啊，商会也去帮助搞一些活动，省里的活动到南方去，找到哪个商会，哪个商会就去帮忙，在这个过程中有的就给解决一些路费，有的就是商会自己搭钱，来回旅车费、住宿、礼品啊，都商会自己拿，然后政府一点儿表示没有。其实招个商当地受益，商会没得到什么，这个情况也是有的，但是呢，谁找你，他们往往是这样，商会有的时候愿意干这个事儿，愿意跟政府打交道，干完了以后呢，跟我们来抱怨。但是什么呢，哪个政府找你们，你们来找我，你们不方便谈，我们来谈，他们还不找，就自己揽下来了，干完了以后还抱怨，所以说商会和政府的关系，比如购买服务啊怎么的，都是想购买服务。这次十八届三中全会，其中有一句话叫"激活社会组织的活力"，他们往往认为激活组织的活力就是给钱，这个思想肯定是不对的；再一个就是自身建设方面存在的问题就是——会员覆盖面不够、代表性不强、会员数量规模太小。我说什么呢，他们都叫省一级商会，有的商会就七八十人、百八十人，就叫省级商会了，这个会员来源分布啊，主要体现在长春市，你叫省级商会，你在吉林、四平、延边各地很少，星蹦的有几个，主要是长春，这你就不行，他应该覆盖面更广，这是一个；再一个呢，你叫省级商会吧，有的时候在咱们省内覆盖面，主要体现长春市；再一个就是加乡吧，一共十七个地区，他这个圈子就这么一个地区，他那里面也应该更宽的吸收进来，你做省级商会，各地区的都应该吸收进来。再一个就是会员数量、规模，和省级商会身份不太符合。南方商会的会员都是六七百、七八百、一千、两千，会员都是很多的，都几千。这个当然不能这么比，但也说明咱们这个工作没做到有关系。

对会长职位的看法

再一个啊，还是在会长，就是说会长，什么样的人能当会长，我们也是反复讨论。首先我觉得，你应该热爱商会、热爱商会的工作。很多企业家，你要想当会长，你首先得热爱，你不热爱就不可能拿出很多的精力、财力来，首先得热爱。第二个，就是你要有一定的财力，你没有财力显然当不了会长。我们这么多年实践就感到，你光热爱没有财力，你这个会长当不了；光有实力、不热爱也没有用。比如捐款，你得带头捐款。第三，就是要有个人魅力，要有威望，得拥护你。第四个，最重要的，就是要有能力，这里头包括协调能力、领导能力和帮助大伙致富的点子、办法，得能想到一些好的项目，能带领大家致富，比如小贷公司啊、搞个什么项目。总之，你还能协调政府各方面的关系，你能把大伙团结在一起有作为。你得具备这四条，没有这四条你做不了会长。必须热爱，这是前提，你没有实力无所谓，但你首先得热爱商会，然后就是你得有实力，你没有实力光热爱也不行，你得有魅力、你得有人脉。你得带领这个商会越发展越大，会员得到实惠、政府也满意、会员也满意。你得跟政府打交道，政府交代的任务得完成，招商引资的活动你得跟着去。

商会换届问题

董：像浙江商会在换届的时候出现一些问题，那这些问题现在怎么解决？

H：现在还没有最后解决，但比以前有进步了。

董：那运转呢，已经开始正常工作了么？

H：还没有。

董：那比如像他这样换届出现问题了，那以后可能还会有一样的问题，那像这种状况，我们作为管理部门能起什么作用？他们的问题主要是在哪儿？我们作为管理部门要做协调，主要能做哪些协调？

H：我们就是从两方面都谈，引导他们。从大局出发，从商会的建设出发，来跟他们分别谈。然后还有招商会议，必要的时候也要做出一些决定，按照一些规定去办，这是我们能做的。我们还是能起一定作用的，比如这次浙江商会，我们和民政联合发了一个文，就是针对浙江商会换届有一个修改意见，就是对他们的换届方案我们提出了几点修改意见，实际上你这个换届应该按照以下几个方面来进行，提出一个规范性的意见。因为他们现在是不规范，这边想这么整、那边想那么整，都按照自己的想法来做，但是呢，谁也说服不了谁。那我们怎么办，我们听取这方面的意见，拿出一个科学的，按照规范的、按照组织管理条例、按照你的章程、按照咱们商会规范的，我们给你拿出来一个，你就按照这个来执行。这是我们，为什么我们叫业务主管单位，他负责什么呢？监督、管理、指导、服务，那你现在怎么监督、怎么管理、怎么指导。这就是我们给你指导的，指导就是给你拿出规范的制度，我们让你规范的来做，这就是我们指导的作用。现在已经拿出来一个东西，让你们按照这个来做。而且就是说，如果你们不去做，那谁按照这个去做，咱们就支持谁。但是呢，商会毕竟是一个民间组织，就是说办得好也好，办得不好也好，换届成功也好，换得不成功也好，根本问题在他自己的内部，内部是一个决定性的因素。咱们指导啊，外边啊，仅仅是一种条件，仅仅是一种服务、协调、指导，发生根本原因还是他们自己内部的事儿。所以商会内部，咱们十六个商会现在就他出现这么多问题，其他的都运转得很好。那什么原因呢，那还是他们自身内部的病变么。

4. 商会与政府机关的关系

登记问题

董：国家现在说取消业务主管单位，直接登记，那可能你就像商会，在他的运作过程中，如果说像你们这业务主管单位取消了，如果再发生这样问题，谁来调节？在相关的行业，可能还要有一个监督、管理、指导这么一个部门，要不然有些行业没有人监督、管理，那你的行业标准，有时候乱整也不是，所以还是说国家监督这个职能和监督指导这个职能啥时候也不能丢。比如刚才说的浙江商会在出现问题的时候，我们部门在监督、指导的时候就起到一定作用，所以这就是政府和商会关系中不可缺少的一个环节，所以说还是要有这个东西。

H：如果没有业务主管单位，他发展不起来，而且不能这么健康的往下发展，绝对不可能的。可以这么说，我们连续四年连续开展商会工作会，所有商会的会长、秘书长都请来，大伙在一起交流，报告工作，然后主管副省长来讲话，然后传达我们第二年招商引资工作任务怎么开展，讲工作形势。每月开一次，就传达上级的指示精神，研究商会工作中遇到的问题。如果没有业务主管单位根本发展不到今天。如果国家，今后取消业务主管单位、不要业务主管部门了，就直接登记然后自己去发展，就是和政府一点儿关系都没有，不存在业务主管单位，就让他们自己去发展，我认为，这个他们本身不希望，再一个客观上我觉得我这个思想可能比较保守。

董：商会最初像06年第一家商会的筹办，是不是也是你们经合局这边有这样的想法，然后这样去建立这样的商会，包括省里有这个想法来创建这个商会，还是他们自己有这个想法？还是企业家自发的然后找到你们？

H：最早是02年末，WP和AM还是谁，浙江省这时候叫经协办[10]，和我们这个部门是一样的一位处长，和AM、WP他们一起就找到了我们，当时我在秘书处当处长，他们要成立吉林省浙江商会，我们就同意了。但是到民政去申请注册的时候，民政就没同意。这样的话就一直拖下来，拖到06年，当时在长春有一个外部商会联合会，外部商会联合会里面当时有几个分会，什么上海分会啊、福建分会啊、江苏分会啊，实际上那时候已经有商会了，但是那时候商会没注册，就是民间自发的组织，他们最早遇到的问题就是交会费，不能给会员开发票。就必须注册才能开发票。这个时候他们找到我们，我们又去到民政跟他们交涉，一开始还是不同意，后来经过我们反复协商，特别是我反复解释是怎么回事儿，终于同意。因为从02年末到06年整个社会发生了很大的变化，政策啊、思想、观念都发生变化。第一家商会一开始，其他也就陆续地开始了。

董：商会成立之前，招商引资主要靠什么？

H：商会只能说在招商引资其中起辅助的作用，商会只能是说在众多招商引资，现在不叫招商引资了，叫经济技术合作交流，现在都是讲经济技术合作交流。合作交流是多方面的，形式、方式方法、内容都是多方面的，而发挥商会的作用，仅仅是这里头其中之一，甚至可以说是一种辅助的、不是主要的，就是说能起一定作用但不是主流。

董：有没有这种情况，比如某一个省份，他要成立一个商会，咱们不同意

---

10) 经济合作交流办公室的简称。

的？

H：没有。现在没有理由不支持商会。

董：有些商会，会员人数确实比较少，代表省级商会很勉强。

H：这主要是他们自身的原因，或者说，因为他是自治的组织，咱们是引导、指导，引导他、指导他、督促他需要发展会员，会员应该有代表性。第一呢，比如说福建，福建有很多地区，这些地区在吉林省都要有人，但是只有福建几个地区的，剩下有些人他没拿进来。再说呢，吉林省有十个市州，他的会员只分布在几个，其他也没分布到。不是没有企业家，这里面原因很多，有的是人家不愿意参加，有的是你不让人参加。会员发展不起来有很多原因，有的商会是：我想始终控制这个商会，所以不发展；有的商会是认为人越多事越多，服务的工作量就越大。所以商会没做大，原因很多，有内部的、外部的、领导集团的、还有会员的，是非常复杂的，不能说其中的一个，每个商会都不一样。

董：商人要成立商会，会长要成立商会，是出于什么考虑的？

H：都是不同的。政府有政府的想法，企业有企业的想法，就是商会内部不同阶层想法都不一样。会长的想法、副会长的想法，执行会长的和一般会员的想法都不一样，不能笼统的说。

商会管理上的问题

董：对商会管理这块儿，如何进行管理，在管理之中有没有遇到困难？作为领导您有没有感到困难的地方？

H：现在一个注册机关，一个业务主管单位，商会毕竟是一个新生的事物，比如说业务主管部门，究竟应该管什么、业务主管部门的职责是什么，这个并不清楚。注册机关干什么、业务主管单位干什么。政府业务主管部门，还是应该在服务中实现对他的监督和管理，需要服务是肯定的，但是现在也存在需不需要监督和管理这个问题。按照那个你看的还离得很远，他说的仅仅是注册机关的事儿，针对业务主管单位应该做的事儿都没写清楚，所以这块儿法律不清楚，这个应该明确一下。

董：商会找经合局都干什么？

H：很多事情，比如说商会跟省级机关、市级机关不太熟悉，有些事情咱们给协调一下。

董：协调都包括什么？

H：包括跟下面有的时候不太熟悉，不如像我们，我们全省都有网络。咱们就是给协调。

董：商会内部的关系会找到经合局么？ 比如两个会长有什么矛盾。

H：一般不太找，内部的事儿都自己解决。

董：会长都是他们自己选，经合局不参与么？

H：是的，不参与。但是有的时候也会帮助一些，但是主要还是靠他们自己。我们不参与他们决定人选。这就涉及到我们到底应不应该参与？ 过去我们都是不参与的。

董：还是要把选会长的程序制度化了？

H：现在就是程序制度化做得还是不够。现在都是理事会选举出会长，这个不像过去不走程序，几个人吃个饭，选个会长。就是几个人吃饭会长产生了，最后还是得走法律程序，理事会投票，总之得走一遍过场才能使这个会长合法化。他们一开始不懂规则，都是不断地每年开商会工作会，大伙一起交流制度，比如，轮值啊，都是慢慢推广的。我们组织他们上外面学习考察，连续四年组织秘书长去外地学习考察进行交流活动。这就是对他们进行培训、规范。规范不是说让你怎么怎么样，你得出去去看，回来你自己就知道什么是对的什么是错的。

董：商会有没有不配合经合局的情况？

H：比较少。

董：您怎么看待商会在社会管理、社会建设中的作用？

H：首先，商会对会员服务。会员的企业发展了，起码这些会员企业稳定了，会员稳定了，每个会员企业里的所有职工就稳定了。第二，商会对这些会员都是进行法制教育了。第三，商会对他们的红白喜事、小孩上学都涉及到，都对社会管理有作用。第四，会员之间闹矛盾，商会给调节，有些矛盾在商会内部消化、解决，所以说商会对于社会安定有作用。

董：商会的代表性强不强？

H：民政有规定，三十户以上可以成立商会，代表性是够的。当时成立就是说，三十户么，三十户不能都是长春的，起码有五个地区都是会员，都是长春的不批，这就促使他有一定代表性。中国共产党成立是才11个人，现在也成立成一个大党，当时代表全国一百五十一个民党。要是说第一次代表大会，那么大一个党呢。现在商会还是个小孩儿，小孩儿一下子要求那么丰满是不可能的，是先让他有个整治，让他慢慢发展。都是一个由小到大的过程，但是在这个由小到大的过程中，政府这个服务、指导、关心这个作用是不能缺少的。现在有些人太急于理想化、太急于求成，步子不稳，就是说你太理想化。商会是纯民间的，应该加强服务加强指导，而行业协会都是官办的，恰恰是应该脱离的。而这个是民间自发的，不是政府的，完全是两回事儿，所以说一些人脑袋发热，不属于四类里的，不是官办的。

董：吉商商会为什么在工信厅作为业务主管部门？

H：吉商商会首先不是异地商，第一他要快成立，到我这儿走程序就慢一些。他成立商会是以那个总裁班做基础，而这个班每年工信厅对他有经济上的补助，是在工信厅的扶持下成长起来的这么一个组织。它和它有着千丝万缕的联系，工信厅的一把厅长是他们班的学员，这个东西本身离不开工信厅。二是他跟他熟，批起来手续快。所以说首先他不是异地商会，第二就是在业务上他和工信厅联系更紧密，这里面还有人的关系。

III-7. 吉林省民间组织管理局局长YM特讲

人　物 ： YM、崔月琴(崔)、董运生(董)、刘威(刘)、王郅强(王)、
　　　　张冠(冠)、其他听众
时　间 ： 2014年6月30日
地　点 ： 吉林大学 哲学社会学院 会议室

1. 介绍

崔： 今天民间组织管理局局长，YM局长，在百忙之中来参加我们的座谈
会，让我们首先以热烈的掌声欢迎Y局长的到来。我们对社会组织创
新这些年我们吉林省在这方面也做了很多的工作，有许多的一些改革
的措施，包括我们吉林省社会组织的发展，虽然在全国可能不能说是
名列前位啊，但是我们吉林省也有我们的一些特色，我们也想请Y局
长就我们吉林省的社会组织管理，包括近年来在社会组织管理创新
上，激活社会组织活力上有哪些措施，想Y局长呢，给我们做一些介
绍，可能Y局长的这种介绍呢，会对我们研究呢，有很大的启发，包
括我们以后的课题研究，可能也要得益于Y局长各方面的支持，下面
我们今天主导就是想请Y局长来做一个他的报告吧。让我们再一次以
热烈的掌声欢迎Y局长。(掌声)

2. 吉林省民间组织管理局局长的讲演

Y： 首先非常感谢啊，我先把总体情况咱们省的总体情况跟大家介绍一
下，另外一个呢，我把这么多年啊，也是我个人的思考，特别是一些
实践层面的，一些东西，先给大家介绍一下，然后呢，留下更多的时
间就是呢，大家你们还有什么问题需要了解的或者需要共同探讨的，
然后呢，咱们来共同探讨。

现在啊，就是无论从政府层面还是从研究这个层面，对社会组织确实比较关注了，包括我们办班的时候我也经常讲，现在社会组织春天确实是来了，一会我还想详细给大家介绍，一些具体的政策，所以说今天来了，能看到大家对社会组织这么关注，我个人来讲感到，这个这个很高兴，就是有些无论是实践层面还是理论层面，有些东西确确实实，发展这么多年需要咱们共同来研究，而且我感觉社会组织是一个很大的，而且是一个很重要的一个课题，包括十八届三中全会提出，创新社会治理体系，推进国家治理体系和治理能力的现代化，你们研究从理论层面可能比我深，所以我更主要的从实践这个层面，给大家介绍一下情况，和自己的一些思考。

社会组织分类与数目

我先把咱们省啊，咱们全省社会组织的基本情况给大家介绍一下，这里呢，我想介绍三个方面：第一个呢，就是这些年我们省在扶持培育管理社会组织采取的一些措施或者叫政策；第二个呢……，当然这里也包括我们省社会组织在经济社会发展过程当中它发挥的一些作用，这是想给大家介绍的一个问题；第二个问题就是给大家介绍一下我们省，社会组织这个发展当中存在的一些问题；第三个呢，就是下一步社会组织发展我个人的一些想法，或者叫思考。我们省呢，这个社会组织啊，大数现在是15744家，社会组织的概念啊，那里我强调一点什么呢，就是咱们讲的这个社会组织，特别在我们国家啊，是一种狭义，狭义概念的社会组织，广义概念的社会组织可能大家都知道，叫第三部门嘛，非政府组织，所以说他就是除了政府和企业之外那么所有的这些都叫社会组织。

在国外是那样，在咱们国家呢，是狭义上的，狭义上的，那么在咱们国家狭义上的社会组织，大体包括五大类，第一个就是社会团体，咱们平时简称叫社团；第二类呢，叫民办非企业单位。社团大家都比较了解，像你们研究的商协会啊，志愿者组织啊，联谊类的协会啊，包括专业类的协会等等，属于社团，民办非企业单位我不知道大家有没有研究过，它是一个新兴的，民办非企业单位这个名称叫起来呢，可能比较绕嘴，当时国家研究的时候呢，最开始叫民办事业单位，实际民办事业单位比较好理解，实际上它是对我们政府提供公共服务不足，它是对政府提供公共服务不足提供的一种补充，比如说我们民办的大学，像这些二级学院、民办的医疗机构、民办的培训机构、民办的体育场所、民办的科研机构等等。因为它不是由会员组成的，它实际上是一个实体，所以把它归为叫实体单位，那么实体单位它又不同于国有的这种事业单位，所以就把它叫民办非企业，它又不是一个企业，为啥不是企业呢，因为它不是以营利为目的的，所以把它叫做民办非企业单位。就是长春市很多就是大家坐车的时候，这个俱乐部那个俱乐部、长春市心脏病医院、吉林省延安医院等等，这都是民办非企业单位，这都是在民政部门登记注册的；再一类呢，就是基金会，这是第三大类，基金会这个大家比较熟悉了，可能同学有的专门研究公益慈善组织，基金会研究这方面涉猎的比较多。那么以上三类都是按法人来登记的，按照法人来登记，就是要求它是必须具备法人条件，然后到登记管理机关，按照法人的条件来注册登记。

顺便我再给大家介绍一个概念，或者介绍一个常识，在咱们国家啊，这个法人有四类，不知道大家知不知道：第一类就是政府机关，政府机关呢，它的登记注册是编办，各级的编办，编制部门，还有呢，叫事业单位，事业单位呢，是在事业单位登记管理局，那么咱们省的事业单位登记管理局呢，是设在省人社厅，人社厅下面的叫事业单位登记管理局，第三类法人是企业，企业是在工商，工商登记。然后呢，就是社会组织，社会组织在民政部门登记。咱们国家就这四类法人，再没有其他别的法人，就是这个，这是一个常识。

那么方才我介绍以上那三类呢，是法人，法人的社会组织，除了法人刚才我说有五大类，还有两类，一类是社区的社会团体，我们把它简称社区社团，就是长春市比如说朝阳区这个东湖社区是吧，你看它有一些什么老年协会，还一些老年书法协会，还有些秧歌协会，等等就类似于这些吧。在社区当中，它是以社区为特定地域，然后成立的这么一个也叫社会组织。但是呢，就这类社会组织呢，因为你在实际工作过程当中啊，如果按照法人的条件对它登记，那么有很多社区类的社团，它不具备这个条件，你比如说法人登记的社会组织，首先你得有一个一个固定的办公场所，另外你还要有注册资金；再一个呢，你还要有自己的章程等等，你法人嘛。那么它不具备，但社会还有这种需求，这些老年人啊，或者社区这些人员啊，对这类组织它有个需求，所以说这些年，社区社团，就实行双轨制，双轨制呢，就是说如果你具备法人的条件，那作为登记管理机关呢，可以按照这个法人给你登记注册，如果你不具备这个条件那就备案，备案呢，那只要你有一个负责人，有一个联系方式，有一个这个固定的社区，有一个活动的这么一个一个地方，那就可以了，然后到区的民政局备下案就可以了。最后一类就是农村专业经济技术协会，也是按照社会组织来进行管理，那么农村专业经济技术协会呢，跟我们方才给大家介绍的社区社团，它这性质也是一样的，所以它这里也有按法人登记的，那么法人条件不具备的，那么作为登记管理机关呢，也是按照这个备案制，来备案进行管理。

所以说呢，大体上呢，就五大类，五大类呢，方才给大家介绍了，咱们省大数一万五千家，然后社团我说这是法人社团，5487家，方才我说的民非4688家，基金会66家。基金会咱们数量比较少，全国基金会最多的是浙江，他们前年就突破五百家，列为中国社会组织发展十大事件之一。这是截至到12年。估计现在可能还多，一会我再详细给大家介绍。然后呢，农村专业技术协会这些年有点滑坡，1619家。以前多，以前我刚来，我07年到这个局，那时候是五千多家，后来有点滑坡，为什么滑坡，就是你们对这方面感兴趣，也可以研究研究，最近啊，不是最近，近些年咱们国家层面对农村合作社，对农村的合作社比较重视，包括资金上的投入，资金上的扶持，包括政策上的引导，包括国家法律法规，这个这个层面的这个制定就等等，对农村合作这方面投入的比较大，所以有很多他就办这个合作社了，协会它就不办了，协会不办了，但是合作社呢它是登记，因为它是一个营利性的组织，这个协会呢在民政农村经济技术合作社在民政登记，它是这样。这么给大家大体这么一个概念。

社会组织发展概况与相应政策

那么近些年呢，咱们省咱们省里，对社会组织这个培育发展，大体上啊，采取了这么一些措施，第一个呢就是社会组织培育政策在不断的完善，在不断的完善，在我来从事这项工作之前，也就是07年之前，那个时候讲呢应该说咱们省啊，这个社会组织呢在全国应该说，法人这块不行，法人社团这块不行，法人社团呢现在是10424家，就是大数一万，大家记住大数一万，然后全体的社会组织是一万五，大体是这么一个概念，但是那几年呢咱们省的农村专业经济技术协会和社区社团是比较发达的，特别是咱们在06年，05年前后当时是省直十几个部门联合出台关于培育发展农村专业经济技术协会的这个意见，然后呢还出台了关于培育城市社区社团的意见，这两个意见全都是在全国最早出台的，所以说那些年呢，农村专业经济技术协会和城市的社区社团在全国，应该说走在全国前列吧。

这个法人社团，特别是行业协会、商会、最发达的，首推的，那还得是说广东，特别是深圳，包括东莞，那一带，你比如说，就是咱们国家大家注意，你们研究这个政策，或者你们写论文当中可能涉猎这些东西，就是你看咱们国家这个在社会组织这些无论是条例的修改、制定包括一些政策的出台，直接登记啊，什么政策分开啊，什么一业多会啊，等等，实际这些都是出自广东，都是广东最先做的。广东呢一是它经济发达，就是你这个社会组织呢它严格来讲它属于上层建筑，那么上层建筑大家都知道，经济基础决定上层建筑，就是说一个社会经济层面不发达，你很难奢求社会组织发展的怎么好，所以大家你们研究的时候就知道，作为行业协会、商会来讲，它国家层面的肯定要比省级的要强，省级层面的它指定的比市级县级的要强，所以它就跟经济社会发展是正相关的，所以广东这些年它发展的，就是第一跟它经济的发展的程度这是有很大关系。那么除此之外，跟政府的和党委政府的强力推动，这也分不开，大家都知道想当年WY作为广东省委书记，实际上对社会组织这块是非常非常重视的。

那么我12年有一次到广东，我们厅组织一个学习考察团到广州，听他们介绍，那个时候呢，刚刚十七大以后，就是国家提出建立这个这个现代社会组织制度体系以后，广东是在全国第一个成立叫社会组织，不是社会组织，叫社会管理创新领导小组，你们可能都知道，当时呢这个领导小组的组长，就是WY，省委书记吗，然后呢当时把谁呢，深圳市的民政局的局长然后调到广东省，调到省里，做这个领导小组的常务副组长，然后配了一大批人马，我记得好像是17个人，专门研究社会管理创新，实际社会管理创新啊是一个很大一块，就是如何发挥社会组织的作用，所以这次十八届三中全会为啥提出激发社会组织活力呢，这都是有渊源的，一脉相承的。那么呢，另外这些年谈到咱们省出台的政策，你像我这个07年我过来之后，咱们省相继出台了《关于行业协会、商会改革的实施意见》这是07年出台的，然后呢还有这个《关于促进外埠商会的发展意见》这是我们民政厅和省经合局，联合制定的，外埠商会大家知道啥概念吧，就是你们到什么广东商会啊，什么福建商会，你们到那搞调研，那都属于外埠商会，就是外籍的企业在咱们吉林省办企业的这些企业家，不是企业家，这些企业组成的商会，就是外埠商会，或者也叫异地商会，因为这些异地商会呢这些年发挥的作用非常大，就包括你到什么川渝商会啊，到广东商会啊，到那去了解情况或者调研啊，可能他们给你们介绍些情况，为什么我们和经合局联合出台这个文件呢，因为经合局是外埠商会的业务主管单位，我们民政是登记管理机关，就是我们制定了一些扶持外埠商会发展的政策，我们两家联合出台。

这是12年，然后12年呢，我们又出台一个什么呢，在民政系统，开展政府购买社会组织服务的一个指导意见，那当时为什么在民政系统出台这个意见呢，因为现在政府购买服务啊，因为这项工作推进起来很困难，很困难，特别是咱们省，这经济欠发达，财政又有限，那么那时候我们想呢，摸索一下政府购买服务的……，往前探索一下，所以就在民政系统开展这个政府购买服务，搞一些试点，那么当时我们就允许从福彩购买公益金当中拿出一部分资金，然后设定一些项目，来搞政府购买服务的试点。同时啊，我们在13年，13年我们又出台了主要是公益慈善组织，特别是基金会，制定关于，啊，这个也是12年底，出台关于那个那个，公益慈善类社会组织税前扣出的这么一个政策。

那么去年呢，我们跟省技术监督局联合制定了一个关于这个，这也是在全国第一家这个社会组织这个资金使用管理规范，这是什么概念呢，就是说你比如说作为协会来讲，他们都有自己的会费，那么作为基金会来讲呢，他们有自己的发展基金，那么民办非企业单位呢，他们也有自己的自有资金，那么这个资金怎么用，你比如说基金会，研究基金会的你们可能知道，基金会条例呢，它对资金使用呢，非常原则，就是合法、安全、有效。这么一个原则，那么合法、安全、有效，那你怎么叫合法、怎么叫安全、怎么叫有效，没有展开，所以这些年呢，我们在具体、实际工作过程当中，那有的就提出来了，那说我这个基金会用这个正常支出的公益资金支出比例之外，我自己剩余这部分我办企业行不行，或者我投资股票行不行，或者我购买企业债券行不行，就是我让这个资金增值和保值，但是资金增值保值这个可以，这完全可以，但是你怎么资金增值保值渠道，怎么使它合理，现在没有个规范，现在全国也没有规范，所以说我们就针对这种情况，那么去年呢，我们又制定出台了一个就是《吉林省社会组织资金管理规范》，这在全国是第一家，当然我们也做了很多论证，借鉴了很多外省的经验，包括征求国家民政部的意见，这也是填补了咱们国家吧，社会组织资金管理方面的一个空白。

那么今年我们又制定了前不久刚刚颁发，就是《社会组织评估暂行管理办法》，这个主要是结合吉林省的一个实际，国家专门有一个资金管理的一个办法，但它那个是全口径的，是面向全国的，因为这个评估啊在实际操作过程当中，这里有很多情况你得结合实际，就是你看国家的那个，你比如说行业协会，你看国家那个办法对它评估呢，可能它不完全适用，因为国家那行业协会太大了，咱们的行业协会照人家那规模层次档次那都是差的很多，所以说如何结合咱们省的实际，就是我们制定这么一个暂行管理办法。另外我们设计也是今年的一个省委这个三届全会，确定呢这个社会体制改革，我们要出台一个要关于加强在新形势下促进社会组织健康发展意见，这是一个；再一个呢，要出台一个四类社会组织直接登记这个指导意见，这是列入省委社会管理体制改革的一个重点工作，那么同时呢，还要出台一个行业协会、商会与行政单位脱钩的一个实施方案，这是我给大家介绍的近些年咱们省在培育发展社会组织当中采取的一些政策。

我大体数了一下至少得有十多个文件，十多个规范性的文件，但是咱们上升到地方条例呢就一个，就是吉林省社会团体登记管理条例，那个早，那个大约是在九几年，九几年出台的，但是社会组织你们研究知道，国家层面也有个法，因为一呢，就是社会组织发展的历程啊，相对来讲呢，短一些；再一个吧，就是咱们国家的社会组织，如果说从管理这个角度，它还是伴随着负面的事件，是不是啊，负面的事件，然后政府呢，加强对它的管理。你比方说，原来省民政厅原来根本就没有这个处，原来就是大民政，当然有社团管理，但是它是在大民政处，那里既有婚姻殡葬，又有行政区划，又有社团管理，又有基层政权。因为我在那处也工作过，我在那个处工作过三年，后来呢，这个89年这个以后，当时就学潮嘛，后来就把这个分出来了，后来就成立社团处，然后法轮功之后98年，法轮功之后全国各地又改成叫民间组织管理局，加强这项工作实际上都是伴随着负面的影响，但是为什么现在对这个重视呢，一会我还想给大家介绍。

这回真是从正面的角度，从民间组织管理创新的角度，激发社会组织活力这个角度来研究，来加强社会组织的建设，这是一个。那么第二个呢，我们采取的措施是不断的深化社会组织登记管理改革，不断深化社会组织登记管理体制改革。那么你们研究社会组织的这个登记管理啊，因为至少到目前为止，虽然各地包括做过咱们，咱们省也做过一些尝试、探索。但是现在呢，咱们还是采取的双重管理体制，就是作为民政部门，它是登记管理机关，然后呢，你再到登记管理机关登记之前你还得找一个婆婆。那这个婆婆是啥呢，就是主管单位，就是你得找个业务主管单位，无论你哪类的，你都要找业务主管单位，那作为我们，我们在审批一个社会组织的时候，我们要看你有没有业务主管单位，那么正是因为这种登记双重管理体制，所以说就障碍了，或者说是相对来说门槛比较高，就是障碍了社会组织的发展。那么具体的表现因为有很多社会组织在登记这个环节因为它找不到业务主管单位，所以它就没有办法迈进这个门槛，那它这里……，当然也有这个因素，业务主管部门多一事不如少一事，有这个因素。但是还有个因素，它这个社会组织啊，特别是行业协会、商会，上周我到国家民政部研究直接登记那暂行办法，大家也都提出，国家民政部一摆又什么国民经济行业划分的标准，又什么人社部职业划分的标准，还有统计局的什么什么标准，但你不管什么标准什么文件，就说呢，你有的成立这个协会，你让它找个业务主管单位它确实找不到。就说你这个协会应该找建设厅你还是找发改委呢，还是应该找交通厅，你比如说我给大家举个例子，就前一段登记，吉林省保洁，保洁就是打扫卫生啊，保洁行业协会，后来让他们找业务主管部门，他们也确实找了，找了很多，但找不着，找卫生厅，卫生厅说我们这是属于那什么，人体啊，人体健康方面的，找到商务厅，商务厅说我们是搞贸易的，归不了口，找工信厅，找建设厅上，建设厅当然它也有啊，大街扫地的，城市环境治理也归他们管，但是呢，你说这个保洁它也没有个处啊，有没有这个职能。它一般都是那样，首先看它的方案，编办或者政府给它确定的方案当中它有没有这项职能，它有这项职能了，啊，这项职能，所以没有明确的指向，所以你让它找业务主管单位它上哪找去，它就找不着，找不着呢，那你就登记不了，那就没有办法了。那现在行业协会、商会直接登记了，那现在好一些，那你实在找不到业务主管机关登记，我民政部门直接给你登记这可以，就我给大家举这例子很多很多这种情况。

登记程序及其意义

当然还有一种情况，政府机关说这协会都是你民间发起的，跟我们也没啥关系，我们管你这干啥，是不是多一事不如少一事，要是它自己办，没人管，不是它自己办的，它不愿意管，这些体制上的障碍实际上就影响了我们社会组织的发展。所以说你看我们深化管理体制改革，10年我们就下放了异地商会审批权限的通知，就是我们民政厅下放的，这个异地商会啊，这个登记体制是什么体制呢，两句话叫"登记到省，由省登记"。登记到省是什么概念呢，就是按照现行的政策，只能登记到省级的商会，你比如说吉林省广东商会、吉林省川渝商会、吉林省福建商会，没有说吉林省宁波商会，哎，吉林省什么大连商会，等等，没有，因为那些它属于地级的是吧，你县级的那更不用说了。那么"由省登记"就是这些商会的登记只能由省级民政部门来登记注册，你市的县的它没有这个权限，但是这些年呢，商会的发展在促进地方经济建设过程当中，它的作用是非常巨大的，是不是，现在地方政府也在积极呼吁，包括这些企业他们也提出，能不能我们登记地级的或者县级的，或者我们在市以下登记，后来我们就根据这种情况，我们就把在10年的时候，我们把异地商会的审批权限就外埠商会的审批权限，下放到市级，下放到地级市。所以说你看原来啊，你们要到长春市那个那什么搞调研的话，你看原来的长春市的温州商会、什么泉州商会、什么瑞安商会、地级市的商会他们也很多，也很多商会，如果按照当时的政策来讲它是非法的，当时那个那个就是长春市的工商联，还有长春市的商务局，也找到过我们。原来长春市民政局呢，他们想法就是有一阶段大家研究社会组织沿革，有一阶段不严控吗，严格控制就能不能给它给它取缔喽，因为当时那种政策也不明朗。后来呢，再就是10年前后吧，我领一帮人到长春市搞一次调研，这一看啊，你比如说温州商会，SLM他们为长春市的经济建设贡献确实很大，我说这种情况咱们就睁一只眼闭一只眼吧，是不是啊？因为现在大的环境，以经济建设为中心，它毕竟在长

기타 동향상회, 정부관계자, 회의록

春市经济建设当中还发挥了正面的作用，目前为止还没发现有什么负面的作用，如果有什么负面作用就是商会的内部治理，民主选举啊、民主决策啊，可能不完善，在其他别的方面可能还没有啥这个对社会稳定啊，对方方面面负面的影响，所以说就拉倒了，然后回来之后我们研究了，把这个审批权力下放，然后他们就到长春市民政局登记注册，这样它就有个合法的身份了，所以现在呢，咱们商会发展的势头也非常好。

另外一个就是12年，我们又出台了开展社会组织直接登记试点工作的一个实施方案，这也是当时我们选择长春市，嗯，错了啊，选择延边州，延边作为社会组织直接登记的试点。为什么选择延边呢，因为延边啊，它是个少数民族地区，第一是呢，你看延边啊，它这个观念我感觉是比较开放的，他们对新生事物的接受，特别是它跟韩国这个语言的相通，还有亲属这种关系，所以说韩国的这些，人家不叫社会组织了，人家叫NGO是吧，他们过来的也很多，所以延边它这个社会组织也比较发达，所以我们在延边搞试点直接登记，我们购买服务的试点是在长春市，搞的试点，所以说也都不错，所以说这样截止到去年年底，我们直接登记全省直接登记121家，其中省级我们是18家，当然直接登记这里还有很多具体的问题，一会我再详细给大家介绍。

第三个采取措施呢，就是我们这个监管，再不断的加强，那么在09年，我们跟法制办，省政府法制办就联合制定了社会组织登记管理机关行政执法程序固定，这个呢，也是我们在省级层面，我们在全国也是第一家。

另外呢，咱们公民呢，这个法律意识非常强。咱们呢，现在讲究依法行政。但是呢，我们呢，作为民政部门，我们登记管理机关是啥呢，我们既对他进行登记，同时要对他进行监管。不是说你登记了，他就拉到了。登记以后你还要对他监管，但是现在呢，监管呢，现在这里就出现一个问题，你怎么对他进行监管，你依据的是啥，是不是？那你不能说我依据的是宪法或者我依据什么刑法或者依据什么那些大法，对不对？太抽象，但是社会组织呢，作为社会组织来讲，没有一部法律，最高就是国务院的那个规章，《登记管理条例》。所以现在就迫切需要，登记管理机关制定一部，不是，是一个执法程序。你有了这个程序你才能够对社会组织进行执法。否则你执法依据是啥呢，现在你打官司也好、理性执法也好，你首先得有依据，对不对，你没有依据不行。所以在10年的时候我们和省政府法制办联合出台了这个，很厚的一本儿，做的非常非常细。然后呢，这个我们这些年，我们一直是按照什么呢，就我们本籍这一块。我们本籍呢，现在社会组织冠以吉林省名义的，吉林省某某协会、吉林省某某基金会，就这类的是1042家，就大数一千家，就我们本籍这一块。

社会组织评估

我们每年按照不低于百分之十的比例，进行执法。同时呢，我们呢，这个又从08年开始，对这个社会组织进行评估，到目前为止全省总共评估了819家。那么这里呢，其中5A级的，最高级的是42家，4A的95家，3A以下的是310家。搞评估呢，简单来讲实际上有两个目的。第一个目的呢，就是规范社会组织的发展，提高社会组织的公信力。就像有些企业，像是有些宾馆，三星宾馆，什么五星宾馆，其实跟他这个是一样的，道理是一个道理。但是什么呢，我们这个有评估体系，就是你评估的指标越高，那么呢，他的这个社会公信力就越强，这是一个方面；第二个呢，就是我们试图把这个评估等级，跟政府的扶植政策，比方说购买服务要挂钩。你级别越高的，我政府购买服务就越倾向你。实际上就通过政策的导向，来提高加强内部建设，来让他发挥作用。

但是这里也有很多问题，谈问题的时候我再给大家介绍。再一个执法这一块呢，也经过我们的积极争取，在这个05年就是在最近的一次什么改革的，我们又加挂了一个牌子，叫，你看你们各位路过我们厅里门口有个叫吉林省民间组织管理局。同时我们加挂一个牌子叫吉林省民间组织执法监察局，这实际就是一个机构，两个牌子。就说你这个局呢，他既有登记管理的职能，又有执法的职能，所以说执法这一块呢，从机构职能来说也确实得到了加强。而且从厅里的这个角度，这些年呢，也是经过我们积极争取吧，在民政厅的所有业务处室当中，民间组织管理局这是一个最大的业务处，我们现在是12人。升格呢，现在来看好像是不乐观。这是给大家简要的介绍一下，我们省呢，社会组织的基本情况和近些年咱们省啊，在培育发展社会组织这个采取的这个主要措施。大体是这个情况，但是还有一些细的东西。

社会组织当前面临的问题

那么第二个问题呢，我就给大家讲一下，我们省社会组织发展存在的一些问题。存在的问题呢，我简要的给他归纳一下，就是我给他归纳为四句话：总量不大，职能不清，政策不分，监管力量薄弱，就这么四句话。

总量不大呢，这里有这么一组数据，我给大家说一说。这个数据呢，是我去年统计的，现在好像比这多了，现在全国好像是45万家法人社会组织，那么我统计那年呢，是44.5万家，差不太多少。那么我们省刚才给大家介绍了，10424家法人社会组织，占全国数量的百分之二至三。就是我们省社会组织的这个量，我说的额是这个绝对量，占全国法人社会组织的百分之二至三，排在全国的第21位。我们省每万人拥有社会组织的量是3.81，那么这个量呢，跟全国是持平的。平均数，咱们正好是全国的平均数。排在第一位的的是山东，就是绝对量，绝对量，你看他是多少呢，49055，那么他每万人拥有社会组织5.12个，这是第一位的是山东。第二位的是江苏，他是33066个，他每万人拥有社会组织是4.9个，这是咱们这个这个纵向比。那么咱们跟龙江和辽宁来比，这个辽宁呢是19023家，我说这个都是法人社会组织，不包括备案登记的农村专业经济协会和城市的社区社团。那么辽宁呢，每万人用有社会组织4.35个，那么龙江呢是120378个，他每万人拥有社会组织是3.23个。我为什么说每万人拥有社会组织呢，他反应了一个地域一个国家的社会组织的发展程度。所以说咱们省全国来讲，大体就是这么一个位置，这么一个情况。

所以说，我讲到这，我就有自己的一个想法，就是我认为咱们省，吉林省社会组织，现在啥呢，还是啥呢，还是应该大力培育，或者说我们更多的精力，不是应该限制他的发展，而是把主要精力用在如何制定政策，如何引导、培育、激发他的活力，让他更快的发展起来。他这个东西，就是那样，就是你没有一定量的积累，你很难做到质量的提高。量都没有你怎么能谈到质呢？当然呢，咱们自己跟自己比，咱们发展的速度也确实比较快。特别是基金会，咱们基金会啊，每年的增长率有百分之二点多。我刚到这个局的时候，全省基金会才17家，现在你看66家，这个增长的数字非常的快啊。但是呢，咱们呢，这个社团跟民非，跟咱们自己来比较增长已经是比较快了，但是总量还是不高。所以说我们制定政策的过程当中，我的主导思想就是能通过政策的制定把我们省的社会组织降低一个门槛儿，诶，给咱们提供更多的政策支持包括购买服务、包括一业多会、包括政策公开、包括转移职能等等，使这个社会组织能够发展起来。咱们省社会组织这一块，我认为应该以这个为主。当然我这个也不是说放任不管，但是那些非法的、有问题的，该监管还是监管，但是我认为主要还是把精力放在如何培育上。

另外政社不分这也是咱们省很突出的一个问题。现在咱们省啊，在协会当中兼职的领导干部3120名。我这有个详细的数据，其中省级的6人，厅级的336人，处级的1095人，处级一下的1683人。我为什么说政社不分，你们肯定要问我为什么要举这些领导干部在协会当中兼职，因为领导干部在协会当中兼职，这是政社不分最重要的一个表现。现在这个政社不分他还有别的表现，你比方说财务统一管理，有的是一个机构两个牌子，有的作为机关职能的一种延伸等等。比如行业协会他叫二政府嘛，他行使的是政府机关的职能等等。这里核心的核心就是领导干部在这里兼职，所以说啊，咱们省政社不分的现象确实比较严重。你像广东几乎就没有了，党政机关，特别是县级党政机关在行业协会当中的兼职，几乎就没有了。退休的呢，是那样，他跟企业不一样，企业里面你退休以后，你三年之内不允许你在你管辖的企业当中兼职。这个社会组织呢，现状没做对副省以下的，没有明确要求。但是对副省以上的，中组部，在2005年吧，有个52号文件。对副省级以上的在协会当中兼职的领导干部，他还要进行审批。年龄呢，就是原则上不超过70岁。但是我说副省级以上，那六个人呢，为啥没审批呢。你想你到中组部去批，他中组部能给批吗？不可能批，不能批，他组织部门办事是十分谨慎的。就是咱自己的省委组织部，他也不会轻易的批一个东西。而且现在呢，他就更严格了。去年7月份的时候，省里第一批搞群众文件教育嘛，从那以后我们基本就没批过。找的人很多，但是现在我们不能批了。你一批，一个是中央督导组，给我们提出就是限制党政机关领导干部在协会当中兼职太多了。所以说一是中央有要求，咱们不能批。

另外，从实际来讲呢，就这些下面怎么消化啊，去行政化，这是一个很重要的问题，所以说这个兼职问题很严重。再一个他这个行政化倾向很严重，就是他官办的，就是一个是领导干部兼职的问题，再一个就是他行使的一些政治的职能。你比如说省级行业协会现在是173家行业协会。那么这些行业协会当中就有59家，占到百分之三十四点一，他是由政府牵头组建的。那么政府牵头组建他干啥呢，要么就是把他的职能往下延伸一下，要么就是啥呢。比方说收费，咱举个例子，就是可能这项工作他自己做不太好做，那么他自己就会去成立一个行业协会。以行业协会这个名义来收费啊，或者是个小金库啊等等，就这些东西。实际上，就这些行业协会，就是失去了行业协会的代表性，以及行业协会这种独立的法人地位，其实他还是一种二政府。

那么第三个呢，就是职能不清。就是说政府和社会组织他的这种职能是一种边界，怎么来界定，这是一个课题。你看去年，云南，云南省委省政府还出台了一个文件。他那里写了很多，社会组织应该的职能，但是你说他那个是不是就科学呢？是不是他就权威呢，那也不一定。你看包括这届十八届三中全会那个决议当中，也列了一些，特别是把环保列入职能。但是他那个也是宏观的，但是政府和社会组织这种职能的边界怎么来确定，这也是需要大家研究的。但是在具体制定过程当中我也有自己的一些思考。就是说，你这个社会组织呢，他就应该行使哪些职能。因为前阶段我们搞了一个什么呢，搞了一个促进社会组织、加强社会组织发展的意见，这个意见就涉及到一块，就是政府职能转移，就是你把哪些职能转移到社会组织。作为一个省政府出台的文件，你要是不把这一块明确下来，那你下面出现了问题你咋操作啊。所以你看我们出台文件，不仅是我们，上级领导他也是这么要求的，他说你们各级机关出台文件，一定要有可操作性。所以说这就是可操作性，我们在一块就反复的研究、反复的探讨，但是也不一定完全正确。

这就是操作性，所以我们在这块反复的研究、反复探讨，应该说不一定完全正确，所以我们感觉啥呢，你比方说这个公共服务的补充这块，那么这个职能就可以给社会组织，因为你这个大，公共服务是个大的概念。总体上来讲公共服务确实应该是政府提供，但是咱们国家尽管改革开放30多年经济速度发展很快，这个人的生活得到很大改观，但总体来讲你想完全都由政府来提供公共服务也是做不到的，而且也是做不好的，所以作为政府公共服务的补充这一块，那么你可以把这项职能拿出来，转移给社会组织。这是一个，另外就是社会管理，基层社会管理到社区这个层面，因为你政府的触角伸不到那，你也没有那么多的人力、物力、财力，所以社区是社会事务的管理，你可以把这个职能拿出来让社会来做。另外一个，第三个，职业鉴定、职称评定，就是属于职业的这个技术鉴定这类，当然这里排出国家强制比方那种海关检验检疫，那属于政府行为，但除此之外那些东西可以拿出来，让社会组织或者中介机构来做。这些年你看每个家里都有车，原来车都到交警部门，现有有的到个人办的检车线，你可以到那检车了，这就是社会化，将来咱们也可以比方职业的坚定产品的检验检测，这些东西。你拿给社会做这个可以，包括职称评定，你比方说教育类的我高教协会或者职业教育协会，它完全可以做这个。这是第四个，第五个是政府职能转型，就是有些政府辅助性的一些工作，也可以转移出来，拿给社会组织做。比方说行业规划的制定，行业规范的制定，这个可以社会组织辅助来做，你比方发改委它搞一个人生产业规划，它完全可以把这个规划其中的一部分或者几部分拿出来让咱们吉林省人生行业来做，这个完全可以。因为人生行业协会对整个人生的发展他们最了解的，因为他们生活、生产在第一线，他们天天跟企业打交道，他们掌握第一手材料，所以你让他们做更贴近实际。当然你行业整体的应该政府来导航，但是这些辅助性的东西完全可以交给社会组织来做，这个是我个人观点，这是职能不清。这是第三个，第四个是管理队伍薄弱，这实际是我们自己的问题，这里我在民间组织管理局工作这么多年，不仅是我们省包括全国都一样，就是说我们对社会组织培育发展并重，这是对社会组织政策，但是这些年，我们实际上在登记这块，但登记以后的管理应该说确实是各级管理机关的一个短板。

社会组织面临的问题：具体事例

这里给大家举个例子，一个数字上的例子，再一个实际工作的例子。为什么举例子是说管理的重要性，就是登记后管理的重要性，首先从数字上讲，外省不说了，咱们省刚和大家说了社会组织15744家，那么从省到县区专门从事社会组织管理的专职人员多少个呢，85个，就是管理人员和管理对象比例是1:185，就是一个人要对185家社会组织。同样是法人单位，我刚才和大家介绍四类法人组织么，你比方企业咱们省我也算一个账，工商的专职管理人员队伍、工商企业，当然工商企业要比社会组织多啦，多得多，但人员也多，但管理对象和管理人员是1:80，我们是1:185。而且特别是直接登记以后，我们面临的任务，直接登记以后它没有业务主管单位啦，没有主管单位就是说你登记以后也得是你民政，而且我们作一个测算，就是四类社会组织占到我们所有组织的30%，接近一半，大家想想这样你这登记管理机关的力量和实际这个需要确实不想适应。我们现在也很头疼，但也没办法，比方这届政府习总书记和这个李克强总理，提出编制0增长，你现在想额外增加编制很难，你要说早点年，做做努力还好一些，现在看比较困难。

　　我们也积极争取，你比方以民政厅为例，但现在进大学生很难，因为它没有编制，而现在我们恰恰缺的大学生和研究生，正规大学毕业的科班出生的，特别像你们专门研究社会组织的，那你们要到民间管理局工作，那我当然欢迎，因为你们研究这个，对这个政策方面面比较了解，但是现在没有编制进不了，进来都是啥都是转业岗的了。它都是按编制进来的，不是按你这个机关的机制，所以我们厅现在转业岗现在快把人气死了，但我不是说转业岗不好，因为很多转业岗是大学毕业后去参军，但是我想定向选专门从事社会组织这个专业那很困难，前年省委组织部，从清华北大进来一批，当时还是特批的，当时我们省进来多少，5个，但我们要也没要来研究生。所以近些年都是转业岗的，那转业岗的呢，都是学理的，你看国防生都是学理的，学文科的少，但是学文的别说研究社会组织就是社会学的都很少，原来我有个观点，改革开放初期，你看民营企业有几家，民营企业能干啥，干不了啥，因为市场没给他放开，现在我们提出发挥市场的决定作用和政府的作用，市场作用是啥，你该给他放开的给他放开，所以社会组织这块你给他放开之后，所以社会组织我说转移职能这块，另外购买服务之快，将来一看社会组织还有这么大的发展，就是高校学生他也愿意到社会组织就业。

　　包括国家会出台一系列政策给社会组织，包括现在出台专业社工师，上午T老师说我们JW老师专业社工联合会，培育专业社工师，现在全省报名5000多，现在非常热了。将来达到什么我们现在也在涉及，将来我们成立社会组织要设定一些条件不想现在了，现在行啊，差不多你就来了，将来成立社会组织可能要求你这里专职人员，可能你专职人员这里头取得社工师的多少啊，或者你是这个专业毕业的多少啊，这指定是一个发展方向，比如改革开放初期成立会计所一样，那时候多好成立啊，你只要有个会计证，那你就可以。那你们现在成立多困难，要求你注册会计师多少个，而且你不仅注册会计师，而且你注册会计师多少年，所以他门槛在逐步提高，但是我感觉社会组织将来发展潜力，包括政策对它的引导，所以将来社会组织这块是大有所为的，所以将来你们毕业以后，所以你们毕业以后，将来赶到社会组织发展的黄金期，因为社会组织就是其他别的企业和事业单位都是一样的额，它也可以吸纳就业可以增加社会财富，可以解决就业问题等等，它将来绝对有发展潜力。

社会组织改革发展的方向(1)：社会组织登记

现在存在这些问题，那么针对这些问题下一步，我们的想法就是，下一步社会组织改革发展的方向仅仅代表我个人的观点，因为国家政策没出来。当然国家政策我也北京跑了好几次，十年磨一剑到现在也没弄出来，包括我上周还到国家民政部讨论登记暂行办法，国家政策没出来我谈个人观点。

第一个就是深化社会组织登记管理改革，这是深化社会组织发展其中重点之一。登记体制管理、体制改革，大致有这些方面。第一，四类社会组织登记，这四类。行业协会、商会类、科技类、公益慈善类和城乡社会服务类，这四类。那么这个目标是十八法提出来的，在十二届人大一次会议通过的国务院方案固定下来，现在大家都知道四类社会组织可以直接登记了，但话说回来大家介绍了现在政策出来了，但具体操作办法没出来，所以现在全国各地都在摸索。我们前一段也拿出吉林省四类社会组织直接登记指导意见，原来准备上政府常务会，我们的设想是以省政府办公厅名义出来，后来政府研究后来还是以国家出台之后再出台咱们省。那么这四类社会组织登记处理主要包括这五个，或简单说四个方面。第一，四类社会组织登记的范围，因为这个现在也没有一个权威的或者一个标准化的东西，你比如行业协会和商会，这里具体包括哪些，外部商会包括不包括，你行业协会是指行业的商会还是全国性的商会都在内，这些大家都还在探讨。行业商会是指啥概念呢，你比方说以咱们省为例，以工商联为主管单位的，比方说吉林省石油业商会，今天登记鞋业商会，就是我们穿的鞋子，就类似这个都属于行业商会。全国商会除了行业商会还包括外部商会，外部商会吉林省广东商会，吉林省福建商会，就是你这个也在职业登记的范围呢，大家也在探讨。

上周我去部里开会，很多地方都提出，说为啥我们把外部商会也纳入职业商会内，有的说我们没有，作为联合性的团体看待，因为它有点类似像老乡会组织因为都是本地域的，所以都在探讨，这还好一些。你比方说公益慈善类的，你就是基金会，还是还包括公益类社会团体，比方志愿者协会这不也属于公益类社会团体，你看环保类，这不也属于公益类的，按照咱们国家对公益类的划分，那你科教文体都属于公益类的，所以都是包括在内，都要探讨。另外，你民办非企业的当中你科教文卫的单位是不是也纳入公益类的，所以这都是大家正在研究的。另外你科技类的，比方自然科学的可以，物理、化学，那你社会科学呢，等等，这些东西。另外民非当中也有科技类的，我个人办的科研机构叫什么研究院、研究所，这不都是嘛。这个东西提出来的，但是具体怎么划分值得探讨。但是国家出台政策这个层面，它可能不一定非常细，提出一个大框，你实际工作当中你就按这个框套，也有一个度，上下怎么把握，你看职业等级，第二职业等级的程序和条件，你按照什么条件职业登记。上周讨论办法的时候大家也有很多具体的建议，比方它提出，比如全国性的社会组织发起人至少要由5个，会员至少30个，当然他和现行的社会团体登记管理条例是一致的。但是大家也提出全国性的行业协会发起人5个是不是太少了，另外全国性的会员单位要求30个也有点少。有人提你这5个能不能放到县级，你这全国的加一些省里适中登记。

另外作为一个发起人的这种代表性，就是代表性，你怎么来衡量；再一个，发起单位，你比如他制定的政策当中，说的公益慈善类的，发起单位要有相关部门，提供从事公益慈善工作三年以上的证明。你整这些东西，那谁给他证明啊，你说谁给他证明，说他从事，比如说他搞这个慈善救助，他从事三年了，你说谁给他证明，等等，就这些东西。这里还有很多具体的问题，登记的条件、登记的程序，本身的直接登记为什么叫直接登记呢，取消了原来业务主管单位的前置审批，就是不要业务主管单位了，不要业务主管单位直接到登记管理机关登记，实际上用我的理解，按照我的理念来理解，那你应该是简化程序。就是说你直接登记的主导思想还是降低门槛。然后这个设定呢，就设定了三个步骤，结果我一看，这个比原来的登记，取消了筹备登记这个环节了，但是他比有筹备登记的还要复杂。实际上就是还没有体现出你直接登记的理念，或者说是主导思想。再一个就是直接登记以后的监督管理，这也是大家共同反映的，也是一个比较集中的问题，因为你没有业务主管单位了，你作为民政部门怎么对他进行管理啊，你靠什么进行管理。

刚才我给大家介绍，我们人员又不足、手段又匮乏、资金又短缺，那怎么对他进行管理，所以当初我们设计的时候建立在一种综合理解问题上，这都是直接登记面临的问题，所以下一步我们要研究制定社会组织直接登记的办法也好，指导意见也好，重点就是解决刚才我说的这些问题。

第二个就是实行原来的条例，老条例。就是你一个领域，一个行政区域划分，你一个协会出现了，就不能有第二个协会再登记。那么这样呢，实际当中呢，实际上就是，我要是登记了一个行业协会，不管我办的好，办的差，我得先把这个位置先占上，你别人谁也进不来，就不利于这个竞争，你办的好坏，别人再想登记，进不来。所以这样就把一业多会这种机制引进来，你办这个协会，你办了我也可以办，大家在一个起跑线上，大家公平竞争，那你办的不好可能我办的好，对不对，那我办的好，可能我就取代你，所以引入这种竞争机制。

第三个，就是取消社会团体筹备的这个环节，把这筹备登记的这个环节取消了，因为原来社会团体登记的这个环节当中呢，他分两个步骤，第一个步骤是筹备筹备完之后我们对他筹备的这个文件给他进行审查，比如你的发起人啊、你的章程草案啊、办公场所啊、你的领导机构组成啊、你的业务主管单位是否同意啊，等等，对他进行审查。说行啦，登记管理机关就会发给你一个文件，之后再进行，你再去开会员代表大会、你再去发展会员、你再去制定你的章程、你再到银行开户、验资等等。你在做这些工作，行了，把相关文件叫过来，我们再按照成立的环节，再对你进行审查，合格了，下发一个批复发给你执照，原来是那样。但是现在呢，准备把这个筹备的环节给他取消了，因为什么呢，你想想，你都同意他筹备了还能不同意他成立吗？所以这个就有点多此一举。但这里呢，取消了筹备这个环节，这里也有一些问题，你比方说他验资怎么验啊，另外这个名称怎么和啊，等等也有一定的问题。但是这个问题是我们登记管理机关的问题。我们把它衔接好。他不管怎么说，你要直接登记，你叫社会组织登记管理体制改革，还是要简化手续，要降低门槛。

第四个就是要取消社会团体的分支机构代表机构的设立、变更和注销登记，现在这个已经取消了。首先是国家去年取消的，今年咱们省里前一阶段，文件已经下发了。就是社会团体，原来呢，他下面设立分支机构，比如他设立个分会，设立个专业委员会，他还要到登记管理机关进行审批，包括他的注销和变更，还要到登记管理机关办理相关手续。那把它取消了你就不用进行审批了，那么，你们这个协会，你比方你要建立一个分会，那你们召开理事会，大家同意你就可以设立，然后到登记管理机关备个案就可以了。

第五个就是我们要下放基金会和外埠商会的审批权限，将来我们要把基金会和外埠商会的审批权限下放到县区。原来这个都是在省里审批，包括基金会也是在省里审批，基金会没有在县里和市里审批的，都是在省里审批。所以这样的话的我们把这个权限下放了，就是都是属于登记管理体制改革。

最后一个，就是登记管理体制改革要探讨对境外非政府组织的管理，因为现在境外非政府组织的管理，他对这个管理在国家，在国家民政部就是。你比方说，你要设立个外国商会或者是美国非政府组织在华设立一个分支机构或者代表机构，那么这个审批呢，是在国家民政部审批。那么国家呢，将来可能要把这个审批权下放到省，就是省里也可以批境外机构的分支机构了，或者外埠商会，这些都可以了。但是现在没完全下放，有的个别省会现在搞试点，国家授权给了云南，你像深圳、像广东，这是国家给他授权。这也是一个新的问题，将来这个拿到省级民政部来管理，怎么来对他进行管理这也是一个问题，这是改革的第一个重点。

社会组织改革发展的方向(2)：和党政机构脱钩

改革的第二个重点就是推动行业协会和商会脱钩、和行政机关脱钩。那么我说的这个行政机关，不仅仅指的政府机关，就包括人大机关、政协机关、党的机关，检察机关，法院，包括人民团体都在内的，就跟脱钩。

那么怎么脱钩呢，现在呢，实际我们现在也制定了一个方案，就是行政机关和行业协会脱钩。但是现在的，省里的意见也是等国家总体的方案出台以后再制定出台我们省的一些。脱钩的总的来看，五脱钩。

第一个就是机构分开。就是在机构上，你政府机关和行业协会，要分开。第二个就是，你这一个机构不能既是某个机关一个处，又是他那个行业协会。他是一个机构，这不可以，就属于所说的一个机构，两个牌子，这不行。第二个就是职能分开，就是刚才我给大家介绍的，你政府应该行使那些职能。你这个，行业协会，商会应该行使哪些职能，给他界定清晰。然后呢，该你政府行使的职能，你政府拿回来，你不能再让行业协会来管了。该行业协会行使的职能，你政府应该给让出来，转移出来，你政府也不应该再行使了。所以这属于职能分开。

第三个是资产分开。比方说你现在还在用一个办公场所呢，用一个车辆呢，或者说是用一套办公用品呢，就是类似于这些东西。因为他这资产有很多，包括办公设备等等，那么这里呢，我们就提出，要么你政府机关收回来，要么这个资产你名确就给这个行业协会，那这里就涉及到很深层次的问题。我说的简单，但实际操作过程中，这里有很多具体的问题。你比如说资产要分开的话，我们上次编办和发改委我们提个建议，我说下面研究这个问题财政经和xxx他必须得参与因为你这里就涉及到国有资产怎么分割啊，或者是是否流失啊，你得有个界定啊，假如你明确了把资产给行业协会了，不算流失，那可以。如果你算是国有资产流失，这里还有一个问题，你怎么解决，这类似的问题。这些东西吧，我说的很简单，但是具体操作过程当中，有很多具体问题需要研究需要探讨。但核心问题我认为是利益问题。他为什么不愿意分、为什么不愿意给、为什么不愿意放，就是利益问题。所以你看李克强总理答记者问，改革涉及到利益比涉及到灵魂还要难，关键就在这。你想想，你利益是啥概念那，你这个职能从政府机关给分出来了，你的资产从政府机关给剥离出来了，那就不就相当于从他身上割肉一样嘛。对不对，你从哪个机关，他都不愿意啊。他可能他都要抵触，你给他行。

第四个是财务分开，现在有很多啥呢，政府机关和行业协会合帐的，用一个账户。所以现在为什么出现小金库呢，因为你现在政府机关不允许你经商，对不对，另外也不允许你收费。现在有很多他为啥办行业协会，当然这属于个案哈，或者说是一个个例，不具有普遍意义。但是也不排除，他政府机关成立一个行业协会，用行业协会收取一些会费，或收取一些费用。然后把这费用做他自己的小金库了吗，他这样。就是他用一个账户，来进行管理。尽管我们要求你成立一个社会组织必须有自己独立的账户，但是你要求是那个要求，他是完之后又拿回来了，你也不知道。所以这个要求在财务上分开，反正这也是从，怎么说呢，反腐的角度，财务要分开。那么最后一个呢，就是人员要分开，第一个限制党政领导干部，不允许你兼职了，那么以前兼职的，你在XX之后，你退出。新成立的就不允许你兼职了。另外，你要就想在里面兼职，那好，你自己做抉择，要不你留在行业协会，要么你留在政府机关，留在行业协会，公务员资格给你取消，留在行业协会，保险啦、公积金啦，你让行业协会给你交，跟公务员的身份就没有关系了。所以就是这一系列，然后还有一些东西，在总体上，党的建设啦、人事关系啦，还有很多具体的东西，包括他的时间节点，怎么推进等等，我在这里，因为他很复杂另外更多的可能都是具体实践操作层面的，你们大体了解一下就完了，因为主要你们是从学术上。

社会组织改革发展的方向(3)：完善监管制度

第三个，就是完善社会组织监管制度。就是我刚才给大家介绍的，为什么我们现在监管是一个短板，但是这里就有一个比较纠结，纠结在哪呢，原来我们确实也积极争取。你比方说，能不能给我们增加编制啊，能不能给我们解决人员啊，使我们的工作能够正常的开展起来。刚才我也给大家介绍了，现在这种形势很难做到，后来什么事情你这逼到份上了，你就得想办法啊，你就得想招啊，后来我们就想到购买服务，但是呢，你购买服务啊，你不是所有东西都能通过购买服务来解决问题。我人员匮乏的问题可以通过购买服务来解决，但不是都是完全能够通过购买服务来解决。你比方说，我社会组织评估，我可以，那可以啊，比如我作为登记管理机关，我每年搞评估，因为我人手不够，那么，我干啥，我制定规则，我把这个评估的标准制定出来，然后呢，我可以，通过购买服务的方式，引入第三方，社会上的第三方，比如会计师事务所，或者什么什么评估所。就第三方吗，让他们来做，完你给我评估一个，我们给多少钱，我们签订和同。另外我这边可以组织社会组织评估专家。然后我组建社会组织评估委员会。这都可以，就是我采用市场化的方式来运作，来解决我登记管理机关人手不足的问题。但是呢，你有些问题你不可能通过市场的方式或者购买服务的方式去解决。你比如执法的问题，执法的问题，他就是你政府的职责。

你说你能把执法通过购买服务的方式？或者说是委托的方式？你让社会来做，那坏了吗。你交管部门你让社会来做坏了，那满街都是罚款，不是说政府所有的职能，都能通过购买服务来实现。所以现在我们就研究这个东西嘛，可能你们有对购买服务感兴趣的，你购买服务，社会组织购买哪些服务？你通过什么形式来购买，你购买之后我对你的绩效怎么进行考核，谁来监督你，如何评估兑现，你没达到我这个标准，我如何来控制你。另外你设定条件怎么设定，购买服务这是一个很大的课题。所以我建议你，购买服务这个包括智能转移这个。但是购买服务这个呢，在这里我稍微展开一下，等一会我还要讲，就是这里呀，一会我再跟你们说吧，就是监管这个。

那么监管，我们设想的就是三个方面，作为登记管理机关，你要监管你要发挥什么作用，作为这个行业主管部门，你要对他监管什么，对于综合监管部门你要对他监管什么，所以我们设计的就是要形成一种综合监管体制。那么作为登记管理机关，我们的主要管理职责，我们还是登记管理。对他进行执法检查，对于整个社会组织的发展的大的宏观政策的制定，包括日常监管，这是由我们登记管理机关，来对他进行管理。那么作为行业主管部门，大家注意啊，现在这个称呼变了，原来我叫业务主管单位，现在为什么叫行业主管部门呢，因为你直接登记以后，没有业务主管单位了，因为刚刚取消了，为什么叫直接登记呢，所以直接登记以后原来的业务主管单位，现在叫行业主管部门了。那这里就涉及你行业组织对社会组织应该实施哪些管理职能呢，那么我们设计的，但我说的仅仅是我们设计的，他要对社会组织在这个行业的发展，他要制定一些规范，通过这个规范来引导他，如何开展活动。在这个业务领域内如何开展活动，为什么呢，因为这个东西我们制定不了，作为登记管理部门，我们制定不了，你比如说你建筑业的，作为登记管理机关，我们也不是专门从事建筑业的，那谁知道你这个建筑业应该怎么规范啊，对不对，那你这个还离不开行业主管部门。那你医疗领域的，咱们也不是学医的，那你医疗，你疾控啊，等等什么的领域，你规范怎么制定啊，活动怎么开展啊，所以你这个还是得原来的业务主管单位，由他们来制定这个行业规范，引导他进行发展，这是他的一个职能。第二个职能呢，就是刚才我谈到的购买服务。就是他在这个领域内他可能要有一些项目。要这个购买服务，这个要有业务主管单位，因为这个我们不能拿，咱也不知道你这个领域想购买哪些服务啊，就是这个，然后还有一个综合监管部门。我说这个大家可能稍微有点糊涂了，你又登记管理部门，由行业管理又综合监管。综合监管啥概念呢，就是属于哪些综合监管部门，你比方说税务，那他对你社会组织的税收就进行监管，外事部门他对你社会组织的外事活动要进行监管。你国家安全也是对你社会组织的涉外活动进行监管，公安、财政等等，这都属于综合监管，就是他要在自己这个领域内，对社会组织进行监管，这属于综合监管部门。所以这个监管就设定了三个层次，登记管理机关、行业主管部门、综合管理部门，通过者三个层次对社会组织进行监管，形成一种各司其职的、相互配合的这么一种综合监管体制，这是我们设计的。

第二个呢，就是要完善社会组织评估。我就不展开了，这是讲到社会组织的第三个。第四个就是加大社会组织的扶持力度。一个就是政府购买服务，政府购买服务啊，可能去年国务院出台了一个文件，叫政府向社会力量购买服务的意见。这个你们可能看到了，但那个他是一个全国性的，社会力量这里呢，既有社会组织又有中介机构还有企业等等。就是它不仅仅就是指社会组织，但社会力量，购买服务，现在看主要实施的还是社会组织，原来也有，但是是政府采购，你这个购买服务的方式是政府采购，他以前没这么提。比如好多机关买办公用品啊、买家具啊、电脑啊，也是通过政府采购，但是我说的这个政府购买服务呢，他说的是政府的职能，就是这个东西，本来是应该你政府来行使，但是我政府不行，我是通过购买服务的方式，让社会来购买，他跟那种，政府缺什么东西了，我要买什么东西，他跟那个是两个概念，这个大家能明确吧，所以说国务院那个条例出台以后啊，现在我们就研究，我们要专门制定一个专门向社会组织购买服务的一个意见。

政府购买民间服务的模式

前段，我们和财政沟通呢，他们还不太积极，不太积极的原因也是，他那个东西呢，刚制定完，咱们省里购买服务的意见是以省政府办公厅的名义出台的。也是今年出台的，刚刚出台不就然后呢，最近我进民政部和财政部也出台一个向政府购买服务的一个文件，所以下一步我们研究，能不能我们合作一下，针对社会组织购买服务，我们出台一个文件。但这里，购买服务这个东西很复杂，但我感觉，这里一个你就得明确，你购买哪些内容，社会组织购买哪些内容，这是需要研究的，就跟我刚才跟大家介绍的是一样的，你要转移职能，你哪些职能你要往出转，实际这个跟政府购买服务，他俩是相关的，实际上还是我刚才说那些，什么公共服务啊，什么辅助服务啊、什么社会管理啊，等等这些东西，购买服务，把这个范围要确定下来；第二，购买的这个条件，原来我们是购买的条件要有民政部门来提供，比方说社会组织，不是每个社会组织都能够来购买服务的，这么说，这个社会组织他要具有什么条件，他才能参与购买这个服务，那你这个得有个条件，然后你按照什么方式，什么程序来购买这个服务，我们现在有个东西，但这个说起来吧，这个话就比较长了，你比如购买这个条件，我们就设定，你至少要达到三A以上，就是至少要达到3A级就是社会组织评估指标，你才有资格参与购买服务。但是呢，我们在征求意见时候，也有人也提出来，既然你这个要公平起见，那你为什么还设定门槛呢，实际上我们还是，其实是鼓励社会组织，希望他的公信力能够更高一些。你通过评估嘛，他的等级越高说明他的公信力、内部建设或者他的职能发挥，内部治理等等，可能更完善。所以他对承接政府购买服务的能力可能能更加具备，就是这样。

但现在都是在探讨，那么目前呢，咱们省的购买服务发展的是以一种什么状况呢，因为咱们省啊，购买服务起步也比较晚，财政投入呢，也很少，应该说到目前为止啊，购买服务呢，主要是依托国家财政。购买服务的项目，现在咱们已经实施了三年，每年呢，国家购买服务一年给咱们两百多万，两百三十万，大体上能扶持咱们省里五个项目，五个项目呢，平均每个项目50万左右吧。但是这三年呢，这几个项目应该说做的都比较好，那么，这些项目呢，主要集中在社会救助，社会救助领域，这个社会救助、养老、培训还有社工，大概就是这几个方面，应该说做的还可以。你比方说这个是北华大学，你比如说这个，延边大学，延边大学教育基金会，他每年搞这个，现在已经搞了三年了，主要是针对社会上的困难群体，给他们提供一些帮助，他可能组织这个，就是延边大学呢，他有一个附属医院，另外他组织一些学校的这个志愿者，搞一些活动，咱们吉林大学教育基金会也承担过一个，是不是?

第一年是那个医大的，医大的那个基金会，医大的医疗援助基金会。他就是主要是对医院那些看不起病的患者，给他们提供一些医疗救助，效果都不错，做的也不错，去年呢，省财政拿出九十万，我们也是搞了，5个项目。5个项目也是集中在社会救助、养老，这个，评估、扶持经济发展等等，这几个领域。但是现在这个东西吧，就是他刚刚起步，你也不能说，这个，当然广东和上海了，当然非常发达。广东的他这个是政府出资啊，出购买服务的资金，他一年是300多个亿，就是平均一天一个亿。上海也是，他一年一个区购买服务的资金也在几个亿以上，这是上海，咱跟人家没法比，但是我这里吧，想跟大家说啥呢，就是，这个东西吧，这种模式呢，都是在探讨，就是你广东也好，上海也好，包括深圳，尽管他们这个购买服务，他们做的确实是好，咱承认。

但是那种模式呢，拿到吉林来也不一定合适，所以这个东西呢，你还得因地制宜。就是你注意，发达地区是一种什么模式，但是他那种模式呢，咱们可以借鉴，那么咱们经济欠发达的，你就包括他购买的领域都不一样，是吧，购买的领域都不一样，那对他评估也不一样。咱们现在还倾向于政府对他评估呢，那像深圳我也去过，他都是叫某某社会组织评估中心，就是第三方，那太多了，那很多。从学术角度，他叫社会企业是不是，这类机构是非常多的，你到咱们省找哪有啊，那没有啊，到目前为止我没发现一个，他没有，所以你再对他评估，对他进行绩效考核，你照抄广东的深圳的，你拿过来那能行吗?所以他这个模式，就是呢，他因地制宜，包括你购买的资金、额度，那也是不一样的，那看人家广东地区非常发达，他可能一个社会组织，把全区的购买服务他全承接下来了。他可能投入量非常大，可能说几百万，有的甚至上千万，但咱们呢，他有那个能力吗?现在吧，是啥呢，咱们省，包括他们广东，他们也一样，因为我们经常在一起开会，他们也说，现在吧，不是缺少这个社会组织，现在是缺少有能力承接的社会组织，就是你政府把这个项目拿出来了，你找有能力承接的社会组织你找不着，哪有啊，现在咱们省就存在这个情况，没有这样的社会组织，包括你设定有多少专家，有多少这方面的经验啊。

他们现在这个机构内部，财务管理、内部管理方面面符不符合要求啊，就是啥咱们现在社会组织应该啥呢，就是处于啥呢，应该提高自我，是吧，应该提高自我，把自己充实起来，当然这里政府也有责任，因为你这个市场没放开，你这购买服务，市场要是早放开的话，那可能你通过市场的机制，这只手，他可能资源他自然他就整合了，所以这是购买服务。

第二个是社会组织人才建设，就是要把社会组织的人才培养纳入到国家的总体的人才培养的统一的方案，包括完善他们的福利啊、保险啊、待遇啊，等等，给他们创造一个良好的发展环境这是政府应该做的。第三个就是完善相关的税收政策，这里就既包括税前扣除政策，也包括什么营业税啊、什么增值税啊，就这些改革，因为这里都是，这里我就不详细给大家说了。这里具体包括十大政策，因为这个跟大家关系不大，但是你要是具体办民非的或者办协会的，这个东西可能，我需不需要交营业税啊、需不需要交这个关税啊、需不需要交车船税啊，等等，这都有详细的规定，这里我就不给大家详细介绍了，就是财税的扶持政策。

另外，最后一个，就是加强社会组织自身建设，加强自身建设呢，就是你比方你作为社会组织本身来讲，你要完善内部治理体系是吧，治理结构，特别要主动的参加这个评估。因为你要没有评估等级，可能你购买服务的政策，你要享受不了，而且今年，在我们实施年检的这个过程当中，我们就制定一条，你们去年被评为6A级的和4A级的那么今年年检的手续也给他简化，目的就是引导他要参加这个评估。就是作为社会组织本身来讲，你应该加强自身建设，特别是完善内部治理结构，完善会员代表大会啊、你的理事会啊、你的会员管理制度啊、财务管理制度啊、什么换届选举制度啊，等等，什么内部建设制度啊，这些等等。

第三个呢，就是要加强诚信建设。比方你信息公开啊，另外你对社会要开展一些公益活动啊，等等，就是使社会对你这个社会组织能够认可。这是我们对社会组织管理，下一步改革的这几个方面。那么在推进这些改革过程当中，我觉得吧，还是顶层设计，顶层设计很关键，因为你看刚才我跟大家说了这么多，这些你要是上层或者是国家层面，你没有个法律依据或者是政策依据。那说这些都白说，你推进不了所以现在核心问题，对社会组织管理体制改革还是要加强顶层设计，所以我们现在也期盼国家的条例尽快修改国家的相关政策，尽快出台。然后呢，就是改革的这里的重点、难点，因为你各地区、各个部门行业，他不一样。你在推进的过程当中呢，他有一个点，所以就是先易后难逐步推进，先点后面逐步推进。再一个呢，说点官话，离不开政府和党委，特别主要领导的关心和支持和这个决心，什么事情都是那样，领导要是不重视，那你这项工作就很难推动，特别是在人员、机构、编制、职能这些方面。但是这些跟大家就没有关系，我先说这么多。

3. 质疑与应答

崔： 咱们的时间挺宝贵，因为于局这是忙里偷闲拿出这半天的时间，刚才用两个小时的时间实际于局把吉林省社会组织的概况，包括这些年我们在社会组织管理上我们有哪些措施，包括我们在于局的整个工作中对这个社会组织的现状和困境以及未来社会组织改革和发展做了一个非常全面、信息量非常大的一个可以说是非常精彩的一个报告。那实际我们今天我没把这个搞成一个大型的活动的目的是什么呢？就是说前边于局有一个总体的，我们还有一些。因为今天请来的吧，都是大家在这方面有一些关注和研究的老师和同学，更多的时间大家还是展开一些对话。因为于局抽出这点儿时间，我们一定要最大程度的获得信息。让我们这种研究能够针对性很强，确实是有的放矢。实际上，这是我们这个课题已经开展一年多了，但是，问题是不是抓的很好，现在不敢说。虽然前期有了一些研究成果，但是有针对性的很具体的研究还要进一步深入的去做。刚才于局在讲的过程中也有他的一些理解和认识，包括下一步认为应该重点研究的课题。我相信在座的各位老师和同学也有自己的一些想法，并且受到很大的启发，更多的时间，一会我们就留给在座的各位。大家有什么问题，给于局可以发问，然后于局在他知道的范围内给出回答。这个机会真的非常难得所以也非常感谢于局那么充分的一个发言，那下面大家就开始提问。

Y : 十八届三中全会提出"社会治理体系和社会治理能力的现代化"。可能你们搞课题是从大的、宏观上的角度切入。我理解国家的治理体系，至少有这么五个体系。第一个是，政治权力体系，这个是说政府在社会治理当中，他应该形成一种什么东西。其次是，市场经济体系。社会他由什么构成呢，支撑社会的当然政府唱主角，而企业是为社会创造财富的。那么社会组织，像你们很多报告什么都提到，社会组织他是起到一种协同作用。所以研究社会治理体系他离不开经济体系，企业也好、经济也好他是支撑社会存在的。第三个体系，我认为就是社会组织体系。那么第四个体系，就是以宪法为主导的法律法规体系。你社会发展要有一定的规范，这个规范是什么，那就是法律法规。大家都在法律法规的框架内来活动，你不能超越法律法规，不然你就违法。再一个体系就是思想文化体系，特别是现在，这种思想多元化，人的需求也多样化个性化。所以在这个框架下，你来研究社会治理。我感觉是有五个大系统来构成国家的这个治理体系。

那么我们现在研究的是什么呢，我们研究的是五个体系中的社会组织。但是不管怎么研究，你在推进这个社会治理，它无非有这么几个方面。首先它是治理理念，是一种什么治理理念。然后就是治理的制度。第三个就是治理的组织。第四个是治理的方式。就是你研究哪一个他都不外乎，从这四个角度来切入。咱们国家呢，你看一些资料啊，他实际上在社会治理上他都经历三个阶段。第一个叫管治，封建社会是很有代表性。管治是什么概念，就是我怎么说你怎么做。封建社会的皇帝不就是那样的吗？他坐在那个位置上，哪有你臣子说话的这个空间啊？皇帝怎么说你就怎么办就完了。然后发展到管理。管理他的代表就是新公共管理。特别像西方，那个撒切尔夫人，包括克林顿等等，他们推行的都是新公共管理。他们的管理都是要削减政府的职能，然后通过法制的手段来依法行政、来规范社会的发展。那现在的治理，实际上就是多元治理，就是除了政府，当然政府应当起主导作用。政府管理以外，更多还是要发挥社会的协同作用。

在社会协同治理当中，最重要就是如何发挥社会组织的作用。所以，现在十八届三中全会为什么提出社会治理体系和社会治理能力现代化，而且为什么提出激发社会组织活力呢？因为你社会治理，离不开社会组织。你一个社会要达到善治的状态，离不开社会组织。所以咱们研究，就是如何在社会治理体系当中发挥社会组织的作用。刚在我给大家介绍的那些背景，这里有很多需要我们大家来共同探讨，所以我希望大家这个思路应该明确，他是这么一个脉络。

问：咱们吉林省慈善组织发展的怎么样？咱们对组织有什么样的评估，评估的流程和办法是什么？这个过程有没有第三方的参与？评估是民政厅在做吗？有没有跨地域购买其他省份有能力提供服务的组织的服务呢？

Y：咱们省的慈善组织的发展其实不发达。我就以基金会为例。咱们省有66家基金会，对比全国15000多家的比例来看，咱们就能看出来。慈善组织是以基金会为代表的，但是除了基金会以外，还有一些各级的慈善会也是慈善组织。这些年呢，咱们省慈善组织发展的势头还是不错的，尽管总量小，但是发展的速度比较快。发展速度快得益于几个方面。第一个是，党委省政府比较重视。2012党委省政府出台了一个加快慈善组织发展的一个意见，这个文件是我负责起草的。那个文件当中，对咱们省的慈善组织提出了一些具体的扶持政策。但是，咱省的慈善组织的发展实际上有几个问题。第一个，我觉得还是理念不先进。咱们要成立一个慈善组织吧，当然要有资金，没有活动你活动怎么开展啊。我说这个理念比较落后在哪儿呢，筹集资金的渠道理念落后。第二个他开展公益项目的理念也不先进。比方说，咱们的基金会的资金渠道还仅仅局限于什么呢？比如你成立一个基金会以后，他现在还仅仅被动的捐赠。等待企业，或者依托政府，期望政府能给多少钱，现在还是这样。像南方啊，北京、上海啊，跟咱们不一样，咱们筹集资金的能力是比较弱的。我们也专门搞过公益慈善组织这方面的培训。我也给他们介绍过我所了解的。

咱们现在这些基金会，还是说你把资金拿过来，然后我进行操作。他的思想还是你把资金拿过来，再操作。这里就有很多限制。首先咱们省经济还是欠发达，有钱的企业毕竟还是少数，跟南方不一样。所以现在迫切需要把理念打开。有很多渠道，你比如说冠名基金，留本付息，很多。什么叫冠名基金呢？比如说我们厅的慈善会，他把钱拿过来做，比如微笑列车呀，圆梦大学啊，搞这些项目，挂吉林省慈善总会的名义。实际上，这样对企业积极性的调动就不好高，为啥不高呢，因为他也不知道这些项目是我搞的。我捐了这些钱，媒体上一报道就是吉林省慈善总会联合什么什么搞的某个项目，实际上还是宣传慈善总会而不是企业。我说的冠名基金是什么意思呢？就是你把这个钱拿过来，就冠以某个企业的名义。比方说噢，大成玉米，就是大成慈善基金。这样一宣传就知道是大成玉米给慈善总会的基金，这样你调动他的积极性就显然不一样了。这就是理念不一样。

再一个，你把基金拿过来，像是留本付息啊等等啊，分期捐赠啊。这个都很好，就是你给我捐100万不一定你都把100万给我拿过来，你可以分期给我，一年10万，或者分期10年、5年，反正咱俩签订协议了。这都是募集资金的渠道。再一个留本付息是啥概念呢？你给我捐100万，你企业自由资金可能是有500万，这500万你放在银行里，或者投资，它不有回报，你用这个回报来给我捐赠，这也是调动慈善资源的一个手段。我感觉咱们省的公益组织募集资金的渠道和理念应该创新，就是你更大的还要调动社会的积极性。第二呢，在资金使用上也应当创新。就现在呢拿来这个钱，那就是我的了，之后我想怎么用我就怎么用，它对社会没有一种公开。所以为什么我们推行慈善组织信息公开制度，就是每年你募集来的资金，你怎么用的，你应该对社会有个交代。你通过网站也好，媒体也好你要对社会有个交代。然后大家知道，我捐了100万你这100万是怎么花的，而咱们现在在这方面还不够透明。你这个不透明就造成，大家对你不信任。所以为啥一些官办的公益组织大家不愿意给他捐钱呢。你比较典型的就是，每年搞的这个双日捐，我们拿出两天的工资捐给慈善总会，然后他用这个去搞公益项目。虽然这两天的钱他不多，但怎么用的不知道，大家心里就不认可。所以，你怎么用这个资金你要向社会有个交代。人家可能也不是在乎这个钱，我自己受益没有。但是大家需要知道，需要公开透明。这样能够提高组织的公信力，也能让大家知道钱怎么花的，心里有个底。这些东西都值得探讨。

再一个呢，我给大家介绍，咱们自我造血这种能力啊。国际上那些公益组织也好、基金会也好这方面是非常发达的。有些基金会自己都有实体，就是说他除了社会捐赠外，他自有资金。比如通过办企业也

441

好、增值保值也好，他都有增值的渠道。所以这样他慈善资金的来源他就不仅仅是靠募捐来的，也不仅仅靠政府拨付来的，企业捐赠的。但是，咱们国家要做起来的话，这里面还有一个观念问题。就是他为啥把我们捐的钱拿去办企业去了呢，而且你后续的对资金的监管，这些规章制度远远落后。所以咱们国家，尤其是咱们省的慈善组织基本上还都属于政府主导型的。官办的比较多，66个基金会官办的很多，像是各类见义勇为基金会都是，包括吉林大学的教育基金会不也是吉林大学办的嘛。真正民办的不多，民办的也就有几个，中东爱心基金会，LL他们企业的。通化的正规药业也是他们自己办的，吉林市的申花集团也是自己办的，还有康奈尔集团，都是依托于企业的，个人出资办的。一汽的沈春华办了自主创业奖励基金会，他是一汽的一个老厂长，他去世之前，个人拿出100万，一汽职工又自发捐赠了一部分成立的，主要是用于奖励那些年轻的科技人员，真正个人办的不多。

Y：这个和奖学金不一样。奖学金不需要登记注册。他自己就把钱无偿的拿出来，像是SYF拿钱捐给吉大，就作为我SYF奖学金。

问：像在北京的郑杭生基金会、陆学艺基金会应该是登记注册的吧？

Y：对，那是注册了。他就是一个法人了。至于评估呢，我们现在主要还是各级登记管理机关来主导评估。但现在好的是啥呢，我们成立了一个专家库，崔教授也是我们专家库成员之一。我们还要成立一个评估委员会，将来我们评估就要评估委员会来定。我们现在在设的一个评估暂行办法，是可以引入第三方。但现在目前来看，第三方我们还没有。现在有个社会组织促进会，就是我们去年搞的那个购买服务，拿出30万，依托这个社会组织促进会来对社会组织进行评估。我们感觉下一步的评估呢，如果能引入第三方呢就引入，但是这类组织没有，太少，也在培育发展当中。

崔：像是去年我们在深圳，华东理工X：永祥他们就在深圳一个专门的社会组织评估中心。

Y：但是你注意关注将来，第三方参与评估是发展趋势。为什么呢？第一，政府你购买服务。你不能自己购买自己啊。第二，第三方他不管实际情况怎么样，至少他给大家的感觉他是公平的。另外对政府来讲就减少很多阴暗面，这是发展方向。就是不仅仅评估，我们的设想是将来购买服务，那么谁来对购买服务的效果进行评估。还是要引入第三方，政府别参与。你比如作为民政局，你拿出一百万的资金来购买养老服务，之后你出钱你出项目，最后你再对他评价，这不等于跟原来一样了吗？所以，将来的趋势是第三方评估。

至于跨地域的购买，也是可以的。因为你是统一市场嘛，你不能说你限定条件。就像企业一样，说你吉林省一个企业生产什么东西，就不能从外地购买。这个市场经济是有规则的。社会组织一样，只要外省的具备这个条件。但这里也不排除地方保护。但是操作层面的，但是从理论层面是可以的。

最近呢，我们厅里呢，成立了一个临终关怀的一个机构。啥概念呢，他在民非(民办非企业[11])登记的，属于养老的。就在孤儿学校的位置。现在有一些老人，临终之前，在家里不方便，在医院里也不方便，儿女照顾都不方便。后来我们就成立这个，就按照民办非企业来登记注册。我们厅里也投资很大，投资了几千万，然后就是由谁来运营的问题。开会时候也考虑，也有人提出意见，能不能引入一个社会企业来承包，采取购买服务。这就涉及到他之前说的，因为咱们省也没有。但是上海什么的他有，就是看看能不能把那面的引来呢。说那也可以，所以这个市场是都可以放开的。

问：是这个社会组织的孵化培育，因为我很认同于局长所说的那句话，没有数量就没有质的飞跃。前段时间参加一个会是民政部的自然中心WJX主任。参加这个座谈会，看了一个社会机构在朝阳区，叫社会组织孵化培育中心。那个机构很有特点，延安大路那个。很有特点，一进去之后有一个很大的办公室，里面有一棵大树，树上有青苹果，红苹果和金苹果。青苹果是正在培育的，红苹果是已经成熟的、推出去的，金苹果是在全国都拿到奖项的，用这种方式来孵化培育社会组

---

11) 它是于1996年中央和国务院领导针对以往的民办事业单位这一概念所作出的修正。即：事业单位是国家举办的，而民间不应再称事业单位。1998年10月，国务院颁布了《民办非企业单位登记管理暂行条例》，将民办非企业单位界定为：企业事业单位、社会团体和其他社会力量以及公民个人利用非国有资产举办的，从事非营利性社会服务活动的社会组织。如各类民办学校、医院、文艺团体、科研院所、体育场馆、职业训练中心、福利院、人才交流中心等。(http://baike.baidu.com)

织。在这里面他们也有很多经验，一个是于局长刚才说的资金的自我造血的能力。没记错的话，他们有一个叫做普京街道的CYH主任做的一个社会组织，关于流浪儿童、青少年这样的社会工作服务。他联系的是忆江南，这样一个大酒店，给他提供资金。这样的话，一年30万，提供的资金还是很雄厚的，做这个项目。再有，我印象当中九州夕阳红是那个社工协会做的一个项目。现在社工组织就在里面培育，第一年的时候没有注册，你只要有这样的意向有这样的想法，直接免费使用我的场所。一年之后看你成熟如何，如果符合要求就给你注册。我记得原先注册资金是2万，后来给降低到5000。5000就可以注册，但是这里面还有一个资格认证的过程，你这里面有多少专业人士、有多少全职员工等等。

但他们的问题的是这样子的。就是说，有这样的动力、有这样的前期孵化，但是很容易就断层了。前期还是可以的，大概是有政府项目支撑的时候还是可以的。就是头一脚还很好，但是陆陆续续开始走的话就还是很艰难。这种艰难可能一方面是资金的问题，但这资金的问题对他们来说还真是可以解决的。不可以解决的还是政策法律法规方面的问题，包括钱怎么使用，做之后怎么评估。也是L老师这样一个问题，关于资金的评估，之前是招标。招标的时候你给我的招标方案要很清晰，你做几个案组，每个案组要达到什么程度，你用什么样的做法，采取什么样的社会工作记录方式，都非常清晰。然后有个中期检查，如果你符合。额，有档案，很全面，对这个孩子，对这个青少年，你一步步怎么样采取什么样的方式是很全面的，如果合乎规格的话给你下一笔资金。比如前期给你百分之六十，然后后期再给你，最后他们要聘请一个会计事务所，对他们的资金账目进行审计。当你全部合格的时候，我再把资金全部给你，然后你的项目彻底完成，是这样一种模式。可是我们会计事务所这种过程，我们没有人尝试。那这个组织我想过，于老师说的从外部引进，我想呢，这是一种自由竞争的方式。先有数量，然后是大浪淘沙，最后留下来的是能坚持住的。就是现在遇到这样一种困境，不知道我们在社会组织孵化过程中有哪些比较好的政策，这是我的一个挺想知道的东西。

Y：社会组织孵化啊，特别是今天，是我特别关注的一件事情，也是我们今年民间组织管理局一个非常重点的任务。下周，六一以后我们准备搞一个调研，今年年初吧，也是作为我们民政厅吧，今年的重点，特别是社会组织这一块，对下面进行绩效考核的一个重点任务之一。社会组织孵化这一块呢，应该说是方兴未艾。最早呢，我最早接触到社会组织孵化器是在深圳，那是在10年前后了。当时看看很新鲜，那真是太好了，我记得深圳呢，他是专门拿出一栋楼啊。一栋楼的一层，诶，一层还是两层，中间能有个千多米吧，中间是一个大会议室，然后它设一个卡位一个卡位的，然后呢，设计呢，这么一个场所。实际上，社会组织孵化呢，本意呢，他就是呢，他就是给那些想办吧，又没有能力办的吧，那些个社会组织，给他们这些呢，提供场所呢，资金呢，包括一些指导啊，或者政策的匹配，政策的扶持和引导，是不是诶。这是建设社会组织孵化基地的一个算是本意吧。这个社会组织孵化呢，是咱们今年吧，第一次提出了的，第一次，今年咱们吉林省第一次提出来的，而且把他作为工作目标呢，来进行这个考核，进行考核。朝阳呢，这个我没去过，但是呢，我听说过，过了六一以后我们去一次。

崔：他们这个做了长时间？

Ｙ：他们也不长，刚起步吧，两三年的时间。刚开始起步，他原先叫做社会工作服务中心，今年就把他变成社会组织孵化培育中心。填补这个吉林省没有的空白，把他职能改变了。但是呢，我倒是建议你啥呢。你除了朝阳以外呢，你以后吧，再到绿园或者宽城，他们那建设的都比较好。绿园建设的最规范的，啊，他的这个，就是在往老机场去的那个路上，他有个叫民生局，他依托民生局，叫民生局，绿园区叫民生局，区民生局，在那个顶层好像也有一千多平米。啊，对，也是这个性质。哎，然后呢，这个呢，他的硬件建的非常好。唉，宽城呢，他建设的也不错。但是宽城的硬件他不如朝阳和那个那个那个绿园。但是呢，他的功能吧，设计的非常好，功能设计这方面非常好，而且呢吧，孵化的效果吧，非常好。哎，所以说现在说啥呢，实际上你刚才提的问题吧，其实是两个问题。

你比如说，这个是资金问题，资金问题他为啥涉及两个问题呢。第一个呢，我建设孵化基地这个资金他怎么出，哪儿来。第二个呢，我吧，孵化的这些社会组织，他们的资金要从哪儿来，怎么用。实际吧，就是这么两个问题。所以说吧，啥呢，我们探讨啥呢，实际上吧，对我们来说这个是一个新的东西。你比方说吧，这个孵化基地，这个孵化站，社会这个孵化工作站，那你这个孵化站，你的这个功能定位吧，你怎么定位呢。就是说吧，这个孵化站呢，他应该是具备哪些功能，是吧?具备哪些功能，这个必须要明确。第二呢，就是你建设这个孵化站，你的资金来源，这个资金由谁来出的问题。第三呢，你这个孵化站建起了之后，你这个如何来运转，如何来运转。是吧，包括你的规章制度啊、你的人员配备啊，就是等等，就是这些东西。这是这个孵化站，他能不能发展起来，而且能不能延续下去，这个吧，是他的一个核心问题。所以吧，这个下一步吧，我们的想法是要啥呢。是要我们出台，出台一个社会组织孵化工作站，这个建立社会组织工作孵化工作站的一个工作指导意见。啊，就是这些东西。怎么搭建、资金怎么出、怎么管理，他应该具备哪些功能，等等，我们就是要出台吧，这样一个东西来。

所以说呢，这个东西对我们来说吧啊，也是一个新的东西。也是一个新生事物，这是一个。但是，我们的想法，你这个建孵化站吧，就是你这个资金还是应该政府出。就是那么政府出，但当时你到政府那，你到财政那去，但是财政可能说这个不一定能成科目。但是我们争取能从福彩中心，能从福利彩票提取公益基金当中，能不能提取一部分来建设这个这个社会组织孵化工作站。或者是，因为你这个东西吧，他也不一定，你建这个工作孵化站，他就是一个社会组织孵化工作站，就是你特别在社区这个层面，就是能不能给他一站多用。啊，一站多用，就是你既可以叫社会组织孵化站，你也可以叫日间照料中心。就是把这些职能，给他整合到一块，就是，哎，要不他就是一种浪费，这个资源他是一种浪费。就是，哎，但是你呢，现在你看看这个朝阳，包括那个绿园儿，那你想想看他们建设到那个程度，那都是凤毛麟角。啊，他绿园儿，他那个，他比人家深圳的他建设的都好。

崔：那是他区政府投入了?

Y：投入了，投入了两百多万。他投入了两百多万。他建立的非常好，就是他那个，那个谁，国家民政部部长都到那去看过。确实好，确实好。所以我在社会组织工作孵化站，这个问题尚我是啥理念呢，我说不要追求那种花哨的东西，主要是实用。所以说，我感觉为什么今年全是民政工作会议上，我们推荐宽城区做这个孵化站的这个典型介绍呢，就是他投入的也不是很多，就是你要照朝阳和绿园儿来讲他指定赶不上人家，但是呢，他确实是实用。他这个街道都用工作站，孵化工作站。啊，而且他把区里的也叫民间组织管理局，整个民间管理局都出来了，他的人员都出来了。就画那个工作站，你看你来了，我给你提供办公场所，我又给你提供资金的这个扶持。同时呢，我又给你这个登记注册什么的，在这之后又对你的工作活动的开展一站式的服务，你活动开展我也知道。所以说你看他这个做的就是非常好。然后你说孵化站吧，他的那个资金，实际上他们用不了多少钱。你这个资金你可以通过政府购买服务的方式，是不是，我就购买服务，向你这些倾斜呗。你想想那些协会在区域间，特别社区呢，一年几万块钱儿也够了，那开展个活动而且还能开展的很好，是不是，他不是那种他承接一个大的项目，那些大的项目他可能需要项目的资金量很大。这个社区，一个街道，他那个社会组织，他承接项目都不太大，对吧？孵化条例出来之后就有把手了。所以呢，现在呢，我们就是研究这些东西，这个咱们省应该，你首先应该有这个孵化工作站。因为没有这个孵化工作站，他很多吧，他成长不起来。而且你呢，他通过孵化工作站的建设吧，他对社会他也是一种示范效应，是不是，啊，对。后面吧，你把这些组织培育孵化出来了。

但是，这里吧，他还有很多的问题，你比方说你，我们将来要出台一个孵化站的一个指导意见，那你进来之后你多长时间是一个周期啊，是不是。这个东西呢，他也得考证一下子。但是呢，你各地和各地吧，情况也不一样。有的半年呢，可能他就成形了，他就出炉了，对不对？有的可能半年他还不行，但是，你呢，他不能总是在这里呆着啊，你总在这里那别人怎么办呢？ 有很多工作，有很多具体的东西吧，他还要研究，因为将来你必须拿出来一个东西。你不拿出来一个东西，下面都没有遵循的，你怎么来建设，他现在就急需政府来出台一个东西。特别是资金的问题，你假如说，你作为省里，你来出台这么一个东西，那他有遵循，那你看我这个资金，我这个财政收入，或者说，他的这个支出，他有一个政策的支持，有了遵循了。下一步你审计也好，怎么的也好，他都不犯毛病，但是这个是一个方向，这也是一个方向。

这个社会没有能力来成立社会组织，通过孵化站的方式，而且我们现在在运作啥呢，你本籍这一块，本籍这一块，这不搞了一个，刚才我讲了政社分开，政社分开这里头有个啥问题呢，什么东西你们记着，有利它就有弊，一分为二嘛，这就哲学，一分为二。另外你这种状态政府机关把资产收回来了，因为现在很多行业协会它是政府给你提供的办公场所啊，那它收的时候我上哪办公去啊。所以现在有很多行业协会、商会就跟我们提出来，说你省里的民间组织管理局能不能牵头，完了建立社会组织大厦，我们出钱，实际这也是个孵化站嘛，对不对？现在长春市他们积极性非常高，就CJ市长，但它是人家那长春市商务局牵头，市政府就准备给它划一块地，叫长春市商会大厦，然后这些商会出资，然后就是给这些商会用，然后呢，当然我也琢磨，说省里能不能，实际上省里的条件比长春市还要优越，对不对？

崔：现在广东商会不都有广东大厦，河南也要整个河南大厦。

董：商会有这个想法，它有提出来确实是有这个想法。

Y：它有这个想法，而且它也有这个能力，无非就是通过我们整合一下。

崔：你给整合成一个大厦，现在这不分散式的。

Y：对，如果这个东西要建起来，那在全国是第一个。

崔：实际上孵化这个吧，上海最早是有恩派(NPI)，它们有一套成型的模式，但是吉林省各区我估计也不能完全按照那个模式，它那个一年半、两年，时间太长它也受不了，我估计它也缩短。

Y：作为咱们来讲，我感觉孵化站的建设啊，最好还是政府，现在这个形势呢，也有利，有利在哪儿呢？你政府机关不允许占那么多办公场所，他们都三个人一个屋，那能不能哪个机关，你倒出来一些房间，你把它整合一下，你给社会组织提供，但这个东西需要去协调，是不是？你看公安厅建那大楼现在都收回来了。

崔：像广东那边的社会管理创新领导小组，它整个协调这一块，并且省长牵头，所以咱们省呢，可能就是领导还顾不得这块呢，还忙着那个经济建设。

Y：咱们领导吧，现在真的顾不上，现在仅仅是刚刚起步，像你说的这都是很实际的问题，而且也是从服务式发展，社会组织角度很实际的顾虑。

刘：所以它可能还是一个过程，经济决定一切，先把经济蛋糕做大了，完了再涉及到分蛋糕的问题。

崔：于局你今年不是要去调研吗？等调研的时候我们也参与一下，跟着你去这个区都走一走。

Y：行，我们调研的目的就想出台一个吉林省社会组织孵化工作站指导意见，就是你说这个。

王：于局长，您今天其实跟我们讲了很多要研究的课题，我觉得听完之后啊，真的是非常受启发，其实我关注的问题跟社会组织，我最近一直在跟踪的一个项目是吉林省延边有一个群众诉求服务中心，它这个机构呢，是应该说不是传统的体制内的机构，是为了更好地满足群众诉求然后抽调一些人组成的，现在这个呢，前不久不是新闻调查也报了，来做了45分钟的专题节目给正面报道，我们很多人也去了，然后就说怎么界定这样一个组织的性质，这个应该算是新兴的一种组织，但是新兴的是社会组织还是政府部门，以后的归属是归到政府收编，把它变成政府的编制内，还是把它划分地纯粹保存它的社会性这个功能，社会组织这种类型，所以我这个没有考虑明白，待会想跟于局长交流一下。

第二个就是于局长刚才说到的，对社会组织做了一个评估，其实我们可能更关注的就是说您在这个指标设计的时候，您是设计哪些维度来做的这个评估？

Y：哎呀，这个很复杂，今天没带来，得有这么厚[众笑]……。

王：有这么一个，我们就基本上能了解到您在评估当中是基于什么样的价值理念，用的什么方法，结果是怎么使用，对这个就会做一个判断。
还有一个，就是第三个呢，Y局长，就是我们现在这个社会当中啊，从我们现在看到的，能到您的手上的，都是正式的社会组织，或者说叫制度内的，正式社会组织，但还有很多的非正式组织，非正式社会组织，它可能本身目的不是想做这个，它就想我保存一种社会状态，自然状态，在某种意义上我们可以把它称之为社会自组织，我为什么很关注这个问题，就是前一段时间，我们吉林大学学生搞了一个项目，我是指导老师，他们就是做了一个大学生的自组织研究，结果研究以后就发现，大学生里边它这个自组织，原来我们总是觉得它是以后加入正式社团多好啊，它不是，它就是我自己玩自己的，然后现在这个趋势就是说，有些自组织，比如说吉林大学有一个专门研究自杀，就是用什么方法自杀最快、或者最爽？

Y：还研究这玩意呢？

王：这个就成立了所谓的自杀组织，还有呢，同性恋组织就不用说了，我那同学为了打进同性恋他就混在里边待了一周，然后这个我就是一个感觉，这个可能是那次碰到校团委，校团委也在讲，说团中央很重视，学校里面的这个社会组织啊，社会自组织形态越来越多，但它目的本身不是要成为正式组织，这种组织怎么去看，我指导学生，我说你好好去看，自组织是转成正式组织的一个重要渠道，后来研究的结论推翻了，根本不是，所以我就觉得现在对这些自组织，这是在学校，还有些组织可能产生的就更那个什么了，比如说民族，以维吾尔族或者一些少数民族形成的一些圈，一些团体，那么它在里面很明显，它这个组织也会有一些影响，所以我就想这些社会自组织，这些非正式的组织，如果培育的话，哪些是能培育进来的，哪些是能够关注的，可能这块要引起一些关注，说我们在这块有什么考虑没有？

Y：你看你说那个吧，第一个那个群众诉求那个，长春市也有，什么百姓说事点什么的，它这个啥呢，如果是按照社会组织来登记进行管理的话，这个我感觉现在有障碍，为什么有障碍呢？一个呢，就是说，这种群众诉求类社会组织的登记是严格控制的，就是维权类的，你比方说农民工上访啊，转业军人什么的等等这种，严格控制，或者说根本就登记不了，所以说你按照社会组织来登记，这指定是不行。要按照你说的编制，那更不可能，你想想编制部门它能给你发那个编制说成立这类社会组织，那不可能，所以说我倒感觉这个啥呢，它应该在某一个社区，或者一个街道下面，就像长春市的社区设立这么一个说事点啊，在街道下面，或者是在信访局下面设立这个一个职能，有这么一个点，还不能是部门，因为部门它还需要人员啥的，我看现在也只能是这么的了，或者是顶多呢，你通过购买公益岗位聘几个大学生啊，或者什么，反正你就负责这项工作，你也别叫什么组织了。但是呢，归口到信访局啊，还是哪个部门来进行归口的指导，这是我的感觉，也只能是这样，你要想让它来成立一个社会组织来登记注册，有障碍，你要批一个政府机构不可能。所以它是这样，就是从组织架构来讲，它就应该是这样，而且从实际运作来讲，也没有必要非得成立一个什么组织，也没有必要，它只要有这么一个东西，有人在，你搁这，你有啥诉求了，你到这你说就完了，完了之后通过这个平台，你把你的诉求反映上去，能达到目的，我认为这就可以了，不一定非得建立一个组织，是吧？所以这是我的感觉。

另外你说评估那个，评估那个因为它那个指标体系太多了，什么基础条件、内部治理，这个是国家民政部制定的，它有一个统一的指标体系，总分是一千分，然后每一个你比如说内部治理多少分，是200分还是300分，完了你的基础条件多少分，完了你的公益活动多少分，但是因为国家制订的是宏观的，刚才我说为啥我们要制定咱们省的一个办法呢？就是国家那个吧，比方说基础条件，那国家那个可能办公面积要求你达到可能要100平方米，那你作为县里你能达到100平方米吗？它可能有50平方米就不错了，对不对，或者有个小屋，有个30平方米的小屋就不错了，所以你严格按照那个来套它就不太合理，所以它这个东西我们是大的框架还是按照这个框架来制定，但是呢，具体在赋分上，或者我们认为还应该加哪项，或者把哪项给它分解了，我们研究的是这个东西，但是大的框架你不能离开，因为最后国家要汇总的，你比方说你吉林省把那方面赋分太多的话，那别的省就有意见了，就有点抬高你地方的这种嫌疑，大的框架你要是研究这块我可以给你提供一份我们制定的评价体系。

董：像这个社会组织的类型那么多，刚才是五大类，这五大类是不是你都有对应的体系？

Y：你看今年协会这块，我们制定一个行业协会的评估体系，制定一个学术类社会团体的指标体系，然后呢，又制定联合类社团的指标体系，然后你看民非呢，我们制定一个教育类的指标体系，制定一个培训类的指标体系，制定一个体育类的指标体系。

董：这些做到什么程度了？

Y：都制定完了，完了基金会呢，我们制定一个公募基金会的指标体系，制定一个非公募基金会的指标体系。

刘：这个评价体系是怎么操作呢？

Y：每年年初呢，我们下发一个通知，完了让社会组织呢你先自评，因为这个指标体系我们都挂到网上，你们现在登陆我们网站就都能看，吉林省社会组织网，然后呢，它先自评，自评完之后呢，我们实地到它那现场评，我们带着专家，到那现场评，评完之后，这些专家打分，打完分回来之后呢，就是刚才我说建立一个评估委员会，评估委员会对这个专家打分和初步的评估结果进行认定，最后大家没意见了，通过我们登记管理机关对外进行公示，公示没有意见了通过正式文件下发，就这么的，然后它再享受什么相关政策的话，就以我们下发的文件，以这个为准，拿着那红头文件，年检啊，政府购买服务啊，以这个为准。

王：自杀组织那些的话……。

Y：那个吧，那就太多了，现在按照条例呢，这个呢，我是那么理解的，因为宪法规定结社自由，对不对？你也没有理由你就规定人家你就不允许，但是前提是啥呢，就是你这个自组织也好，你们这个小的这个团体也好，你别违背社会法律这个底线，你别对别人造成影响，给别人造成利益上的一些损失，等等，另外一个呢，大学内部的，包括企业内部的，成立这些组织是不需要登记注册的，它是不需要登记注册的。

王：那对它的监管呢？

Y：监管是那样，对于政府来讲，我们不对这类组织进行监管，你也监管不过来，你看在国家民政部正式注册登记的现在是45万，实际上统计那是浮出水面的，大量的是还没有登记的，他们统计好像全国大体上能有三百多万，那么这类的呢，你怎么办？你比方说大学的，那就依托大学来进行管理，大学的党委啊、团委啊、学生处啊，来对他们进行引导和规范。

王：是不是可以这么解释，就是这些社会组织它一旦没有进入到你们的管辖范围，其实它应该是归口的，由社会和法律自身去规范和约束就行了，不必要通过你们的直接介入去管理。

Y：它是那样，它这里吧，就分为两种性质，一种性质呢，就是说你搁纯社会那种的，你要以协会的名义开展活动，那是不行的，那你这个组织就属于非法组织，这一类学校内部的，包括企业内部的，因为国家政策明确规定，是不需要登记注册的。你像为什么法轮功我们后来取缔了，如果说你学校内部他们几个学生四五个他们就爱好气功他们就成立气功的这么一个社团，那它也是可以的，因为你要是面对社会那面就大了，而且它有些负面的东西，所以说国家就强制性的对他进行管理，当然我说这一类的组织，就是即便是在社会上的，也很多，那太多了，因为它没浮出水面。举个简单的例子，就车友会，那不太多了吗？那什么驴友会，那不太多了吗？它也没登记啊，但是你说人也没反党反社会，而且都是锻炼身体，没给社会造成啥负面影响，那它能成立它就成立，它愿意组织活动就组织活动呗。

另外你这里边还有一个障碍，这就属于政策上的障碍，你比方说现在有很多想成立论坛的，想成立联盟的，但你按照现行的政策你登记不了啊，因为按照现行的政策，因为你条例上规定，《社会团体名称管理规定》它就没有论坛、没有联盟啊，你怎么对它进行登记啊？所以上周我们到国家开会，它提出说联盟可以登记、论坛也可以登记，我说你要是那样，把这个放开的话，莫不如你再宽泛一点，再好好论证论证，还有哪类的？比方说你们大学成立什么诗社，什么沙龙啊，还有什么俱乐部啊，你都都放开就完了，你论证论证是不，就是因为有体制上的障碍，就像论坛、联盟，你没有把它纳入登记管理的范围之内，那你怎么能够给它登记？所以这里也有政策方面的因素，我个人的感觉是啥呢，因为首先政策就不完备，所以说你不能怪社会群体怎么样，另外你这社会群体你给它归纳一下，它没给社会造成伤害而且都是对社会都是有益的，那它有它就有，如果它自己想，场地这块咱支持它一下，那都可以，但你要是真是对社会稳定啊，对社会安全啊，对他们的利益造成影响的，那政府你必须得出手，你该出手前还得出手，也不能完全放任不管。

崔：那就像现在你这个社区社团，和农村专业经济协会，就这两部是在你那注册登记了，还是备案？

Y：它这里分两种情况，刚才我为啥说它这个属于双轨制呢，它具备法人的，可以按照法人团体进行注册，不具备法人的，备案，它这个主要是在县里，省里边很少，没有。

冠：一直以来我是对吉林省外部商会进行调研，刚才您提到外部商会的审批权下放，它可能出现这么一种情况，比如说吉林省现在没有海南商会，这样的话以后可能出现吉林省海南商会，然后会出现长春市海南商会，以后可能还会出现农安县的海南商会，那么这三个社会组织之间他们是一个平行关系呢，还是隶属关系呢？

Y：它们从关系上来讲呢，从法人地位上来讲它们是平等的，你不管是省里登记，还是市里，还是县里，它都是一级法人，从法人的角度他们是平等的，但是呢我们是怎么要求的呢？尽管我们把这个审批权下放了，但是我们那么要求，你比方说省里有吉林省海南商会，那么假如说你长春市也想注册，你通化市也想注册，吉林市也想注册，那你通化市、长春市，和松原市这个海南商会得是省海南商会的单位会员，但这种单位会员它是一种松散型的管理，它也不是说我作为你单位会员了，你必须怎么样怎么样怎么样，但是为什么这么设定呢？就是考虑什么呢，纵向的行业的这种沟通和协调，因为你从地域上来讲他们都是海南的嘛，他们都是北京的嘛，他们都是上海的嘛，他们在一块好沟通。

另外一个呢，当时我们出台这个政策之前，我们也征求了省级行业协会的意见，实际上这个也是他们提出来的，他们说这样便于我们集体地来招商引资，你像在吉林省，浙江的，福建的、广州的，这企业比较多，像有些吧，你看为什么叫川渝商会呢？就是四川和重庆的企业不多，所以它两家总是在一块，包括去年成立的那叫云贵商会，那不也是的么，就云南和贵州的企业比较少，所以说你就组合到一块吧，当时就这么考虑的，但是尽管它是它的会员单位，但它并没有法定的义务说我必须怎么样怎么样，比方说必须给你交纳会费啊，怎么的，那都没有那个，它就主要还是工作上的方便，特别是招商引资的方便，咱们外部商会一年那，对招商引资一年1000个亿，一年交纳税收是240个亿，吸纳就业"十一五"期间是30万人，所以说为什么现在你看各地，为什么大力发展商户，我们从制定政策来讲也往这方面倾斜，因为它对地方经济、带动就业、产业集聚这个作用是非常强的，你看你关注广东商会，农安的广东工业园是不是不错？都是非常好的，最近你看川渝商会也不错，你看他们把那个中石化，搁那个彩宇广场南边建那个环球贸易中心，那就是川渝商会建的，而且你看那个上海商会什么绿地那个，在高速公路口那边都是，包括现在广东商会把吉大白楼不是买了吗？花了一亿三，把那个白楼买了。

崔：接着刚才ZG说的，我想到还有一个问题，你像这种商会现在发展肯定越来越大，势力也越来越强，但是在商会自身的治理过程中，尤其现在这个换届的时候有些商会就可能有些矛盾，内部矛盾，据说有些商会就换不下去了。

Y：哎呀，这矛盾太大了，我可以给你们讲一下午……。

崔：我就想说，如果商会发展到一定程度，这种势力互相矛盾不可解的时候，由谁来调节，现在就是说对商会的管理，包括解决他们的困境、矛盾，是由你们民政，还是由业务主管单位，我们在调查时候觉得这块也是一个问题。

Y：它这里吧，实际上啥呢，你比方说它商会内部出现矛盾了，它只要不触犯法律，你还得商会内部来解决，我是分两个层次说，那你商户内部怎么解决，你靠什么来解决？就是靠商会的章程，靠商会的规章制度来解决，我给大家举个例子。

前两天，现在说也不到半个月，咱们吉林省江苏商会它内部就出现矛盾了，它矛盾在哪呢？原来那个会长啊，就姓W叫WYB，现任的会长呢叫HDD，因为它当时换届的时候也没通知我们，后来你看HDD去了，让我给她一顿说，我说你看换届前你跟我们打个招呼，你把你们换届的那些程序拿过来我们给你看一下给你把一下关呗。换届以后它这里啥呢，它就聘一个秘书长，原来的秘书长不干了，完了它还有个监事长，你看它机构还挺全的呢，它这个监事长和现任秘书长呢，他俩之间就有矛盾，这个监事长就把那个公章啊，包括登记证书呢，他就自己搋起来了，不拿出来，之后呢，商会的正常工作那你就开展不了。比方说你干什么事情你需要盖公章它就盖不了，包括它商会专职人员工资，你到银行开支什么的，到银行取钱取不出来，正常工作你就开展不了，后来她这秘书长就去找我，我说当时换届是怎么回事，怎么换届的，你开没开会呢？完了她说那时候她还没来呢，但我听说是开了，我说那你这个代表大会它什么人参加的，那个比例是什么比例，她说那我也说不清楚。后来呢，我就去找经合局，经合局是它的业务主管单位，当时经合局是同意它们开的，但是我说你这有没有会议纪要啊，它说是有会议纪要，但实际上好像是没有，完了后来就是那个HDD我就给叫过去了，了解一下情况，她说也有会议纪要，我说你把会议纪要拿过来，她到现在也没拿过来，我估计它还是没有。它这里吧，实际涉及啥问题呢，你比方说从法律上来讲，我说为什么就是你作为商会来讲，健全你内部的规章制度是非常重要的，不仅商会，包括行业协会，只要是叫协会，你不是你个人办的，是由这些企业组成的，所以说你在管理上就不能用管理企业那种方式呢，管理商会，作为商会的最高权力机构当然是会员代表大会，但是你会员代表大会就跟党代会似的，不能天天开啊，会员代表大会的宗旨期间，休息期间谁行使这个权力，理事会呗，说不定你这章程当中它规定了理事会的那些权力，所以说我说到它这个规章制度，就说它这个问题，为什么这个监事长它不把这个章拿出来，我说大家选的这个理事长，完了会长说那是大家选的我这个会长，所以我为啥现在让它把这会议纪要拿出来呢，就是看它的这个选举是否具有合法性，明不明白？假如说你选举没有合法性呢，这些东西你就别谈了，没有合法性你选举是无效的，你得重新进行选举，然后呢，你再做个会议纪要到登记管理机关备案，假如说你这选举是有合法性的，那我完全可以什么呢，我再召开理事会，大家表决，比方说C教授她是监事长，咱们各位在这坐的都是理事，咱们就讨论决定这件事情，C教授是不是应该把商会协会的公章和证书揣在她自己兜里？如果认为不同意，让她交出来的请举手，那大家都举手之后，C教授可能迫于压力那她不得不把这章交出来，对不对？假如说她实在还不交出来，那咱可以走法律途径啊，我可以起诉你啊，但前提是你这个选举是不是合法的，这就涉及到你商会内部建设是不是按你内部章程来办的，所以核心的焦点，矛盾的焦点在这，所以商会的内部治理，你一定要把你的章程，你的各项管理制度，人家还有会费呢，财务管理制度呢，会员管理制度呢，你一旦把这些东西健全起来，你最后能够拿到桌面上，能够立得住脚的，最后是啥的，就是你的规章制度，就是你的章程，你别的说啥都不好使。

还有个例子，就是吉林省山西商会，前一段发生个什么事情呢？商会不是有秘书长还有秘书处吗？秘书处呢，它聘请一些专职工作人员，然后秘书长呢，私下就把这个专职工作人员就给辞了，明白吧？原来可能就是召开理事会啊，你至少开一个会长办公会，但你得依据你的章程和规章制度，就是你聘这个人是由哪一级来讨论决定，你得有这个东西，然后这秘书长私下就把人给辞退之后了，辞退之后呢那商会比方说原来一个月给我3000块钱的工资，你到现在也没给我啊，完了也没给他，人家就直接到法院起诉了，一起诉法院一看，赢了，不仅赢了，人家还提出连带啥呢？你不仅要给我工资，而且要把这些年的五险一金，还有什么精神损失都要给我，所以最后他们拿了四五万块钱。

我说就这个意思，就是商会你要按照现代社会组织体系建设，特别作为商会的秘书长，我们现在推行秘书长专职化嘛，就这些规则你必须得明白，要保证你商会，特别是商会，你那都是企业家组成的，他不服他，他不服他呀，你以为你是老大啊，那我比你还强呢。那有一次浙江商会在辉南开个理事会，那晚上吃完饭八点钟开会，那甚至都干起来了，打起来了，因为讨论某一个问题，那你说那玩意不行，那我说我的理由。它这个商会跟机关不一样，机关我是民间组织管理局局长，别人你别说了，这个事我就拍板我就这么定了，为啥我可以这么说呢？尽管有民主集中制，但回过头来还有一个行政首长负责制，我就说了我负责呗。但是商会它不一样啊，商会它是会员组成的，最高机构是会员代表大会，然后是理事会，所以说你研究商会的内部治理，一定要把商会的这种内部结构，会员代表大会干啥、理事会干啥、会长办公会干啥，你的相关制度，你最后能站得住脚的就是这些东西，四项基本原则，谁不遵守四项基本原则，谁说我不拥护共产党，那都是大的原则，你最后具体事情的判断对错，就是它的内部治理。

III-8. 吉林省河南商会会议录

人　物 ： 吉林省河南商会干部与会员、崔月琴、董运生、张冠
时　间 ： 2014年3月28日
地　点 ： 吉林省河南商会大厅

1. 秘书长发言

今天下午举行一个吉林省河南商会第二届庆典活动，暨东北地区河南联谊会一个庆典活动，庆典活动今天下午筹备会议，会议有这几项内容：第一，我汇报一下商会筹备会议的准备情况；第二，由会长、监事长最后来讲话。

首先对于大家的到来表示欢迎，今天我们有商会的领导、有商会的会员以及媒体，以及吉林大学的教授还有一些朋友，表示欢迎。同时从筹备工作以来，商会的领导、商会的会员与各界的朋友给予了大力支持。

第二点，我汇报一下我们商会的基本情况。我们商会根据章程，请示了民政局，进行了顺利的换届工作，在会上经过民主选举，选举了第二届理事长以及会长，经过大家不记名投票，上任会长LWS全票连任，同时选举了监事长，上一任没设监事长，这一届设了监事长，这位就是咱们的监事长，CXM先生。选举以后，根据常务办会议精神，我们要召开吉林省第二届庆典活动，同时要举行东北地区河南商会联谊会的活动。东北地区河南商会目前为止，加筹备一共16件，是东北地区包括河北的一家参与的。

这个活动主要是根据豫商大会，工作计划就是各商会要成立行业协会，全国河南商会要成立行业协会。东北地区根据黑龙江、辽宁、大连这些会长、秘书长提议，要成立东北地区河南联谊会，就此抱团发展。经过一年多的筹备，在江西河南商会会长会议上选举了筹备小组，筹备小组组长为黑龙江河南商会会长HXW先生，筹备小组秘书长就由我担任。经过这半年及时的沟通，现在我们起草了章程、起草了规定，和豫商大会会长进行了汇报、和各个商会进行沟通，达成了协议。在这次庆典活动当中成

立联谊会，联谊会定在5月21号下午3点，工作内容有九项，主要是选举东北地区河南联谊会的机构，同时安排联谊会的工作，由豫商大会也是河南省第九届政协副主席CYC到场讲话，而且做出指示。这个活动跟会长我们到了河南，与河南商会的会长进行了汇报，大力支持咱们的活动，而且作为全国河南商会一个突破点、一个试点。

昨天跟会长、经合局领导、长春商务局的领导以及吉林省的省里领导进行了汇报，特别是我们的联谊会感到河南商会对吉林省的经济发展做出了很大贡献，而且组织这个活动对吉林省经济发展是有推动作用的，所以说大力支持。而且我们汇报了工作以后，这些领导都表态这次时间比较紧了，没做出其他的帮助和支持，如果申请河南商会申请成功，年底经合局领导和长春商务局领导都表示要大力支持。所以说最近的情况是根据咱们常务办公会会议精神，经过领导的批准、经过和各地商会协商、经过和广大会员的协商，现在筹备工作基本就绪，这是第二点。

第三点，活动日程。活动日程我已经给大家发了表，大的变化没有，因为这个表我们已经传到河南豫商大会经过豫商大会批准，但是在这地方我还要说一说。5月21号那个活动我就不说了，咱那个会议比较简单，但是在会议上有九项活动，咱大部分都不参加了，主要是商会领导参加一下，主要是通报一下22号这个活动。21号全天报到，住的地方就是华天大酒店，华天大酒店LY经理今天到场了，我也表示感谢，这样咱们直接对接。22号上午早餐，7点30到8点50；9点20到9点50，常务会人员入场；10点钟，大会开始，主持人是咱们吉林省歌舞剧团团长，农安县副县长WMM；10点10分到10点15，由民政厅领导宣布批文；10点15至10点25，由省市领导为副会长以上人员授牌，因为咱们人员太多了，其他的商会授牌；10点25到10点30，由吉林省河南商会会长致欢迎辞；10点30至10点40，由东北河南联谊会领导致辞；10点40到10点50，由经合局领导讲话，领导谁讲话还没定；10点50到11点10分，由吉林省河南商会捐助活动，在这儿我解释一下。捐助活动目前为止有这么几项内容：

第一项内容，由商会会长丁庆集团的董事长LWS先生代表商会赞助150名学生，资金是21万，他联谊这是第八年了，但是是他企业的行动但是代表商会这次。第二项活动，由监事长CXM先生赞助五万块钱，然后给残疾协会赠送体育用品。第三项活动，根据大家捐献的资金，由会长监事长的

459

赞助，要赞助通化市一个村，有两个人员，一个是特困学生，特别特别困，村里推荐说你们会长能不能赞助一个，五千块钱；有一个特别困的困难户，就这两个人，咱们大会上准备赞助。省里领导昨天咱们去以后提出这么一个情况，也提高咱们的知名度。第四个活动，也是广大会员的心声、广大会员要求，要赞助河南省在吉林市的特困学生，目前为止我们准备在吉大找十个学生。

顺便我就说两个任务，第一，通过学生会也好，老乡会也好，工会也好推荐，赞助最困难的。D教授听说咱们开会就来了，特别积极，由你负责提供名单。第二项，我也不客气了，你选十个学生给我们当礼仪小姐，起到引导作用和授牌，你要是没困难了，明天就把名单给我，谢谢你。

最后一个活动，下午有个商贸活动，这个商贸活动跟会长汇报了一下，这个商贸活动小型对接，我跟深圳河南商会会长、常务会长已经联系了。常务会长已经安排了，要组织几个人，我们下午组织一个小型活动，包括S总跟Q会长，和会长已经联系了，他也想开发一些项目，我们这个商贸活动还有一些，主要是小型的，不搞大的推荐。这是会议的议程，这是基本框架，原则上就没大变化了，个别的有些变化，一些讲话到场有些变化，这是活动议程。

第四个，庆典分工。庆典分工经过协商，而且根据各种情况，根据工作情况初步安排这么个分工。既有分工也有协作，咱们可以提高更多。今天上午分工没到场，我又临时变了，不一定哪位会长、哪位企业家突然高升了，或者有着大的项目要谈了，咱还随时变。（……）

第五项，我汇报一下当前赞助活动，没完全统计，因为有的还在筹备当中。第一个是咱们商会会长LWS，大会赞助经费五万元，大会赞助捐献活动21万，150个学生，这是第八次了，去年是第七次，我们都参加活动了。然后子弹三千个，价值是6900元，这是会长的赞助，就20多万吧，会议上，这是活动期间。第二个新翼集团的董事长、监事长，目前为止经费到了三万，今天上午也表态了，如果参加联系不够了的话再赞助两万，这么个情况。咱们吉林省C总和X总赞助经费一万元，华洋宾馆也是咱们常务副会长SDY赞助经费两万元。礼品和物品没有完全统计，现在还在协商当中。一个是咱们副会长LCH先生赞助杜康酒十箱，价值3800，雪花啤酒二十五箱，1450，农夫水二十箱，900元，还有矿泉水600元，他不仅是这次，每次活动都有赞助。

还有一大项，就是这次来宾的纪念品，由咱礼品公司赞助，总经理CY，赞助了500件，原来说400件，会长说怕不够，价值将近七万元。宴会上用的酒还有红酒，会长单位赞助80瓶，价值16000元。目前为止，有一个WZ地产，这次抽奖，一二三等奖，将近8000元，他赞助。（……）

昨天我们会长到了省市领导哪里，对我们商会特别重视，可以这么说，到哪个大类场合，都说河南商会相当不错，实际咱们也不错。商会在发展中不可能没毛病，但是我们整个商会的发展中，在会长带领下，大伙比较团结，目前为止没有发生什么矛盾，没有意见不一致的时候，尽管咱人员不算太多，实力不算太强，但是目前为止咱这个路子是最好的路子。因为商会在发展中，三年之痒，七年之痛，一个瓶颈，全国都在考虑这个问题，商会别变成商性会，别变成乡会，而且这一届会长的思路，而且加入这么多新的力量，我们就解决一个抱团发展问题，怎么发展，这是个抱团问题，要抱团去解决问题。最近会长带大家研究了好多项目，而且都在落实、都在推动，不管驾校也好，银行也好，我们都在分组，而且特别好。

最后一个，根据咱们商会的情况、根据我知道的情况、根据商会领导研究的情况，为啥召开规模比较大，大伙又这么忙，主要是提高吉林省河南商会的知名度。当前吉林省河南商会在社会上有一定影响，但是也有些人趁机钻空子，就我知道的，有些人打着河南商会会长的名义，有两个我都知道，我都不点名了，我就是河南商会会长，组织一些活动。有七八个打着常务副会长，这我都不说了，有个老乡姓M问我谁谁谁谁是不是你们副会长，我说没这个人啊，我说我给你查一查，他说你别查了，这人意思就说对外就是河南商会副会长，还有好几个，而且还要成立地区河南商会，比如郑州，还没成立呢，他就把地区这个名字去掉，对外就是河南商会。而且我最近跟JJ我们在网上一整就发不出信息来，他现在把位置给我占了，他注册个吉林省河南商会，我说怎么个情况呢，一查他给我注册了。这次我想我们吉林省河南商会成立三年以来相当不容易，而且我们成立商会期间我们进行了沟通，进行了整合，我们成立了，在会长带领下我们三年取得了无违纪商会，三个月以上才能购买政府的服务，我们成立第二年，就吉林省十五家商会唯一一家在民政部备案的无违纪商会。12年我

461

们吉林省招商引资先进商会，13年我们长春市招商引资先进商会。

我们商会大的企业还真不太多，我们组织这么多活动，当年开了个庆典大会，我们是计划400人，结果来了520人，当年年底我们准备350人大会，结果来了480人。所以说我们在经费上、在人力上、在物力上，我们商会没有太多，我们商会秘书处就两个人，你们了解下，所有秘书处都比我们人多，但是呢，我们为啥能做这么好，会长带头，每次人力、物力、车辆，所有的活动大部分都是副会长以上。有些人别有想法，他们实力比你们强，钱也比你们多，我基本上都找副会长以上，该去接就去接、该招待就招待、谁值班谁请大伙吃点饭。我们每年每个人有一次值班会议，由常务副会长值班，交班期间请大伙吃点饭。ZCH处长和ZZF总工程师都参加我们会，说我们会不像个民间组织，比政府都正规，你们很有程序，所以得到各级政府各级领导的认可、得到社会的认可，我感到我们自己也认可自己，我感到我到哪个商会、到政府去办事都很仗义。一个是我们有好会长，知名度也比较高，一个是我们商会对外也是比较团结的商会，也是比较好的一个商会，所以说我感到在这方面必须珍惜，所以这一届我也建议在会长领导下咱们通过这次庆典活动提高咱们商会的知名度，而且提高我们每个会员的企业形象和个人综合素质。

为此我想这样，一会儿会长还得讲，第一个，这次分完工，按照分工咱们落实好工作，感到有困难了，有问题了，不好落实的跟我协调，第一我调整，第二我担责任，把这个工作落实好。第二，以后再开会，特别是这次会议，咱们组织者和参与者一定要遵守时间，严格纪律，要体现咱们河南商会一个好的形象。上次我们开常务办公会，我们起了个稿，但这次我就不公布了，现在大家继续听稿也顾不过来，下次我们在研究制定以后，在我们来晚了或是不来了，一定要有奉献精神，我们打个牌放到你跟前，你一定要奉献点资金，下次咱们就把这个执行了。第三个，男同志着装一定要整齐，今天W总是最好的，着正装，而且他不仅着正装，还扎了领带，本来人就挺帅，咱下次就是这样，咱们着正装。最后一个，咱们搞好协调，各个组可能是分的不咋合适，可能特长发挥的不太好，没有发挥出来，据我了解，我就是根据个人情况进行分工的，然后咱们协调。但是有一条，这次开会以后到明天晚饭之前，所有合理化建议赶快提，需要改的，咱这么多老板，这么多企业家，上次我就有体会，就谁也不能随便改了，再改落实就困难了，而且落实到纸上了。上午或者明天我们开两个会，我们这些筹备组的，看看我汇报的情况有没有漏掉的，然后你们几个办公室看有没有漏掉的，有漏掉的赶快补充。下去以后车辆是这样的，我的想法是DQ出两台车，主要是保证秘书处和礼品的送去，从午间开始就先出一台，然后C总保证一台，Y总出一台吧，从20号开始，WJ出两台，GX你给我保证一到两台。目前为止因为这是外边住，就几个人住，还有你一台，实在来不及了就S总那机动，你这离得近，这些单位的车多点。我汇报和安排的就这么多，那监事长说吧，最后会长总结。

2. 监事长发言

第一次当这么大的官，感到荣幸，星星跟着月亮走，借咱老乡的光。我想这个二次河南商会代表大会的成立我感觉是个好事，刚才秘书长也说了，有人冒用顶替，我感觉这是个好事，这是你河南商会有知名度了，在顶你、在冒，对不对，你没有知名度能冒你吗？　不怕他假冒，我感觉，咱们多做自己的事。我再说一下我的例子，我是搞电的，原来我的设备也是别人冒我的，电业局说C老板给你验收了，请你吃饭吧，吃完饭一看不是我的设备，证明我在电业局有知名度啊，不然能冒你吗，是不是？咱得想想措施，后来没办法了，我的设备打的钢标，这回谁也冒不了了。

我想这是一个好事，再一个，通过这个事，大家一定团结起来，把咱们河南商会搞好，最起码咱们河南人站在那，人家一瞅说咱们行。那一天我也讲了，那天GCL省长召开的联谊会长会议，我去了，会长对河南商会也特别认可。再一个我说一个助残疾人这个事，残疾人这个事商会以我的名义赞助也好，将来我再通过这个成立一个助残委员会，成立以后到时候谁安排多少残疾人再安排下一个，把这个事搞了。还有一个事，原先我跟WS会长也谈了，就是大家都知道咱们头三年聚到一起抱团发展了，有这个理念有这个思想了，但在这三年咱得办点实实在在的事，是不，我抓的我给大家说一下啊，我抓的一个是空岗的事，我接着跟踪，5月20号之前必须得去一趟，到时候人家外边商会来咱们好有个交代，再加咱那些地怎么研究。

기타 동향상회, 정부권개자, 최의록

还有一个事我跟大家说一下，这不ZD来了嘛，我在ZD那有两万米地，建设性地，我的初步设想是要跟ZD合作搞一个老年产业园，这是自愿的，跟大家说一下，这个产业园我计划盖十个农家小院，四合院，在那个两万米地上，但是这个钱呢，这个房子呢，也别给我，也别给ZD，自己建，到时候我统一出图纸。我想搞一个这个东西既给咱们河南人增光了，也解决老年人产业的问题了。这个院，建完以后你要是说你想让你老人去住也行、你让单位老人住也行、你自己经营也行，我们不管，到时候我再投一部分钱把这个草莓大棚或者采植园完善。我的初步设想跟大家通报一下，别再到时候整完了说C老板没告诉我们这个事，顶多盖11个，多了盖不了，一个三合院占一千米，这个三合院大约控制在五十万到六十万之间，咱这个钱别我自己盖，到时候统一给您出图纸，到时候过多少年以后你只有使用权没有房照，我先跟大家说一下，但是等扒的时候就按照你的钱数给你，等他修好了大家谁要去看一看我领大家去看一看，等那时候会长提出来弄个公社或者我想造哪种酒啊或者干什么在那个产园里都可以了，老年人不能就是吃啊，他得搞事啊、他得干工作啊，用老年人的经验带动大家。行了我就说这些吧，下面由会长说大事吧，我这小事，你说吧。

现在有两个项目，第一个项目是村镇银行，现在进展的是明天跟银监局局长定一下看看在哪个区域，跟哪个银行合作，会长又提供了接见，现在是往前推进了，这是第一个。第二个是吉林大学的，吉林大学就是挺完善的一个制度问题。前几天去跟他协商了一些，初步达成了一个意图，把他所有研发出的产品给咱们，如果咱们做的前提下给咱们，如果不做他可以去卖给其他人，只是用粉煤灰研制出这种制剂原材料咱们有这个知识产权。在鄂尔多斯有三块地，也非常积极给咱们。第一是给咱们土地是最便宜的价钱，第二个税收三年免税，第三个离三个电厂哪个最近可以投产，第四点这个粉煤灰在当地几乎可以免费运过来。我汇报完毕。

3. 会长发言

我讲这么几点，首先今天的会议是非常有必要开，对我们在坐的各位刚才秘书长念的这些对我们商会的赞助我表示感谢。上次工作会议定完之后，这个活动一会儿我再讲重要意义，原则上不花商会一分钱，原定为在会展中心，因为会展中心我们考虑这个档次上不来，这次跟咱们成立大会还不一样，最后决定定在华天。华天这个经费商会有没有？有，经过我这些年各个组织、各个活动，花商会的钱和大家赞助意义不同：一是看看我们大家的积极性，二看看我们大家的奉献精神。包括我们上次12年年终表彰庆典大会的时候，在长白山也是靠大家赞助，商会有钱能拿得出，但是我感觉这个意义很重要，对大家的赞助表示感谢，预计这个费用不可能超出我们的预算。我看到刚才像这个温馨赞助这个柠檬杯昨天我看了非常好，JJ买那个不如这个还花120块钱呢，这个我感觉市场上最少得150块钱一个吧，500个就是75000块钱。我接着刚才秘书长说的一句话，不管怎么说吧，我们大家也欢迎各位踊跃参与。(……)

下面我说这个关于22号庆典大会的准备工作以及进展工作，庆典大会原计划我们是定在四月份，考虑到这个会仍然是去年年终迎新春联欢晚会，后来在这个会议上大家说，一是考虑到八项规定，领导不愿意出面，另一个我们也考虑到提前解决，就跟庆典大会、换届大会定在一起，后来跟东北三省联谊会搞在一起，这个更能扩大我们河南商会在豫商总会的知名度。经过和河南省、吉林省两个省的领导交流沟通，最后锁定在5月22号。前段时间跟秘书长我们还亲自到河南省给省领导汇报，河南省对这个活动也非常重视，这个活动商会认为非常有必要，就刚才秘书长说那些，冒充也好，顶替也好，这些我认为都不重要，重要的就是做好我们自己。第二项工作，指导商会来推进22号这个庆典工作。第三项，跟秘书长到省领导那里汇报，还有2015年1月7至9号河南省豫商总会的会长会议也准备申请在我们的长春举办，这个要求省市给予我们经济赞助，下午长春市商务局、长春市旅游局一天干涉工作，今天要求省领导。

为什么说这项工作我认为22号这个会议对于我们河南商会的品牌，对于我们河南人的形象，对于我们吉林省河南商会未来发展起着重要而深远的意义。昨天我跟秘书长说了，我说人员现在还可以增加，原来计划是

400，现在可以扩大到500人，包括我们河南省从政的老乡们，这次参会的人员我们不局限是我们的会员，是我们河南人都可以参加，让大家看一看体验一下到底吉林省河南商会走的如何，这就是个意义。

刚才在这个里屋我们JD教授问我，他说会长你对社会各界对河南人的评价你怎么认为，我还是说，我说一是河南人多；二是有些人不是河南人办了好事他说是本省的办了坏事就说是河南人办的；第三就是允许有一些个别人办这样那样的事，我们管不着人家，但是至少说现在法律非常健全，谁违法谁承担。我认为不管是冒充也好或者我们本身也好，现在当今社会诚信是第一要务，诚信比生命更重要，未来我们的国家总理李克强说了，走诚信这条道，我们走我们的路，让别人去说。那么我们22号这个庆典大会也是这么个意义。昨天跟省里边汇报，我说领导我感觉这个八项规定这块，他说LWS告诉你，这个八项规定对你们商界没约束，不管咋的说国家也得发展经济吧，你商会活动、商贸活动也是对经济发展嘛。包括前段时间利用九天时间在华天酒店举办的六百人的活动，百分之六十到七十全是外地人，LY知道，在他那举办的，那这个对我们的影响力是相当大的，也带来很多好事。

咱不想好事，就是我们做好我们自己，那么这个活动的重要意义就是树立我们河南人的形象，巩固我们的地位，让省市领导也好，社会各界也好到底看看我们吉林省河南商会到底怎么样。能力有限、水平有限、没智慧，但是至少说我们在一步一个脚印地往前走，健康稳步地往前走，这就是商会的重要意义。所以说我想希望我们在坐的各位，要引起我们大家的高度重视，包括我们拍的幻灯片、会刊、会场的总策划，刚才秘书长说是委托农安县副县长WMM为我们策划。不管是过程有着问题、毛病，至少现在我们用心了，还是我之前的一个理念，结果并不重要，重要的是过程，你是尽力而为了还是应付。所以说我希望我们在座的各位，无论是用车也好、用人也好，大家都积极参与，商会这个平台，谁参与的多谁收获的多。至少当了三年会长，尽管秘书长说我付出很多，但收获最大的是我。

我想商会不是一个人的，是大家的，大家要积极参与。另一个在活动过程中在那一天特别在21号安排小组的人员要穿西服、扎领带，也体现我们河南人的形象。另外我们这两天忙完这个活动之后，河南商会要实行法政，你是常务副会长就是常务副会长，是副会长就是副会长，是会员就是会员，要实行法政，别人怎么说我不管，我们要做我们自己，还是这句话。另一个最重要的是我们要按照河南省豫商总会的指示要求，这也是两三年了，把东北三省商会下边的十六个分会要紧紧地联系在一起，这终于我们成熟了，记录我们这个庆典大会我们一并宣布，21号选举一并产生。东北联谊会在我们河南省115个商会当中也起了先锋作用，不仅是吉林省河南人联合在一起了，把东北三省有知名度的经商的全部拿在一起了。你比如说到黑龙江、到辽宁、到大连谁有什么事，通过商会一个电话就过去了，咱不说别的，吃住还是没有问题。那如果没有商会这个电话，大家去人家在品你、在考验你。这个活动我感觉对于我们吉林省河南商会，对于我们东北三省所有河南人也是一个重要作用，这是商会活动的问题。另一个问题我们刚才W会长和秘书长也汇报了几个项目，今天开会主要是两个意义，一个是推动我们庆典活动的进展，另一个是进行项目对接。前两天上次我们开了一次项目对接会，C会长负责空岗，因为他家是九台，跟他们都熟，所以让他负责空岗这个项目。王会长负责银行这个，GS负责驾驶员培训学校。还有一个会员CMC负责担保公司，担保公司现在基本成型了，今天他有特殊情况没来上，说会长你替我说说吧。现在谈的最低注册资金是一个亿，现在先不收钱，一会大家在秘书长那儿报你能出多少资金，这个资金是一分都少不了，出多少资金最后我们按股份制往前走，包括驾驶员培训学校和银行都是这个模式。

大家不要害怕这个模式，包括空岗那面，空岗还是两回事，谁有项目可以往里装，但是这三个，驾驶员培训学校、银行和担保公司，这是硬拉硬的，你有一百万你就占一百万的股份，有五百万占五百万股份，有一千万占一千万的股份，白纸黑字，落在上面，谁都改变不了。现在担保公司进入实质性的了，一会儿可以在秘书处申报一下，申报之后我们好知道谁能出多少资金了。另一个会长秘书长说的吉林大学这个，今天我都不说了，都在进展当中。最关键的就是咱们商会从成立第一届到现在，商会的步伐始终没停，特别是我们第二届商会成立之后，刚才在里屋跟两个教授说，我说更加增强了信心，给我了勇气、给我鼓励，在我没到场的情况下大家都投出你们神圣的一票，选我LWS当这个会长，我更加不辱使命，义不容辞，把商会的工作做好。

467

做好做坏那是我的水平问题，做不做是我的意愿问题，所以第二届我们更要做好，站在商会的平台看自己的企业真是太小太小。前天上北京去我也是对接个项目，为什么这两三年中我一直在外地跑，我在耕耘、在播种，收获的时间咱就不管了，没有耕耘、没有播种就不可能有收获，商会也一样。一整秘书处打电话，开会不来，小事不来，前两天我们有个会员，我就不说是谁了，三年不参加这个组织了，我说你再不来大家都把你忘了，他自己都感觉不舒服。这个商会制度已经出来了，一会儿会后常务会长留一下，来审查这个会议制度，如果通过，下次我们就按这个会议制度执行。

我的职责就是给大家搭个舞台，扛好这个大旗，大家走不走，我能说让秘书处秘书长喊一声说走了，往东走或者往西走，那你不走在那睡觉我管不着，最关键是商会的会、我们常务会长会，要参加，会员会要参加。咱别的不说，至少你能了解一些信息吧。这就是我今天讲的这个项目的问题。另一个就是今天去延边考察XM这个项目，XM前天晚上才把这个材料拿来，我们让MF一个地产业务的副总给出了九项标准。我让XM把这九项标准出来，拿来之后MF没来得及审，等下次会议我们会给大家汇报这个结果。可以这么说，在座的各位，无论是常务副会长还是会员，跟大家说明一点，我作为会长在这儿，所有的项目我都要泼冷水，我都要降温，弄出这个项目不成，至少说我LWS少承担责任，功归于大家，过归于我。因此不管说每一个项目，不成熟的我绝对不能推进。大家愿意干这个项目，行了，你可以不通过常务会，自己推进。

我想大家要有耐性，既然我们往前走了，都分工了，就不愁春天不到来。所以说一个是大家的意愿度，另一个项目的进展情况，最关键的我们各位平台拿到了，只要是我们的会员，我们下面要审查，要加入常务会的必须有人推荐，没人推荐我们绝对不收。进了平台了，都是平台人，彼此之间借款啊、办事啊，成了行，不成毛病问题都提到商会了，谁来承担?所以要有加入会员机制，至少要有一个两个人推荐。我感觉到，还是一句话，众人拾柴火焰高，倒不用大家鼓励我多少，只要大家愿意往这里使劲，LWS还年轻，有这个信心，有这个能力，还有这个决心，我们共同往前走，功是大家的，过都是我的，谢谢大家!

4. 秘书长发言

(……) 首先是企业家跟会长我们沟通了，首先是河南的企业家，再就是政府的工作人员，工作人员我们去通知，其他不要通知。因为我们通过网站有个措施，上次我们研究了一下，就是说你需要河南商会，需要帮助的和河南商会进行沟通的，你得报名。你别像上一次，个别拉家带口的来，那就不行了，都为了商会发展，这个赶快报。

我也不个别讲了，因为最近比较忙，有的在外地，个别的会费还有没有交的，有的账号要去了，还没转呢，没转有个啥问题呢，咱们第二期的刊物上都要登上照片。但有特殊情况的，最近特别忙，跟秘书处说一声，我们可以给登。上次没有规定，可以缓交，最后我们常务办公会研究了，可以免交，今年可以不交，但是你得写出报告来，比较困难，经过常务办公通过，你还可以不交，然后都是大伙的事情，不是哪个人的，这个我们前一段发了个短信。

最后一个，就是咱们最近新加入不少会员，全国各地国内外河南商会115家，真正来往的和咱们商会七八十家。全国秘书长会议定了一条，如果会员单位到外地去的，你给我经过秘书处的通报，我通报了一下还都挺好，都热情招待，车接还管饭，还挺好，一定要告诉秘书处，这个S总也有体会，到哪去一说秘书处通知的，早都去接了，这是全国秘书长会议规定的，要证明你是咱们商会会员，证明你有实力，这么个情况。然后，大会就到这儿。

III-9. 吉林省河南商会第二次会议会长讲话

人　物 ： 吉林省河南商会干部与会员、董运生、张冠
时　间 ： 2014年6月27日
地　点 ： 吉林省河南商会大厅

1. 会长发言

　　我想说第一个问题就是感谢，感谢的是我们的秘书处，这段时间以来非常辛苦。秘书长和秘书这些天一直都住在商会，我说什么叫干事业，用心。我从今天早上六点，准时开会。到了八点半，参加河南商会会议。不管是为个人干、为国家干、为企业干都要用心。那秘书处他的用心让我感动。大家也看到了，这个流通表推了几次。这个大会这么说吧，是非常用心的。当然我这个礼拜一直在这儿指挥工作，沟通领导。感谢我们在座各位，工作都很忙，并不是说没来的不好，也让我感动。企业家高管大学生研究生都是为了这二十二号的活动付出，向你们表示感谢。

　　第二个是这个会议的意义。强调一下，为什么要举办这个庆典大会及东北三省联谊会。我认为商会是一个社团组织，民间组织。它的第一个使命是给所有企业家搭好舞台，让每个企业家成为演员尽情的表演。这舞台搭好了，谁演主角、配角那是你的事。在我商会的这三年中，我拿了一二百万给商会，但是我收获最多。我学会读懂人、看懂每个人了。那么这个商会的重要意义，也是我们各位，像上次XXX汇报的项目他们都知道了，收获的太多了。这些人昼夜都不睡觉，他收到的人脉得到的成长都是用语言无法表达的。商会秘书长说了企业家不能天天研究企业，得研究事，把事研究明白，财富自然而然就来了。那么我们这个庆典活动联谊会只是个主题，实际上就是通过打造这个舞台一来一往、广交人脉，扩大影响，最后为你自己的企业创造财富，所以这个会议我们大家要共同重视。

　　这次会议把东北三省商会的会长、秘书长、包括会员都凝聚在长春，不只是这三个，还有河南省驻北京办事处的主任，也是商会的秘书长。我们

人员控制在四百人，但四百人不够了。全国各地的商会我们没有邀请多少，以后有机会我们大家再沟通。只要是我们的会员，秘书处给各省包括一百一十五家商会，吃住行肯定是没问题，都能接你。你没有这个舞台，你到那儿得先找。那是感觉不一样。

和秘书长说了，这次邀请河南省在吉林省的政府官员，各行各业的，公检法的各部门，让他们积极参加，他们对我们商会的支持是一方面，对你的企业。大家知道我们商会11年正式成立的时候，这些正处级部门你平时想见都见不到他。但是一说商会成立，全是穿西服打领带当服务员。这几天我给他们主要人员打电话，他们非常高兴，我们借鉴上次成立大会的时候，有的来了，比如说XX区的常务副局长，现在去XX当局长去了。他有次给我打电话，到郑州要安排几台车，我说没问题呀，感动的，商会真好。如果我们企业家能接触这样的一些人，你的企业那真是铺了一条路。他们也不都认识我，来了以后搭架。22号时，名片都准备好来，包括你们大学生、研究生，把电话都留好，将来为你们就业，不止说是他们选你们而是你们选他们，哪个企业值得我参与工作信赖。对我们河南企业，哪一个值得信赖，我的信念就是给大家搭这个会议，不用通过我认识，你们可以走直通车。只要你们认识了都可以留电话，发个短信连接一下。

我可以说商会这三年中没有给大家钱，但是我们各位都受益了。XX和XM原来都不认识，XX有钱，XM有项目，就成股东了。如果大家都成这样的股东，那我的价值和商会的价值，这次营资得超过五百亿。另一个我希望大家回去之后和你们董事长说，到21、22那天，再忙都得放一放，投入参与真的不白参与。另一个我们各小组都分了，你自己是哪个部门，分到东北三省的哪一些人，他们来之前给他们发一个短信，提前先链接一下、问候一下。我们企业家研究这种高端的，这样才能推销出路。经营产品和企业都不重要，最重要的是经营你的人品，把你的人先经销出去，现在我的朋友、兄弟全国各地，80%城市都有我的兄弟，这我就受益了。不管四要也好，五要也要，第一个就是要热情主动。把他当做你的亲戚、贵人来对待他。会长、秘书长、常务副会长都不重要，到了是你扮演什么角色，你是被动的还是主动地，主动的你会有收获。我经常在鼎鑫讲这么一个故事，有个大胖子找对象，有个美女，她在前面跑，他在后面追，后面追到了，追到你给你十来块钱，给了钱还追到了人还减了肥。两个故事一个主动一个被动。那天我跟秘书长说，咱们一个会长、一个秘书长，我这三年拿出一百多万我愿意，你呢，也是一样，你还有报酬。咱们不管别人满不满意，咱们就为大家服务，当好大家的服务员，也不管大家说我们如何，这不重要。重要的是大家满意，我们当一天会长、秘书长都没有白当。所以这个会我希望大家主动参与，积极参与、展示自己。

另一个对我们赞助企业，我跟我们秘书长说了一定要给他搞一个会刊、大屏幕，企业有什么生产材料都往里放，大力宣传咱们。但这次活动不花商会一分钱，全靠大家赞助，不够我出。原来想定会展中心，后来觉得档次不够，选择了华天。我认为不管花多少钱都有意义，我希望赞助企业，一定把你们的宣传材料都交到秘书处。没有赞助的坚决不能装，要都装赞助人就不公平了。那下次就没人赞助了。秘书长一定把好关，这次咱们制定的会刊宣传册，宣传片由长春电视台给我们制定。这两个宣传商会和企业都是免费的广告，包括交通之声。免费给我们商会打广告，这就是咱们的价值所在。这个平台你想要就要，交了会费也不参加，啥都没有。凡是加入会员，都得有两个会员推荐，不然免谈。你进来后，失去诚信，借钱不还，把商会搅成一锅乱。我们商会人员不在多少在于精，商会的质量要拿出来、赞助企业要宣传出来，那天有很多各行各业的领导。时间关系就不说太多了，我们给市人大市政协送邀请去了，包括省市公检法。经营企业不是水来了叠坝，而是水没来叠坝。

第三个问题是常务副会长的会，邀请意见和建议，特别是XXX，他说咱们这商会不行，咱们得有制度。这些事都是积极的人想出来的，你要开会，今天我就感觉非常好。浪费自己时间等于慢性自杀，浪费别人时间等于谋财害命。今天想推荐一个监督员，我当会长不能实施，我说大家接受不接受的了，今天我推荐一个，JYW，监督会议的流程和时间及地点，看大家同不同意。首先你监督别人，自己得做到。他是一个企业培训家，以后你们大学生多跟他交流。但是非常严谨，我们十几年的关系了。我们会定在几点就在几点开，开完之后咱们各忙各的。我推荐他包括对我的监督，大家同不同意。今天是大家选的，可不是我选的，行不行，这才像一个高效的团队。河南商会想干事，要人和思想统一，不统一怎么来干事呢。今天商会三个项目都在极力向前推进，咱们有时间再简单汇报一下三个项目，大家行不行啊，没来的回去都跟你们董事长说一声。

[中间有两个单位来赞助]

把三个事简单说一下，第一是银行的事，明天常务副会长汇报一下。银行是正在选地点，选吉林省哪个县和镇，选完地点之后再上报，得跟当地主管银行的副县长镇长，跟他们沟通。第二是上级的市，比如松原，松原的副市长专门管银行部门的，指定地点以后所有项目都开始，这是银行部分。

第二是吉林大学的项目，正在协商。第二是驾校，是LCH。现在在谈价钱，地点找了好几个，再看看最终确定哪一个。再一个是办驾校，交通局和交警支队，我都去跟他打招呼了，招呼打完之后地没选下来，人那边主动给咱打电话，咱地选没选下来，可行可不行，是河南商会就给你们办了，河南商会办开绿灯。他们最近到处找地，找规划局，都是自掏腰包，真的很辛苦。

第三是担保公司，名字已经取好了，叫长春市豫商担保有限公司，注册资金是一个亿，鼎盛集团LWS投资三千万。上次会没在，好像一个亿基本没问题。等确定下来之后上XX进一步备案，上公证处公证，基本上就这样。

目前这14年的三个项目，今年就把这三个事整成，明年是明年的。大家使点劲，要想走得远，这是一个理念，这三个项目，只要是咱商会会员都有条件参加。进展最快的是担保公司已经出来了，是一个亿。你有多少钱可以报，报完之后白纸黑字，经过公证法律确认。担保公司有的人不太明白，就是拿你的钱注册银行。银行给我们六倍的放大，你比如一个亿，他能给你放大到六个亿。先注册完之后再征点，征点是国家鼓励的。那天在党校也说了，未来的企业，房地产，一个世纪内是这样的。在新闻焦点上，南方有十几个企业失去联系了，破产了。如果说我们国民都增加三十年的寿命，现在的房子应该够用。关键你增加不了三十年的寿命，另外一个未来企业的发展，一个是农业，再一个是金融。担保公司具体细节我也不懂。我懂的找专业人去经营，不能违法的。只要是股东就可以参与管理和决策，看你股东大小，希望大家积极参与。只要我们JWS当一天会长就为大家担一天责任，不能让大家骂我。会后可以跟秘书长或C总联系，现在不需要钱，需要确立股东。外面很多人都要进来，我们先我们商会，人不够了，可以吸收外面的人。

　　说这几个事吧，我希望大家团结一心。这三天当中是攻坚阶段，别的工作都安排，我就在这儿做指挥，需要哪方面的我沟通，需要请领导的，之后各小组开个会，确定责任人，工具车辆等。

부록

1. 吉林省广东商会 章程

第一章 总则

第一条 本商会名称为吉林省广东商会(以下简称本会),英文名称"Guang-Dong Chamber of Commerce in JiLin。

第二条 本会是广东在吉林投资设立的企业自愿组成的地方性非营利性社会组织,依照国家的法律、法规,积极开展经济、贸易与技术的合作交流工作。

第三条 本会的宗旨在推动区域间经济协作的基础上,寻求国际经济一体化,整合企业间优势,建立信息沟通平台,实现优势互补,打造广东、吉林品牌,开展公益活动,服务于会员,积极维护会员的合法权益,利用广东的先进管理理念和领先技术,为吉粤两地经济发展做贡献。

第四条 本会接受业务主管单位吉林省经济技术合作局和登记管理机关吉林省民政厅的业务指导和监督管理。

第五条 本会住所,为吉林省长春市朝阳区同志街2593号中岚公寓901室。

第二章 业务范围

第六条 本会的业务范围。

(一)建立"投资咨询服务中心", 及时向会员提供国家法律、法规、政策和吉粤两地的政治、经济、文化、科技、金融、商贸等方面的政策信息。

(二)团结在吉林的广东企业,积极参与当地的开发建设,协助当地政府做好招商引资工作,为东北老工业基地的改造与振兴做贡献。

(三)组织会员单位进行对内外的商务考察,工作交流和联谊活动,在会员单位间开展互助、自律和优质服务活动,创造商会的品牌活动。

(四)聘请法律顾问,为会员提供法律咨询服务,依法维护会员的合法权益。

（五）定期组织开展法律法规、企业管理、财务管理和营销战略等讲座培训，提高会员素质。

（六）在适当的时期，在商会内部组建成立党支部。

（七）建立商会网站，介绍吉粤政治经济社会动态，宣传在吉投资的粤籍企业家成功发展经验，刊登会员企业信息，指导会员企业开展各项业务。

（八）在稳步发展区域间经济合作的同时，组织会员将经营方向向国际扩展，吸收国际先进管理理念和领先技术，寻求国际经济一体化。

（九）不定期编辑内部会刊，宣传商会企业在经营中所取得的成绩和采用的先进理念，供其他会员单位和企业借鉴。

（十）开展捐资助学、扶贫济困等公益活动，推动社会公益事业发展，回报社会。

第三章　会员

第七条　本会的会员种类为单位会员制。

第八条　申请加入商会的会员，必须具备下列条件：

（一）拥护商会的章程；

（二）有加入商会的意愿；

（三）在商会的业务领域内具有一定的影响。

第九条　会员入会的程序是：

（一）提交入会申请书；

（二）经理事会讨论通过；

（三）由理事会或理事会授权的机构发给会员证。

第十条　会员享有下列权利：

（一）有选举权、被选举权和表决权；

（二）参加商会组织的活动；

（三）获得商会提供的各项服务；

（四）对商会工作的批评建议权和监督权；

（五）入会自愿，退会自由。

第十一条 会员应履行下列义务：

（一）执行商会决议；

（二）维护商会合法权益；

（三）完成商会交办的工作；

（四）按规定交纳会费；

（五）向商会反映情况，提供有关资料。

第十二条 会员退会应书面通知商会，并交回会员证。会员如果一年不交纳会费或不参加商会活动的，视为自动退会。

第十三条 会员如有严重违反本章程的行为，经理事会表决通过，予以除名。

第四章 组织机构和负责人产生、罢免

第十四条 本会的最高权力机构是会员大会，会员大会的职权是：

（一）制定和修改章程；

（二）选举和罢免理事；

（三）审议理事会的工作报告和财务报告；

（四）决定终止事宜；

（五）决定其他重大事宜。

第十五条 会员大会须有2/3以上的会员出席方能召开，其决议须经到会会员半数以上表决通过方能生效。

第十六条 会员大会每届4年。因特殊情况需提前或延期换届的，须由理事会表决通过，报业务主管单位审查并经社团登记管理机关批准同意。但延期换届最长不超过1年。

第十七条 理事会是会员大会的执行机构，在大会闭会期间领导商会开展日常工作，对会员大会负责。

第十八条 理事会的职权是：

（一）执行会员大会的决议；

（二）选举和罢免会长、常务副会长、副会长、秘书长；

(三) 筹备召开会员大会；

(四) 向会员大会报告工作和财务状况；

(五) 决定会员的吸收或除名；

(六) 决定设立办事机构、分支机构、代表机构和实体机构；

(七) 决定副秘书长、各机构主要负责人的聘任；

(八) 领导商会各机构开展工作；

(九) 制定内部管理制度；

(十) 决定其他重大事项。

第十九条 理事会须有2/3以上理事出席方能召开、其决议须经到会理事2/3以上表决通过方能生效。

第二十条 理事会每年至少召开一次会议；情况特殊的，也可采用通讯形式召开。

第二十一条 本会的会长、常务副会长、副会长、秘书长必须具备下列条件：

(一) 坚持党的路线、方针、政策，政治素质好；

(二) 在商会业务领域内有较大影响；

(三) 会长、常务副会长、副会长、秘书长最高任职年龄不超过70周岁，秘书长为专职；

(四) 身体健康，能坚持正常工作；

(五) 未受过剥夺政治权利的刑事处罚；

(六) 具有完全民事行为能力。

第二十二条 本会会长、常务副会长、副会长、秘书长如超过最高任职年龄的，须经理事会表决通过，报业务主管单位审查并社团登记管理机关批准同意后，方可任职。

第二十三条 本会会长、常务副会长、副会长、秘书长任期4年。任期最长不得超过两届，因特殊情况需延长任期的，须经会员大会2/3以上会员表决通过，报业务主管单位审查并经社团登记管理机关批准同意后方可任职。

第二十四条 本会会长为本会法定代表人。特殊情况经批准可由常务副会长、副会长或秘书长担任法定代表人。

本会法定代表人不兼任其他团体的法定代表人。

第二十五条　本会会长行使下列职权：

（一）召集和主持理事会；

（二）检查会员大会、理事会决议的落实情况；

（三）代表商会签署有关重要文件。

第二十六条　本会秘书长行使下列职权：

（一）主持办事机构开展日常工作，组织实施年度工作计划；

（二）提名副秘书长以及各办事机构负责人，交理事会决定；

（三）决定办事机构专职工作人员的聘用；

（四）处理其他日常事务。

第五章　资产管理、使用原则

第二十七条　本会经费来源。

（一）会费；

（二）捐赠；

（三）政府资助；

（四）在核准的业务范围内开展活动或服务的收入；

（五）利息；

（六）其他合法收入。

第二十八条　本会按照国家有关规定收取会员会费。

第二十九条　本会经费必须用于本章程规定的业务范围和事业的发展，不得在会员中分配。

第三十条　本会建立严格的财务管理制度，保证会计资料合法、真实、准确、完整。

第三十一条　本会配备具有专业资格的会计人员。会计不得兼任出纳。会计人员必须进行会计核算，实行会计监督。会计人员调动工作或离职时，必须与接管人员办清交接手续。

第三十二条　本会的资产管理必须执行国家规定的财务管理制度，接受会员大会和财政部门的监督。资产来源属于国家拨款或者社会捐赠、资助的，必须接受审计机关的监督，并将有关情况以适当方式向社会公布。

第三十三条　本会换届或更换法定代表人之前必须接受社团登记管理机关和业务主管单位组织的财务审计。

第三十四条　本会的资产，任何单位、个人不得侵占、私分和挪用。

第三十五条　本会专职工作人员的工资和保险、福利待遇，参照国家对事业单位的有关规定执行。

第六章　章程的修改程序

第三十六条　对本会章程的修改，须经理事会表决通过后报会员大会审议。

第三十七条　本会修改的章程，须在会员大会通过后15日内，经业务主管单位审查同意，并报社团登记管理机关核准后生效。

第七章　终止程序及终止后的财产处理

第三十八条　本会完成宗旨或自行解散或由于分立、合并等原因需要注销的，由理事会提出终止协议。

第三十九条　本会终止协议须经会员大会表决通过，并报业务主管单位审查同意。

第四十条　本会终止前，须在业务主管单位及有关机关指导下成立清算组织，清理债权债务，处理善后事宜。清算期间，不得开展清算以外的活动。

第四十一条　本会经社团登记管理机关办理注销登记手续后即为终止。

第四十二条　本会终止后的剩余财产，在业务主管单位和社团登记管理机关的监督下，按照国家有关规定，用于发展与商会宗旨相关的事业。

第八章　会徽

第四十三条　吉林省广东商会的会徽为木棉花、长白山天池造型组成的图案。

第四十四条　吉林省广东商会的会徽，可作为会章佩戴；可在本会的办公地点、活动场所、会议会场悬挂；可作为纪念品、办公用品上的标志；未经授权，不得做商业用途。

第九章　附则

第四十五条　本章程经2010年3月30日第二届会员大会表决通过。

第四十六条　本章程的解释权属商会的理事会。

第四十七条　本章程自社团登记管理机关核准之日起生效。

2. 吉林省河南商会 章程

第一章　总则

第一条　本团体的名称：吉林省河南商会(以下简称本商会)，英文名称"He-nan, Jilin Province Chamber of Commerce"。

第二条　本商会的性质：商会是在吉林省投资、设立企业的豫籍企业家、友人依法自愿组成的非营利性社会团体。

第三条　本商会的宗旨：遵守宪法、法律、法规和国家政策，遵守社会道德风尚；全心全意为豫商企业服务，通过服务、协调、自律、中介等作用，促进吉豫两地经济合作与发展，积极宣传推介吉林省资源优势，发挥商会企业与政府、企业之间的桥梁和纽带作用；维护会员的合法权益，引导企业守法经营，遵循市场经济秩序，树立良好的企业形象，自觉打造"诚信豫商"的品牌；坚持互利互惠，资源共享，团结协作，促进企业发展的原则，为吉豫两省经济和社会发展贡献力量。

第四条　本商会接受吉林省经济技术合作局(业务主管单位)、吉林省民政厅(社团登记管理机关)的业务指导和监督管理。

第五条　吉林省河南商会办公地址：长春市卫星路7000号华苑宾馆六楼。

第二章　业务范围

第六条　本商会的业务范围：

(一) 组织会员学习贯彻党和政府的有关政策法规，提高政治和法律素质，坚持市场经济规律，坚持正确的政治方向。定期开展经济理论、企业管理、人才资源开发、财务实物等专业人才培训和技术指导，为豫商国内外考察、商务活动等创造机会。

(二) 协助会员与当地政府部门之间建立良好关系，解决豫商在经营中发生的困难和问题，开展各种商务、交流、展销等活动，促进交流与合作。

(三) 协助有关部门组织专题调研、研讨，向政府有关部门提出合理可行性建议意见，维护会员企业合法权益。

(四) 为来吉投资的豫商提供政策咨询、项目论证、以及联络等方便。处理好河南省政府和豫商的委托事项。

(五) 向企业会员单位提供信息咨询服务，为会员建立信息平台，不定期办好会刊和豫商网站，广泛交流有关信息，实现资源共享。

(六) 为党和政府工作部门积极推荐豫商中的优秀人才，大力宣传会员的创业事迹，弘扬豫商文化。

(七) 协助政府相关部门和会员单位委托的其它事宜。

第三章　会员

第七条　本商会会员只设单位会员和个人会员。凡承认本商会章程，诚实守信，合法经营的河南籍具有企业法人资格的企业、个体工商户，或曾在河南工作过及本人愿意加入商会的人士，均可申请入会。

第八条　申请加入本商会的会员，必须具备下列条件：

(一) 拥护本商会的章程；

(二) 有加入本商会的意愿；

(三) 在吉林省内有固定的办公场所，公司业务发展正常；

(四) 在吉林省经济领域行业中有一定影响；

(五) 热爱家乡，有奉献精神。

第九条　会员入会的程序是：

(一) 提交入会申请书；

(二) 经会员发展管理处初审；

(三) 经理事会讨论通过；

(四) 填写会员登记表，交纳会费；

(五) 由理事会或理事会授权的机构印发统一的会员证书。

第十条　会员享受下列权利：

(一) 参加本商会组织的有关活动；

（二）在本商会有选举权、被选举权和表决权；

（三）对本商会的工作有批评权和监督权；

（四）获得本商会服务的优先权；

（五）入会自愿、退会自由。

第十一条　会员履行下列义务：

（一）执行本商会的决议；

（二）维护本商会的合法权益；

（三）完成本商会交办的工作；

（四）按规定向本商会交纳会费；

（五）向本商会反映情况，提供有关信息资料。

第十二条　凡不履行会员义务者，经常务理事会讨论通过，取消会员资格。

第十三条　会员退会应书面通知本商会，并交回会员证。会员如果一年不交纳会费或不参加本商会活动的，视为自动退会。

第十四条　会员如有严重违反本章程的行为，经理事会或常务理事会表决通过，予以除名。

第四章　组织机构和负责人的产生、罢免

第十五条　本商会的最高权力机构是会员大会(或会员代表大会)，会员大会(或会员代表大会) 的职权是：

（一）制定和修改章程；

（二）选择和罢免理事；

（三）审议理事会的工作报告和财务报告；

（四）决定终止事宜；

（五）决定其他重大事宜。

第十六条　会员大会(或会员代表大会) 须有2/3以上会员(或会员代表) 出席方能召开，其决议须经到会会员(或会员代表) 半数以上表决通过方能生效。

第十七条　会员大会(或会员代表大会) 每届3年。因特殊情况须提前或延期换届的，须由理事会表决通过，报业务主管单位审查并经社团登记

管理机关批准同意。但延期换届最长不超过1年。

第十八条　理事会是会员大会(或会员代表大会)的执行机构，在闭会期间领导本商会开展日常工作，对会员大会(或会员代表大会)负责。

第十九条　理事会的职权是：

(一) 执行会员大会(或会员代表大会) 的决议；

(二) 选举或罢免理事长(会长)、副理事长(副会长)、秘书长；

(三) 筹备召开会员大会(或会员代表大会)；

(四) 向会员大会(或会员代表大会)报告应届工作和财务状况；

(五) 决定会员的吸收或除名；

(六) 决定设立办事机构、分支机构、代表机构和实体机构；

(七) 决定副秘书长、各机构主要负责人的聘任；

(八) 领导本商会各机构开展工作；

(九) 制定内部管理制度；

(十) 决定其他重大事项。

第二十条　理事会须有2/3以上理事出席方能召开，其决议须经到会理事2/3以上表决通过方能生效。

第二十一条　理事会半年召开一次会议。情况特殊的，也可采用通讯形式召开。

第二十二条　本商会设立常务理事会。常务理事会由理事会选举产生，在理事会闭会期间行使第十九条第一、三、五、六、七、八、九项的职权，对理事会负责(常务理事人数不超过理事人数的1/3)。

第二十三条　常务理事会须有2/3以上常务理事出席方能召开，其决议须经到会常务理事2/3以上表决通过方能生效。

第二十四条　常务理事会至少3个月召开一次会议。情况特殊的，可采用通讯形式召开。

第二十五条　本商会的理事长(会长)、副理事长(副会长)、秘书长必须具备下列条件：

(一) 坚持党的路线、方针、政策，政治素质好；

(二) 在商会业务领域内有较大影响；

(三) 理事长(会长)、副理事长(副会长)、秘书长最高任职年龄不超过70周岁，秘书长为专职；

（四）身体健康，能坚持正常工作；

（五）未受过剥夺政治权利的形事处罚；

（六）具有完全民事行为能力；

（七）会长其居住和单位必须在长春市内，并且有精力和时间领导商会工作。

第二十六条　本商会理事长(会长)、副理事长(副会长)、秘书长如超过任职年龄的，须经理事会表决通过，报业务主管单位审查并经社团登记管理机关批准同意后，方可任职。

第二十七条　本商会理事长(会长)、副理事长(副会长)、秘书长任期5年。会长、副会长、秘书长任期最长不得超过两届，因特殊情况需延长任期的须经会员大会(或会员代表大会) 2/3以上会员(或会员代表) 表决通过，报业务主管单位审查并经社团登记管理机关批准同意后方可任职。

第二十八条　本商会理事长(会长)为本商会法定代表人，社团法定代表人一般应由理事长(会长)担任。本商会法定代表人不兼任其他社团的法定代表人。

第二十九条　商会理事长(会长) 行使下列职权：

（一）召集和主持理事会(或常务理事会)；

（二）检查会员大会(或会员代表大会)、理事会(或常务理事)决议的落实情况；

（三）代表商会签署有关重要文件，出席有关重要会议；

（四）聘请名誉会长和顾问。

第三十条　本商会秘书长行使下列职权：

（一）主持办事机构开展日常工作，组织实施年度工作计划；

（二）协调各分支机构、代表机构、实体机构开展工作；

（三）提名副秘书长以及各办事机构、分支机构、代表机构和实体机构主要负责人，执行理事会或常务理事会决定；

（四）决定办事机构、代表机构、实体机构专职工作人员的聘用；

（五）处理其他日常工作。

第五章　资产管理、使用原则

第三十一条　本商会经费来源:

(一) 会费；

(二) 捐赠；

(三) 政府资助；

(四) 在核准的业务范围内开展活动或服务的收入；

(五) 利息；

(六) 其他合法收入。

第三十二条　本商会按照国家有关规定收取会员会费。

第三十三条　本商会经费必须用于本章程规定的业务范围和事业的发展,不得在会员中分配。

第三十四条　本商会建立严格的财务管理制度,保证会计资料合法、真实、准确、完整。

第三十五条　本商会配备具有专业资格的会计人员。会计不得兼任出纳。会计人员必须进行会计核算,实行会计监督。会计人员调动工作或离职的,必须与接管人员办清交接手续。

第三十六条　本商会的资产管理必须执行国家规定的财务管理制度,接受会员大会(或会员代表大会)和财政部门的监督。资产来源属于国家拨款或者社会捐赠、资助的,必须接受审计机关的监督。

第三十七条　本商会换届或更换法定代表人之前,必须接受社团登记管理机关和业务主管单位组织的财务审计。

第三十八条　本商会的资产,任何单位、个人不得侵占、私分和挪用。

第三十九条　本商会专职工作人员的工资和保险、福利待遇,参照国家对事业单位的有关规定执行。

第六章　章程的修改程序

第四十条　对本商会章程的修改, 须经理事会表决通过后报会员大会(或会员代表大会) 审议。

第四十一条　本商会修改的章程, 须在会员大会(或会员代表大会) 通过后
　　　　　15日内, 经业务主管单位审查同意, 并报社团登记管理机关核准后生
　　　　　效。

第六章　终止程序及终止后的财产处理

第四十二条　本商会完成宗旨或自行解散或由于分立、合并等原因需要
　　　　　注销的, 由理事会或常务理事会提出终止协议。
第四十三条　本商会终止协议须经会员大会(或会员代表大会) 表决通过,
　　　　　并报业务主管单位审查同意。
第四十四条　本商会终止前, 须在业务主管单位及有关机关指导下成立清
　　　　　算组织, 清理债权债务, 处理善后事宜。清算期间, 不开展清算以外
　　　　　的活动。
第四十五条　本商会经社团登记管理机关办理注销登记手续后即为终
　　　　　止。
第四十六条　本团体终止后的剩余财产, 在业务主管单位和社团登记管理
　　　　　机关的监督下, 按照国家有关规定, 用于发展与商会宗旨相关的事业。

第七章　附则

第四十七条　本章程经第一届全体会员大会表决通过。
第四十八条　本章程的解释权属本商会的理事会。
第四十九条　本章程自吉林省社团登记管理机关批准之日起生效。

3. 吉林省商会访谈调查 质问提纲

1) 领导层为对象

项目划分		調查内容	提问内容
A. 基本资料	01	姓名、年龄、教育程度、籍贯、职务	1. 请向我们简单介绍一下您自己?
	02	事业经历	1. 请讲述一下在吉林省事业发展历程? 2. 何时加入商会? 当时加入商会的原因是什么? 3. 在商会工作至今的感受如何?
B. 商会的概况	03	商会创立的宗旨及目的	1. 请介绍一下商会创立的宗旨及目的。 2. 商会决策最根本的考虑因素是什么? 以何为决策标准?
	04	组织构成和运营方式	1. 如果商会经常举行定期和不定期的聚会, 会有什么样的活动? 2. 商会的正式职员有多少? 职员是怎么补充的?
	05	加入商会的资格和会员的特性	1. 大部分商会会员来自大企业, 将商会视为成功企业家/商人的联谊/交流团体可以吗? 加入商会需要什么样的条件?
C. 商会的性质	06	商会运营资金的筹措以及和党政机关的关系	1. 商会运营和活动所需要的资金怎么筹措? 2. 能从党政机关获得资金支持吗? 3. 商会等同乡会里有中共党支部吗? 其如何开展活动?
	07	登记过程：申请、审批条件及程序	1. 商会在申请创立审批时考虑的主要事项有哪些? 都通过哪些程序? 在此过程中有没有遇到困难和阻碍?
	08	与吉林省、长春市党政机关的关系	1. 请介绍商会和吉林省、长春市哪些部门有联系, 联系的方式有哪些? 是否所有的管理部门对商会都持积极态度?
	09	和广东政府的关系	1. 广东政府对商会有哪些要求, 又提供了哪些形式的支持? 2. 与广东政府沟通的方式是以向有关部门汇报的方式进行吗?
D. 商会的功能	10	商会创立的构想和推进的契机	1. 商会创立之初, 其他地区的商会也在这一时期先后创立, 您认为各种同乡商会在相似时期集中成立的原因是什么?
	11	通过商会, 会员能够得到的利益	1. 会员通过广东商会能够得到的利益有哪些? 和没有商会时比较, 请做一介绍。
	12	商会运作方式和具体	1. 请介绍会员通过商会在生产、经营活动过程中获得

项目划分		調查内容	提問内容
		事例	利益或帮助的具体事例。(例如：服务与维权方面)
	13	会员对商会认同度	1. 会员们对商会的政策的贯彻实施程度如何? 2. 商会对会员企业是否有奖惩机制, 如何调动会员企业的积极性? 3. 会员参与商会活动的程度
E. 和各种同乡/同业组织的关系	14	商会以外的广东人组织及其相关活动	1. 除了广东商会以外, 吉林省有没有其他的广东同乡组织, 如果有, 请介绍一下广东商会和这些组织如何联系? 2. 商会与吉林省的同业组织有联系吗?
	15	广东商会和其他地区商会的关系	1. 在吉林省还有浙江(温州/乐清)商会、河南商会、山东商会、福建商会等, 广东商会和这些其他地区的同乡商会有联系吗, 以什么样的方式联系?
	16	对吉林省其他地区商会的认识及对吉林省广东商会的特殊性的认识	1. 广东商会和吉林省其他地区商会的有什么不同之处? 2. 广东商会为谋求发展会突出哪些自身优势和特点?
F. 原籍老乡的移民和整体性认同	17	新中国成立以前广东人的移民历史	1. 请介绍广东人进入吉林省等东北地区的背景(从什么时候, 因何种契机开始大批迁入)。
	18	对广东人自身特性的认识	1. 吉林省当地人是如何看待广东人的? 2. 在东北地区待了一段时间之后, 是否还视自己为广东人?
	19	户籍	1. 存在广东籍的企业家/商人们把户籍变更为吉林籍的情况吗? 2. 具有广东户籍在吉林省从事企业/商业活动有困难吗? 这些困难是什么?
	20	商业文化特性	1. 广东籍企业与其他地区的企业(如晋商、浙商、徽商等)相比, 有哪些独特的商业文化和风格?
	21	禁忌及民间信仰	1. 广东企业家从事商业活动时有特别禁止的行为或现象吗? 2. 企业有没有一些祈福活动与仪式?
G. 社会网络的种类和启动方式	22	商会活动社会网络	1. 若在吉林省选择合作伙伴共同出资设立合资企业时, 您会看重下面要素中的哪两个, 理由是什么? (1)政治背景 (2)教育背景 (3)出身地区 (4)资本规模 (5)企业活动经验 (6)其他 2. 若在吉林省企业进行交易时(比如, 零件外协企业, 原料调剂企业, 运输业等), 您会看重下面要素中的哪两个, 理由是什么? (1)政治背景 (2)教育背景 (3)出身地区 (4)价格/费用 (5)企业活动的经验 (6)其他
	23	广东籍合资企业成立	1. 在吉林当地有广东人共同出资设立合资企业的情

项目划分		調查内容	提問内容
		/经营	况吗? 2. 在这种情况下, 以什么方式筹集资本? 经营商的责任和权限是以什么方式分配的?
	24	广东同乡网络的效用性	1. 广东人之间的合资同与吉林省本地人的合资相比有什么好处, 有什么坏处? 2. 您认为基于同乡关系的企业合作关系是否更加可靠?
	25	行业的分化程度	1. 在吉林省, 广东人从事的行业集中在哪几个? 2. 广东人在选择集中从事的行业类型时, 是否会优先选择与广东人进行合作?
H. 商会的特殊事件	26	特殊事件	1. 请介绍获得5A级商会的原因与意义。 2. 请介绍广东大厦项目的决策过程。 3. 广东商会在社会公益方面做出了哪些贡献。
I. 商会发展规划	27	未来展望	1. 国家与当地政府对商会的扶持和政策还应做哪些? 2. 对于商会今后的发展, 请问您有什么看法和展望?

2) 以普通会员为对象

项目划分		調查内容	提問内容
A. 基本资料	01	姓名, 年龄, 行业, 职务, 籍贯, 是否是党员	1. 请介绍您的一些基本信息。
	02	个人事业经历	1. 从事企业/商业活动多久了? 2. 从事企业/商业活动之前都从事过什么行业, 因什么契机开始从事企业/商业活动? 3. 每年会费多少? 在商会内权利与义务分别是什么?
	03	移住(迁居)吉林省的时间和契机	1. 在什么时间, 因什么契机迁居到吉林省? 2. 您选择定居吉林省的理由是什么?
B. 商会功能与认同	04	加入商会的动因	1. 在什么时间, 因何种契机加入广东商会? 曾参与过商会哪些活动? 2. 商会吸引你的地方在哪?
	05	加入商会得到的支持和帮助	1. 加入同乡商会可以得到的好处都有什么? (服务与维权方面) 2. 请与商会还没成立的时候比较说明。 3. 参与商会事务是否给您带来负担? 有哪些负担? 在加入商会前是否意识到会有这些负担? 4. 综合评价一下进入商会后的现实情况与之前的设想有什么不同?

項目划分		調查內容	提問內容
			5. 加入同乡商会后，本企业是否收获了连带性利益(因加入商会而获利)?
	06	获益的具体事例	1. 请介绍一下在企业/商业活动过程中通过商会得到的利益或者帮助的具体事例。 2. 是否有您希望商会给予帮助但并未获得帮助的事例?
	07	对商会的认同感	1. 商会的成立为会员企业解决了哪些问题? 2. 会员企业对商会的认同感如何? 3. 会员对商会政策的贯彻实施情况如何? 4. 商会活动参与程度如何?
C. 与各种同乡组织和同业组织的关系	08	商会以外的同乡团体活动	1. 除了广东商会以外，还有广东人的乡友会(老乡会)或者联谊会等团体，您还参加了其他广东人组成的团体吗，这些团体都有什么活动? 2. 参加这些同乡团体活动的出发点是什么?
	09	对其他地区同乡商会的评价	1. 对吉林省浙江(温州/乐清)、河南、山东、福建商会怎么看? 2. 广东商会与这些商会的区别主要在哪?
	10	同乡商会与同业组织的相对重要性	1. 除了像本商会的同乡商会，各行业都有同业组织(行业协会/公会)，您作为企业家/商人怎么评价这些同业组织和本商会的相对重要性。 2. 您是否加入了其他同业组织? 您的情感认同上更倾向于哪一方? 您认为自己加入本商会的正确程度如何?
D. 广东人的移民和整体性	11	新中国成立以前广东人的移民历史	1. 请介绍广东人进入吉林省等东北地区的背景(从什么时候，因何种契机开始大批迁入)。
	12	对广东人自身特性的认识	1. 吉林省当地人是如何看待广东人的? 2. 在东北地区待一段时间之后，是否还视自己为广东人?
	13	户籍	1. 存在从广东籍的企业家/商人把户籍变更为吉林籍的情况吗? 2. 具有广东户籍在吉林省从事企业/商业活动有困难吗? 这些困难是什么?
	14	商业文化特性	1. 广东籍企业与其他地区的企业(如晋商、浙商、徽商等)相比，有哪些独特的商业文化和风格?
E. 社会网络种类	15	商业活动社会网络	1. 若在吉林省选择合作伙伴共同出资设立合资企业时，您会看重下面要素中的哪两个，理由是什么? (1)政治背景 (2)教育背景 (3)出身地区 (4)资本规模(5)企业活动经验 (6)其他 2. 若在吉林省选择企业进行交易时(比如，零件外协企业，原料调剂企业，运输业等)，您会看重下面要素中的哪两个，理由是什么?

중국의 동향상회: 길림성 동향상회 면담조사 자료집

494

项目划分		調查内容	提问内容
			(1)政治背景 (2)教育背景 (3)出身地区 (4)价格/费用 (5)企业活动的经验 (6)其他
	16	广东籍合资企业成立/经营	1. 在吉林当地有广东人共同出资设立合资企业的情况吗？ 2. 在这种情况下，以什么方式筹集资本？经营商的责任和权限是以什么方式分配的？
	17	广东同乡网络的效用性	1. 广东人之间的合资同与吉林省本地人的合资相比有什么好处，有什么坏处？ 2. 您认为基于同乡关系的企业合作关系是否更加可靠？
	18	行业的分化程度	1. 在吉林省，广东人从事的行业集中在哪几个？ 2. 您觉得为什么会集中在这些行业？ 3. 广东人在选择集中从事的行业类型时，是否会优先选择与广东人进行合作？
F. 企业商业活动和民间信仰	19	禁忌与民间信仰	1. 为了使事业蒸蒸日上，您有没有特别的禁忌或者积极采取的活动(比如，挑选办公室或者企业区位时考虑风水)
	20	祈福活动与祈福仪式	1. 关于企业(商业)活动有没有开坛祈福过，并且在公司、商店、办公室里摆了像关帝祭坛的祈福设施呢？ 2. 您企业的员工是否被规定有不能做的事和说的话，是否有定期的膜拜活动？
G. 广东商会的发展建设性意见	21	广东商会的发展条件	1. 商会在关于会员企业的权利、参与度等方面还可以做出哪些改进？ 2. 为了使更多的广东企业家成为会员，您认为广东商会还需要做什么？ 3. 对于商会的发展，您有什么想法与展望？

편저자

장호준(張豪峻)
- 서울대학교 인류학과 및 동 대학원 졸업
- 미국 컬럼비아대학교 철학박사 (문화인류학)
- 미국 컬럼비아대학교 겸임강사
- 중국 중앙민족대학 방문학자
- 인천대학교 HK연구교수 및 HK교수
- 현재 한국방송통신대학교 중어중문학과 교수
- 주요 저서 및 논문
  - 『중국토지법령자료집: 개혁개방 이후』 I & II, 모두의 지혜, 2012. 등
  - 「당대 중국의 동향상회와 지역 거버넌스」
  - 「중국의 모방·복제 관행과 지적재산권의 문화정치」
  - 「중국의 비공식경제론과 그 사회정치적 함의」
  - 「현대성의 공간적 재현: 중국 중관촌의 역사와 상징의 재구성」 등.

손승희(孫承希)
- 숙명여자대학교 사학과 졸업
- 국립대만사범대학 역사연구소 졸업
- 중국 복단대학 역사학박사
- 고려대학교 아세아문제연구소 연구교수
- 현재 인천대학교 중국학술원 HK연구교수
- 주요 저서 및 논문
  - 『중국가족법령자료집: 청대, 민국시기』, 모두의 지혜, 2012 등.
  - 「중국 동북의 대두가공업 同業組織과 滿鐵」
  - 「20세기 초 중국 동북의 대두 거래관행과 일본 교역소의 설립」
  - 「근대 중국의 異姓嗣子 계승관행」
  - 「채무소송으로 본 華商의 商慣行(1906-1910)」

둥윈성(董運生)
- 중국 길림대학 사회학과 학사, 석사 졸업
- 중국 길림대학 사회학 박사
- 미국 듀크대학 사회학과 박사후 방문학자
- 홍콩과기대학 사회과학부 방문학자
- 현재 길림대학 사회학과 부주임
- 주요 저서 및 논문
  - 『社會学理性選択理论研究』, 中国人民大学出版社, 2012 공저.
  - 『美国经济治理』, 上海人民出版社, 2009(역서) 등.
  - 「全球化与多元现代性」
  - 「地位一致性与阶层结构化」
  - 「网络阶层 : 一个社会分层新视野的实证分析」 등.

중국관행자료총서 04

중국의 동향상회: 길림성 동향상회 면담조사 자료집

초판 인쇄   2015년   2월   13일
초판 발행   2015년   2월   28일

중국관행연구총서 · 중국관행자료총서 편찬위원회

위 원 장 | 장정아
부위원장 | 안치영
위   원 | 장정아, 김지환, 박경석, 송승석

편   저 | 장호준, 손승희, 둥원성
펴 낸 이 | 하운근
펴 낸 곳 | 學古房

주   소 | 서울시 은평구 대조동 213-5 우편번호 122-843
전   화 | (02)353-9907   편집부(02)353-9908
팩   스 | (02)386-8308
홈페이지 | http://hakgobang.co.kr/
전자우편 | hakgobang@naver.com,   hakgobang@chol.com
등록번호 | 제311-1994-000001호

ISBN   978-89-6071-474-8   94300
            978-89-6071-320-8   (세트)

값 : 30,000원